U0541655

现代儒学

礼学研究专辑

2020 第七辑

复旦大学上海儒学院 编

商务印书馆
创于1897 The Commercial Press

图书在版编目(CIP)数据

现代儒学.第7辑,礼学研究专辑/复旦大学上海儒学院编.—北京:商务印书馆,2021
ISBN 978-7-100-19332-0

Ⅰ.①现… Ⅱ.①复… Ⅲ.①儒学—研究—中国—现代 Ⅳ.①B261

中国版本图书馆CIP数据核字(2021)第005408号

权利保留,侵权必究。

现 代 儒 学
第七辑
礼学研究专辑
复旦大学上海儒学院 编

商 务 印 书 馆 出 版
(北京王府井大街36号 邮政编码100710)
商 务 印 书 馆 发 行
山 东 临 沂 新 华 印 刷 物 流
集 团 有 限 责 任 公 司 印 刷
ISBN 978-7-100-19332-0

2021年3月第1版　　开本710×1000　1/16
2021年3月第1次印刷　　印张20¼
定价:98.00元

《现代儒学》编委会

主 办 单 位：复旦大学哲学学院
　　　　　　复旦大学上海儒学院
　　　　　　上海市儒学研究会
主　　　编：陈　来
常务副主编：吴　震
副　主　编：孙向晨　郭晓东
编　　　委（按姓氏拼音为序）：
　　　　　　白彤东　才清华　丁　耘　贡华南
　　　　　　何　俊　何益鑫　黄　勇　林宏星
　　　　　　倪培民　徐　波　徐洪兴　杨国荣
　　　　　　杨泽波　曾　亦　张庆熊　张汝伦
　　　　　　张子立

《现代儒学》获"复旦大学哲学学院源恺优秀学术辑刊奖"

由复旦大学哲学学院、上海易顺公益基金会资助出版

编者的话

本期主编 吴 震

这一期《现代儒学》的主题是"礼学传统与东亚家礼学",文章大都是从2019年6月在复旦召开的"东亚礼学与经学国际研讨会"的会议论文中挑选出来的,其中多数是首次刊发,我们愿意与学界共享这批新成果。

首先我们意外获得了两篇"特稿":黄勇教授的《道德实在论:朱熹美德伦理学的进路》和陈来教授的《王阳明晚年思想的感应论》。黄勇的这篇原创性论文是其研究规划的成果之一,这项规划是有关美德伦理与宋明理学的对话比较研究。这项研究的原创性突出表现为:以中国儒家传统的思想资源来回应当代西方伦理学特别是美德伦理学所存在的一些问题,看看西方美德理论正在讨论的一些前沿性哲学问题能否借助儒家伦理学来做出具有理论效力的适当回应。他发现在道德实在论的理论探讨中,可以让朱子学重新出场。他认为有别于以行动为焦点的道德实在论,更有一种以行动者为焦点的道德实在论,他自称这是美德伦理学进路的道德实在论,而道德实在论要论证的是人的道德品质是客观的而非主观的。对此,作为美德伦理学家以及道德实在论者的朱子做出了有力的理论回应。其观点论证可谓曲尽其详,是一篇值得学界重视的新作。

陈来探讨了阳明晚年思想中特别关注的"感应"问题,建构了具有阳明心学之特色的一种"感应论",而这一问题与阳明晚年竭力倡导的万物一体思想又有重要理论关联,换种说法,感应论甚至就是为重建儒家特别是宋明儒之共法的万物一体思想提出的一个重要论证,即阳明是从心物感应、心物一体来论证万物一体,足见阳明学的万物一体更重视其"作为实在论的论证",表明万物一体不仅是境界,也是心物感应而又一体同在的"实存关系"。特别是阳明晚年提出良知心体的"明觉感应"说,来重新界定"物",突破了其在中年提出的"物者意之用"的意向性观点,重建了感发与明觉互相蕴涵的感应性结构,指明这一结构具有物感良知、良知应感的特征,而阳明晚年的感应论包含了对由明觉建立感应关系之对象的实在性的肯定,同时凸显了良知主体的虚明灵觉就是恻隐恻怛的感受性,具有重要的理论意义。无疑地,这篇论文提示的阳明晚年有关良知学的这一新论述很值得学界展开探讨。

在第一个栏目"礼学通论"中,叶国良《〈仪礼〉重要仪节中的几席位向》是一篇专题性极强的论文,因其专题集中在祭祀活动中有关几、席、位向以及与此相关的人之身份、地位如何安排的礼仪性专业问题,故对一般读者而言,或许有些"晦涩";但是,这篇新作包括文末的15张附图,清晰而全面地展示了儒家传统祭祀礼仪的一个重要面相,纠正了清代著名考据学家凌廷堪在《礼经释例》一书中有关几、席、位向以及人、神杂述的诸多谬误,故极具学术价值。吴丽娱《关于唐代明堂礼的一些问题》考察了历史上颇受重视而在今天却已变得生疏的儒家明堂制度的礼仪问题,该文聚焦于唐代明堂礼涉及的礼制论争问题,不仅对唐代儒家礼仪中的明堂制度及其礼法问题的来龙去脉交代得原原本本,而且提出了富有创见的论断。何淑宜《明清之际浙西地区的行礼团体及其论礼》考察了江南浙西地区乡土儒生钱汝霖的行礼实践及其与张履祥、陈确、吴蕃昌等底层士人积极互动的思想活动;清初以降进入了经世思想、礼教主义、朴学思潮等交替出现、不断涌动的时代,与此相应,在浙西地区出现了注重礼仪实践的"行礼团体",这是一个历来重视不够的社会文化现象,他们在一起反复商榷并付诸实践的是丧祭礼仪问题,目的在于改变和重整社会基层的丧葬风俗;不止于此,这批乡土儒生对宋明理学也有深入反思,他们普遍反感结社、讲学、聚会等社会行为方式,更注重建构一套贴近家族生活的"礼法"制度,试图以此为行为准则,以便端正社会习俗。吴飞《程瑶田礼学的心性学基础》以为欲窥程瑶田礼学思想之全貌,就必须深入挖掘其礼学思想的心性论基础,由此,程瑶田《通艺录》前四篇特别是其中的《论学小记》《论学外篇》便不可忽视,他的基于"缘情"的情—理观以及"情不通"则"以理启人之争"的观点颇与戴震批评宋儒以理为意见乃至以理杀人的论点有异曲同工之处;程瑶田固以礼学见长,然其心性思想竟也有丰富之议论及出彩之一面,揭示出这一点乃是该文的重要贡献。

第二个栏目"东亚家礼学"所收各篇原创论文的主题是《朱子家礼》在日本和韩国落地之后,发生了哪些转化又经历了几番改造和创新等问题。吾妻重二对江户阳明学者佐藤一斋的一部儒教丧祭书《哀敬编》展开了仔细深入的文献学考察,发现作者根据中国古礼及日本习俗对《家礼》有所批评并提出了一些有关儒家丧祭礼仪的新构思,值得重视。张东宇是一位在韩国学界以研究《家礼》而闻名的学者,他的《朝鲜朝后期变礼书的发展》一文以18世纪韩儒朴圣源《礼疑类辑》这部朝鲜时代最具代表性的论著为问题核心,探讨了"家礼学"领域中的"变礼"问题,所谓"变礼"即重新修订礼仪的意思,特别在《家礼》领域,若不顾时代变迁及乡土风俗而一味固守原来的行礼规范,则必然导致"家礼"无法得以切实推行的后果,也不符合中国儒学传统中的"礼,时为大"的思想精神;故当《朱子家礼》传入朝鲜半岛之后,遇到一个首要的问题是,如何通过文献学和思想史的研究,以明确《家礼》涉及的名物度数的含义及其渊源,并结合朝鲜时代的乡土风俗,对《家礼》的行礼规范进行增修改订。朴圣源便在此问题意识的引领下,成功编撰了《礼疑类辑》一书,成为朝鲜朝后期变礼书的一部代表作。张教授的这项研究将文献考证与思想探讨相结合,对于我们深入了解朝鲜朝"家礼学"的思想特质具有启发意义。另外值得一提的是,作为附录的《(现传)朝鲜时代家礼研究书目录》所收书目的范围竟然横跨16世纪前至20世纪的五个世纪,对于中国学界来说,具有重要参考价值。

除了上列数篇论文,尚有朱溢《南宋大礼卤簿制度及其实践》、苏正道《清代礼学研究的复盛和礼书编撰的兴起》、松川雅信《崎门派"家礼"实践与近世日本社会》、田世民《近世日本丧葬礼仪的实践与转化》、郑现贞《朝鲜本〈家礼〉之形成及其特征》、武越鹏《越南汉喃家礼书籍研究:版本与特征》等各篇论文,它们广泛涉及中、日、韩、越四国历史上的有关礼仪制度、礼学思想、家礼文献等各种问题,并对此展开了深入的专题性探讨。在"青年儒者论坛"栏目中,收录了两位年轻博士的论文:杨根东《朱子论认知在成德过程中的地位》以及张亦辰《论朱子理学对"知"的思考》。我们欢迎年轻博士踊跃投稿。

(作者单位:复旦大学)

目　录

特　稿

道德实在论：朱熹美德伦理学的进路 …………………………… 黄　勇 / 3
王阳明晚年思想的感应论 …………………………………………… 陈　来 / 43

礼学通论

《仪礼》重要仪节中的几席位向 …………………………………… 叶国良 / 63
关于唐代明堂礼的一些问题 ………………………………………… 吴丽娱 / 84
南宋大礼卤簿制度及其实践 ………………………………………… 朱　溢 / 111
明清之际浙西地区的行礼团体及其论礼 …………………………… 何淑宜 / 125
清代礼学研究的复盛和礼书编撰的兴起 …………………………… 苏正道 / 143
程瑶田礼学的心性学基础 …………………………………………… 吴　飞 / 164

东亚家礼学

佐藤一斋《哀敬编》初探
　　——日本阳明学者的儒教丧祭书 ……… 〔日〕吾妻重二 著　李　洁 译 / 185
崎门派"家礼"实践与近世日本社会 ……… 〔日〕松川雅信 著　张　琳 译 / 196
近世日本丧葬礼仪的实践与转化 …………………………………… 田世民 / 210
朝鲜朝后期变礼书的发展
　　——以《礼疑类辑》为中心 ………………………………… 〔韩〕张东宇 / 217
朝鲜本《家礼》之形成及其特征 ……………………………… 〔韩〕郑现贞 / 247
越南汉喃家礼书籍研究：版本与特征 ………………………… 〔越〕武越鹏 / 259

青年儒者论坛

朱子论认知在成德过程中的地位
　　——以《大学》章句为中心 ………………………………… 杨根东 / 279
论朱子理学对"知"的思考 …………………………………………… 张亦辰 / 296

稿约与稿例 ……………………………………………………………………… 313

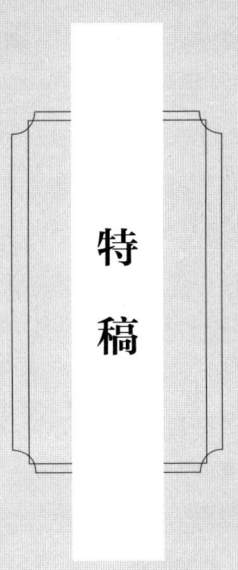

道德实在论：朱熹美德伦理学的进路

黄 勇

引 言

在元伦理学中，特别是在道德本体论问题上，存在着道德实在论与反实在论之争。实在论者承认（1）道德命题有真假，而且至少其中有些是真的；（2）其真假取决于客观存在的道德事实或道德性质。反实在论者都否认（2），有的还否认（1），而对（1）的否定又可采取两种形式，要么根本否认有道德命题存在，要么承认有道德命题存在，但否认有任何道德命题为真。[①]因此，道德反实在论基本上可以分成三类。最极端的是非认知主义（non-cognitivism），认为我们的道德判断并不具有认知的意义，因此没有真假；它事实上并不是道德命题，而不过是伪装成道德命题的，或者有道德命题假象的我们的情感的表达，所以这样一种立场通常被称为情感主义（emotivism）或者表达主义（expressivism）。例如，当我们说某个行动不对时，我们实际上只是在表达我们不喜欢这个行动的情绪，这样的表达也许有恰当与否之分，但没有真假之别。这种理论的主要代表是艾耶尔（A. J. Ayer）和布莱克本（Simon Blackburn）。另一种反实在论承认道德判断是认知性的，而且试图描述某种客观的

[①] 还有一种立场，一般归于实在论，但在我看来也可以看作实在论和反实在论之间的一种立场。这种立场通常被称为反应依赖说（response-dependent theory）或者感受性说（sensibility theory）。这种立场当然也接受（1），认为道德判断有真假，但对于（2）的立场则比较复杂，认为决定我们的道德判断之真假的道德事实或性质既不是完全客观的，也不是完全主观的。这是因为道德性质有点类似洛克所说的第二性质。与完全客观的，即不依赖于我们对其感知而存在的第一性的质（如一个物的形状、大小、数量等）不同，第二性的质，如颜色、声音、味道等，取决于我们的感知，因为物本身没有颜色、声音、味道，在此意义上，它们是主观的；但同时我们之所以在物上感知这样的第二性的质是因为这个物确实有在我们的感官上产生这样的感觉的力量，在此意义上它们又是客观的。道德本体论上的这第三种立场认为，道德性质在一种类似的意义上既是主观的又是客观的。持这样一种立场的主要有麦克道尔（John McDowell）和维金斯（David Wiggins）。

道德实在，但由于这样的实在根本不存在，这样的道德判断便总是错的，而永远没有任何真的道德判断。其情形类似于历史上的燃素说，它想用燃素来解释燃烧现象，但由于这样的燃素根本不存在，不管什么样的燃素说总是错的。所以这样一种理论也叫作错误理论（error theory），主要由麦基（John Mackie）和罗伊斯（Richard Royce）提出。道德反实在论的第三种形式认为我们的道德判断有真假，但否认客观的道德实在的存在。一个道德判断的真假取决于判断者所接受的一套主观标准。我们说某人的行动不对与一个球赛的裁判说某个球员的动作犯规类似。我们可以确定这个裁判的判断的真假，但我们根据的标准是球赛规则，而球赛规则不是客观的，而是为球赛更爽心悦目而制定出来的。因此这样一种理论通常也被认为是主观主义或者非客观主义。当代元伦理学中的大多数反实在论者都属于这一类，主要代表则有哈曼（Gilbert Harman）和科斯嘉（Christian Korsgaard）。道德实在论也有各种形式，但根据一种简单的分类，有自然主义的和非自然主义的。自然主义的道德实在论认为客观存在的道德事实或道德性质要么就是自然事实或自然性质，要么是依附于（supervene）自然事实或自然性质上的事实或性质，我们可以像认识其他自然现象一样认识道德事实。代表这样一种立场的有博伊德（Richard Boyd）和莱顿（Peter Railton）。非自然主义的道德实在论认为道德事实、道德性质不是自然事实、自然性质，而是与三角形所具有的其内角之和为180度这样的数学性质或者是像柏拉图所讨论的形式所具有的形而上学性质类似的非自然性质。这种立场以摩尔（G. E. Moore）和夏佛-兰道（Russ Shafer-Landau）为代表。按照另一种不太常见但对本文的讨论至关重要的划分，道德实在论还可以分为以道德行动为关注点的道德实在论和以道德行为者为关注点的道德实在论。前者所说的道德事实和道德性质都涉及道德行动的事实或性质，而后者说的道德事实或性质都涉及行为主体的事实或性质。在这个意义上，这两种道德实在论的元伦理学立场分别相应于大家熟悉的几种规范伦理学立场：前者相应于关注行动的后果论和道义论，而后者相应于关注行为者的美德论。我之所以说这种划分不常见（事实上也许是我在这里第一次明确地、有意识地做出这样的区分），是因为在当代道德哲学中的道德实在论几乎都是以行动为中心的。我之所以说这种划分对本文的讨论很重要，是因为本文将关注的朱熹的道德本体论不仅在实在论与反实在论之争中持实在论立场，在自然主义与反自然主义之争中持自然主义立场，而且在道义论、后果论与美德论之争中持美德论的立场。在我看来，道德实在论必须要正面面对反实在论者认为道德实在论必须面对的一些严重困难(第一节),但以行动为中心的道德实在论无法克服这样的困难(第二节)。只有以美德伦理为进路的道德实在论,即以行为者而不是以行动为焦点的道德实在论才能为道德实在论提供一个真正的出路。在这方面,代表当代西方美德伦理学复兴运动中最重要的新亚里士多德主义的霍斯特豪斯(Rosalind Hurshouse)虽然并没有有意识地提出一种道德实在论,但她对美德的客观性的详细论述表明了以美德伦理为进路的道德实在论之可能性,但由于其亚里士多德主义固有的理智主义倾向使这样的道德实在论不能真正说明一个行为主体作为人为什么必须要具有美德(第三节)。本文的重点是要阐明,朱熹的以儒家美德伦理学为进路的道德实在论不仅可以克服新亚里士多主义的问题(第四节),而且也可以很好地避免道德反实在论认为道德实在论所具有的困难(第五节)。最后我对全文做一小结。

一、道德实在论的四大困难

如果我们在道德上持一种反实在论的立场,那么我们的所有道德主张都缺乏了客观性;而如果我们的道德主张缺乏了客观性,我们对于为什么要做这种道德主张认为应该做的事情就会开始产生疑问。就此而言,道德实在论就有它独特的吸引力,因为它认为道德主张具有客观性,即以客观存在的道德事实或道德性质为基础,因而我们也就更有理由遵循这样的道德要求。但是,在道德反实在论者看来,道德实在论存在着一些严重的困难。

首先就是我们无法从事实推出应该。持一种道德实在论,就是说规范性的道德主张是建立在事实基础上的,也就是说,我们以"应当"形式出现的规范性命题是从以"是"为形式的事实性命题推演出来的。但是,大家知道,休谟在其《人性论》指出,在"是"与"应当"之间存在着一个巨大的,但为人们忽略了的鸿沟:"在我遇到的每一个道德学体系中,我一向注意到,作者在刚刚是照平常的推理方式进行的,确定了上帝的存在,或是对人事做了一番议论;可是突然之间,我却大吃一惊地发现,我所遇到的不再是命题中通常的'是'与'不是'等连系词,而是没有一个命题不是由'应该'或'不应该'联系起来的。这个变化虽是不知不觉的,却是有极其重大的关系。因为这个应该或不应该既然表示一种新的关系或肯定,所以就必须加以论述和说明;同时对于这种似乎完全不可思议的事情,即这个新关系如何能由完全不同的另外一些关系推出来的,也应该举出理由加以说明。不过既然作者们通常不是这样谨慎从事,所以我倒想向读者们建议要留神提防;而且我相信,这样一点点的注意就会推翻一切通俗的道德学体系,并使我们看到,恶德和美德的区别不是单单建立在对象的关系上,也不是被理性所察知的。"① 休谟说的是类似这样的情况:我们刚刚做了一个描述性的命题,"甲打了乙",便很自然地做出一个规范性命题,"甲不该打乙"或"甲打乙不对",好像我们可以从"甲打乙"这个事实命题推出"甲不该打乙"这样一个规范命题似的。类似的,我们刚刚做了一个描述性的命题,"张三把摔倒的李四扶了起来",便很自然地做了一个规范性的命题,"张三应该帮助李四"或者"张三帮助李四是对的",仿佛后者可以从前者推导出来似的。而休谟在上面这一段话中,就是要提请我们注意,关于"是"的命题与关于"应该"的命题是两种完全不同类型的命题,我们不能从一个关于"是"的实然命题中推出一个关于"应该"的应然命题来。皮格顿(Charles R. Pigden)认为,之所以从"是"推出"应当"是谬误,并不是因为道德具有任何特殊的特征,而是由于逻辑的保守本性:"合法推理的结论是包含在前提之中的。你不可能取出你没有事先放进去的东西。"② 既然在"是"的命题中没有"应该",那么,根据逻辑的这种保守性质,从前者推出后者就是一种谬误推论。后来,人们往往用摩尔在其《伦理学原理》中提出的"自然主义谬误"(naturalistic fallacy)来说明这种谬误推论的性质,虽然实际上摩尔关心的不是这个问题,而是我们接着要讲的大多数道德实在论都会面临的另一个问题(他自己也是一个道德实在论者,确切地说,是一个非自然主义的实在论者,但他认为自己的实在论不会犯这种自然主义的谬误)。

其次,自然主义的道德实在论面临着摩尔所谓的"开放问题"(open question)。我们上面讲了摩尔的自然主义谬误实际上并不是指从事实推出应该的谬误。摩尔自己是个非自然主义的道德实在论者。在他看来,"好"或"善"(good)是一个最基本的、简单的、不可分析的道德概念,我们可以用它来定义别的概念,如正当(right)概念,但它本身是不可定义的。任何要对"好"进行定义的意图,不管是用快乐还是神的诫命,在摩尔看来都是犯了被称作"自然主义谬误"的逻辑错误。因

---

① David Hume, *A Treatise of Human Nature*, Oxford: Oxford University Press, 1978, p. 469.
② Charles R. Pigden, "Naturalism," in *A Companion to Ethics*, ed. Peter Singer, Oxford: Blackwell, 1991, p. 423.

此必须指出，摩尔对"自然主义谬误"这个词的使用并不是非常严格的，因为尽管快乐确实是"自然的"，神的诫命却肯定不是。也因此，弗兰克纳（W. K. Frankena）正确地指出，摩尔实际上指的是"定义谬误"（definitional fallacy）而不是"自然谬误"（natural fallacy）。[①]在摩尔看来，当我们用别的东西来定义"好"，说某某属性是"好"时，我们就会面临一个开放的问题：它真的"好"吗？一个问题是否是一个开放的问题，就看我们提的这个问题是否说得通（intelligible）。例如，如果有人把"光棍"定义为"没有结婚的成年男子"，我问"光棍真的是一个没有结婚的成年男子吗？"这个问题就不是一个开放的问题，因为这是一个说不通的问题，就是说，我会提这个问题这个事实本身就表明了我要么不知道什么是光棍，要么不知道什么是未结婚的成年男子，要么两者都不知道。但是假如我们用某种自然属性来定义"好"或"善"，我们就一定会面临开放的问题。例如，如果我们把"好"定义为快乐这种自然属性，人们就可以合理地问"快乐真的是善吗？"这是一个开放的问题，因为这个问题是说得通的，就是说，我们提出这个问题这个事实本身并不表明我们不理解"好"和"快乐"。如果我们把"善"定义为我们有欲望去欲望的东西，定义为令人羡慕的东西，或任何别的什么自然属性，我们都会面临开放的问题。而我们能对这个定义提出开放的问题就表明这个定义有问题，也就是说，"好"与我们用来定义它的那种自然属性不是一回事。[②]

道德实在论必须面对的第三个问题是麦基所谓的怪异性（queerness）问题。道德实在论者断定有客观的道德性质。在麦基提到的持这种观点的人中包括哈奇森（Hutcheson）和普莱斯（Richard Price），前者说道德的善是体现于行动中的、使我们赞成这种行动的某种性质，后者则说，对和错是行动的特质，而不是我们心灵的性质。[③]麦基认为道德实在论的这种观点是非常怪异的。这个怪异性有两个层面，一个是存在论的，一个是认识论的。在存在论层面，麦基认为，如果存在有客观的道德性质的话，这是一种非常怪异的性质。为什么呢？以打人这个行动为例子。如果我们说，这种行动有产生痛苦的自然性质，这并不是一种怪异的性质，因为我们可以知道这个打人的行动确实造成了被打的人的痛苦。但道德实在论者说，除了这种产生痛苦的自然性质以外，这个行动还具有"错"（wrongness）这种道德性质，

[①] 参见 W. K. Frankena, "The Naturalistic Fallacy," *Mind*(New Series), 48, 1939, p. 469。
[②] G. E. Moore, *Principia Ethica*, Revised Edition, Cambridge: Cambridge University Press, 1993, p. 67.
[③] J. L. Mackie, *Ethics: Inventing Right and Wrong*, London: Penguin Books, 1990, p. 31.

麦基认为这就是一种怪异的性质。我们再以帮人疗伤为例子。如果我们说这个行动有减轻痛苦的自然性质，我们不会说这是一种怪异的性质，因为我们确实看到这种行动帮助他人减轻了痛苦。但如果道德实在论者说，这个行动不仅有让人减轻痛苦的自然性质，而且还有"对"（rightness）这种道德性质，麦基认为这就是一种怪异的性质。一方面，"对"和"错"这样的道德性质怪异在什么地方呢？跟打人这种行动所有的产生痛苦的性质和帮助人疗伤这种行动所有的减轻痛苦的性质光具有客观性不一样，道德实在论者认为这两种行动分别具有的"错"和"对"这样的道德性质不仅具有客观性，而且具有规范性，或者说它们具有客观的规范性（objective prescriptivity）。换言之，如果我们知道了某个行动的自然性质，我们只是知道存在着这样的性质，但如果我们知道了某个行动的道德性质，我们不仅知道存在着这样的性质，而且还会有一种动机去从事具有"对"这种性质的行动（如帮人疗伤）或者不做甚至阻止具有"错"这种性质的行动（如打人）。这怎么可能呢？另一方面，这样一种客观的道德性质本身是否是一种自然性质？如果是，为什么与我们熟悉的自然性质如此不同呢？如果不是，那么它们与自然性质的关系如何呢？就是说一个行动之产生痛苦的性质与其"错"的性质之间有什么关系，一个行动之减轻痛苦的性质与其"对"的性质之间有什么关系？所有这些都表明，道德实在论者所假定的客观的道德性质具有存在论上的怪异性。麦基认为这种性质在认识论上也具有怪异性。如果这样的道德性质存在的话，我们需要某种与我们认识自然界的所有其他东西不一样的、独特的知觉或直觉的官能。因为凭我们认识自然世界的日常官能，我们所能认识到的只是客观的自然性质，而不是具有客观规范性（objective prescriptivity）的道德性质。道德实在论者往往诉诸一个独特的道德直觉官能，但麦基指出："不管这个过程多么复杂，如果它要产生权威的规范结论，这种直觉需要某种特定的输入项，不管是前提还是论证还是两者兼而有之。当问我们怎么知道这种权威的规范性、知道这些独特的伦理前提的真假、知道这种独特的伦理推理形式的说服力这样的困难的问题时，我们关于感官知觉、关于内省、关于对解释性的假设的设想、关于推论、关于逻辑构造、关于概念分析，或者关于上述诸项的任何综合所能做出的日常说明都不能为此提供一个令人满意的回答。"[1] 由于道德实在论所假定的客观的道德性质具有这样的存在论和认识论上的怪异性，麦基认为我们

---

[1] J. L. Mackie, *Ethics: Inventing Right and Wrong*, pp. 38–39.

最好还是放弃这样的假定,即否认这种客观的道德性质的存在。

道德实在论必须面对的第四个,也是我要讨论的最后一个问题就是所谓的无法追踪的(intractable)道德分歧问题。这是麦基用来反对道德实在论的第二论证,他称之为根据相对性的论证(argument from relativity)。这个论证的前提是"不同文化之间和不同历史时期之间道德规则之差异以及在一个复杂的社会内部不同团体和阶级的道德信念之不同"[1]。道德相对主义者哈曼也说:"不同文化的成员在对错问题上通常持有很不相同的信念而且通常根据很不相同的信念行动。"[2] 当然光是存在着道德分歧这一点还不足以证明客观的道德事实、道德性质的不存在,因为在科学问题上也存在着分歧,而我们一般都并不因此而否认科学涉及的是客观存在的事实或性质。这里的关键是人们在伦理问题上的分歧与人们在科学问题上的分歧具有不一样的性质:"科学上的分歧是由于作为理性推论或者解释性假设之基础的证据之不足,而我们很难用同样的方式来说明在道德规则上的分歧。"[3] 换言之,与科学上的分歧不一样,在道德问题上的分歧是无法追踪的。由于科学问题上的分歧是出于证据的不足,因此分歧的双方可以设计一些实验,即使这样的实验在当下因各种条件所限实际上还不能做,争论的双方都可以接受实验的结果所证明的假设,因此科学分歧至少在理论上是可以最终解决的。但道德问题上的分歧并不是因为证据的不足,因此争论的双方无法共同设计一个其结果大家都能接受的、用来检测双方不同假设的实验。哈曼用了几个例子来说明道德分歧的这种不可追踪性:即使在充分讨论并就相关问题拥有完整信息以后,素食主义者和肉食主义者之间的分歧还是会存在,因为他们之间的分歧似乎在于他们各自赋予动物和人的重要性不同;同样,人们在堕胎和安乐死问题上的争议,也不是因为其中的一方或双方关于堕胎或者安乐死的相关事实缺乏全面的了解,而是因为他们在生命的内在价值与生命使之成为可能的东西(如快乐的经验和有成就感的活动)的价值问题上的看法不同;我们有的人认为恐怖主义炸毁一个有名的古老的博物馆的行为比炸一条人群拥挤的街道更坏,而还有一些人则持相反的看法,这样的分歧同样不是因为这两部分人对博物馆和拥挤的街头的事实在认知上有分歧,而是由于他们对

---

[1] J. L. Mackie, *Ethics: Inventing Right and Wrong*, p. 36.
[2] Gilbert Harman, "Moral Relativism," in Harman and Judith Jarvis Thomson, *Moral Relativism and Moral Objectivity*, Cambridge, MA: Blackwell Publishers Inc., 1996, pp. 8, 10–11.
[3] J. L. Mackie, *Ethics: Inventing Right and Wrong*, p. 36.

生命的价值和珍贵的建筑与艺术品的价值看法不一。当然，即使证明了道德分歧较之科学分歧的这种不可追踪性，道德非实在论者也意识到，这并不就直接表明道德实在论之不能成立。在他们看来，道德实在论和道德反实在论可以看作对不可追踪的道德分歧这种现象所做的两种不同的解释，而在他们看来，道德实在论的解释没有道德反实在论的解释好。为什么呢？如果我们接受道德实在论，认为存在着客观的道德事实或道德性质，而相互之间有分歧的各种道德主张都试图把握这同一个道德事实。很显然，这些分歧的道德主张有可能都是错的，而不可能都是真的，因为对于同一个道德事实，相互矛盾的各种观点中最多只有一个是真的。那么为什么其他人都错了呢？这些人"要么对这个事实犯了错误，要么他们的推论有问题，要么他们缺乏别人具有的达到真理的能力"[1]。这样的解释之所以有问题，不只是因为我们很难想象在（例如）堕胎问题上的任何一方有这里所说的问题，而另一方则没有，而且是因为我们没有一个客观的、可操作的标准来断定到底是其中哪一方有问题。相反，根据反实在论的解释，之所以人们在道德问题上有分歧，是因为"人们属于和参与不同的生活方式。这里的因果联系似乎主要是这样的：人们之所以赞成一夫一妻制，是因为他们在过一夫一妻的生活，而不是相反，即人们之所以过一夫一妻的生活是因为他们赞成一夫一妻制"[2]。换言之，之所以人们在道德问题上持不同的立场，是因为他们在过着不同的生活方式。在道德反实在论者看来，很显然这样一种对道德多样性的解释比道德实在论对它的解释要好得多。

我们上面讨论的是道德反实在论者认为道德实在论会面临的四个主要问题。因此，任何人要想提出一种可信的道德实在论，都必须能对这些问题做出恰当的说明。

二、以行动为焦点的道德实在论的问题

我在本文的引言中说，道德实在论可以根据其聚焦的不同而分为以行动为中心的道德实在论和以行为者为中心的道德实在论。前者所说的客观的道德性质是

---

[1] Gilbert Harman, "Moral Relativism," p. 40.
[2] J. L. Mackie, *Ethics: Inventing Right and Wrong*, p. 36.

道德行动所具有的性质,而后者所说的客观的道德性质是行为者所具有的道德性质。在我看来,以行动为焦点的道德实在论无法避免我们在上一节讨论的所有问题。当然我们在这里不可能逐一考察这种道德实在论的所有版本,并说明它们各自具有的问题。事实上我们也没有必要做这样的详尽考察,因为有些道德实在论者自己就承认他们的理论存在着上述的某些,至少某个问题。例如,莱顿在其著名的《道德实在论》一文的结尾就承认,他的道德实在论不能完全避免摩尔的开放问题。[1] 在本节中,作为例证,我仅考察以行动为中心的道德实在论对休谟挑战的两个回应,看看他们为什么没有成功地从"是"推出"应该"。

我从稍近但较不为人知的尼尔森(Mark T. Nelson)的论证开始。尼尔森没有去论证道德实在或道德性质的客观性,但他认为我们可以从事实命题推出价值命题。为此,他提出了这样一个针对休谟命题的反论证[2]:

N1. "从道德角度看,伯蒂该跟玛德琳结婚"是达利娅阿姨的诸信念之一;
N2. 达利娅阿姨的所有信念都是真的;
N3. 因此,从道德角度看,伯蒂应该跟玛德琳结婚。

这显然是个有效论证,但这个论证真的如尼尔森认为的从事实陈述推出了应然陈述吗?显然,上面论证的结论是一个应然陈述,而第一前提是一个事实陈述。关键是第二前提,它表面上看起来同样是一个事实陈述。然而,如果我们说"达利娅阿姨的所有信念都是真的",那么达利娅阿姨的这一信念"从道德的角度看,伯蒂应该跟玛德琳结婚"就同样是真的;但是说达利娅阿姨的信念"从道德的角度看,伯蒂应该跟玛德琳结婚"是真的,却只是意指"从道德角度看,伯蒂应该跟玛德琳结婚"——这却是一个应然陈述。因此,尼尔森所实现的,不是从一个事实陈述推出了一个应然陈述,而是从一个应然陈述推出了一个应然陈述。

为了回应我们的反对意见,尼尔森在对第二前提的特殊(specific)解释与一般性(general)解释之间做出了一个区分。根据特殊解释,第二前提确实"隐含一个

---

[1] Peter Railton, "Moral Realism," in *Facts and Values: Essays toward a Morality of Consequence*, Cambridge: Cambridge University Press, 2003, p. 32.
[2] Mark T. Nelson, "Is it Always Fallacious to Derive Values from Facts?" in *Argumentation*, 9, 1995, p. 555.

清单,包括了达利娅阿姨的所有信念以及对于每一个信念为真的断言"①。由于这个清单当中同样包括达利亚阿姨的这一信念"从道德的角度看,伯蒂应该跟玛德琳结婚"以及其他应然信念,因此第二前提不是一个纯粹描述性的陈述。然而,尼尔森宣称,对第二前提也可以做一般性的解释,"即解释为这样一个命题:达利娅阿姨的所有信念——不管它是什么——都是真的,或许这样说更好些:达利娅阿姨是绝无错误的,而这种解释并不带有道德承诺……对N2的特殊解释带有一个'伯蒂有义务跟玛德琳结婚'的道德承诺,但是对它的一般性解释却不带有这样一个道德承诺。此外,我的论证在对N2的一般性解释之上仍然是有效的,而我所意指的正是这个一般性解释"②。

尼尔森的论证存在的问题是双重的。一方面,他并没有告诉我们为什么在一种特殊解释同样自然的情况下必须对第二前提进行一般性解释;另一方面,如果一般性解释可以接受,否认存在道德信念的逻辑实证主义者和其他道德情感论者(因为对它们来说道德信念只是情感表达而已)可能认为尼尔森的反论证是无效的,因为对他们来说第二前提并不包括达利娅阿姨的这样一个情感"从道德角度看,伯蒂应该跟玛德琳结婚",因此我们不能得出结论说从道德角度看伯蒂应该跟玛德琳结婚,即便达利娅阿姨的所有信念都是真的。在这样一种情况下,尼尔森不得不向道德情感论者表明存在道德信念且这样的信念同样包含在第二前提中。然而,即便情感论者被说服,他们也将认识到尼尔森并没有从事实陈述推出一个应然陈述,因为第二前提本身就(至少部分地)是一个应然陈述。

现在我转向另一个更早也更著名的尝试。在其发表于1964年的经典文章《如何从"是"推出"应当"?》中,塞尔(John R. Searle)对休谟命题直接发起攻击。他认为,休谟命题的意思就是:"存在一类事实陈述,它在逻辑上与价值陈述不同。没有任何一套事实陈述能够单独引出任何价值陈述。用更具当代性的术语来说就是,如果不至少加上一个评价性前提的话,就没有任何一套描述性陈述能够引出一个评价性陈述。"③塞尔设计了如下反例对休谟命题进行反驳:

(1)琼斯说:"我兹许诺付给史密斯5美元";

---

① Mark T. Nelson, "Is it Always Fallacious to Derive Values from Facts?" p. 559.
② Mark T. Nelson, "Is it Always Fallacious to Derive Values from Facts?" p. 559.
③ John R. Searle, "How to Derive 'Ought' from 'Is'?" *The Philosophical Review*, 73, 1964, p. 43.

（2）琼斯许诺要付给史密斯5美元；
（3）琼斯将自己置于付给史密斯5美元的义务之下；
（4）琼斯有义务付给史密斯5美元；
（5）琼斯应当付给史密斯5美元。①

塞尔宣称，在这个例子当中，作为前提的第一个句子显然是一个描述性陈述，而第二个句子只是第一前提的重述，第三个句子只是对"许诺"这个词的一个字典式解释，第四个句子是对第三个句子的一个重述。由此，从第四个句子似乎就合逻辑地得出了作为结论的第五个句子——一个应然陈述。

塞尔的文章一经发表，就引起了关于这一反例是否有效的热烈讨论。我的质疑稍有不同。我并不质疑此反例的有效性，我质疑的是它是否真的从那个事实陈述推出了一个应然陈述。在解释他的反例时，塞尔宣称休谟命题建立在对于"描述性陈述"的一个狭义理解的基础上，所谓狭义的"描述性陈述"，指的是限于如"我的车一小时能跑80里""琼斯身高6英尺""史密斯的头发是棕色的"等一些陈述。然而塞尔认为有一类十分不同的描述性陈述，如"琼斯已婚""史密斯做出了一个许诺""杰克逊有5美元"，以及"布朗击出了一记本垒打"。它们如何不同呢？塞尔说："尽管这两种陈述的对象都是客观事实，包含'已婚''许诺''本垒打''5美元'这些词汇的陈述所描述的是这样一些事实——它们的存有预设了某些制度（性存在），比如，一个人有5美元，这就预设了货币这种制度。如果去掉那种制度，他所拥有的不过就是一个上面有绿色墨水的长方形纸片。一个人击出了本垒打，预设了棒球规则的制度；没有这个制度，他就只是用一根棒子击中了一个球。类似的，一个人只有在婚姻和许诺的制度范围内才能结婚或做出许诺。没有那些，他所做的就不过是发出声音或者做出动作。为了表明这种事实的特征，我们可以称其为制度性事实（institutional fact），以与非制度性或者说原始事实（brute fact）进行对照。一个人有一张上面印了绿色墨水的纸片是原始事实；而他有5美元则是一个制度性事实。"②

所谓"制度性事实"，塞尔指的是由某些特定规则创造出来的行为（例如下棋

---

① John R. Searle, "How to Derive 'Ought' from 'Is' ?" p. 44.
② John R. Searle, "How to Derive 'Ought' from 'Is' ?" pp. 54–55.

这种行为只有在相关的规则形成之后才可能），而不是仅仅由规则所规定的事先已经存在的行为（例如吃这种行为早在餐桌礼仪形成之前就已经存在了）。在塞尔看来："一旦我们承认这种制度性事实的存在并且开始去把握它们的性质，那么看出许多形式的义务（obligation）、承诺（commitment）、权利、责任都是被类似的制度化的东西就只有咫尺之遥了。某人有某些义务、承诺、权利、责任常常是事实，但却是制度性事实而不是原始事实。上文中我借以从'是'推出'应当'的，就是这种制度化形式的义务——许诺。"

正是在这个意义上，我认为塞尔未能成功地从一个事实陈述推出一个应然陈述，因为他的结论——尽管其中有"应当"这个词出现——实际上仍然是一个事实陈述或者说描述性陈述。"应当"一词至少有两种用法，一种是规范性的，一种是描述性的。如果我说"人不应当伤害他人"，"应当"在这里的用法就是规范性的；然而，如果我说"在不允许死刑的地方凶手不应当被处死"，"应当"这个词的用法就是描述性的。二者的区别在于，在第一种用法中，我作为说话人显然同意人们不应当伤害他人；而在第二种用法中，我认为凶手应当不会被处死只是因为考虑到死刑不被允许，而我完全有可能认为死刑是好的、杀人者应当被处死。①

我认为塞尔反例的结论当中对"应当"的用法同样是描述性的，这一点甚至在他自己对于该论证的解释当中就已经清晰地显示了出来："我从一个原始事实开始，即一个人说出了某些词，然后我用制度这个概念来产生出制度性事实，如此我们得出了'此人应当付给另一个人5美元'的制度性事实。整个论证都有赖于对'做出一个许诺就是要去承担一个义务'这个构成性规则的诉诸。"② 换句话说，塞尔的整个论证只是等于：只要一个人参与了许诺这一制度，他就应该遵守他的许诺；而对于这个制度是好的还是不好的，人们是否应当参与这一制度，它什么都没说。既然我们可能都接受塞尔的结论，它的描述性特征就不那么清晰。为了更清

---

① "应当"的两种意义之间的这个区分是由雅戈（Alison Jaggar）提出的："一个对于事实陈述与价值陈述之间存在逻辑鸿沟具有承诺的哲学家……可能会论证'应当'一词存在至少两种不同的含意：一种是描述性的，说话者是在报告一个无可争议的、客观的事实（尽管是一个制度性意义的事实而不是原始事实）；一个是评价性的，它带有这样一个内涵：说话者赞同琼斯去履行自己的支付承诺。对此，反对者可能会说，只要前提被解释为只是包含描述性的或者说分析的陈述，塞尔例子中的最后一个陈述就只包含前者，即纯粹描述性的'应当'。"（Alison Jaggar, "It Does Not Matter Whether We Can Derive 'Ought' from 'Is'," *Canadian Journal of Philosophy*, 3, 1974, p. 375）

② John R. Searle, "How to Derive 'Ought' from 'Is'?" p. 55.

楚地揭示这种描述性,我们可以构造一个类似的例子:

(1) 琼斯全心全意地信奉纳粹主义;
(2) 并且琼斯发现史密斯躲藏在一个波兰人家庭里;
(3) 史密斯是个犹太人;
(4) 琼斯应当杀死史密斯。

在这个例子当中,结论的得出并不是因为我们认为琼斯应当杀死那个犹太人,而是考虑到琼斯参与了纳粹主义的制度性活动,因此他应当杀死史密斯,即使我们可能因为认为琼斯不应当杀死史密斯,而想要废除这项制度。[1] 所以与尼尔森的论证事实上是从应然命题推出应然命题相反,塞尔的论证是从实然命题推出了实然命题。但他们共同的问题是,他们设计的论证并不构成对休谟命题的反论证,因为他们想向我们证明的是,他们能够从实然命题推出应然命题。

三、亚里士多德主义美德伦理学的进路:
霍斯特豪斯的成就及局限

虽然我在上一节中只讨论了以行动为中心的道德实在论的一个侧面,但在我看来,这也从一个侧面反映了这种道德实在论的一般问题,也就是说它不能避免我在本文第二节所列举的道德反实在论者认为道德实在论会面临的问题。在这一部分,我将考察新亚里士多德主义美德伦理学家霍斯特豪斯论证道德实在论的美德伦理学进路,包括它的成就和局限。如我在本文一开头所指出的,霍斯特豪斯本人没有有意地想从美德伦理学的进路论证道德实在论,但她对美德的客观性的论证

---

[1] 马丁(Michael Martin)对塞尔的论证做了一个类似的批评:"(1') 戈培尔说,'我兹向你,希特勒,承诺,我将杀死五百万犹太人'。通过一种类似于塞尔的论证可以得出(4') 戈培尔有义务杀死五百万犹太人。然而这何其荒谬。不管是戈培尔还是任何其他人,没有人可以具有一个实施残暴行为的道德义务,也就是说有这样一个初始(prima facie)义务。这表明塞尔推出他的(4)的推理过程是有问题的,因为它与上面得出(4')这个荒谬结论的推理过程是一样的。"(Michael Martin, "The Deduction of Statements of Prima Facie Obligations from Descriptive Statements," *Philosophical Studies: An International Journal for Philosophy in the Analytic Tradition*, 25, 1974, p. 150)

事实上是一种道德实在论的论证。当然，也如我在本文引言中指出的，我们在霍斯特豪斯对美德伦理学中发现的她对道德实在论的论证是以行动者为中心的，而不是以行动为中心的。换句话说，这样一种道德实在论的进路所要论证的，不是一个行动所具有的"对"和"错"这样的道德性质的客观性，而是作为行动者的人所具有的"好"和"坏"这样的道德性质的客观性。我认为对道德实在论的这种美德伦理学进路不仅有望证明道德性质的客观性，而且可以避免道德反实在论者认为道德实在论所具有的问题。

由于道德实在论的美德伦理学进路所关注的是作为行为主体的人，其最重要的道德概念是作为行动主体的人的好坏，而不是行动的对错（在这种进路中，行动的对错是从行动者的好坏推导出来的），而它最重要的任务就是要证明人的"好"与"坏"这样的道德性质是客观的。在做出这个证明之前，霍斯特豪斯强调，在美德伦理学中使用的"好"与"坏"这样的形容词是属性（attributive）形容词，而不是谓语（predicative）形容词。霍斯特豪斯认为，"这必然导致的情况就是，尽管你可以根据你喜欢的任何一个标准来对事物进行评价和选择，然而你所挑选的名词或名词词组必须是你用来描述你有意称其为'好'的事物的，因为它决定了恰当的好（goodness）的标准"[①]。霍斯特豪斯说在这两类形容词之间的区分来自其老师富特（Philippa Foot），而富特则说这个区分源于季奇（Peter Geach）的一篇常常被忽略而不应该被忽略的一篇论文《好与恶》。[②] 所以我把季奇的这篇文章找来，发觉它确实是一篇非常重要的文章，至少对于本文要讨论的问题来说。所以在讨论霍斯特豪斯的观点之前，我先简单地说明一下季奇在这篇文章中的主要观点。

在这篇文章的一开头，季奇就从语法上区分了属性形容词和谓语形容词。他说，如果"X是AB"（A是形容词，而B是一个名词）可以分成"X是A"和"X是B"，那么A这个形容词就是谓语形容词，如果"AB"不能被分开，分别作为A的谓语，那么A这个形容词就是一个属性形容词。他举例说明。如果我们说，"X是红书"，这里"红"和"书"可以分别作为X的谓语，因为我们可以分别说"X是红的"和"X是书"。相反如果我们说"X是小象"，这里的"小象"就不能分开，分别作为X的谓语，因为虽然我们还可以说，"X是象"，但不能说"X是小的"。为什么不能呢？我

[①] Rosalind Hursthouse, *On Virtue Ethics*, Oxford: Oxford University Press, 1999, p. 195.

[②] 参见Philippa Foot, *Natural Goodness*, Oxford: Oxford University Press, 2001, p. 2。

们可以设想另外一种情况。如果我们说"Y是大蚂蚁",我们同样不能将作为形容词的"大"与作为名词的"蚂蚁"分开,用作"Y"的谓语说,"Y是大的"和"Y是蚂蚁"。如果我们把"X(象)是小的"和"Y(蚂蚁)是大的"放在一起,我们就看到了问题,因为很显然,我们看到的X要比Y大很多。[1]

在对属性形容词和谓语形容词做了这样的区分以后,季奇说形容词"好"与"坏"同"大"与"小"这样的形容词类似,而与"红""黄"这样的形容词不同。就是说,它们是属性形容词,而不是谓语形容词。为了说明这一点,他在"红车"与"好车"之间做了对比。如果在远处有一辆红车,我看到了它的颜色,但看不清它是什么,我可以说,"这是红的",而另一个视力好但色盲的人看到它是车,但不知道它的颜色,他可以说,这是"车",然后我们听到两个人交流以后,可以说,"这是红车"。这说明"红"和"车"可以分别作为我们看见的东西的谓词,因此"红"是谓词形容词。但是,季奇指出:"很显然,我们不可能综合两个独立的信息,即'这是好的'和'这是车',来确定'这是好车'。"[2] 这是因为假如有一辆好车在两个人面前,即使一个人可以知道这是车而不知其好坏,因而说"这是车",但很显然另一个人不可能不知道这是什么而只知道"这是好的",因此即使第二个人这样说了,我们在听到这两个人说的话以后,除非我们也像第二个人那样脑子有问题,我们也断不会因而确定在他们面前的是一辆好车。

季奇之所以要强调"好""坏"是属性形容词而不是谓语形容词,主要是为了反对两类哲学家的观点。第一类是他称为"客观主义者"的哲学家的观点。虽然他没有点名,但因为他认为这样的哲学家有"自然主义的谬误"的概念并认为"好"是简单的、不可定义的非自然的属性,我们可以知道,他主要针对的是摩尔的观点。[3] 季奇虽然同意摩尔的观点,认为用快乐、欲望的满足等来定义"好"确实会犯自然主义的谬误,而且在这样做时,人们实际上是在将"好"看作谓语形容词。但他也反对摩尔将"好"看作一种"非自然"的属性。一方面,这样的否定说法没有告诉我们这种属性是什么样的属性,从而使这种属性具有了神秘的成分;但更重要的是另一方面。像摩尔这样的"客观主义者"与他们所批评的、犯自然主义谬

---

[1] Peter Geach, "Good and Evil," *Analysis*, 17.2, 1956, p. 33.
[2] Peter Geach, "Good and Evil," p. 33.
[3] 相对而言,富特在讨论作为属性形容词的"好"与"坏"时,则明确地反对摩尔的观点。参见 Philippa Foot, *Natural Goodness*, Oxford: Oxford University Press, 2001, p. 2。

误的哲学家有一个共同的问题,就是他们把"好"看作一种独立的单一的属性,仿佛"好车""好树""好老虎""好刀""好人"等中的"好"都具有相同的意义。在季奇看来,"认为要么所有被称为'好'的东西都必须满足同一个条件,要么'好'这个词就是不可救药地含混不清的,这纯粹是一种偏见"[1]。但我们在上面看到,"好"作为属性形容词与像"红"这样的谓语形容词的一个重要区别恰恰就是,像"红"这样的谓语形容词的意义是独立于其所描述的名词的意义的。因此即使我们对于红色之物一无所知,我们也可以知道"红"的意思,因为一把红椅子、一朵红花、一件红衣中的红(redness)是完全一样的。然而,我们要理解"好"的意义就必须理解被看作"好"的名词的意义。换言之,我们并不具有一个独立的、一致的关于"好"(goodness)的标准可以应用于一切事物。相反,我们的"好"(goodness)的标准必须是特定于被我们描述为"好"的那个东西的。换句话说,"好"这个规范性概念必须来自一个关于被认为是好的东西的描述性概念。好车的好、好树的好、好老虎的好、好刀的好、好人的好都有不同的意义,就好像大病毒的大、大蚂蚁的大、大象的大、大山的大、大行星的大具有不同的意义。因此正如富特指出的,"我们必须将'坏'改成'好',如果我们开始以为这样的形容词所描述的哲学书实际上是一本催眠书"[2]。

季奇要反对的第二类哲学家他称为牛津道德学家。在大多数情况下他也没有点名是谁,但在一个地方,他提到康德主义哲学家罗斯(W. D. Ross)的名字。这些牛津道德学家认为,季奇所讨论的作为属性形容词的"好"的用法主要具有赞扬的功能而不是描述的功能,换言之,它主要是一个规范概念而不是一个事实概念。因此说"这是一本好书"也就是我建议你看这本书。但季奇说,"我完全反对认为'好'的首要功能不是描述功能的观点"[3],他举了反例,如果我说"这个人是好小偷",这里的"好"这个字完全是描述性的,意指这个人善于偷东西而不被发现,但我绝对不是赞扬他。在季奇看来,"好"的主要功能是描述而不是赞扬。例如,如果我说这个人有好的眼睛、有好的胃等,在一般情况下,我并不是想将他的眼睛和胃等推荐给别人。在季奇看来,虽然这些以罗斯为代表的牛津道德学家和以摩尔为

---

[1] Peter Geach, "Good and Evil," p. 35.
[2] Philippa Foot, *Natural Goodness*, p. 3.
[3] Peter Geach, "Good and Evil," p. 36.

代表的客观主义者互不同意，但他们都认为"好"这个形容词，为了避免其意义的含糊不清，就必须有一个统一的意义，而这个统一的意义就不可能是描述的，而必须是推荐性的。因为在描述的意义上，如我们上面看到的，"好X"之"好"与"好Y"之"好"意义不同，但他们有共同的推荐意义：如果有人需要X，我就把这个X推荐给他，如果有人需要Y，我就把这个Y推荐给他。但在季奇看来，尽管对所有好的东西的"好"我们无法提供一个统一的说明，但并不表明我们的"好"的概念就是含混不清的。他做了一个类比说，2的平方等于2的2倍，但3的平方是3的3倍，4的平方是4的4倍。所以X的平方是X的几倍取决于X这个数字，但这并不表明"平方"这个词的意义含混不清。

现在我们回到我们本节要讨论的核心主题，霍斯特豪斯美德伦理学进路的道德实在论。我们在这里只从道德实在论的角度对它做比较简要的说明。我们说了美德伦理学进路的核心概念不是行动的对错，而是行动者的好坏。刚才我们讨论的季奇的观点对这种进路的道德实在论的重要性就在于，它告诉我们，要知道作为行动者的人的好坏就必须要知道作为行动者的人是什么，因为仅当我们知道了人是什么，我们才能确定一个具体的人是好人还是坏人，而后者正是霍斯特豪斯所做的。[①]霍斯特豪斯对人之好坏的讨论从相对无争议的对于动植物的好坏的讨论开始。她认为，我们在评价植物、动物和人的好坏时，要从他们各自的目的和方面着手，如果一个X的诸方面很好地为其诸目的服务，这就是一个好X，否则是一个坏X。这也许可以看作对"好"一般的、形式上的定义，但要具体知道"好X"中"好"的实质意义，我就必须了解这个X是什么。我们首先假定这个X是植物。植物有两个方面，即其构成部分（叶片、根、花瓣等）和活动（生长、吸水、发芽、枯萎、结籽等）。植物也有两个目的，即"（1）维持为其所属物种之成员所具有的典型的生存期的个体生存;（2）维持物种的延续"[②]。因此，一个好的植物就是其部分和活动与其个体生存和物种延续完美适应的植物。换言之，一个好的植物就是其两个方面能够很好地服务于其两个目的的植物。

其次我们假定X是动物。除了植物具有的两个方面和两个目的以外，动物

[①] 在我刚才描述的季奇的观点中，有一点是我不同意的。为了反对牛津道德学家认为"好"这个词主要是推荐性的观点，他强调它主要是描述性的。如我们在本文后面要论证的，在我看来，"好"这个词是同等地描述性的和推荐性的。

[②] Rosalind Hursthouse, *On Virtue Ethics*, p. 198.

还有两个额外的方面和目的。新增的第一个方面(第三方面)是与植物的被动性反应形成对照的能动性的活动,而新增的第二个方面(第四方面)是某种由情绪和欲望组成的心理状态。有了这两个新的方面,动物不仅有了实现前两个目的的更为复杂的方式,而且产生了两个新的目的。第一个新目的(第三目的)是其"特有的避免痛苦及追求快乐的方式",而第二个新目的(第四目的)是狼和蜜蜂这样的社会性动物所具有的"群体的良好运作"。因此,一个动物特别是高级动物,到底是好的还是有缺陷的,应该以这四个方面能否很好地服务于这四个目的来衡量。最后一个目的,也就是"群体的良好运作",作为社会性动物的特征,由于与我们对同样是社会性动物的人的评估相关而显得尤其重要。这种功能"使其成员(以为其物种特有的方式)获得好的生存;也就是说,有利于其特有的个体生存,有利于它们对物种延续做出其特有的贡献,有利于避免其特有的痛苦,有利于获得其物种特有的快乐"[①]。简言之,第四个目的,就是要使其成员能够更好地实现另外三个目的。

　　霍斯特豪斯认为,现在我们也可以以类似的方式来讨论人。在人那里,又出现了一个全新的方面(第五方面):理性(rationality),尽管没有新的目的出现。因此如果我们要对一个人做全面的评价,我们就要看这个人的五个方面是否很好地为这四个目的服务,从而确定这个人是好人还是坏人。但在伦理学中,我们不讨论头两个方面,即人的身体的构成部分及其单纯的身体活动,它们是人体生物学和医学的对象。因此,伦理评估的方面包括行动、情绪、欲望和理性。虽然较之高级动物,人只是增加了一个新的方面即理性,但理性不仅是一个需要评估的新的方面,而且它影响了对人的其他方面的评估。例如,动物的行为是出自先天倾向的,而人的行为出自理性因而成了伦理评估的对象。同样,与动物不同的是,情绪(emotions)和欲望(desires)在人身上之所以同样是伦理相关的方面,是因为它们受到理性的影响。因此,霍斯特豪斯认为,理性的出现标志着人与动物的巨大差别。表明其他存在之特征的东西,很大程度上是被自然决定的。它们之所以不去做某些事,正是因为它们不能做。与此相反,人类所特有的东西在相当大程度上是由"我们的理性(如果愿意你也可以说'我们的自由意志')"所决定的:"除了显而易见的物理局限和可能的心理局限外,无法从我们实际上所做的知道我们

[①] Rosalind Hursthouse, *On Virtue Ethics*, p. 201.

能够做到的,因为我们能够对我们实际上的行为进行评估然后至少尝试去改变它们。"① 所以,人类特有的生存方式就是理性的方式,"就是任何我们可以正确地视作好的、有理由采取的方式"②。

因此,对一个人做伦理评价,即将纯身体方面排除在外的评价,说一个人是(伦理上的)好人或是坏人,就是看这个人的行动、情感、欲望和(特别是)理性能否很好地服务其四个目的,特别是第四个目的,即社会团体的良好运作。霍斯特豪斯强调,她对人的这样一种描述是建立在当代生物学、人种学、人类学、心理学和社会学等基础上的,因此她在此基础上确立的与人的独特性即人性紧密相关的"好人"之"好"的概念也具有客观性。事实上,她之所以不同意别的一些哲学家,认为人较之高级动物没有新增任何额外的目的,恰恰是因为我们缺乏客观的证据,证明人有这样的新的目的。例如,她说:"我们或许会说人的第五个目的是我们的灵魂为来世生活所做的准备,或者它就是沉思,即理论理性的良好运作。但是接受第一点就等于超出了自然主义的范围走向了超自然主义,而对于像亚里士多德一样接受第二点,即使是哲学家们也是要犹豫再三的。"③

我们可以看到,作为一个新亚里士多德主义者,霍斯特豪斯跟亚里士多德一样,认为人与动物的唯一差别是理性。但在一个重要的方面,霍斯特豪斯跟亚里士多德不同。亚里士多德没有区分人的方面与目的。由于在他那里,人的独特功能是理性活动,一个好的人就是具有卓越理性活动的人。但如有些当代哲学家所指出的那样,这种意义上的"好人"之"好"并不具有完全的道德的确定性。就是说,虽然这种意义上的"好"是一种客观的性质,但它并非完全是道德的性质。也就是说,人所具有的这种"好"的性质虽然是客观的,但不一定是规范的。例如,麦克道尔就认为,一个理性功能得到卓越发挥的人不一定就是一个道德上的好人。为了说明这一点,他让我们想象一只获得了理性的狼。狼本来也是一种社会动物,这跟人一样,但跟人不一样,狼没有理性。现在假设一个狼群中的一只狼获得了理性,应该说与人无异了,但这只狼在获得理性以后与跟在获得理性之前的自己或者与还没有获得理性的其他狼会有什么差别呢?当然有很多可能性,但我们至少不能

---

① Rosalind Hursthouse, *On Virtue Ethics*, p. 221.
② Rosalind Hursthouse, *On Virtue Ethics*, p. 222.
③ Rosalind Hursthouse, *On Virtue Ethics*, p. 218.

排除这样的可能性：在获得理性之前，它本能地参与其狼群的集体捕猎并与其他狼分享猎物；但在获得理性以后，它可能会想，我是不是可以不参加捕猎而继续分享（甚至设法独吞）猎物呢？这就表明，理性并不一定隐含道德上的"好"的性质。[1] 霍斯特豪斯的美德伦理学则可以避免这个问题，因为与亚里士多德不同，她区分了人的方面和目的。一个人是否是好人要看人的诸方面是否很好地为人的诸目的服务。虽然理性是最重要的方面，是影响了所有其他方面的方面，但一个人是否是好人，并非看这个人的理性活动是否卓越，而要看这个人的理性活动是否有助于人的目的，特别是第四个目的即社会团体的良好运作的实现。在这个意义上，麦克道尔所假想的那只卓越地发挥了其理性功能以便能够不劳而获的理性的狼就不是好狼，因为它妨碍了"社会团体的良好运作"这个目的的实现。

这就表明，在霍斯特豪斯的美德伦理学进路中，"好人"的"好"不仅是人具有的一种客观的性质，而且是在道德意义上规范的性质。在这个意义上，我们在霍斯特豪斯那里发现了一种非常成功的道德实在论证明。但是虽然非常成功，它还存在一个严重的问题。她这种意义上的"好人"虽然排除了充分运用理性为自己谋私利的人（因为如我们上面看到的，这样的人妨碍了"社会团体的良好运作"这个目的的实现，因此是不好的人），但却无法排除瓦森（Gary Watson）所设想的黑帮成员。这个黑帮成员，当然是个理性的人，但他跟其他成员非常合作，并通过其理性的卓越发挥让其他成员的利益和大家所属的整个帮派的利益最大化。[2] 按照霍斯特豪斯的标准，这样的人应该可看作好人，因为他的各个方面，包括理性，很好地服务于他的各个目的，包括所属的社会团体的良好运作。霍斯特豪斯也许会说，这个黑帮分子或许确实是好的，但那是作为一个黑帮分子，而不是作为一个人。但若如此的话，我们就不能说一个在捕猎中对群体有贡献的狼是一头好狼：它只是作为其特定群体的一员而不是作为狼是好的。如果一头狼仅仅因为对群体有贡献就可以被看作一头好狼，而一个人，除非他或她能够有利于人类物种，却不能被视作一个好人，那么人与社会动物的第四个目的就一定不同。在社会动物那里，这个目的是一个动物所属的特定团体的良好运作，而在人那里，这个目的是一个人所属的整个

---

[1] John McDowell, *Mind, Value, and Reality*, Cambridge MA: Harvard University Press, 1998, pp. 171–173.
[2] Gary Watson, "On the Primacy of Characte," in *Virtue Ethics: A Critical Reader*, ed. Daniel Statman, Washington, D.C.: Georgetown University Press, 1997, p. 67.

人类共同体的良好运作,然而霍斯特豪斯在讨论从社会动物到人的转折时,不仅没有为人增加新的目的,而且也没有修改人和动物共享的目的。也就是说人与动物具有相同的第四个目的:社会群体的良好运转。

因此,到最后,在霍斯特豪斯那里,"好人"的"好"虽然可以说是一种客观性质,但还不是一种道德上完全具有规范性的性质。换言之,它还不是一个严格意义上的道德性质。正因为这一点,我们有必要转而考察朱熹的道德实在论之儒家美德伦理学进路。

四、儒家美德伦理学的进路:
朱熹对霍斯特豪斯局限性的克服

朱熹也是一个道德实在论者,而且他对道德实在论的论证也采取美德伦理学的进路,就是说,他所主要关心的不是一个人的行动之对错,而是作为行动者的人的好坏。在这种进路中,一个人的行动的对错取决于行动者的好坏,也就是说,对的行动就是一个好人倾向于从事的行动。所以对于美德伦理学来说,最重要的是如何确定作为行动者的好坏,而对于实在论来说,最重要的是如何论证人的好坏这种道德品质是客观的而非主观的。由于好人是人所应当成为的人,即朱熹所谓的人之所当然者,确定这种当然之则的客观性的一个办法就是确定其理由即朱熹所谓的其所以然者之客观性。所以说明朱熹的以美德伦理学为进路的道德实在论的一个办法是从他关于所当然和所以然的讨论开始。

在《大学或问》中解释致知概念时,朱熹先说,"致者,推致之谓……言推之而至于尽也",紧接着他就说,"至于天下之物,则必各有所以然之故,与其所当然之则,所谓理也……故致知之道,在乎即事观理,以格夫物"。[1] 这里朱熹说明世界上的所有物都有其所以然之故,说明该物为什么是该物而不是别的物,也有其所当然之则,说明该物应该是什么,而两者都是由该物之理决定的。致知也就是知道这个理。这里朱熹是一般地说天下之物,而没有专门谈论人类。这就表明,在他看来,(例如)如果我们知道有毒的蔷薇有毒,那么它一定有其所以然之故,即它为什么会有毒的

---

[1] 朱熹:《朱子全书》第6册,上海:上海古籍出版社,合肥:安徽教育出版社,2002年,第512页。

道理,它也有其所当然之则,即其应该有毒的道理(也就是说如果一枝有毒的蔷薇没有毒,那它作为有毒的蔷薇就是有缺陷的、不健康的)。同样,如果我们知道狼会参与集体捕猎,那么它也一定有其所以然之故,即狼为什么会集体捕猎的道理,和它的所当然之则,即狼应该参与集体捕猎的道理(也就是说如果一只狼不参加集体捕猎却争抢其他狼的猎物,我们可以确定这是一只有缺陷的、不健康的狼)。[①]在该书后面解释格物穷理时,朱熹一开始又说了类似的一般的话:"天道流行,造化发育,凡有声色貌象而盈于天地之间者,皆物也。既有是物,则其所以为是物者,莫不各有当然之则,而自不容已,是皆得于天之所赋,而非人之所能为也。"[②] 这里他特别强调物之当然之则"皆得于天之所赋,而非人之所能为也",这就更明确地表明,朱熹是一个规范实在论者,即一个物该是这样而不该是那样不是由我们人决定的,而是由天即客观实在决定的。紧接着,朱熹便特别对人之所以然和所当然做说明:"今且以其至切而近者言之,则心之为物,实主于身,其体则有仁义礼智之性,其用则有恻隐羞恶恭敬是非之情,浑然在中,随感而应,各有攸主,而不可乱也。次而及于身之所具,则有口鼻耳目四肢之用。又次而及于身之所接,则有君臣父子夫妇长幼朋友之常。是皆必有当然之则,而自不容已,所谓理也。"关于人的这种所以然和所当然我们下面会详细讨论。在这段话的最后,朱熹又回到万物之所以然和所当然:"使于身心性情之得,人伦日用之常,以致天地鬼神之变,鸟兽草木之宜,自其一物之中,莫不有以见其所当然而不容已,与其所以然而不可易者。"[③] 这里朱熹强调了物之所当然之理之不容已和所以然之则之不可易,实际上从另一个侧面反映了这样的理和则的客观性。

朱熹认为,世界上发生的一切,即"然者",不管是否是其所当然者,都有其所以然者。因此有其所以然者之然者(所有然者都有其所以然者)并非都是所当然者,也就是说即使并非所当然之然者也有其所以然者。这一点在他解释程颢"人生气禀,理有善恶"这句话时就体现得很清楚。朱熹认为,程颢这里并非在说有善的理

---

① 所以朱熹认为"人物各具当然之理处"(朱熹:《朱子语类》卷六十,北京:中华书局,1986年,第1430页)。人物在这方面的不同之处在于,当物是其不当是或不是其所当是时,一定是自然的原因,因而我们不能要求它为之负责;而当人是其不当是或不是其所当是时,往往是这个人自身的原因,因而我们可以要求他为之负责。
② 朱熹:《朱子全书》第6册,第526页。
③ 朱熹:《朱子全书》第6册,第527—528页。

也有恶的理,而是说世上有善人、有恶人这个事实、这个然者必定有其理,即有其所以然。由于程颢认为人性皆善,但人性必定禀于气中,而气的质量有不同,所以一个人如果禀有清纯之气,这个人就理应善,而如果一个人禀有浑浊之气,这个人就理应恶。换言之,一个人之所以善(然者也是其所当然者)有其所以然(有其理),其所以然者是这个人禀有清纯之气(或者,如果禀有浑浊之气的话,他将它澄清了);同样,一个人之所以恶(然者但不是其所当然者)也有其所以然(有其理),其所以然者就是这个人禀有浑浊之气又不做努力将其澄清。如果一个人禀有清纯之气却恶,而禀有浑浊之气又不加澄清却善,这反而是违背天理的事情,即不可能出现的事情。正是因为这样,朱熹说,程颢讲的"人生气禀,理有善恶"的"'理'字,不是说实理,犹云理当如此";这个"理"字"只作'合'字看"。①

如果不仅作为所当然者的然者(成善人、做善事)有其所以然,而且作为所不当然者的然者(成恶人、做恶事)也有其所以然,那我们如何来确定何为所当然者,何为所不当然者呢?是我们可以任意决定的呢,还是存在着我们可以用来区分所当然者与所不当然者的客观标准呢?朱熹的回答是后者。在朱熹看来,任一然者皆有其所以然,而如果这一然者是所当然者,则它还有其作为所当然者之所以然者,如果这一然者是所不当然者,则它还有作为所不当然者之所以然。换言之,每个然者,例如每个存在的人,都有(至少)两个所以然者。一方面,一个善人作为善人(然者)有其所以然者(说明为什么他是善人),而这个善人应当是善人(其所当然者)也有其所以然(说明为什么他应当是善人)。同样,一个恶人作为恶人(然者)有其所以然者(说明为什么他是恶人),而这个恶人之不应当是恶人(其所不当然者)也有其所以然者(说明为什么他不应当是恶人)。尽管这两个所以然都可以用理来说明,但如朱熹所说的,说明前一种所以然者(为什么一个人是善人,为什么一个人是恶人)之理不是实理,为方便讨论,我们姑且称之为虚理,而说明后一种所以然者(为什么一个人应该是善人而不应该是恶人)之理则是实理。虚理与实理的差别在于,虚理只是说明一个物之所以出现、产生或存在的原因,是纯描述性的,而实理则说明该物(不管其事实上出现、产生或存在与否,即不管它是否是个然者)该不该出现、产生、存在,是规范性的。例如,世界上有善人、有恶人,虚理只是说明为什么有善人、有恶人,而实理则要说明为什么一个人应该是善人而不应该是恶人。

---

① 朱熹:《朱子语类》卷九十五,第2426页。

在进一步展开我们的论证之前,有必要对我们上面关于朱熹的然者、所当然者和所以然者的理解做一些澄清,因为郑泽绵在其博士论文中认为我们这种对朱熹的理解是一种误解。在他看来,我们之所以认为有两个所以然,即说明然者(is)的所以然和说明所当然者(ought)的所以然,是因为我们把"'所以然'看成对'为什么'(why)的回答,而不是看成对'怎样做'(how)的回答。对'为什么'的回答是一套理论,如物理学或规则伦理学。与此相反,宋明理学的核心是自我修养,所讲求的理是为人处事的当行之理。譬如我向人请教如何游泳,他能游泳,这是'然';他的游泳动作,是'所以然',对我这个学习者来说,这些动作要领既是他的'所以然',也是我要学的'所当然'。要等到我真正学会了游泳,才算得上真正把握到了其中的'所以然'。所以朱子常常并列使用这两个词。如'是以虽与物接,而不能知其理之所以然与所当然也'。准确地说,朱子的'所当然'与'所以然'只是同一个当行之理的两种描述,只是体会的深浅有所不同"[①]。我认为这样的理解并不符合朱熹的原意。如果知道所以然就是知道怎样做,并且不知道所以然就不知道怎么做,那么除非一个人知道做某事的所以然,这个人就不能做这件事;反过来说,如果一个人成功地做了某件事,这就表明这个人知道了其所以然。但朱子显然并不持这样一种观点。例如,在解释《论语·泰伯篇》第九章"民可使由之,不可使知之"时,朱熹说:"民可使之由于是理之当然,而不能使之知其所以然也。"[②]这就是说,我们可以让老百姓做他们应该做的事情,即使我们没办法让他们知道其所以然。很显然这里的所以然指的是为什么要这样做的理由。如果所以然应理解为怎样做,那老百姓怎么能做他们不知道怎么做的事情呢?同样,在解释《孟子·尽心上》第五章"行之而不著焉,习矣而不察焉,终身由之而不知其道者,众也"时,朱熹也说,这是"言方行之而不能明其所当然,既习矣而犹不识其所以然,所以终身由之而不知其道者多也"[③]。这里朱熹讲得更明确,一个人可以终身做一件事而不知道其所当然和所以然。如果所以然指的是怎样做,那一个人肯定不可能终身不知所以然而然者。在《朱子语类》中讲到孟子的这段话时,朱熹也说:"人固有事亲孝,事兄弟,交朋友亦有信,而终不识其所以然者,'习矣,而不察也'。此

---

① 郑泽绵:《朱熹论自我修养及其心性论基础》,香港:香港中文大学,2011年,第218页。
② 朱熹:《四书章句集注》,台北:大安出版社,1994年,第141页。
③ 朱熹:《四书章句集注》,第491页。

'察'字,非'察物'之'察',乃识其所以然也。"① 这里朱子也说,即使不知其所以然,人也还是可以事亲孝,事兄弟,交朋友信等。事实上,郑泽绵上引的朱熹的话说的也是这个意思。较完整的这段话是:"人莫不与物接,但或徒接而不求其理,或粗求而不究其极,是以虽与物接而不能知其理之所以然与其所当然也。"② 这里的"与物接"也就是待人接物的意思。人可以知道如何正当地待人接物,却不知其所以然和所当然。朱熹在所有这些地方实际上都是在说明《系辞》中所说的"百姓日用而不知"的状况。

确信对朱熹的然者、所当然者和所以然者的理解无误后,我们现在再回到前一段讨论的问题:作为解释所当然者(和所不当然者)之所以然的理具有规范性没有问题,但它有没有客观性呢?或者说这种理的规范性是否是建立在其客观性的基础上的呢?这是确定朱熹是否是一个道德实在论者的关键问题。朱熹对这个问题的回答还是肯定的,因而是个道德实在论者。在朱熹看来,由于人之性在气中,而气有清纯和浑浊之分,因此,在虚理的意义上,理当有善人、有恶人,但是在实理的意义上,每个人都理当成善人而不是恶人。为什么呢?这要看什么是人,或者说人性是什么,或者说人之所以为人者是什么。在跟学生讨论《孟子·尽心下》第二章"仁者,人也"时,朱熹说:"仁者,人之所以为人之理也。然仁,理也;人,物也。以仁之理,合于人之身而言之,乃所谓道者也。"③ 在跟学生讨论同一章时,朱熹也说,"人之所以为人者,以其有此[即仁]而已。一心之间,浑然天理,动容周旋,造次颠沛,不可违也。一违,则私欲间乎其间,为不仁矣。虽曰二物,其实一理。盖仁即心也,不是心外别有仁也";又说,"人之所以得名,以其仁也。言仁而不言人,则不见理之所寓;言人而不言仁,则人不过是一块血肉耳。必合而言之,方见得道理出来"。④ 这就说明人之所以为人是因为其有仁,没有了仁,一个人就不再是人,或者是有缺陷的人,或者只是名义上的人,或者是与动物没有太大差别的人了。值得注意的是,在第一段话中的"不可违也"的"不可"是规范意义的"不可",意为"不容许"或"不应该"或"不应当",而不是描述意义上"不能够",因为这一段接下来马上就讲了人能够违仁。但既然一个人能够违仁为什么就不应该违仁呢?就是因为

---

① 朱熹:《朱子语类》卷十二,第215页。
② 朱熹:《答江德功》,《文集》卷四十四,《朱子全书》第22册,第2038页。
③ 朱熹:《四书章句集注》,第516页。
④ 朱熹:《朱子语类》卷六十一,第1459页。

仁是人之所以为人者。

　　这里，为了解释为什么我们应当成为仁者，朱熹说这是因为它构成了我们的人性。当然，朱熹这里说的仁是包含了儒家其他美德的全德。在其《仁说》一文中，朱熹说："天地以生物为心者也，而人物之生，又各得天地之心以为心者也。故语心之德，虽其总摄贯通，无所不备，然一言以蔽之，则曰仁而已矣。请试详之。盖天地之心，其德有四，曰元、亨、利、贞，而元无不统。其运行焉，则为春、夏、秋、冬之序，而春生之气无所不通。故人之为心，其德亦有四，曰仁、义、礼、智，而仁无不包。其发用焉，则为爱恭宜别之情，而恻隐之心无所不贯。故论天地之心者，则曰乾元、坤元，则四德之体用不待悉数而足。论人心之妙者，则曰'仁，人心也'，则四德之体用不待遍举而该。盖仁之为道，乃天地生物之心，即物而在，情之未发而此体已具，情之既发而其用不穷，诚能体而存之，则众善之源、百形之本，莫不在是。此孔门之教所以使学者汲汲于求仁也。"①在与学生讨论这个问题时，朱熹还具体地说明了在何种意义上仁德会导引并且涵括其他三德。朱熹认为，作为人之所以为人者，仁者，"本体；礼者，仁之节文；义者，仁之断制；知者，仁之分别"②。关于这一点，他在《玉山讲义》中说得更具体："仁字是个生底意思，通贯周流于四者之中。仁，固仁之本体也；义，则仁之断制也；礼，则仁之节文也；智，则仁之分别也。正如春之生气，贯穿四时，春则生之生也，夏则生之长也，秋者生之收也，冬者生之藏也。故程子谓四德之元犹无常之仁，偏言则一事，专言则包四者，正谓此也。"③在其他地方他还做了一个类比："性是统言。性如人身，仁是左手，礼是右手，义是左脚，智是右脚。"④

　　这里，朱熹认为，仁义礼智这些美德构成了人性。在这个意义上，一方面，人性是具有美德的，是有德的性，即德性，因此朱熹说："大抵人之德性上，自有此四者意思：仁，便是个温和底意思；义，便是惨烈刚断底意思；礼，便是宣著发挥底意思；智，便是个收敛无痕迹底意思。性中有此四者，圣门却只以求仁为急者，缘仁却是四者之先。"⑤而另一方面，仁义礼智，作为美德，乃是人性的美德，即性之德。因

---

① 朱熹：《文集》卷六十七，《朱子全书》第23册，第3279页。
② 朱熹：《朱子语类》卷六，第109页。
③ 朱熹：《文集》卷七十四，《朱子全书》第24册，第3589页。
④ 朱熹：《朱子语类》卷六，第110页。
⑤ 朱熹：《朱子语类》卷六，第110页。

此朱熹在《答张钦夫论仁说》中说:"盖人生而静,四德具焉,曰仁,曰义,曰礼,曰智,皆根于心而未发,所谓'理也,性之德'也。"①说仁义礼智是人性,是人之为人的所以然者,也就是说这是将人与其他存在物区分开来的东西。因此在注《孟子·离娄下》"人之所以异于禽兽者几希,庶民去之,君子存之"一章时,朱熹说:"人物之生,同得天地之理以为性,同得天地之气以为形;其不同者,独人于其间得形气之正,而能有以全其性,为少异耳。虽曰少异,然人物之所以分,实在于此。众人不知此而去之,则名虽为人,而实无以异于禽兽。君子知此而存之,是以战兢惕厉,而卒能有以全其所受之理也。"②这里虽然没有明确指出人之与动物之几希差异为何,但他明确地说,由于这几希是将人与动物区分开来的东西,一个人如果不是存之而是去之,则"实无异于禽兽"。在与学生讨论《孟子》的这一段时,朱熹则更明确地指出了这几希差异究竟为何。朱熹首先不同意佛教将人定义为"耳能闻,目能见",说"这个禽兽皆知",是人与物所同者。然后他说:"人所以异者,以其有仁义礼智,若为子而孝,为弟而悌,禽兽岂能之哉!"③正是因为这是人与动物唯一的差异,人便"须是存得这异处,方能自别于禽兽"④;而"人若以私欲蔽了这个虚灵,便是禽兽"⑤。

可以看到,与霍斯特豪斯一样,朱熹这里对道德实在论的论证采取的是美德伦理学的进路,就是说他的关注点主要不是去论证一个人的行动之对或错这种道德性质的客观性,而是去论证作为行动者的人之好或坏、善或恶这种道德性质的客观性;而且与霍斯特豪斯一样,朱熹这种以美德伦理学为进路的对人之好坏、善恶的客观性论证也诉诸人性概念。但较之霍斯特豪斯的论证,朱熹的论证有一个明显的长处,即它避免了前者的一个重大缺陷。我们在前面看到,霍斯特豪斯理解人性基于人的四个目的,特别是社会团体的良好运作这个为社会动物所特有的目的,和为这四个目的服务的五个方面,特别是理性这个为人所特有的方面。她做了详尽的论证,表明人客观上确实有这些目的和方面。但我们看到,她的论证的一个问题是,从这样一种对人性的理解中,她无法做出具有道德上规范性的人之为人的充分说明,因为按照这样一种人性观,一个黑帮成员也可以说

---

① 朱熹:《文集》卷三十二,《朱子全书》第21册,第1409页。
② 朱熹:《四书章句集注》,第413—414页。
③ 朱熹:《朱子语类》卷五十七,第1347页。
④ 朱熹:《朱子语类》卷五十九,第1389页。
⑤ 朱熹:《朱子语类》卷五十七,第1347页。

是一个好人，因为他的五个方面，包括其理性，很好地服务于其四个目的，包括社会团体（他所属的黑帮）的良好运作。与此相反，朱熹是用仁义礼智来说明人性的，而仁义礼智本身就是规范性的美德概念，它们不仅是人之为人的所以然者，也是人之为人的所当然者。因此，一个黑帮成员或任何其他不道德的人，因其缺乏仁义礼智这种使之成为人的人性，就不是一个好人，是一个有缺陷的人，是一个无异于禽兽的人。

但是朱熹较之霍斯特豪斯的这个长处似乎也隐含着一个短处。我们刚才讲了，霍斯特豪斯的人性概念具有其客观性，甚至是科学性，因为她的人性论是建立在生物学、人类学、人种学、心理学、社会学等当代知识基础上的。事实上，她之所以反对人们通过重新规定人的第四个目的或者提出人的第五个目的而修正她的人性概念，使之能够回应黑帮成员的问题，最主要的原因是在她看来，我们缺乏客观的甚至是科学的根据，对人性概念做出这样的修正。现在我们说朱熹的人性概念可以推导出人应该是道德的人，但他的人性概念是否具有为道德实在论所需要的客观性呢？朱熹的回答当然是肯定的，但他的回答有没有说服力呢？表面上看来是否定的。这是因为在朱熹看来，仁义理智作为人性是形而上者。例如，在注《孟子·告子上》"生之谓性"章时，朱熹就指出："性者，人之所得于天之理也；生者，人之所得于天之气也。性，形而上者也；气，形而下者也。人物之生，莫不有是性，亦莫不有是气。然以气言之，则知觉运动，人与物若不异也；以理言之，则仁义礼智之禀岂物之所得而全哉？此人之性所以无不善，而为万物之灵也。"[1] 形而上者，顾名思义，就是超越形状者，即是无形者，因此朱熹说，"既曰形而上者，则固自无形矣"[2]；在跟学生讨论《中庸》第十二章时，朱熹也说，形而上者之事"固有非视听之所及者"[3]；在跟学生讨论周敦颐《通书》"诚上"章时，朱熹也说："且如造化周流，未著形质，便是形而上者。"[4] 既然性是形而上者，而形而上者是非感觉器官所能及者，性也就是非感觉器官所能及者。因此，在《答陈器之·问玉山讲义》一书的一开头，朱熹就说，"性是太极浑然之体，本不可以名字言，但其中含具万理，而纲理之大者有四，故命之曰仁、义、礼、智"；又说，"所谓浑然全体，无声臭之可言、无形象之

---

[1] 朱熹：《四书章句集注》，第457页。
[2] 朱熹：《答林德久》，《文集》六十一卷，《朱子全书》第23册，第2949页。
[3] 朱熹：《朱子语类》卷六十三，第1532页。
[4] 朱熹：《朱子语类》卷九十四，第2389页。

可见"。① 如果人性是非我们的感官所能及者,我们当然还可以说人应该有仁义礼智之德,但我们不能说这是人性,毕竟我们无法知道人性;而如果这样,我们关于人应该成为具有仁义礼智之德的人的断言就只具有规范性,而缺乏客观性,因而也不能支持道德实在论。

但朱熹自己却认为,人应该有仁义礼智这个断言,不仅具有规范性而且也具有客观性。换言之,虽然人性非我们的感官所能及,但我们还是可以客观地知道人性由仁义礼智构成。为此,他提出了两个相互关联的论证。第一个是刘述先称之为"由流溯源的方法":"朱子一贯以为性是未发,性即无形,故不可以直接的方法掌握,必由已发倒溯回去,始可以见性之本然。"② 这里所谓的已发就是情,是流,其源是未发之性。未发之性故非我们的感官所能及,已发之情则可以为我们所感知。由流溯源的方法就是由可感知之情溯不可感知之性的方法。在上述《答陈器之》信中,朱熹就用了这个方法。他说:"然四端之未发也,所谓浑然全体,无声臭之可言、无形象之可见,何以知其粲然有条如此? 盖是理之可验,乃依然就他发处验得。凡物必有本根,性之理虽无形,而端的之发最可验。故由其恻隐所以必知其有仁,由其羞恶所以必知其有义,由其恭敬所以必知其有礼,由其是非所以必知其有智。使其本无是理于内,则何以有是端于外? 由其有是端于外,所以必知有是理于内而不可诬也。"③ 在跟他的学生讨论这个问题时,朱熹也说:"仁义礼智,性也。性无形影可以摸索,只是有这理耳。惟情乃可得而见,恻隐、羞恶、辞逊,是非是也。故孟子言性曰:'乃若其情,则可以为善矣。' 盖性无形影,惟情可见。观其发处既善,则知其性之本善必矣。"④

朱熹的这个由情溯性的方法来自程颐。程颐曾说:"因其恻隐之心,知其有仁。"⑤ 朱熹认为程颐此言"说得最亲切分明。也不道恻隐便是仁,又不道掉了恻

---

① 朱熹:《文集》卷五十八,《朱子全书》第23册,第2778页。
② 刘述先:《朱子哲学思想的发展与完成》(增订本),台北:学生书局,1984年,第217页。类似的,陈来称这种方法为逆推论证。值得指出的是,这里讲的倒溯法或逆推法,与朱熹自己所说的与"顺其理"相反的"逆其理"不同。朱熹说:"恻隐羞恶,多是因逆其理而见。惟有所可伤,这里恻隐之端便动;惟有所可恶,这里羞恶之端便动。若是事亲从兄,又是自然顺处见之。"(朱熹:《朱子语类》卷五十三,第1288页)朱熹这里说的是我们见恻隐、羞恶之情的状况与我们见恭敬之情的状况不同。
③ 朱熹:《文集》卷五十八,《朱子全书》,第23册,第2779页。
④ 朱熹:《朱子语类》卷六,第108页。
⑤ 程颢、程颐:《二程集》,北京:中华书局,2004年,第168页。

隐,别取一个物事说仁。譬如草木之萌芽,可以因萌芽知得他下面有根。也不道萌芽便是根,又不道掉了萌芽别取一个根"[1]。在朱熹看来,我们既不能混淆性与情,也不能把他们割裂开来:"有这性,便发出这情;因这情,便见得这性。因今日有这情,便见得本来有这性。"[2] 朱熹认为,程颐的由恻隐而知仁的方法可以扩展到四端的其他三端和性的其他三个方面,因此他说:"性不可言,所以言性善者,只看他恻隐、辞逊四端之善则可以见其性之善,如见水流之清,则知源头必清矣。四端,情也,性则理也。发者,情也,其本则性也,如见影知形之意。"[3] 更具体地说,"恻隐、羞恶,是仁义之端。恻隐自是情,仁自是性,性即是这道理。仁本难说,中间却是爱之理,发出来方有恻隐;义却是羞恶之理,发出来方有羞恶;礼却是辞逊之理,发出来方有辞逊;智却是是非之理,发出来方有是非。仁义礼智,是未发底道理,恻隐、羞恶、辞逊、是非,是已发底端倪……如今因孟子所说恻隐之端,可以识得仁意思;因说羞恶之端,可以识得义意思;因说恭敬之端,可以识得礼意思;因说是非之端,可以识得智意思。缘是仁义礼智本体自无形影,要捉摸不着。只得将他发动处看,却自见得。恰如有这般儿子,便知得是这样母"[4]。朱熹更举例说:"见孺子入井,而有怵惕恻隐之心,便照见得有仁在里面;见穿窬之类,而有羞恶之心,便照见得有义在里面。"[5] 在上述的《答陈器之》书中,朱熹用感应说提出了类似的说法:"盖四端之未发也,虽寂然不动,而其中自有条理,自有间架,不是侗侗都无一物,所以外边才感,中间便应。如赤子入井之事感,则仁之理便应,而恻隐之心于是乎形;如过庙过朝之事感,则礼之理便应,而恭敬之心于是乎形。"[6] 这里我们看到,朱熹对孟子的"四端"的"端"字有不同的理解。在孟子那里,某物之端指的是该物的起点,而该物就是在这个起点得到充分发展后实现的。例如恻隐为仁之端,意为恻隐经过充分发展以后便是仁。但在朱熹那里,某物之端则成了已经存在的某物所流露出来的端倪。因此在其《玉山讲义》中,朱熹在引了孟子"恻隐之心,仁之端也;羞恶之心,义之端也;恭敬之心,礼之端也;是非之心,智之端也"后就说:"谓之端者,犹有物

---

[1] 朱熹:《朱子语类》卷五十三,第1288页。
[2] 朱熹:《朱子语类》卷五,第89页。
[3] 朱熹:《朱子语类》卷五,第89页。
[4] 朱熹:《朱子语类》卷五十三,第1287—1288页。
[5] 朱熹:《朱子语类》卷五十三,第1288页。
[6] 朱熹:《文集》卷五十八,《朱子全书》第23册,第2779页。

在中而不可见,必因其端绪,发见于外,然后可得而寻也。"①

因此,在朱熹看来,尽管我们对于性没有直接的感知,我们仍然能够确信性是有德之性,是由仁义礼智构成的,因为存在我们能够感知的善的情。在朱熹看来,性是情之未发,而情是性之已发,因此,从所发之情我们可以逆推未发之性,作为对为什么会有这种情的解释。② 在上面所引的一些段落中,我们看到朱熹有了几个类比来说明如何从可见的情而知不可见的性。第一个是不可见的根与可见的萌芽的关系。我们虽然不能直接知道地下的根,但从地面上生长出来的健康的萌芽,我们就可以确定下面一定有健康的根。第二是不可见的母亲与可见的孩子的关系。虽然我们不能直接知道不在现场的母亲是否善良,但从我们看到的这个孩子之懂事,我们就可以断定他一定有个善良的母亲。第三个是不可见的水源与可见的水流的关系。虽然我们不能直接知道不可见的水源的质量,但从这个源头流出的清澈的水,我们就可以确定这个水源也一定非常清澈。第四是不可见的形与可见的影之间的关系。虽然我们不能直接知道不可见的形,但从可见的影之大小我们可以推知其形之大小。根据这样的类比,虽然我们不能直接知道人性之善恶,但从可见的其所发之情的善,我们可以确定人性之善。由此可见,当朱熹说人性具有仁义礼智之德时,他不只是在做一个规范的断定,而且也是在做一个客观的描述。

但在这里我们似乎就碰到了一个问题。我们可以从恻隐、羞恶、辞让、是非这些善端、善情里面推知一定有仁义礼智等性之美德。但若想由此得出人性为善、为德性,我们就得假定所有作为端的情都是善的,而如果这样,世界上就不会有恶、不会有恶人,这显然是反事实的,也不是朱熹所持的观点。朱熹一方面认为性是有德的,另一方面他也确实承认情可以是善可以是恶的。他声称:"性才发,便是情。情有善恶,性则全善。"③ 这就是说,除了四端这些善端、善情外,还有一些恶端、恶情。然而这又导致了一个新问题。如果从善的情我们能够推论说它们由之生发的性必定是善的,我们难道不是同样能够从坏的情推出它们由之生发的性必定是坏

---

① 朱熹:《文集》卷七十四,《朱子全书》第24册,第3589页。
② 因此,我曾撰专文说明,朱熹的形而上学与在当代西方哲学中被抛弃的形而上学不同,后者是基础主义的,而前者是解释性的。其差别就在于,解释学性的形而上学是以经验现象为基础的,是为了解释这些经验现象(然者)而做出的说明(其所以然),而后者则是完全独立于经验现象的。参见黄勇:《朱熹的形上学:解释性的而非基础主义的》,《社会科学》2015年第1期,第118—128页。
③ 朱熹:《朱子语类》卷五,第90页。

的吗？陈来也看到了这个问题："按照朱熹，情是性的表现，由此，从普遍存在于人的四端之情可以证知人无不具有四德之性。但是，情有善恶，于是，同样的方法也可以说，从人有种种不善之情推知人也有与之相应的不善之性。所以朱熹这种以情证性的方法缺乏普遍性而陷入矛盾。"[①]虽然陈来提出了解决这个矛盾的三个可能办法，但他又说，一则朱熹本身没有意识到这个问题，因而也不可能用这些办法来解决这个问题，二则这些解决方法本身也有问题。事实上，我认为朱子的逆推法在用来说明善恶之情时是具有不对称性的。我们再次借用朱熹的类比，从地面上生发的芽，我们能够推知在地底下一定有根。然而，我们不能仅仅因为地面上没有芽就说在地底下一定没有根；同样，从地面上长出的健康的苗我们可以推知下面一定有健康的根，但我们不能仅仅因为地上发的芽不好就推出其在地下的根也一定不好。一个坏的根，由于它是坏的，确实不能生出好的芽来，甚至根本不能生出任何芽来；而一个好的根并不总是生出好的芽：根之没有芽或者芽变坏可能有其他的原因，比如土壤不好，或者没有适当地施肥、浇水或培育，或者长出的芽被人或动物踩坏等。同样，发出好的情的一定是好的性，但该有好的情出现的时候好的情却不出现，甚至出现恶的情，则不一定因为有不好的性，而是因为有别的因素。

我认为这正是朱熹的观点。但这种观点还需要得到论证，因为我们上面最多只是表明一种可能性：好的性可能由于别的什么原因而没有发出好的情，甚至发出恶的情，但我们毕竟不能排除另一种可能性：之所以没有应该有的善的情确实是因为没有善的性，之所以有恶的情确实是因为有恶的性。这就好像在我们的类比中，虽然没有芽不一定是没有根，有不健康的芽不一定是有不健康的根，但我们毕竟不能排除这个可能性：没芽确实是因为没有根，或者芽不健康确实是因为根不健康。然而，朱熹断然排除了性恶的可能性，这是否意味着鉴于实际上确实存在恶的情和恶的人的事实，朱熹"德性论"的人性观说到底还是一个形而上学的、纯粹规范性的观点，而缺乏任何客观的根据？要说明这个问题，我们就必须转向朱熹的第二个论证：人，特别是恶人，与动物的不同。确实，如我们在前面看到，就恶人作为恶人来说，朱熹认为他们与禽兽无异，例如他说："今人至于沉迷而不反，圣人为之屡言，方始肯来，已是下愚了。况又不知求之，则终于为禽兽而已！盖人为万物之灵，自

[①] 陈来：《朱子哲学研究》，上海：华东师范大学出版社，2000年，第211页。

是与物异。若迷其灵而昏之,则与禽兽何别?"① 在另一个地方,他又说:"人物之所同者,理也;所不同者,心也。人心虚灵,无所不明;禽兽便昏了,只有一两路子明。人之虚灵皆推得去,禽兽便推不去。人若以私欲蔽了这个虚灵,便是禽兽。人与禽兽只争这些子,所以谓之'几希'。"②

但同时,朱熹又注意到另一个事实并试图说明之:恶人作为人与禽兽又不一样。我们批评恶人,认为他们不应该是恶人,而应该成为善人,但我们不批评禽兽,不说他们不应该是禽兽,而应该成为善人。为什么呢? 应该隐含着能够。恶人可以变善,但禽兽则不能。在《经筵讲义》的一开头,朱熹就说,虽然人人都生有仁义礼智之德,"但以人自生而有血气之身,则不能无气质之偏以拘之于前,而又有物欲之私蔽之于后,所以不能皆知其性,以至于乱其伦理而陷于邪僻也。是以古之圣王设为学校,以教天下之人,使自王世子、王子、公、侯、卿、大夫、元士之适子以至庶人之子,皆以八岁而入小学,十有五岁而入大学,必皆有以去其气质之偏、物欲之蔽,以复其性,以尽其伦而后已焉"③。他的学生问:"若是气质不善,可以变否?"朱熹回答说:"须是变化而反之。如'人一己百,人十己千',则'虽愚必明,虽柔必强'。"④ 在另一个地方,朱熹也说:"就人之所禀而言,又有昏明清浊之异。故上知生知之资,是气清明纯粹,而无一毫昏浊,所以生知安行,不待学而能,如尧舜是也。其次则亚于生知,必学而后知,必行而后至。又其次者,资禀既偏,又有所蔽,须是痛加工夫,'人一己百,人十己千',然后方能及亚于生知者。及进而不已,则成功一也。"⑤

这个观点似乎与孔子说的"唯上智与下愚不移"的说法有矛盾,但朱熹并不这样认为。在其《论语集注》中注这一段话时,他引了程颐的话来解释:"人性本善,有不可移者何也? 语其性则皆善也,语其才则有下愚之不移。所谓下愚有二焉:自暴自弃也。人苟以善自治,则无不可移,虽昏愚之至,皆可渐磨而进也。惟自暴者拒之以不信,自弃者绝之以不为,虽圣人与居,不能化而入也,仲尼之所谓下愚也。然其质非必昏且愚也,往往强戾而才力有过人者,商辛是也。圣人以其自绝于善,

---

① 朱熹:《朱子语类》卷八,第132页。
② 朱熹:《朱子语类》卷五十七,第1347页。
③ 朱熹:《文集》卷十五,《朱子全书》第20册,第691—692页。
④ 朱熹:《朱子语类》卷四,第64页。
⑤ 朱熹:《朱子语类》卷四,第66页。

谓之下愚,然考其归则诚愚也。"① 朱熹在这里提请我们注意的恶人能成为有德者而动物则不能这个事实,应该是不太有争议的。在上引的《经筵讲义》中,朱熹更进一步说明了这个事实的所以然:"天道流行,发育万物,而人物之生,莫不得其所以生者以为一生之主。但其所以为此身者,则又不能无所资乎阴阳五行之气。而气之为物,有偏有正,有通有塞,有清有浊,有纯有驳。以生之类而言之,得其正且通者为人,得其偏且塞者为物。以人之类而言之,则得其清且纯者为圣为贤,得其浊且驳者为愚不肖。"② 有学生问"人物之性一源,何以有异"时,朱熹更明确指出:"人之性论明暗,物之性只是偏塞。暗者可使之明,已偏塞者不可使之通也。"③ 这里,朱熹不仅在人与非人之间做了区分,而且在有德因而真的人与邪恶因而只是名义上的人之间做了区分。人与非人类之间的不同在于其气是正、通者还是偏、塞者;而善人与恶人之间的区别在于其气是清、纯者还是浊、驳者。在人那里,不管其气是清纯还是浊驳者,都是正、通之气,因此浊驳之气可以澄清;而在动物那里,由于其气偏而塞,无法变得正而通,所以动物无法变善。因此,在跟学生讨论《中庸》第二十二章时,朱熹说:"物禀得气偏了,无道理使开通,故无用教化。尽物性,只是所以处之各当其理,且随他所明处使之。它所明处亦只是这个善,圣人便是用他善底。如马悍者,用鞭策亦可乘。然物只到得这里,此亦是教化,是随他天理流行发见处使之也。如虎狼,便只得陷而杀之,驱而远之。"④

我们前面在问,朱熹关于人性有仁义礼智之德构成的观点是否只是一种规范的观点,表示人应该有仁义礼智,还是也有其客观性。如果朱熹是一个道德实在论者,他必须对这样一种观点提供客观性的证明。我们上面考察了他为证明这种客观性的两个相互关联的论证。一方面,他用逆推法,通过人有恻隐、羞恶、辞让、是非之善情来证明,人必定有产生这些善情之相应的善性,即仁义礼智。另一方面,虽然人也有不善的、恶的情,要解释这种恶的、不善的情的产生有两个途径。一个是证明人有产生这种不善之情的相应的不善之性,另一个是证明不存在相应于不善之情的不善之性,而证明这种不善的情虽然也发自善的性,但在这个过程中由于别的因素的作用,善性没有发出善情甚至发出恶情。我们看到,朱熹

---

① 朱熹:《四书章句集注》,第246页。
② 朱熹:《文集》卷十五,《朱子全书》第20册,第693页。
③ 朱熹:《朱子语类》卷十四,第57页。
④ 朱熹:《朱子语类》卷六十四,第1570页。

的论证采取的是后一种途径,而这个论证的核心就是人物或者说人禽之辨。因为通过经验的、历史的和文化的观察,我们可以知道即使是至恶之人也可以变成善人,甚至圣人,而动物则不可;相应地我们重视对人的道德教育,而对动物,如我们上面看到朱熹所说的,则"无用教化";同样地,如果有人杀了人,我们就会谴责他,而如果虎狼吃了人,我们"只得陷而杀之,驱而远之",而不会谴责之。这就说明人性,作为人之为人者,作为将人与动物区分开来者,一定具有仁义礼智诸德之性。因此,如果有人的仁义礼智被遮蔽,我们就可以说这个人不是一个健全的人,是一个有缺陷的人,是一个(在实然的意义上)与禽兽无异的人;而这样的事情一直在动物身上发生,在所有动物身上发生,我们则不说它们是不健全的、有缺陷的动物,原因就在于前者可以变善而后者不能。为什么说朱熹的这第二个论证,即恶人可以变善而动物不可以的论证,证明了人性一定是善的,一定具有仁义礼智呢?假设人的性,至少是恶人的性,跟动物一样,没有仁义礼智①,都是不善的甚至都是恶的,那么我们就无法解释甚至至恶之人还是可以变善而动物则不可以这个经验事实。换句话说,由于动物没有善性而不可以变善,那么如果人也没有善性,(恶)人也不可以变善,而这是反事实的(counterfactual)。因此我们必须认为,即使恶人之性也善。

五、朱熹如何面对道德实在论的四个难题

我们在本文力图阐明,朱熹以美德伦理学为进路的道德实在论何以证明作为道德性质的人之"好"与"坏"或"善"与"恶"这样的道德性质既是客观的又是规范的,换言之,它们具有麦基所谓的客观规范性。但是,我们前面说过,一个成功的道德实在论必须至少能够面对我们在本文第二节讨论的、道德反实在论者认为道德实在论必须面对的问题。因此,在结束本文之前,我们可以简单地考察一下,朱熹的以行为者为焦点的道德实在论如何面对这些问题。

首先是休谟的不能从事实命题推出价值命题的问题。休谟的假定是事实都是

---

① 这里为了论证的方便,我没有涉及更复杂的问题,即朱熹有时候认为动物也有仁义礼智。关于这一点,我在别的几个地方都有讨论,我的结论是朱熹最后所持的观点与我在这里简单化处理的观点并无二致。具体可参见黄勇《朱熹的形上学:解释性的而非基础主义的》,特别是第122页。

纯事实,关于这样的事实的描述就一定是纯事实的描述,而任何价值的命题都不是事实命题,因此我们不能从事实命题中推出价值命题。这是因为,如皮格顿所指出的,推论具有保守性,我们不能从一个前提(事实命题)中推出它本身没有已经包含的东西(价值命题)。但休谟的这个假定本身就是错的,因为存在着一些价值事实,而关于这些价值事实的命题就既是事实命题,又是价值命题。做一个类比,假如一个医生检查了一个人的身体,说"你有病"。你说这是一个事实命题呢,还是价值命题?当然它是一个事实命题,因为这是医生对这个人的身体实际状况的描述,但它何尝又不是一个价值命题呢?说一个人的身体有病,就是说这个人的身体不是它应该所是的样子,而且往往隐含着应该得到医治。反过来说,假如这个医生在检查了这个人的身体后说,"你没有病"或者"你很健康",这也既是一个事实命题,也是一个价值命题。它是一个事实命题,因为这是这个人实际的身体状况,但它又是一个价值命题,因为它表明这个人的身体是它应该所是的情况,而且往往还隐含着这个人应该维持这样的情况。现在我们再回到道德层面上。如果我们对一个人做了考察,发现他的仁义礼智没有被私欲遮蔽,因为在恰当的情况下,他都有恻隐、羞恶、辞让、是非之情,从而说他是一个好人,这当然是一个价值命题,但他也是一个事实命题,是可以被我们在这个人身上发现的事实证实的命题。反过来说,如果我们对一个人做了考察以后,发现在该有恻隐等四端之情发出来的时候却没有发出来,甚至反而会发出相反的情,我们就会说他是一个坏人。这当然也是一个价值命题,但它又是一个事实命题,因为这是对这个人的实际情况的描述。当然有人会说,好坏是纯价值概念,而不是事实概念。从纯事实上,我们最多只能说这个人有没有四端之情,而不能说这个人好坏;从这个人有没有四端之情得出关于这个人之好坏的结论就是从事实命题推出价值命题。但是,这个说法是不能成立的。我们再回到医生对病人的诊断上。按照这种说法,医生在检查了一个人的身体以后,只能说(例如)"你身上有COVID-19",而不能说"你身体有病",并指责这个医生从前者推出后者是从事实命题推出价值命题。很显然,这种说法是不能成立的。这是因为医生根据对人的身体的了解已经确定了什么样的状况是健康的状况,什么样的状况是有病的状况,因此在对一个人的身体做了检查以后,就直接可以说这个人身体有病还是没有病。道德上的好坏也是一样的。我们已经确定什么是健康的、没有缺陷的、能与其他动物相区分的人的状况,因此在对一个人做了考察以后,马上就可以确定这个人有没有"好"或者"健康"的品质,一种既是事实的又是规范的品质。因此，简言之，朱熹对休谟问题的回答不是说明如何从事实命题推出价值命题，而是解释我们关于人的"好"这个规范品质的命题本身既是事实命题又是规范命题。

其次，朱熹的以行为者为焦点的道德实在论也不会面临摩尔所谓的开放问题。我们前面对季奇一篇文章的讨论表明，之所以摩尔认为我们在试图定义"好"的时候会面临开放问题，是由于其持一种独特的"好"的观念。一方面，如季奇所指出的，他的"好"的概念是含混不清的。当我们试图理解他的这个概念时，他只能说它不是什么，因为我们想到的这些"什么"都是自然性质，而他说"好"是非自然性质，但他又不能指出这种"好"的具体性质。另一方面，他讲的"好"的这种性质是单一的，也就是当我们说"好X""好Y""好Z"时，这里的"好"都有同样的意义。但这种"好"的概念是有问题的。在美德伦理学进路的道德实在论中，我们看到，"好"的意义离不开被称为好的东西的意义。因此，"好X"之"好"不同于"好Y"之"好"，后者又不同于"好Z"之"好"。如果我们开始以为某物是"X"而说它是好"X"，但后来发觉它不是"X"而是"Y"，我们很可能要说这是"坏Y"。同时，在这种美德伦理学进路中，无论是霍斯特豪斯的亚里士多德主义版本还是朱熹的儒家版本，"好"都是一种自然性质，而不是非自然性质。由于在"好"这个观念上的这两点差异，这种以行为者为中心的道德实在论可以避免摩尔的开放问题。例如在朱熹那里，人是具有仁义礼智之性的存在物，因此好人就是其仁义礼智之性没有被私欲遮蔽的人。如果摩尔问，"具有仁义礼智的人真的好吗"，那么他问错了问题，因为他又把"好"看作具有独立于好的东西的意义的一般性质，而我们所使用的"好"的意义不能离开被称为好的东西来理解；但他可以问"具有仁义礼智的人真的是好人吗"，而这个时候我们就可以给他一个肯定的回答，因为，我们对人的定义就是具有仁义礼智之性的存在物，因此这里没有开放问题。当然他可以不同意我们对人的定义，但在这个时候他不是说我们对好人的定义会面临开放的问题，而是说我们对好人的定义错了。在这种情况下，为了说明这里不存在开放问题，我们可以问他，既然他不同意我们对好人的定义，那么他的定义是什么。如果他说"好人是具有X、Y、Z特性的人"，那么他也一定承认这个定义并不面临开放问题。如果他认为这还是会面临开放问题，那么他就不仅在说"好"不可定义，而是任何东西都不可定义。

再次，我们看看朱熹的"好"和"坏"这样的道德性质是否具有麦基所谓的怪异性，包括存在论上的和认识论上的。首先从存在论角度看，麦基在说客观的道德性质（即他所谓的客观的规范性）具有怪异性时，他主要针对的是以行动为焦点的道德实在论，因为这种实在论主张行动具有客观的"对"与"错"的性质。也许持这样一种道德实在论的人可以设法回应麦基的问题，虽然在我看来这样的性质确实是很怪异的。但是我们在这里讨论的是以作为行动者的人为中心的道德实在论，而这种实在论所关心的道德性质是人之"好"与"坏"的性质。虽然霍斯特豪斯和朱熹关于人之"好"与"坏"的规定有所不同，因为他们对人之为人者理解不同，但他们所讲的人之"好"与"坏"这两种道德性质都是自然的性质，没有任何怪异之处。这是因为他们对这两种道德性质的理解是以人的身体之健康与有病这两种自然性质为模型的。因此，除非麦基认为医生对人的身体使用的"健康"和"有病"这样的概念本身也具有怪异性，我想他不会认为以人为焦点的道德实在论所强调的"好""坏"这类客观的道德性质具有任何怪异性。但我们在前面讨论对休谟问题的回应时已经指出，医生所使用的"健康"和"有病"这样的具有麦基所谓的"客观的规范性"的性质是自然的性质，因而也不可能有什么怪异性。美德伦理学所使用的人在道德上的"好""坏"这两种性质类似身体上的"健康""有病"这两种性质，因而也没有什么怪异性。由于这类客观的道德性质在存在论上没有怪异性，它们在认识论上也就不会有什么怪异性。因为它们本身就是自然性质，我们不需要有任何不同于我们用来认识自然现象的特别官能来认识这样的道德性质。就好像医生在确定一个人的身体健康与否时完全凭借他与我们都有的日常的认识官能，我们在确定一个人是好人还是坏人时，即在通过确定其有没有恻隐、羞恶、辞让、是非四端而确定其有没有仁义礼智时，我们也只是在使用我们日常的认识官能，而不需要有任何特别的官能。

最后，我们看看朱熹以人为焦点的道德实在论如何回应道德相对性或者说基于不可追踪的道德分歧的批评。我们看到，这种批评简单地说就是如果存在着客观的道德性质，而且伦理学的任务就是要把握这样的客观性质，那么在伦理学问题上就不会有这么多的分歧，并且这种分歧与在科学问题上的分歧不同，后者可以追踪到对所研究对象的证据之不足，但前者是不可追踪的，即使大家对有关的事实有了充分的了解并达成了共识，这样的争论还是会存在。以人为焦点的道德实在论对有关的道德性质，即作为行动者的人之"好"和"坏"的性质，有没有争论呢？当然有争论，因为这种有关人的"好""坏"的性质的理解取决于我们对被称为"好"或"坏"的人之性的理解,而对于什么是人性,不同的哲学家有不同的理解。我们在本文中已经看到霍斯特豪斯与朱熹对什么是人性,即人之为人者,即将人与他物区分开来者,就有不同的理解,而且这只是对人性众多理解中的两种。但这是否就成为我们认为人之"好"和"恶"作为客观的道德性质不存在的理由呢?显然不是的。关键是,在这里,大家对人之"好""坏"这样的道德性质的理解上的分歧与科学分歧类似,如果本身不就是科学分歧的话。换句话说,这样的分歧是可追踪的:可以追踪到大家对人性的理解上的分歧,而大家在人性问题上的分歧又是因为大家关于人性的事实证据不足,而这种关于人性的证据不足的问题,随着研究的逐步深入,至少在理论上是可以解决的。不过,可能有人会说,即使在人性的好坏这样的道德性质问题上确实不存在不可追踪的意见分歧,但这种以作为行动者的人为中心的道德实在论怎么回应道德反实在论所说的不可追踪的道德分歧呢:在堕胎问题上的分歧、在素食和肉食问题上的分歧、在藏有珍贵艺术品的博物馆被炸和一个繁忙的街道被炸哪个更坏的问题上的争论?回答是,因为这种道德实在论采取了美德伦理的进路,它主要关心的是行为者的好坏的问题,而不是行动的对错的问题,而上面提到的有争议的问题都是行动的对错问题而不是行为者的好坏问题。但毕竟美德伦理并没有完全排除行动对错的问题,而只是说行动的对错问题是从行为者的好坏问题推导出来的,就是说,对的行动就是好的人,即具有美德的人典型地会做的事情。因此道德反实在论者还是会问,一个好人、一个具有仁义礼智这样的美德的人在碰到这样的问题时会怎么做?要回答这样的问题,我们要看到,这里我们所面对的实际上是道德两难,而在真正的道德两难(即两个选项同样坏,而我们又不得不要选择其中的一项)面前,一个好人、一个具有仁义礼智等美德的人也没有比我们更好的办法。我在别的地方曾用有轨电车难题来说明,假定这里我们面临的是真正的道德两难,那么两个同样好的、具有同样程度的仁义礼智之德的人如果做出恰恰相反的事情,一个人让它前行从而压死五个人,另一个则扳轨道让它转向从而压死一个人,也没有什么奇怪。他们之所以是好人,是具有仁义礼智之德的人不在于他们在面对这样的两难时做了什么与众不同的事情,因为两个坏人、两个没有仁义礼智的人在这种情况下做的事情与他们不会有两样。他们之所以是好人是因为他们在做这样的事情时,还伴有某些恰当的情绪,例如为他们行动的负面后果感到懊悔、沮丧甚至负罪感等,并且有为被压死的人的家族提供帮助的欲望或其他什么补偿。

六、结　论

　　本文的目的是讨论道德实在论如何可能。为此我们区分了两种道德实在论，即以行动为中心的道德实在论和以行动者为中心的道德实在论。前者强调行动之对错这两种道德性质的客观性，而后者则要论证作为行动者的人之好坏这两者道德性质的客观性。由于规范伦理学中的道义论和后果论关注行动，而美德伦理学关注行动者，前者可以说是以道义论或后果论为进路的道德实在论，而后者可以说是以美德伦理学为进路的道德实在论。道德反实在论认为道德实在论面对种种难题，我们特别提到了其中四个最重要者。我们认为以行动为中心的道德实在论确实很难避免所有这些问题，但以行为者为中心的道德实在论则可以很好地避免所有这些问题。这种以美德伦理学为进路的道德实在论的一个特征是强调作为行为者的人之好坏是与人性紧密相关的，而人性不仅是客观的，而且是可以研究的，尽管关于到底什么是人性，即什么是将人与他物区分开来者，迄今还没有共识。本文讨论了这种以美德伦理学为进路的道德实在论的两个版本，即霍斯特豪斯的亚里士多主义版本和朱熹的儒家版本。尽管前者有不少的成就，但它的一个明显缺陷是其所得出的"好人"之"好"的概念无法将"好的"黑帮成员排除在"好人"外面，也就是说这个概念虽然具有明显的客观性却在规范性方面有缺陷。与此形成对照，朱熹以仁义礼智之德来规定的"好人"之"好"这种道德性质则不仅具有完全的客观性，而且还有充分的规范性。

（作者单位：香港中文大学）

王阳明晚年思想的感应论*

陈　来

王阳明晚年居越六年，这是他思想最成熟的时期，也是他集中精力讲学最长久的一段时期。在这一时期，他的思想也不断发展，不断变化。这些发展变化包含了不同的内容，在这里我们以感应论为中心，提出几点来加以阐发。

一、感应之几——万物一体之证明

如我所指出的，阳明晚年居越，在越城讲学明道，其中最主要的内容之一，是万物一体的思想。[①]那么阳明是怎样论证万物一体的呢？我们知道，王阳明晚年在回答学生关于为什么说人与鸟兽草木同体的问题时，曾明确说："你只在感应之几上看。"[②]如何理解这一点，值得做细致的分析研究。

据《大学问》：

> 阳明子曰："大人者，以天地万物为一体者也，其视天下犹一家，中国犹一人焉。若夫间形骸而分尔我者，小人矣。大人之能以天地万物为一体也，非意之也，其心之仁本若是，其与天地万物而为一也。岂惟大人，虽小人之心亦莫不然，彼顾自小之耳。是故见孺子之入井，而必有怵惕恻隐之心焉，是其仁之与孺子而为一体也；孺子犹同类者也，见鸟兽之哀鸣觳觫，而必有不忍之心焉，

---

* 原载《深圳社会科学》2020年第2期。
① 参见我的文章《王阳明万物一体的思想》，《宁波市委党校学报》2019年第2期。
② 《传习录》下，336条，陈荣捷：《王阳明〈传习录〉详注集评》，上海：华东师范大学出版社，2009年，第227页。

是其仁之与鸟兽而为一体也；鸟兽犹有知觉者也，见草木之摧折而必有悯恤之心焉，是其仁之与草木而为一体也；草木犹有生意者也，见瓦石之毁坏而必有顾惜之心焉，是其仁之与瓦石而为一体也；是其一体之仁也，虽小人之心亦必有之。是乃根于天命之性，而自然灵昭不昧者也，是故谓之'明德'。小人之心既已分隔隘陋矣，而其一体之仁犹能不昧若此者，是其未动于欲，而未蔽于私之时也。及其动于欲，蔽于私，而利害相攻，忿怒相激，则将戕物圮类，无所不为，其甚至有骨肉相残者，而一体之仁亡矣。是故苟无私欲之蔽，则虽小人之心，而其一体之仁犹大人也；一有私欲之蔽，则虽大人之心，而其分隔隘陋犹小人矣。故夫为大人之学者，亦惟去其私欲之蔽，以自明其明德，复其天地万物一体之本然而已耳；非能于本体之外而有所增益之也。"①

这里的"一体之仁"即以万物为一体的仁心。"必有怵惕恻隐之心"即必发怵惕恻隐之心。照这里所说，人见孺子之入井，而发怵惕恻隐之心，这就是你的仁心与孺子而为一体的证明；见鸟兽之哀鸣觳觫，而发不忍之心，这就是你的仁心与鸟兽而为一体的证明；见草木之摧折而必发悯恤之心，这就是你的仁心与草木而为一体的证明；见瓦石之毁坏而必发顾惜之心，这就是你的仁心之与瓦石而为一体的证明。按阳明的思想，如果你不是与孺子为一体，就不会发怵惕恻隐之心，你见此孺子之状而发此心，这本身就证明了你是和孺子为一体的。与以往的理学家不同，阳明不是从此物与彼物的联系来证明万物一体，而是通过仁心与某物的感应关系来证明仁心与此某物的一体性，即阳明更多地从心物感应、心物一体来说明万物一体。这是阳明证明的特点所在。如果与宋代理学突出万物一体的境界论相比，可以说阳明学的万物一体很重视其作为实在论的论证，即万物一体不仅是境界，也是实存的关系。

另一段重要的资料是：

一日讲良知万物一体。有问木石无知，体同安在？……公因答问者曰："譬如无故坏一木、碎一石，此心恻然顾惜，便见良知同体。及乎私欲锢蔽，虽

---

① 《王阳明全集》（新编本）第3册，吴光等编校，杭州：浙江古籍出版社，2010年，第1015页。

拆人房舍、掘人家墓，犹恬然不知痛痒，此是失其本心。"①

有一天阳明宣讲良知与万物为一体之说。有学生问道，木头石头无知无情，怎么说它们与我们是一体同体的呢？怎么证明良知与它们是一体的呢？这里阳明的回答与前面一段一样，"见瓦石之毁坏而必有顾惜之心焉，是其仁之与瓦石而为一体也"。就是说，你见到某物的某种状态，它使你产生了不忍之心，这就是感应，就是你的良知与某物为一体的证明。这里的良知与万物一体，与上面所说的仁心与万物一体是一致的，都是用心物感应来证明万物一体。

某物的状态对某人发生作用是"感"，某人由之产生了不忍之心是"应"，二者的此种联系，即是阳明所说的"感应之几"。这也说明，阳明是用这种感应之几来证明仁心良知与万物一体的。从这里也可以更明白前面所引那一段的说法，人见孺子之入井，而发怵惕恻隐之心，这就是你的仁心与孺子的感应；见鸟兽之哀鸣觳觫，而发不忍之心，这就是你的仁心与鸟兽的感应；见草木之摧折而必发悯恤之心，这就是你的仁心与草木的感应之几；见瓦石之毁坏而必发顾惜之心，这就是你的仁心之与瓦石的感应之几。凡有如此的心物感应，便是一体的证明。

可见在阳明之学，人与天地万物为一体，亦表达为仁心与天地万物为一体、良知与天地万物为一体。由是，他对万物一体的证明，常常是论证良知与万物为一体或人心与万物同体，从而在相当程度上把万物一体的讨论变为心物关系的讨论。另一方面，在心物关系中心的一面，他关注的是仁心和恻隐之心。由他强调一体之仁心和恻然顾惜可知，在他看来，只要外物感发人的不忍之心，便是人与万物一体的证明；这表明在他的观念里，万物一体的问题，主要的和首先的还是奠基于"仁者以天地万物为一体"的意识，"仁"对应为恻隐不忍之心，由此去论证人与万物的一体性。

下面一段答问，即《传习录》下336条，说得更为明白：

> 问，"人心与物同体。如吾身原是血气流通的，所以谓之同体。若于人便异体了。禽兽草木益远矣，而何谓之同体？"先生曰："你只在感应之几上看。岂但禽兽草木，虽天地也与我同体的，鬼神也与我同体的。"请问，先生曰："尔

---

① 《王阳明全集》（新编本）第5册，第1655页。

看这个天地中间,什么是天地的心?"对曰:"尝闻人是天地的心。"曰:"人又什么教做心?"对曰:"只是一个灵明。"曰:"可知充天塞地中间,只有这个灵明,人只为形体自间隔了。我的灵明,便是天地鬼神的主宰。天没有我的灵明,谁去仰他高?地没有我的灵明,谁去俯他深?鬼神没有我的灵明,谁去辨他吉凶灾祥?天地鬼神万物离却我的灵明,便没有天地鬼神万物了。我的灵明离却天地鬼神万物,亦没有我的灵明。如此便是一气流通的。如何与他间隔得?"①

可见阳明的学生也经常是从心物感应、心物同体来理解万物同体。这里提出的"何谓之同体"的问题与上段"体同安在"的问题相同,如果讲人心与物同体,人的全身血气流通,心与自己的手足肢体感通无碍,自然可谓同体;自己的心与别人的手足肢体,血气不相流通,就是异体,而不是同体了。鸟兽草木与人不同类,人心与它们怎么能说是同体呢?阳明的回答是:要在感应之几上来看。那么,什么是感应之几?怎么从感应之几上看?由于前面两段材料的说明,我们对此已经容易了解了。如在上一段里说得很明白,"譬如无故坏一木、碎一石,此心恻然顾惜,便见良知同体"。可见,王阳明所谓的"感应之几"就是心—物的感应之几。在王阳明看来,只要人心与外物有(恻隐不忍的)感应的关联,就是人心与外物同体一体的证明,这就是"在感应之几上看"。

那么怎么证明人心与天地、鬼神也都是同体一体的呢?阳明于是扩大和延伸了他的感应论思路,他的回答是,人心与外物的关系,人心对外物之感的应,不限于恻然悯惜。如人心面对天之感,而有仰其高的应;人心对于鬼神的变化,而有吉凶的辨别;这些都是广义的感应之几,所以说:"你只在感应之几上看。岂但禽兽草木,虽天地也与我同体的,鬼神也与我同体的。"

在这个论证中,人只要与外物有所感应,外物的感动引起了你的恻然之心,这就证明你与此外物是一体的,否则就不会感动你发出这样的恻然回应。而且,人只要与外物有所感应,外物的感动引起了你的恻隐以外的其他心念,这也证明你与此外物是一体的,否则就不会感动你发出这样的心念回应。这个论证比起用不忍之心的感应来论证,又跨了一步。在感应的关系中,不是心意构造对象物,而是感应

---

① 《传习录》下,336条,陈荣捷:《王阳明〈传习录〉详注集评》,第227页。

关系构建起了心物二者的一体性,或者说,感应关系是一体性的自身显现。

再进一步,阳明认为,这种感应之几的基础,还在于你与万物之间是一气流通的、联通的,它的存在和你的存在是一体感通的,如同一个人自己的身体各部分一样。这就又引出了气的一体论。本来,阳明对于人心与外物一体的证明,只需要感应之几为基点,而由于天地鬼神的问题,又逼出了气的一体论。《传习录》下另一条即274条与此段的后半相关:"盖天地万物,与人原是一体。其发窍之最精处,是人心一点灵明。风雨露雷,日月星辰,禽兽草木,山川土石,与人原只一体。故五谷禽兽之类,皆可以养人。药石之类,皆可以疗疾。只为同此一气,故能相通耳。"[①]这里第一句话讲的"人心一点灵明"的意思就是前一段中讲的意思:"尝闻人是天地的心。曰:'人又什么教做心?'曰:'只是一个灵明。'"这里第二句讲的"只为同此一气故能相通"就是气的一体相通论,与前一段最后一句"便是一气流通的。如何与他间隔得"一致,说明《传习录》下274和336两条的主旨是完全一致的。气的一体论,超出本文的主题,我们不在这里更多讨论。同时,从这一段后面的说明:"天没有我的灵明,谁去仰他高?地没有我的灵明,谁去俯他深?鬼神没有我的灵明,谁去辨他吉凶灾祥?"可以看出,阳明的思想和证明,是以"灵明"即"心"为其中心和关键的,体现出心学的特点,这一点我们在最后一节再加以讨论。

二、明觉之感应——物的再规定

让我们回到王阳明的感应论。阳明中年讲学,确立了"意之所在便是物"的哲学定义,由此来支持他的格物功夫论。[②]但这一具有基础意义的对物的定义,在其晚年有所变化。这个变化简言之,就是从"意之所在"为主转为"明觉之感应"为主,在一定意义上说,这是重新界定何谓"物"。

王阳明49岁在江西时答罗钦顺书有言:

以其理之凝聚而言则谓之性,以其凝聚之主宰而言则谓之心,以其主宰

---

① 《传习录》下,274条,陈荣捷:《王阳明〈传习录〉详注集评》,第197页。
② 参见我的《有无之境》,北京:人民出版社,1991年,第55页。

之发动而言则谓之意,以其发动之明觉而言则谓之知,以其明觉之感应而言则谓之物。故就物而言谓之格,就知而言谓之致,就意而言谓之诚,就心而言谓之正。①

这种"以其"牵引的论述组合在宋明理学中所在多见,但解读者必须注意,在这样一大段中,其实每个"以其"的所指并非同一主体。在现代汉语的理解中,这些"以其"毋宁解释为"作为",会更容易体会文义。这五句话,是对性、心、意、知、物的定义。比起阳明中年的"四句理""身之主宰便是心,心之所发便是意,意之本体便是知,意之所在便是物",答罗钦顺的五句中,后四句与四句理是对应的,但多了对"性"的定义。

"以其理之凝聚而言则谓之性",是说性是理之凝聚在人者,这个说法与朱子学没有根本分别。"以其凝聚之主宰而言则谓之心",是说就理之凝聚而表现为意识的主宰功能者,为心;这个观念与朱子学也可以相通。"以其主宰之发动而言则谓之意",是说作为主宰的心,其发动便是意,此即"心之所发为意"之义,这与朱子学也是一致的。这两句与阳明中年时所谓"身之主宰便是心,心之所发便是意"是一致的。"以其发动之明觉而言则谓之知",是说心之发动的明觉,乃是知,致知就是致这个知,这个知在这里被定义为明觉。"以其明觉之感应而言则谓之物",是说明觉之知的感应对象,则是物;格物就是格这个物。这两句与阳明中年时所谓"意之本体便是知,意之所在便是物"对知和物的界定便不相同。值得注意的是,这里所说是"知"即是良知;而良知乃是明觉,这一思想在阳明早年和中年是没有过的。而这里对"物"的界定,不再以"意之所在"定义物,而以"明觉之感应"来界定物,这也很突出。这两点都是江西平叛之前没有过的说法。当然,这不是说,阳明就此完全放弃了"以"意之所在"论事物的说法,事实上阳明有时也还用"意之所在"的说法,但很明显,阳明晚年更多地是以"明觉之感应"来界定物。至少,这是他晚年所发明的与"意之所在论"并行的一种感应论的说法。于是,阳明后期的心物关系的讨论便更多地表达为良知、明觉与物的讨论。

换言之,在这里不是以"意"来定义物,而以"明觉"(良知)来定义物,这是和良知观念提出的历史是一致的。也就是说,正德末年良知观念提出之后,导致了王

---

① 《答罗整庵少宰书》,《传习录》中,174条,陈荣捷:《王阳明〈传习录〉详注集评》,第149页。

阳明心学以前一些说法的改变。此外，不仅有一些时候用良知和明觉替代了以往使用的心学范畴"意"，而且由于明觉、良知的出现，"感应"的观念开始扮演重要的角色。朱子学本来强调心的"知觉"意义，而在阳明学中，知变为良知，觉变为明觉，知觉变为良知明觉。而"明觉"牵带起"感应"，以明觉的感应去界定物，宣称"物"就是与心发生感应关系的对象，成为阳明晚年致知格物思想的一个内容。

那么，什么是"以其明觉之感应而言谓之物"？"明觉"是心之发动，亦是良知，而"物"就是与明觉发生感应关联的对象。在这里，对象之感心在先，心之应感在后，还是心主动感发对象，阳明并未强调说明。从理论上说，"意之所在便是物"的定义不考虑感应关系，更多体现的是意的先在性。但"以其明觉之感应而言谓之物"，以感应为中介，则似乎预设了物感的先在性。当然，感应不是反映，而是意识与意识对象二者之间的一种复杂的相关性互动。总之，在新的定义里，是以与明觉建立了感应关系的那个对象为"物"。在现代哲学来看，这种关系还是要参照现象学来加以说明①，但其性质与胡塞尔的意向性结构可能正好相反，也与意之所在的意向性结构不同，乃是一种感应性结构。因为严格的现象学意向性主张意向性构造对象物，而这里所说的感应性结构，是指对象感发了明觉，明觉回应了感发对象；或者说对象感发明觉和明觉应答感发，二者是互相蕴涵的。对阳明这里而言，对象物与明觉的先后并不重要②，重要的是这里包含了对与明觉建立感应关系的对象的实在性的肯定。

"以其发动之明觉而言谓之知"，用明觉来表达良知，则带来了感应作为中介的必要性。也就是说，当阳明把良知建立为核心概念以后，在以往的说法之外，也需要以良知来定义"物"；但直接用良知定义物，不如用明觉及其感应来定义物更为有说服力，故而采取了一种新的方式。这样一来，明觉和感应也有了相对独立的地

---

① 倪梁康谈到胡塞尔的现象学时指出"客体化行为是严格意义上的意向行为，它们构造对象和事态"，参见氏著：《心的秩序》第一章《感受的现象学》，南京：凤凰出版传媒集团，江苏人民出版社，2010年，第25页。
② 事实上，现象学中对世界是否先在的看法也各不相同，海德格尔认为世界是预先被给予的，这便与胡塞尔不同。吴增定认为："在胡塞尔的现象学那里，世界是相对于意识而存在或显现的，因此它本身不过是意识的意向相关物。而在海德格尔看来，世界作为某种预先被给予的境域则是比任何意识及其意向相关物都更原初、更原本，因此世界本身必定先于意识及其意向相关物；事实上，恰恰是世界本身使得意识的意向性构造或对象向意识的显现成为可能。"参见氏著：《现象学与"对世界的信任"》，《复旦学报》2013年第4期，第45页。

位和意义,尤其是感应关系预设了感者与应感者两极,应感者亦是被感者,在这里感者是外在于应者的存在,而不能是应者自身的部分。这应该是感应论作为关系哲学的基本假定。

作为阳明的晚年弟子,王龙溪很注意阳明思想的这类说法,所以在他记录的阳明语录中,这类说法很是常见,而特别强调了"感应之实事"的观念,如:"先师谓'未发在已发之中,已发在未发之中',不论有事无事,只是一个致良知工夫,统括无遗。物是良知感应之实事,良知即是心之本体、未发之中也。明道云'动亦定,静亦定',动静者,所遇之时,定即良知之体也。"①

王龙溪记录的王阳明的"实事"的说法,表明他所强调的是作为良知感应的对象,物是实事,是与良知建立了实在感应关系的对象,而不是单纯的意向对象。这与阳明中年强调意向性对象的思想有着不同,包含着物是指外部实在的事物的思想;而这个"物是良知感应之实事"的说法,应当是与"以其明觉之感应而言,则谓之物"等价的。又如:"昔者有司闻先师之教,甚以为好,但为簿书期会所绊,不得专业体领,先师云:'千圣学脉,不离见在,故曰"致知在格物"。致知者,致吾心之良知,非推极知识之谓也。格物者,体穷应感之实事,非穷至物理之谓也。'"②这里记录的王阳明的话,也再次表达了"感应之实事"的概念。

> 师既献俘,闭门待命,一日召诸生入讲曰:"我自用兵以来,致知格物之功愈觉精透。"众谓兵革浩穰,日给不暇,或以为迂。师曰:"致知在于格物,正是对境应感实用力处。平时执持怠缓,无甚查考,及其军旅酬酢,呼吸存亡,宗社安危所系,全体精神只从一念入微处自照自察,一些着不得防检,一毫容不得放纵。勿助勿忘,触机神应,乃是良知妙用,以顺万物之自然,而我无与焉。"③

这里所说的"对境应感实用力处"与上面所说"感应之实事"一样,都是以物为良知感应的外境实事。全依靠明觉感应,不着一毫功夫。

《遗言录》亦载:"知者,良知也。天然而有,即至善也。物者,良知所知之事也。

---

① 《与冯纬川》,《王畿集》卷十,吴震编校整理,南京:凤凰出版社,2007年,第244页。
② 《答宗鲁侄》,《王畿集》卷十一,第297页。
③ 《读先师再报海日翁吉安起兵序》,《王畿集》卷十三,第343页。

格者,格其不正以归于正也。格之,斯实致之矣。"①这也是用良知来定义物,与王龙溪记录的是一致的。

《明儒学案》卷十三:"心之感应谓之物。"②此条出于阳明门人季本所忆,与前面各条是一致的,只是前面各条不是笼统用心,而是用明觉、良知,如我在论《遗言录》这一条语录曾经说过的:"《遗言录》表明,阳明晚年对物的定义也开始注重从良知方面来把握。'良知所知之事',一方面一改从意的主观性出发为从良知的主观性出发;另一方面,把'意之所在'和'意之用'这样一种不强调物的实在性的提法,改变为具有实在性的事的提法,都表明王阳明晚年学问功夫向'着实''实落'方面的变化。"③

无论如何,王龙溪记录的阳明晚年的思想,不再像其中年一样只强调意之所在便是物,而是更多用"良知感应之实事"来界说物,表明阳明晚年对物的界说确实发生了一定的改变。这当然是"良知"观念居于核心地位之后带来的理论体系的变化,而"感应"的概念也在这样的背景下被引带起来,扮演其重要的角色。

牟宗三曾对王阳明的"明觉之感应为物"的思想提出他的诠释,他认为良知感应无外,必与天地万物全体相感应;阳明从良知明觉之感应说万物一体,与明道从仁心之感通说万物一体完全相同;这个物应该不是康德所说的现象,乃是其所谓物自身;从明觉感应说万物一体,仁心无外,因为原则上我们不能说仁心之感通或明觉之感应到何处为止。④依牟宗三,王阳明说"明觉之感应为物",这是由道德创造上说,同时也意味着明觉为万物的实体本体,因为道德创造总是连带着宇宙生化而为一的。⑤他提出:"就事言,良知明觉是吾实践德行之根据;就物言,良知明觉是天地万物之存有论的根据。故主观地说,是由仁心之感通而为一体,而客观地说,则此一体之仁心顿时即是天地万物之生化之理。仁心如此,良知明觉亦如此。"⑥从良知明觉创造和生化万物来说,牟宗三的说法接近现象学的构造对象说,这是他以

---

① 《阳明先生遗言录》下,55条,《王阳明全集》(新编本)第5册,第1606—1607页。
② 《浙中王门学案》三,《明儒学案》上册,沈芝盈点校,北京:中华书局,1986年,第278页。
③ 陈来:《中国近世思想史研究》,北京:商务印书馆,2003年,第607页。
④ 牟宗三:《从陆象山到刘蕺山》,上海:上海古籍出版社,2001年,第157—159页。
⑤ 牟宗三:《智的直觉与中国哲学》,北京:中国社会科学出版社,2008年,第198页。
⑥ 牟宗三:《从陆象山到刘蕺山》,第169—170页。

自己的哲学对阳明此说的运用发挥,并不是王阳明的本意。牟宗三没有重视一体思想的论证,他所说的明觉感应为物,亦未着眼于感应,而更多的是与物为体。特别是他把明觉感应为物的物解释为物自身,更是忽略了感应的意义,所以这些说法与其说是对阳明之学的理解,不如说是他自己哲学的发挥。

三、感应之是非

这里我们来对阳明晚年感应论中的心物和格物问题做进一步分析。他说:"己卯,谒阳明先生于虔……因告之曰:致知者,致吾之良知员。格物者,不离伦物,应感以致其知也,与慎独一也。"① 这说明,伦物是感的来源,应感就是应伦物之感,致知就是在这一应感的过程中去致其良知。"应感"的说法表明,感来自伦物,人心则对于来自伦物的"感"进行"应",感与应的往复互动,就是格致的用力之处。伦物也就是事。他说:"随时就事上致其良知,便是格物;着实去致良知,便是诚意;着实致其良知,而无一毫意必固我,便是正心。"②"意未有悬空的,必着事物。故欲诚意,则随意所在某事而格之。去其人欲,而归于天理,则良知之在此事者无蔽而得致矣。"③ 所谓事上、事物也就是伦物。在这些论述中,阳明强调的不是格心中之物,而是随就日常事物而格。对感应的强调,也包含着注重心与外物的感应接触。这显示了阳明晚期格物思想"着实"的变化。

来看《传习录》下277条语录,这一条语录历来受到研究者的关注,但对它的理解往往不同:"目无体,以万物之色为体;耳无体,以万物之声为体;鼻无体,以万物之臭为体;口无体,以万物之味为体;心无体,以天地万物感应之是非为体。"④ 那么这一段讲的是什么意思呢?让我们看《传习录》上21条语录:"圣人之心如明镜,只是一个明,则随感而应,无物不照。未有已往之形尚在,未照之形先具者。……是知圣人遇此时,方有此事。只怕镜不明。不怕物来不能照。讲求事变,亦是照时

---

① 《言行录汇辑上》,60条,《王阳明全集》(新编本)第5册,第1634页。
② 《答聂文蔚二》,《传习录》中,陈荣捷:《王阳明〈传习录〉详注集评》,第159页。
③ 《传习录》下,201条,陈荣捷:《王阳明〈传习录〉详注集评》,第167页。
④ 《传习录》下,277条,陈荣捷:《王阳明〈传习录〉详注集评》,第199页。

事。然学者却须先有个明的工夫。学者惟患此心之未能明,不患事变之不能尽。"①如果参照这一条来理解《传习录》下277条,则阳明的意思可以理解为:人心如镜,未有已往之形尚在,未照之形先具者,此即是"心无体"之意。人心如镜,只是一个明,随感而应,无物不照,此即是"以天地万物感应之是非为体"之意。这是一种理解。这显然是与阳明一贯的重点从道德伦理的立场定义心体所不同的一个角度。当然,21条与277条强调的重点似不同,21条强调的重点是明心;而277条的重点应该是在实事上格物,在万物感应是非上下工夫,这是与阳明晚期对格物的讲法的调整有关。②

《明儒学案》有一条:"《传习续录》言'心无体,以人情事物之感应为体。'"③这应该是对277条的简化,是阳明后学王塘南凭记忆的引用。他的记忆中"天地万物"改为"人情事物",倒也是合于阳明思想的。王塘南批评阳明此说有以心为虚、以事为实的弊病,可能并没有完整、具体地了解晚年阳明的思路。④

江户时代的日本儒者佐藤一斋据阳明此277条语录作为一说云:

> 目能视五色,而目中无五色。万物之色,即目之色也;耳能听五声,而耳中无五声,万物之声,即耳之声也;鼻口能辨臭味,而鼻口无臭味,万物之臭味,即鼻口之臭味也;心则为一身之主,能知觉是知非,而心中无是非,天地万物感应之是非,即心之是非也。故夫目之于色,耳之于声,鼻口之于臭味,无有此心为之主,则竟不能视听臭味,然则视听臭味,即亦心之能知觉是非者使然也。是知人心实主宰于万物,而耳目口鼻,殊其感应之发窍也。凡万物之与我相关者如此。⑤

按阳明此277条语录所说颇不容易理解,一斋之说,亦供参考而已。照阳明心学或良知学体系来说,本心即心之体,本心以万物一体为体,如何又说心无体?我想,这可能需要从感应论的方面来理解。依前面两节所说,目与色,耳与声,鼻口与

---

① 《传习录》上,21条,陈荣捷:《王阳明〈传习录〉详注集评》,第35页。
② 参见我的《有无之境》,第158—159页。
③ 《江右王门学案》五,《明儒学案》上册卷二十,第484页。
④ 但塘南此说亦点出阳明格物思想向实事的转变。
⑤ 佐藤一斋:《传习录栏外书》,黎业明点校,上海:上海古籍出版社,2017年,第213—214页。

嗅味,是感与应的关系。同样,心与万物之是非,也是感与应的关系。如果目中充满了颜色,它与外部世界的五色就不能发生感应。耳鼻口亦然。如果心有体是指心中填满了是非,它就不能也无法对外感发出应答,从而无法发生感应活动。阳明此条所说,应该是指这样的一种论点。"以天地万物感应之是非为体",应当是说人心与天地万物的感应是心的主要活动内容,而感应中对是非的辨识则是心的本质能力。①

阳明答顾东桥书有云:

> 夫舜之不告而娶,岂舜之前已有不告而娶者为之准则,故舜得以考之何典,问诸何人而为此邪?抑亦求诸其心一念之良知,权轻重之宜,不得已而为此邪?武之不葬而兴师,岂武之前已有不葬而兴师者为之准则,故武得以考之何典,问诸何人而为此邪?抑亦求诸其心,念之良知,权轻重之宜,不得已而为此邪?使舜之心而非诚于为无后,武之心而非诚于为救民,则其不告而娶与不葬而兴师,乃不孝不忠之大者。而后之人不务致其良知,以精察义理于此心感应酬酢之间,顾欲悬空讨论此等变常之事,执之以为制事之本,以求临事之无失,其亦远矣!其余数端,皆可类推,则古人致知之学,从可知矣。②

这里提出"务致其良知,以精察义理于此心感应酬酢之间",所说的感应酬酢作为致知论,当然与万物同体说的感应论不同,而与"以天地万物感应之是非为体"接近,指此心与万事万物相感应的活动。无论如何,心与万事万物的感应是致良知的用功之地,致良知就是要在此感应酬酢中精察此心的义理。把感应和酬酢放在一起,说明这里更加强调的不是此心与万物的感应,而是此心与万事的感应,亦即前面所说的"在事上致其良知"。这些都显示出阳明晚年的格物思想不再强调格心,而是强调与实事接触中精察良知。故阳明主张:"致其良知于事物相接之时,其功夫则有着落矣。"③ 事物相接即是酬酢。这些都表达了阳明晚年的格物致知的思想。

---

① 宋儒程伊川云:"天地之间只有一个感与应而已,更有甚事!"其兄明道亦有此说,"明道尝曰:天下事,只是感与应尔!先生初闻之,以问伊川,伊川曰:此事甚大,当自识之",与阳明此说有近似处。
② 《答顾东桥书》,《传习录》中,139条,陈荣捷:《王阳明〈传习录〉详注集评》,第108页。
③ 《稽山承语》,1条,学生引阳明语,《王阳明全集》(新编本)第5册,第1607页。

四、明觉之虚灵昭明

前面讲到阳明晚年以"明觉之感应"来界定物,这不仅表达了一种感应论,也突出了明觉的概念。所以,这里也顺带梳理一下阳明思想中的明觉概念。明觉的概念在理学中最早是程明道所使用的,即其《定性书》中所说的"用智则不能以明觉为自然"。朱子学因不喜言"觉"字,一般不正面使用这个概念。其实,除了明觉感应论外,王阳明对明觉还提出了一些其他的说法。此外,明觉的提出也引起了一些问题,如脱离良知,只讲明觉,便会面临其他的问题;又如只讲明觉,如何回应宋儒以天理主宰知觉的思想。

王阳明有言:"心者身之主也。而心之虚灵明觉,即所谓本然之良知也。其虚灵明觉之良知应感而动者谓之意,有知而后有意,无知则无意矣。"[1] 良知在这里被明确指为虚灵明觉,也就是说良知需要被强调为虚灵明觉。与上一节所说不同,良知不仅是明觉,还要加上虚灵来表说。虚灵明觉是一种知觉,既可以说是虚灵的明觉,也可以说是虚明灵动的知觉。就虚灵的明觉说,表示明觉可以并且需要加用虚灵来形容。"虚灵"本是朱子学论心之知觉的常见概念,着眼于认识能力的意义。阳明晚年特别利用虚灵来修饰明觉,意在强调良知不是脱离虚灵知觉的独立知觉。阳明又认为,明觉即是良知,良知与物的关系,从感应论说,物感良知,良知应感;物是感者,良知是应感者;良知应物感而发动出来的则是意。这就把良知和意念区别为不同的层次。

另一段为:"自颜子殁而圣学亡矣。夫圣人之学,心学也。心之生理,即谓之仁,谓之性。性之虚明灵觉,即谓之良知。"[2] 这里说的虚明灵觉与虚灵明觉应当是相同的。而这里所说"性"之虚明灵觉,与上一段所说"心"之虚灵明觉,应当是阳明不严格区分心与性的表现。就阳明晚年思想来说,虚灵明觉一般是和心联系一起的,是属于心的范畴。

关于灵明,阳明指出:"何谓身心之形体?运用之谓也。何谓心?身之灵明主宰之谓也。何谓修身?为善而去恶之谓也。吾身自能为善而去恶乎?必其灵明主宰者欲为善而去恶,然后其形体运用者始能为善而去恶也。故欲修其身者,必在于

---

[1] 《答顾东桥书》,《传习录》中,137条,陈荣捷:《王阳明〈传习录〉详注集评》,第104—105页。
[2] 《王阳明全集》(新编本)第5册,第1632页。

先正其心也。"① 在阳明思想中，心即是良知，也可以说是主宰，亦可谓灵明。阳明后期讲学多用灵明，它与明觉类似，都是在不同功能上用来代替心的主体概念。这里强调心之灵明的主宰功能，即意志决定的实践主导能力。

"指其主宰处言之谓之心，指心之发动处谓之意，指意之灵明处谓之知，指意之涉着处谓之物，只是一件。意未有悬空的，必着事物。故欲诚意，则随意所在某事而格之，去其人欲，而归于天理，则良知之在此事者无蔽而得致矣。"② 这里的灵明则是指知觉能力，但朱子学认为泛泛的知觉无所规范，故知觉灵明不能作为主宰，而阳明这里所说的灵明不是一般的知觉能力，应该是天赋的道德知觉能力，指向良知的明觉。又有一条："问：'身之主为心，心之灵明是知，知之发动是意，意之所着为物，是如此否？'先生曰：'亦是。'"③ 与其中年的四句理相比较，这里只有"心之灵明是知"一句不同，四句理作"意之本体便是知"。可见，阳明后期在界说良知时，是很强调"灵明"作为良知属性的。表示良知既是明的，也是虚的，又是灵的。

回到明觉的概念。看下面的阳明语录："心之明觉处谓之知，知之存主处谓之心，原非有二物。"④ 这一条与上条讲"心之灵明是知"亦接近，可知灵明与明觉是同义的。

> 照心非动者，以其发于本体明觉之自然，而未尝有所动也。有所动，即妄矣。妄心亦照者，以其本体明觉之自然者，未尝不在于其中，但有所动耳。无所动，即照矣。无妄无照，非以妄为照，以照为妄也。照心为照，妄心为妄，是犹有妄有照也。有妄有照，则犹贰也。贰则息矣。无妄无照，则不贰。不贰则不息矣。⑤

因为这一段讨论的是动静问题，主题与《定性书》相近，所以阳明直接用了程明道的"明觉之自然"，但在前面加了本体二字，改为"本体明觉之自然"，更

---

① 《大学问》，《王阳明全集》（新编本）第3册，第1018页。
② 《传习录》下，201条，陈荣捷：《王阳明〈传习录〉详注集评》，第167页。
③ 《传习录》上，78条，陈荣捷：《王阳明〈传习录〉详注集评》，第63页。
④ 《传习录拾遗》，5条，陈荣捷：《王阳明〈传习录〉详注集评》，第234页。
⑤ 《传习录》中，160条，陈荣捷：《王阳明〈传习录〉详注集评》，第134页。

强调心之本体的意涵。这一段见于《传习录》中卷的嘉靖三年(1524)阳明答陆澄书。

"夫学者既立有必为圣人之志,只消就自己良知明觉处朴实头致了去,自然循循日有所至,原无许多门面折数也。"[①]这里说的良知明觉处,是指当下自己的良知明觉的呈现。

"良知只是一个天理自然明觉发见处,只是一个真诚恻怛,便是他本体。"[②]良知是明觉,也是天理的发见处,发见相对于天理本属用,但就心而言便是本体。主张良知明觉只是真诚恻怛,这是阳明晚年讲学突出强调的重点。[③]在这里,阳明表示,良知明觉就是真诚恻怛,二者是同一的。

阳明又说:"礼也者,理也;理也者,性也;性也者,命也。'维天之命,於穆不已',而其在于人也谓之性,其粲然而条理也谓之礼,其纯然而粹善也谓之仁,其截然而裁制也谓之义,其昭然而明觉也谓之知,其浑然于其性也,则理一而已矣。故仁也者,礼之体也;义也者,礼之宜也;知也者,礼之通也。"[④]如果用四德来分析,明觉不属于性,也不是仁、义、礼,而应当是知(智),所以这里说"其昭然而明觉也谓之知"。这也是说,良知是昭然的明觉。

  良知者,孟子所谓"是非之心,人皆有之"者也。是非之心,不待虑而知,不待学而能,是故谓之良知。是乃天命之性,吾心之本体,自然灵昭明觉者也。凡意念之发,吾心之良知无有不自知者。其善欤,惟吾心之良知自知之;其不善欤,亦惟吾心之良知自知之;是皆无所与于他人者也。[⑤]

良知是是非之心,即孟子所说的"是非之心,智也"。这个智心就是良知,就是心之本体,是自然灵昭明觉者。其灵昭明觉,体现在它对自己的意念所发,无有不自知其善恶者。这种对自知的强调受到现代学者的重视。[⑥]

---

① 《答刘内重》,《王阳明全集》(新编本)第1册,第210页。
② 《传习录》下,189条,陈荣捷:《王阳明〈传习录〉详注集评》,第161页。
③ 参见我的文章:《王阳明万物一体的思想》。
④ 《礼记纂言序》,《王阳明全集》(新编本)第1册,第259页。
⑤ 《大学问》,《王阳明全集》(新编本)第3册,第1019页。
⑥ 如瑞士学者耿宁的著作《人生第一等事》。

无论如何，由以上所说可见，王阳明晚年讲学，既提出明觉的观念，又用虚灵、昭然来修饰明觉，体现了他对良知的规定和说明不是简单的。但无论如何，虚灵、昭然都主要是用以显明明觉作为良知主体的"能知"的特性（这里所说的"能知"不限于认识论的"能知"，更主要以指道德知识的"能知"），故这些说法的出现应该是立基于良知"知是知非"的要求。①

阳明晚年既特别重视万物一体，而阐发良知的真诚恻怛，同时也重视强调良知作为虚明灵觉的知性意义。我认为，站在王阳明晚年的立场，若还只单纯地在《大学》心、意、知、物的结构下去讲知是心之虚明灵觉，明确心知的特性，意义不大。把虚灵明觉与真诚恻怛讲成两分，也不能显示良知的统一性；而应该密切联系万物一体，像其《答聂文蔚书》一样，讲清楚所谓虚明灵觉同时就是恻隐恻怛的感受性，这样就在思想整体上更为一致了。如果离开恻隐恻怛去讲虚明灵觉，只讲"知是知非"或自知善恶，晚年阳明学的特点就不突出了。所以虚明灵觉往往是阳明在区分心性诸概念时对心知的界定，而不是从其晚年良知学思想整体来讲的。只有由良知明觉来讲，从不离良知来讲，明觉才能完整体现王阳明的思想。如果孤立地去看阳明论虚明灵觉的话，就会错会了阳明的思想。

黄宗羲在总论阳明之学时说：

> 先生悯宋儒之后学者，以知识为知，谓"人心之所有者不过明觉，而理为天地万物之所公共，故必穷尽天地万物之理，然后吾心之明觉与之浑合而无间"。说是无内外，其实全靠外来闻见以填补其灵明者也。先生以圣人之学，心学也。心即理也，故于致知格物之训，不得不言"致吾心良知之天理于事事物物，则事事物物皆得其理"。夫以知识为知，则轻浮而不实，故必以力行为功夫。良知感应神速，无有等待，本心之明即知，不欺本心之明即行也，不得不言"知行合一"。此其立言之大旨，不出于是，而或者以释氏本心之说，颇近于心学，不知儒释界限只一理字。释氏于天地万物之理，一切置之度外，更不复讲，而止守此明觉；世儒则不恃此明觉，而求理于天地万物之间，所为绝异。然其归理于天地万物，归明觉于吾心，则一也。向外寻理，终是无源之水，无根之木，总使合得，本体上已费转手，故沿门乞火与合眼见暗，相去不远。先生点出

---

① 虚当然还可以有生存论、境界论的意义，但这里说的是虚明、虚灵，故是以"能知"主体为主。

心之所以为心,不在明觉而在天理,金镜已坠而复收,遂使儒释疆界渺若山何,此有目者所共睹也。①

黄宗羲所说的明觉近于朱子讲的知觉,而与阳明所说的明觉有所不同。阳明所说的明觉是良知,而黄宗羲所说的明觉只是知觉,这是他对阳明学的误解。他所说的灵明也不是阳明所说的灵明,而是朱子学所说的灵明。所以,黄宗羲对阳明学的"立言之大旨"的理解有很多问题。对阳明而言,心之所以为心,即是明觉、良知,而不能说"不在明觉而在天理"。

(作者单位:清华大学)

---

① 《文成王阳明先生守仁》,《姚江学案》,《明儒学案》上册卷十,第181—182页。

礼学通论

《仪礼》重要仪节中的几席位向*

叶国良

一、前　言

　　华夏民族,相信人有永存之神魂,故有祭祀祖先之礼。《仪礼》十七篇中,或论及人与神魂之关系,或仅涉及人事,而无关神魂。其无关神魂者,有《士相见礼》《乡饮酒礼》《乡射礼》《燕礼》《大射仪》五篇。此五篇之内容,虽与神魂无涉,而相关人物有君、臣、宾、主、男、女、贵、贱之别,故其行礼之时,亦有几、席、位向之分。易言之,以其关涉人事之身份、地位,故需要仔细分别。因而就《仪礼》全书论,仅关涉人事之礼及与神魂有关之礼,宜分别讨论。

　　清儒凌廷堪《礼经释例》[①]一书,分析礼例,颇为精实,而其卷二论几、席、位向,人、神杂述,又不分室中抑是堂上,因而头绪纷乱,滋生错误,故其所括之礼例未可完全据信。此意既明,本文姑以凌书为鉴,先述堂上及室中神魂位向,其次述堂上及室中尊卑位向,又其次述房中及北堂妇女位向,再其次述堂上君臣位向,又其次述堂上宾主位向,最后述设席其他所处之位向,庶几目张纲举,清晰可辨。唯《仪礼》各篇均未有论及君臣在室中之位向者,故凌氏括例亦未及之。实则先秦文献非无相关数据可以论述,以本文内容与之有别,自当别文处理,故不赘。

　　凡述《仪礼》仪节者,必涉及其宫室结构,但因相关名目颇为繁杂,亦难以详述,故下文仅略述大要,而以彰显本文乃为指正凌氏《礼经释例》而作为主要宗旨。[②]须先声明者,本文之于宫室,采纳郑玄之说,大夫、士仅有东房、西室,诸侯、

---

* 本文曾于6月28日至7月1日复旦大学召开之"东亚礼学与经学国际研讨会"宣读。作者原任台湾大学文学院教授、文学院院长,现任山东大学讲席教授。
① 凌廷堪:《礼经释例》,彭林点校,台北:"中央研究院"中国文哲研究所,古籍整理丛刊6,2002年。
② 以上详参:《尔雅·释宫》。

天子则有左、右房。①

众所皆知，古代宫室，前有堂、序，后有房、室、北堂。主人以东阶（阼阶）为出入之所，以西阶（宾阶）为宾客出入之所，由是而东阶一带为主人主要活动区域，西阶一带为宾客主要活动区域，凡堂上活动均可以此为主要区分。若有君臣之别，依君臣之礼行之。

"室"在堂之西侧，户开于室东，牖在其西，乃主人主要起居寝卧之所。堂东有"房"，户开于房西，乃有司或妇女预备、储存或行礼之处。诸侯以上另有"西房"。房后有北堂，乃妇女活动之处。室与房，其功能与堂上不同；堂上之礼例，不可径行移至室中与房中，反之亦然。

宫室之外，《仪礼》所见，犹有庠、序等学习空间，其结构与一般建筑不同，而《乡饮酒礼》《乡射礼》《大射仪》等或可行于其处。若行礼过程中，无关几、席，本文自毋庸提及，如堂下所行射仪是也。

上文既述宫室大要，下文则略述几、席陈设，供读者参考。《仪礼》所见，凡神席，不论位向，若有几，皆为"右几"；凡人席，亦不论位向，若有几，均为"左几"；唯天子"左、右几"，郑注云："优至尊也。"② 行礼时，如昏礼，既纳采、问名，主人以醴礼使者，设几。若仅为一般行礼，则有设席而不设几者，亦有均不设者。如冠礼筮于庙门，或冠日布蒲筵二（一筵于东序，稍北，东面，为冠子；二筵于户西，南面，为醴冠者），或昏礼于奥设对席③，合卺而饮，或丧礼大敛奠为尸、神分离之始，仅有席而不设几，另如卜葬日，亦仅设席，不设几，或如本文第七节所述《士虞礼》及《特牲馈食礼》《少牢馈食礼》奠祭间布席献祝等，亦仅有席而不设几。至于筮葬日，由于先由冢人营之，盖地点在野外，经不言有席，盖无有，与卜葬日有席不同。

或问："席有端否？"应之曰："有。然行礼有时可以由便。"《礼经释例》卷二出一礼例云：

> 凡宾升席自西方，主人升席自北方。

---

① 另参见张惠言：《仪礼图》卷三一三至三一八，《皇清经解续编》本；陈绪波：《仪礼宫室考》，上海：上海古籍出版社，2017年。
② 郑注云："几，玉几也。左、右者，优至尊也。"
③ 参见俞樾：《士昏礼对席图》卷一三五四，《皇清经解续编》本。

此谓宾之席端在东，主人之席端在南。按：凌氏此一礼例固是，但仅能指"常礼"而言，不包括"由便"之情况。如《乡饮酒礼》云"宾升席自西方"，郑注："升必中席。"此言常礼。又，《乡射礼》"大夫升席"，郑注："大夫升席由东方。"与《乡饮酒礼》异，凌氏因谓："是宾升席自西方，遵（即大夫）升席自东方也。"是其自谓前举礼例须加"但书"也。凌氏又谓："此据《曲礼》而言，皆因文释之，非谓礼之通例如此也。"① 盖凌氏对郑注、贾疏所言心存疑虑，故又于卷二礼例最末条重提此"因《曲礼》而致误"之说，其实《曲礼》不误。② 考乡射之礼，宾与众宾之席在西，皆南面，东上，唯遵（大夫）因于一人举觯后乃入，"席于尊东"，异于宾与众宾，故郑注谓"大夫升席由东方"，与宾升席自西方异，盖待遵之礼，异于宾与众宾。至于降席，《乡射礼》无介，经云："主人降席自南方。"郑注："礼杀，由便。"《乡饮酒礼》主人席西向，介席东向，经有主人降席自南方及介降席自南方之文，故《乡饮酒礼·记》谓："主人、介，凡升席，自北方；降自南方。"郑注："席南上，升由下，降由上，由便。"是郑玄以行礼中有"由便"者，然则升、降席非必如上文凌氏所言"凡宾升席自西方，主人升席自北方"也。盖席虽有端，行礼升、降时并非绝对不可变更，有时可以"礼杀，由便"，而不影响其礼意；藉知凌氏括例之不甚周全矣。

二、堂上及室中神魂位向

凌氏于《礼经释例》卷二历述经文所见"为神布席于堂上与室中"之位向云：

《士昏礼》纳采及亲迎，皆云"主人筵于户西，西上，右几。"……《聘礼》行聘之时，"几筵既设"，注："有几筵者，以其庙受，宜依神也。宾至庙门，司官乃于依前设之。神尊，不豫事也。席西上。"此皆为神布席于堂上，南向以西为上者也。

《特牲馈食礼》："祝筵几于室中，东面。"……《少牢馈食礼》："司官筵于奥（室之西南角），祝设几于筵上，右之。"……此皆为神布席于室中，东向以南为上者也。

---

① 凌廷勘：《礼经释例》卷二，"凡设席，南乡、北乡，于神则西上，于人则东上；东乡、西乡，于神则南上，于人则北上"条。
② 详参拙文：《〈仪礼〉寝、庙的室中君臣位向》（待刊）。

按：《士昏礼》纳采及亲迎时，主人布席于堂上，席"西上""右几"，与此礼之席"南向"，为同一事而不同角度之描述。盖《仪礼》中凡神席均"右几"，昏礼"筵于户西"者，为庙中祖先神魂将至堂上观礼也（图一）。其礼意与上举《聘礼》同。《特牲馈食礼》及《少牢馈食礼》均言"祝设几于筵上，右之"，与此礼之席"东向，以南为上者"，亦为同一事而不同角度之描述。盖《仪礼》凡神席"东面"（向），亦均"右几"也。以上引述，凌说无误，但有举证有不应漏列而缺漏者（详见下文）。

《仪礼》所见几、席之位向，前贤间有论及者，而无括例者。凌氏则于该书卷二之末特括一例云：

> 凡设席，南乡、北乡，于神则西上，于人则东上；东乡、西乡，于神则南上，于人则北上。

此一礼例，盖凌氏企图以简约之语言概括之，而竟生错误，徒乱人意。盖不论堂上或室中，神魂之位除周文王太庙及诸侯庙举行袷祭，见诸《礼记》等礼书外，虽有东向者，并无西向者。至于堂上行礼之凡人，则东乡（向）、西乡（向）时并非皆为北上，其证甚多，详下。凌氏括例，兼及人神之位向，又不分堂上抑室中，遂有不合者，乃治丝益棼，参下文自知之。

凌书既论几、席、位向，则凡涉及几、席者，皆应加强佐证，可惜凌氏之论礼例，往往仅举数例说之，普遍性及涵盖性不足。如《聘礼》，国君既命使者，图事，将行，经云："宾（即使者）朝服释币于祢。有司筵、几于室中。祝先入，主人从入，主人在右，再拜，祝告，又再拜。释币，制玄纁束，奠于几下，出。"是知若使者将出聘，须先至庙以奉使将行之事禀告先祖。其事有几、席之设。及使者反命，经云："释币于门，乃至于祢，筵、几于室。荐脯醢，觞酒陈。席于阼，荐脯醢，三献。一人举爵，献从者，行酬，乃出。上介至，亦如之。"郑注于"觞酒陈"下云："主人酌，进奠，一献也。言陈者，将复有次也。先荐后酌，祭礼也，行释币，反释奠，略出谨入也。"郑又于"席于阼"下注云："为酢主人也。酢主人者，祝取爵酌，不酢于室，异于祭。"藉知使后庙见及堂上庆功及谢从者之礼。再如《觐礼》，经云："天子赐舍。曰：'伯父，女顺命于王所，赐伯父舍。'"郑注："此使者致馆辞。"是诸侯有馆。经云："侯氏裨冕，释币于祢。"郑注云："祢谓行主、迁主矣。而云祢，亲之也。释币者，告将觐也。其释币，如聘大夫将受命，释币于祢之礼。既，则祝藏其币，归乃埋之于桃，西阶之东。"此礼既有释币祭奠之仪，则有几、席无疑。又如《士虞礼》，葬日日中以前返家设奠虞祭，经云："素几、苇席在西序下。"郑注："有几，始鬼神也。"经又云："祝盥，升，取苴，降，洗之，升，入，设于几东席上。"盖丧礼至此，始布席而有几。虞礼在丧宅（当时改称庙）之奥举行，至三年丧期届满，乃改在庙中举行。至于虞祭，自主人与祝阴厌飨神，之后虞礼均有（右）几。盖自饭尸、飨尸，与主人、主妇及宾长献酢，以及阳厌皆然（图二、图三、图四）。另如舅、姑已殁，新妇"三月庙见"之礼，其处所在庙之室中，经云："席于庙奥，东面，右几；席于北方，南面。"是舅席在奥，东向，右几；姑席在北墉下，南向，无几。张尔岐《仪礼郑注句读》云："席于奥者，舅席也；席于北方者，姑席也。舅姑别席异面，象生时妇见之礼。"[①]（图五）凌氏未论及此礼，乃是漏列。此例与前此各例不同者，在姑有席无几，礼下舅一等。其几、席位向，可补凌氏论述之疏漏矣。

三、堂上及室中尊卑位向

《仪礼》所见之礼，举行处所各异。《丧服篇》未有论及几、席者，姑摒除不论。吉礼于庙中举行。丧礼于寝宫（丧期中亦称庙）及墓地举行。至于嘉礼如冠礼、昏礼、公食大夫礼等于庙中举行。宾礼如觐礼、聘礼在天子或友邦之庙中举行。公食大夫礼虽属嘉礼，在庙举行。以上均与神魂之事密切关涉。而士相见礼乃宾礼，燕礼为嘉礼，在寝宫举行。其余乡饮酒、乡射、大射礼等嘉礼，则在州长宅或庠、序举行，且均与神魂无涉，故此五篇，单论几、席之位向即可。

士之昏礼，妇至，既沃盥，经云："媵布席于奥，夫入于室，即席，妇尊西南面。"此时夫在奥，而妇在北墉下，南面，乃室中次位也。之后，为妇布对席，乃食，藉知夫妇在奥东西相对共牢而食。卒，经云："乃彻于房中，如设于室，尊否。"郑注："彻室中之馔，设于房中，为媵、御馂之。彻尊不设，有外尊也。"媵、御既馂余，其礼如何？经云："烛出。媵馂主人之余，御馂妇余，赞酌外尊酳之。"

翌日，质明，妇见舅、姑，经云："席于阼，舅即席；席于房外，南面，姑即席。妇执笲，枣栗，自门入，升自西阶，进拜，奠于席。舅坐，抚之，兴，答拜，妇还，又拜。降

[①] 张尔岐：《仪礼郑注句读》，影印本，高雄：学海出版社股份有限公司，2011年。

级，受笄，腵脩，升，进，北面，拜，奠于席，姑坐，举以兴，拜，授人。"是舅、姑于阼阶上初见新妇，舅西面，在主人位，姑南面者，次主人；妇升自西阶，则乃客也。此堂上舅、姑与妇尊卑位也。

之后，妇馈舅、姑于室，经云："妇盥，馈，特豚，合升，侧载，无鱼腊，无稷，并南上。"郑注云："侧载者，右胖载之舅俎，左胖载之姑俎，异尊卑。并南上者，舅姑共席于奥，其馔各以南为上。"则此时舅、姑位在奥（室之西南角），东向，姑在舅北。妇馈舅、姑既毕，席于北墉下。"妇彻，设席前如初，西上。妇餕，舅辞，易酱。妇餕姑之馔。"按：舅尊于姑，故知凌氏于上节谓"东向、西向……于人则北上"为不然（图六）。盖此礼舅、姑共席，且均东向，而舅在南、姑在北，乃南上也，并不若凌氏所言。凌氏之说，不合者既非仅一二处，则其所归纳之礼例有不足据信者。

其后，经云："妇彻于房中，媵、御餕，姑酳之，虽无娣，媵先。于是与始饭之错。"又其后，舅、姑有共飨妇以一献之礼，舅有飨送者以一献之礼，姑有飨妇人送者之礼，飨异邦送者之礼，而婿飨妇送者，丈夫、妇人如舅、姑飨礼。均酬以束锦。而其礼之细节经文未载。

四、房中及北堂妇女位向

礼亦有在房中或北堂举行者，《特牲馈食礼》云主妇（士妻）亚献尸后适房，"南面"，准备受尸酢，祭酒，啐酒，其后，入室，卒爵。郑注云："于尊者前成礼，明受惠也。"然则主妇于房中受尸酢，而卒爵于室。主妇献祝及佐食均如初。宾三献时，经云："致爵于主妇，席于房中，南面。"是知祭祀过程中每有设席者，唯未必有几耳（图七）。

又如《有司彻》载主妇（大夫妻）受尸酢，经云："主妇入于房，司宫设席于房中，南面。主妇立于西席。"是主妇将在房中受酢，南面，与《特牲馈食礼》相类。

又，若不宾尸，主妇亚献后，经云："主妇洗于房中，酌致于主人，主人拜受，主妇户西北面拜送爵。""主妇荐韭菹醢，坐设于席前，菹在北方。"郑注于"司宫设席"下注云："拜受乃设席，变于士也。"贾疏云："《特牲礼》，未致爵，已设席，故云异于士。"此郑注、贾疏特标举士礼与大夫礼之异者。下文略分析之。

前文云，大夫妻受尸酢前入房，"南面"坐，至此谓"不宾尸者宾长三献"则云：

"酌,致爵于主妇。主妇北堂,司宫设席,东面。"则"南面"已改为"东面"矣。郑注谓"东面者,变于士妻"者,前举《特牲馈食礼》载士礼云:"主妇于房中,南面。"又云:"主妇适房,南面。"皆与大夫妻此时之东面位向不同。

按郑注谓北堂之活动云:"北堂,中房以北。东面者,变于士妻。宾、尸不变者,宾、尸礼异矣。内子东面,则宗妇南面、西上,内宾自若,东面、南上。"又经云:"主妇席北,东面,拜受爵,宾西面答拜。"郑注:"席北东面者,北为下。"其位向与《特牲馈食礼·记》所言有异,盖士礼与大夫礼之别也(图八)。

五、堂上君臣位向

君南面,臣北面,礼之常也。然《论语·子罕篇》曰:

> 子曰:"麻冕,礼也。今也纯,俭,吾从众。拜下,礼也;今拜乎上,泰也。虽违众,吾从下。"

孔子时,臣子多先拟拜于堂下,君辞之,乃升堂,于堂上成拜,《仪礼》所见多如此。当时盖唯孔子以为"泰"而坚持拜乎下。朱注云:"臣与君行礼,当拜于堂下。君辞之,乃升,成拜。泰,骄慢也。"其说指出当时于堂上成拜已成正式拜礼。

《士相见礼》有言曰:

> 凡燕见于君,必辩君之南面。若不得,则正方,不疑君。君在堂,升见,无方阶。辩君所在。

郑注云:"君南面,则臣见正北面,君或时不然,当正东面若正西面,不得疑君所处邪乡之。此特见图事,非宾主之燕也。"经又云:"君在堂,升见无方阶。"无方阶者,郑无注,盖谓应拾级而上,或聚足而上也。郑注又云:"君近东,则升东阶,君近西,则升西阶。"然则若非特定场合,仅君臣平日谋事,则君之位向得稍自在矣。以上论堂上仅有少数臣子之情况。

若堂上有众多臣子,其位向又当如何?兹以《燕礼》所见明之。经云:"小臣设公席于阼阶上，西乡。设加席，公升，即位于席，西乡。"之后小臣纳卿、大夫、士、祝、史等，公立于阼阶之东南，南乡尔卿及大夫，皆少进。射人遂请宾，公曰："命某人为宾。"宾礼辞，又命之，宾许诺。宾出，立于门外，东面。郑注云："当更以宾礼入。"此时众臣皆在廷，独宾在门外。之后，宾升自西阶，宰夫为主人。主人献宾，宾酢主人，主人献公，主人自酢公，主人遂酬宾。又之后，二人媵爵于公，公举媵爵酬宾，遂旅酬。其后主人献卿于西阶上，司宫卷重席，设于宾左（堂上东方），东上。射人乃升卿，"卿皆升就席。若有诸公，则先卿献之，如献卿之礼。席于阼阶西，北面，东上，无加席"。此时宾西无大夫，及主人辩献大夫，遂荐之，继宾以西，东上。卒，射人乃升大夫，大夫皆升就席。按：堂上卿位本在宾左，东上。诸公位在阼阶西，北面，东上。宾位在大夫东，大夫位则继宾以西，东上。又之后，经云："席工于西阶上，少东。"工升自西阶，北面，东上，坐。遂歌，奏笙。《记》云："若与四方之宾燕，则公迎之于大门内，揖让升，宾为苟敬，席于阼阶之西，北面。"阼阶西，北面者，近君也。然则君臣堂上位，不论南乡、北乡，均以东为上，以其最近君故也。

据上所述，堂上众臣，不论位向，均以东为上。而西乡者，唯君一人，经既谓其在阼阶上，则近南，不近北（图九）。

又，《大射仪》载堂上众臣位向云："小臣设公席于阼阶上，西乡。司宫设宾席于户西，南面，有加席。卿席宾东，东上。小卿宾西，东上。[①]大夫继而东上。若有东面者，则北上。席工于西阶之东，东上。诸公阼阶西，北面，东上。"（图十）据此，众臣位向除大夫外，均合上述，唯大夫"若有东面者，则北上"，此似合于凌氏"东乡、西乡……于人则北上"之说，然经云"若有东面者，则北上"，则是此时东面者，乃大夫中地位最低者，云"北上者"，令东面大夫勿分散坐而已。然则《仪礼》所见堂上君臣位向，若欲括例，一言可毕，曰"近君"而已。

六、堂上宾主位向

若堂上行礼者为宾主，众人位向又当如何？本节姑以《乡饮酒礼》为例，述主人与宾客之席次、位向。

[①] 小卿者，郑注云："小卿，命于其君者也。席于宾西，射礼辨贵贱也。"

郑玄《三礼目录》云："诸侯之乡大夫大比，献贤者能者于其君，以礼宾之，与之饮酒，于五礼属嘉礼。"《礼记·乡饮酒义》记当时乡饮酒礼仪节及所使用词汇，与《仪礼》稍异，兹取而并论之。

此经之首云："乡饮酒之礼，主人就先生而谋宾介。"经云："乃席宾、主人、介。众宾之席皆不属焉。"所谓"不属"，谓众宾皆"独坐"也。郑注云："宾席，牖前南面；主人席，阼阶上西面；介席，西阶上东面。"于主人、宾、介之位向说之甚明。经又云："主人升，宾升，主人阼阶上，当楣，北面再拜；宾西阶上，当楣，北面答拜。"是主人与宾为敌体也。主人遂与宾献、酢、酬、既，主人献介，介酢主人，主人遂献众宾。之后，一人举觯，工升，笙奏，间歌三终，合乐。司正安宾，司正表位，宾酬主人，主人酬介，介酬众宾，二人举觯，遂彻俎，燕坐，宾出。经云："其间若有遵者，诸公、大夫，则既一人举觯，乃入。席于宾东，公三重，大夫再重。……大夫则如介礼。"所谓"一人举觯，乃入"者，谓入席之时机。经于遵者，不言面向，盖南面或西面也。《乡饮酒礼·记》云："若有诸公，则大夫于主人之北，西面；主人之赞者，西面，北上，不与。"贾疏云："若无诸公，则大夫南面西上，统于尊也。"① 至于主人之赞者，郑注云："赞，佐也。谓主人之属，佐助主人礼事。彻鼏、沃盥、设荐俎者。西面，北上，统于堂也。与，及也。不及，谓不献酒。"据上述，则此礼，宾与众宾之位在堂西之北，介位在堂西之南，若有大夫，则位在宾东南面、西上，主人与遵者位在堂东，西面，主人之赞者位在堂北，西面。《乡饮酒礼》载宾、主堂上位向明白若此（图十一）。乡饮酒礼，赞者堂上之位既在最北（另详下文），则凌氏所言"东乡、西乡……于人则北上"为非是矣。

《乡饮酒义》云："宾主，象天地也，介、僎，象阴阳也。三宾，象三光也。让之三也，象月之三日而成魄也。四面之坐，象四时也。"按：《经典释文》云"僎音遵"，即《乡饮酒礼》之赞者。该篇混杂阴阳五行之说，多牵引附会，本不足信。唯"天地严凝之气"一章有云：

> 主人者尊宾，故坐宾于西北；坐介于西南以辅宾；……主人者，接人以仁，以德厚者也，坐于东南；而坐僎于东北，辅主人也。

---

① 贾疏云："若无诸公，则大夫南面西上，统于尊也。"盖大夫于旅酬后乃入，其礼及礼意同于《大射仪》。

该篇于四面之坐，尚保留古义，非如明、清两朝时误以为"四面之坐"乃四面各斜向中央坐。①可惜"僎坐于东北"五字究指何向？南面欤？抑西面欤？《乡饮酒义》非无模糊之处。不如《乡饮酒礼·记》明言"主人之赞者，西面，北上"之无疑义，足以证明位向在最北者非尊位也。

又，于祭祀之末，尸出俟于庙门之外，主人等可议侑及谢尸。既定，席设于堂上户西与西序者、东序者，除设主人席外，《有司彻》载："司宫筵于户西，南面；又筵于西序，东面。"郑注分别曰："为尸席也"，"为侑席也"。盖主人、尸、侑三人皆于堂上布席。经又言主人出迎尸与侑于庙门外，行授几之礼云：

主人降，受宰几。尸、侑降，主人辞，尸对。宰授几，主人受。二手横执几，揖尸。主人升，尸、侑升，复位。主人西面，左手执几，缩之，以右袂推拂几，三。二手横执几，进授尸于筵前。尸进，二手受于手闲。主人退，尸还几，缩之，右手执外廉，北面奠于筵上，左之。南缩，不坐。

据上文所述，此时主人、尸、侑升堂后，复阼阶、宾阶上位。主人遂西面将几交与尸，最终尸面北将几置于席左，南向，即所谓"几其南"也。郑注曰："左之者，异于鬼神，生人阳长左，鬼神阴长右。不坐，奠之者，几轻。"（图十二）

七、设席他处之位向

上文所论者外，《仪礼》言几、席之可注意者，尚有《士虞礼·记》终虞之饯尸用几、席。按《记》载饯尸之礼之准备云："奠两甒于庙门之外，稍南，水尊在酒西，勺北枋。洗在尊东南，水在洗东，篚在西。"郑注云："（水）在门之左，又少南。"此

---

① 清儒万斯大《万斯大集》中《学礼质疑》卷二"乡饮酒礼席次"条云："《乡饮酒义》前章云：'坐宾于西北，而坐介于西南，主人坐于东南，而坐僎于东北，言其方也。'后章云：'宾必南乡，介必东乡，主人坐于东方者，言其乡也。'后人行礼，信其前而遗其后，遂定为侧坐相向，垂为令典。"氏揭露明清人误读《乡饮酒礼》及《乡饮酒义》之弊，厥功甚伟。《万斯大集》，杭州：浙江古籍出版社，2016年排印本。然在此文之前，有郭晓瑞、孟梓良二人合作《清代山西方志碑刻中的乡饮酒礼探析》一文，于第四届礼学国际学术研讨会宣读，悉依所附清代乡饮酒礼宾主斜向座次图报道，而不知清初万斯大氏已指出明清人之谬矣。

处《记》文陈述洗与水之位置不甚清楚，依照《仪礼》陈设水、洗位置之惯例，当在"阼阶之南"，但此时行礼在庙门外，则洗与水宜设在庙门左边稍南之处，故郑注云："在门之左，又稍南。"《记》又云："尸出，执几从，席从。"郑注："祝入，亦告利成。入，前尸，尸乃出。几、席，素几、苇席也。以几、席从，执事也。"则执几、席者，乃执事，非衰绖奉篚哭从尸之从者。盖饯尸乃为谢尸也。《记》又云："尸出门右，南面。"此时尸暂停动作，郑注云："俟设席也。""席设于尊西北，东面，几在南。宾出，复位。"此言尸将入席也。席既设于尊西北，东面，则尸若就席，其面向犹如尸在奥之时，唯此时席在庙门（寝宫之门）外耳。《记》又云："主人出，即位于门东，稍南，妇人出，即位于主人之北，皆西面，哭不止。"郑注："妇人出者，重饯尸。"盖主妇亦须行礼之所不应缺席者。《记》又云："尸即席，坐。唯主人不哭，洗废爵，酌献尸，尸拜受，主人拜送，哭，复位，荐脯醢，设俎于荐东，胊在南。"尸遂受食饮，卒，《记》云："主人及兄弟踊，妇人亦如之。"此处述及众人在门外之位，即庙门哭临之位也，故郑注云："将入临之位，《士丧礼》：宾继兄弟，北上。门东，北面，西上。门西，北面，东上。西方，东面，北上。"其后，主妇亚献，宾三献，卒，均踊如初。卒，佐食取俎，实于篚。尸谡，从者奉篚，哭从之，犹尸始至之时然。祝前，哭者皆从，及大门内，踊如初。郑注云："男女从尸，男由左，女由右。及，至也。从尸，不出大门者，由庙门外，无事尸之礼也。"《记》续云："尸出门，哭者止。宾出，主人送，拜稽颡，主妇亦拜宾。丈夫说绖带于庙门外。……妇人说首绖，不说带。"据上述，士虞礼，终虞设几、席饯尸于庙门外，且其席东向，几在右，犹如在室中之奥之面向（图十三）。应注意者，此礼乃《仪礼》中除士冠礼筮于庙门、士丧礼卜葬日于庙门（寝宫之门）外，唯一设席于庙门外之礼。

另，《士虞礼》《特牲馈食礼》《少牢馈食礼》《有司彻》奠祭中有布席谢祝及佐食、宾长之礼，唯无几耳。《士虞礼》，主人既献尸，经云："筵祝，南面。主人献祝。"郑注云："祝接神尊也。筵用萑席。"是祝亦用席，然用萑席，与尸用苇席不同耳。按：贾疏云："上文尸用苇席，其祝席，经记虽不言，以尸用在丧，故不用苇。今祝宜与平常同，故用萑也。"此礼可特予注意者，乃主人献祝时，特为"筵祝，南面"，其为主人谢祝可知。可惜经简，未言其详，令人不明主人献祝究于何处？故宜特予探讨。盖经言主人入室后，"祝从，在左，西面"，则为祝布席，似当在主人之左后。唯郑玄于《少牢馈食礼》注有言："室中狭迫。"室中既狭迫，他处皆不便，唯有北墉下为宜。经云："主人献祝，祝拜，坐受爵，主人答拜。"郑注云："献祝，因反西面位。"

然则主人献祝时，主人北面，祝南面。既献之后，主人因反西面位，则是《士虞礼》祭奠之间，有为祝布席献酒之事。据后文，阳厌开始之前，祝自行将莦席彻入于房，并自执其俎出，赞遂阖牖户。盖《仪礼》经文描述之细致有如此者，非概略括例可以涵盖也。

须注意者，《士虞礼》阴、阳厌均有几、席，饭尸前则经言"从者错筐于尸左席上，立于其北"，而饭尸、献尸之时，仍有右几，盖犹有阳厌尚未举行，神魂仍在室中故也。

再者，祭祀祖先时，主人于献尸后，亦献祝，此亦见于《特牲馈食礼》。经云："筵祝，南面，主人酌献祝。"与《士虞礼》异者，此礼尸用"莞席"而非"苇席"，盖吉礼也。而祝之无几，则与《士虞礼》相同。又，《少牢馈食礼》主人既献尸，尸酢主人，既，经云："主人献祝，设席，南面。"以受主人之献。以上均主人设席谢祝之事（图十四）。

席又有设于祭末以谢佐食与宾长者，《少牢馈食礼》，经云："祝命佐食彻胏俎，降设于堂下阼阶南。"郑注："彻胏俎，不出门，将俟尸也。"之后，"司宫设对席，乃四人馂。上佐食盥升，下佐食对之，宾长二人备"。张尔岐《仪礼郑注句读》云："设对席者，对尸席而设西向之席。"其言简洁正确。考虑郑玄"室中狭迫"之说，盖唯有北墉下为宜也（图十五）。

上述《士虞礼》《特牲馈食礼》《少牢馈食礼》《有司彻》各篇，于祭中或祭末有谢祝与佐食、宾长之礼，仪节略同，而均有席无几，足见古人安排仪节有贵贱隆杀之层次矣。

又席亦用于卜筮。《士冠礼》筮于庙门，筮于庙门者，郑注云："庙谓祢庙。不于堂者，嫌著之灵由庙神。"谓筮日者，乃问筮神，非问祖先之神魂也。行礼时，"主人即位于门东，西面。有司如主人服，即位于西方，东面，北上。筮与席所卦者具馔于西塾，布席于门中、闑西、阈外，西面"。其位向如此者，经云："筮人右还，即席坐，西面，卦者在左。"如此，筮人西面坐，而主人立于门东，西面，可以自筮人身后观察其全部动作矣。士冠筮日之礼，经未见几，盖无有。

另，《士丧礼》有筮宅及卜葬日之礼。"宅"者，即后世所谓"阴宅"也，筮宅在野外，未见用席，与卜日不同。卜葬日，问龟神，故亦在庙门外。经云："卜人先奠龟于西塾上，南首，有席，楚焞置于燋，在龟东。族长及宗人立于门西，东面，南上。占者三人，在其南，北上。主人即位于门东，西面。卜人抱龟燋，先奠龟，西首，燋在北。"

既受命,卜人许诺,"还即席,西面坐"。其礼及席之位向,与冠礼筮于庙门相同,而众人皆得监督之。此礼亦无几。

八、结　　论

　　古礼失传者甚多,非今人所能一一复原。本文专论《仪礼》重要仪节所见几、席、位向问题,因检讨凌廷勘《礼经释例》卷二所拟礼例之成说,指出其所括礼例,或不周延,或有所阙漏,不可完全据信。[①] 盖为神魂设席,仅有堂上南向及室中东向两种,凌氏杂论人、神,反增困扰,况有误括者乎！如命笔者为之,将应之曰:"室中位,以奥为上;堂上位,君臣以近君为上;宾主位,以近主人为上;其余空间之位向,各有其礼意,无法一言以蔽之。"

（作者单位：山东大学）

[①] 本文之前,有陈绪波氏在第四届礼学国际学术研讨会发表《〈仪礼〉中与"席"相关的几个问题》一文,对凌氏之说虽有"补遗",但未指出凌氏有所误漏。

附图

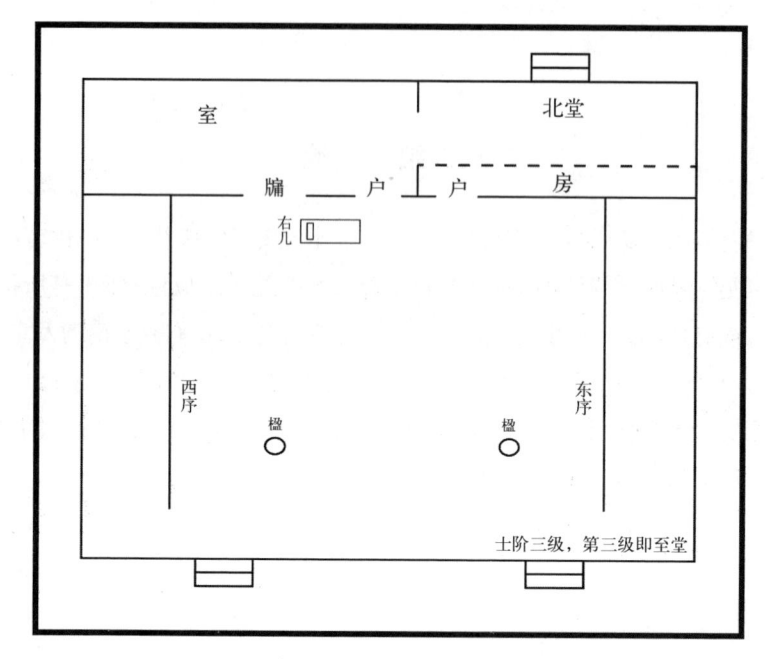

图一　士昏礼纳采等礼神魂观宾客示意图

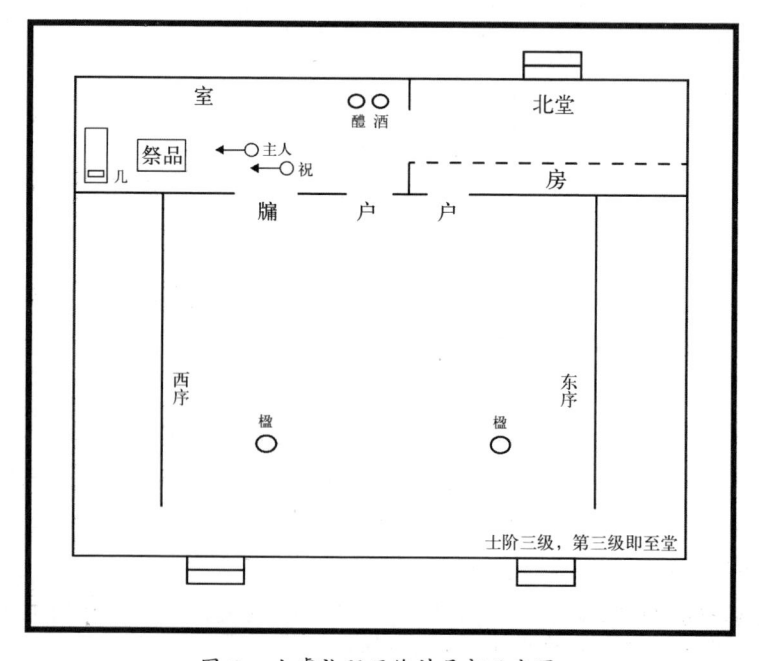

图二　士虞礼阴厌馂神局部示意图

图三　士虞礼尸九饭,与主人、主妇及宾长献酢局部示意图

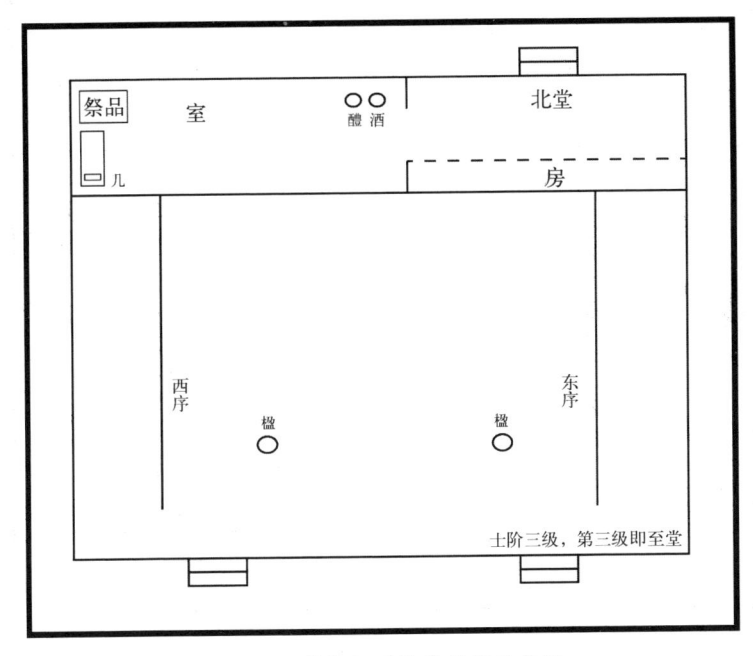

图四　士虞礼阳厌飨神局部示意图

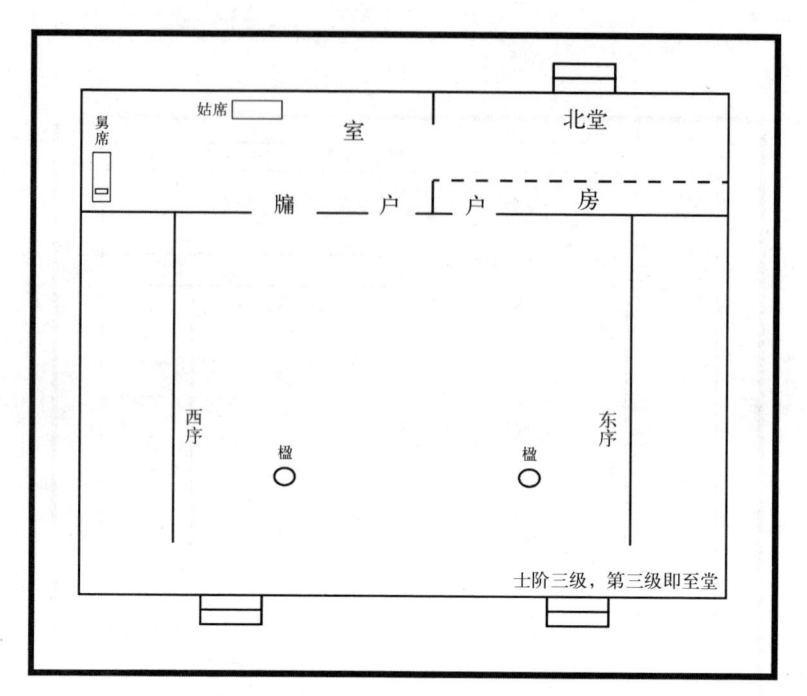

图五　士昏礼三月庙见舅姑局部示意图

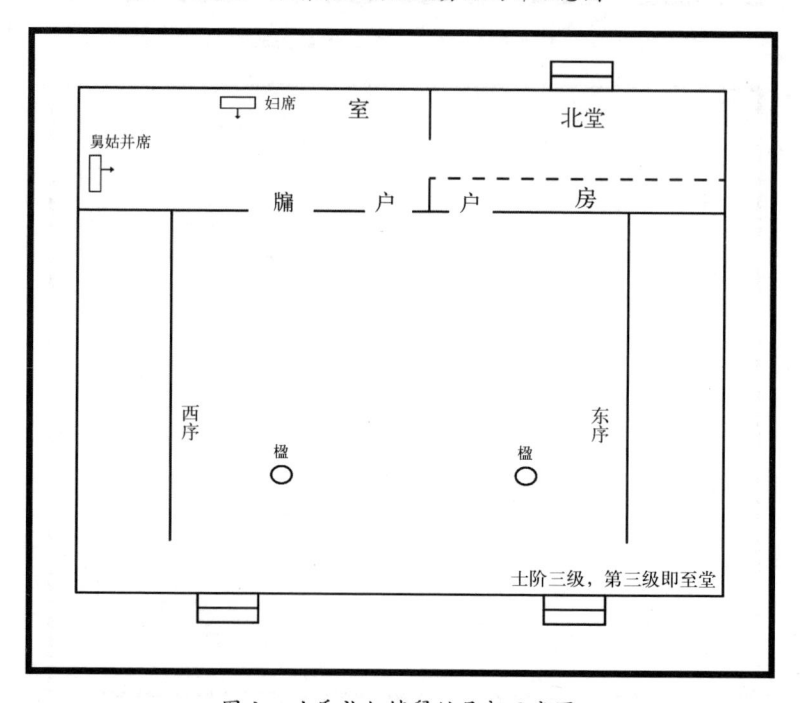

图六　士昏礼妇馈舅姑局部示意图

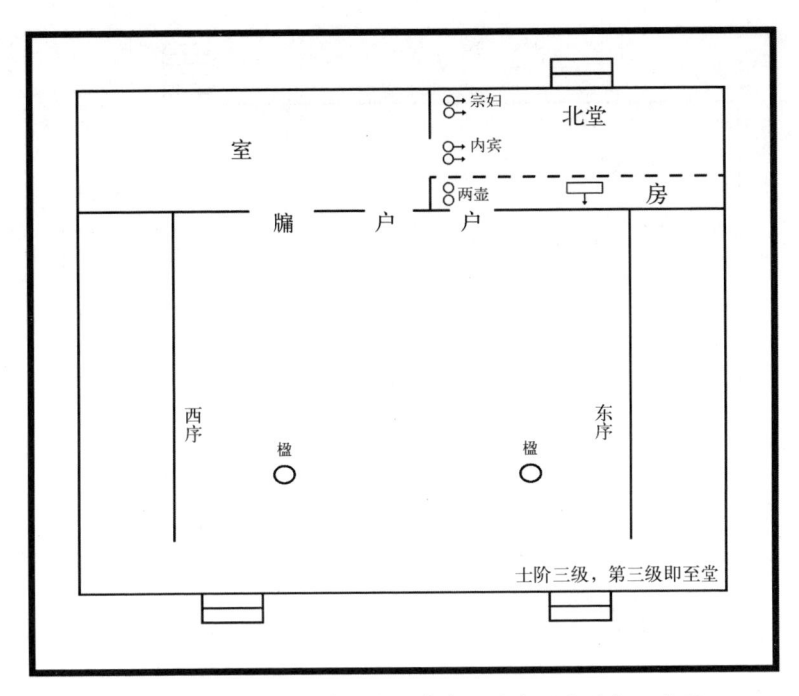

图七 特牲馈食礼士妻及宗妇房中及北堂位向局部示意图

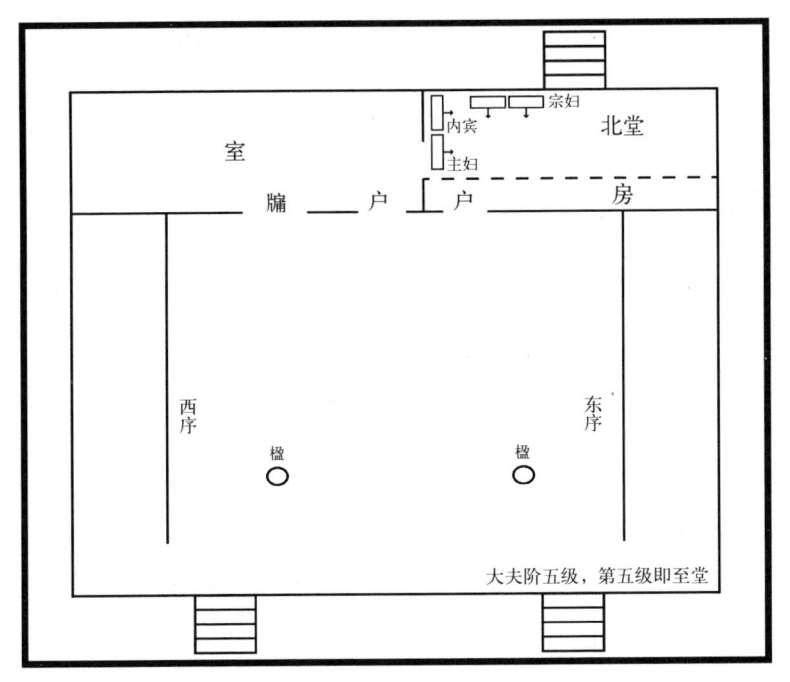

图八 有司彻大夫妻及宗妇房中及北堂位向局部示意图

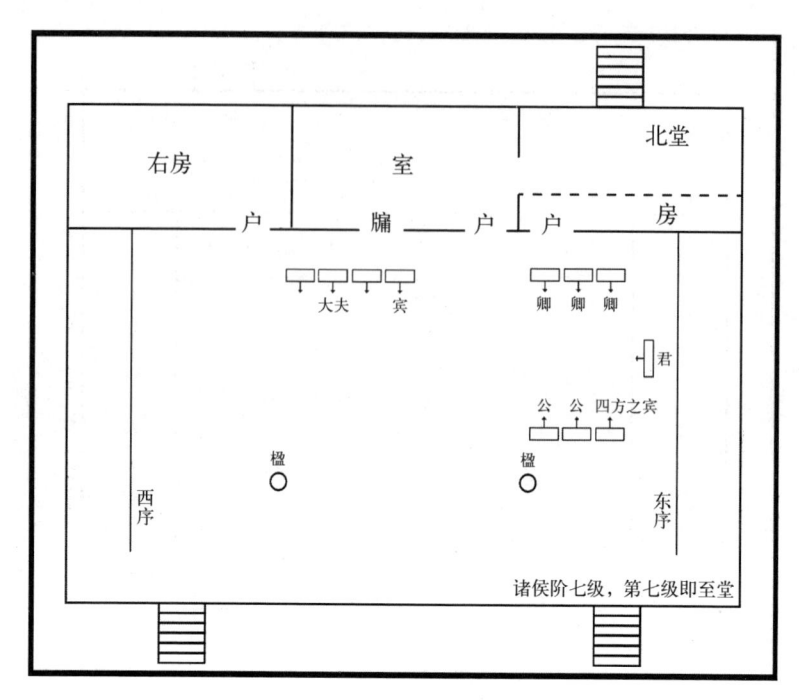

图九　燕礼堂上君臣位向局部示意图

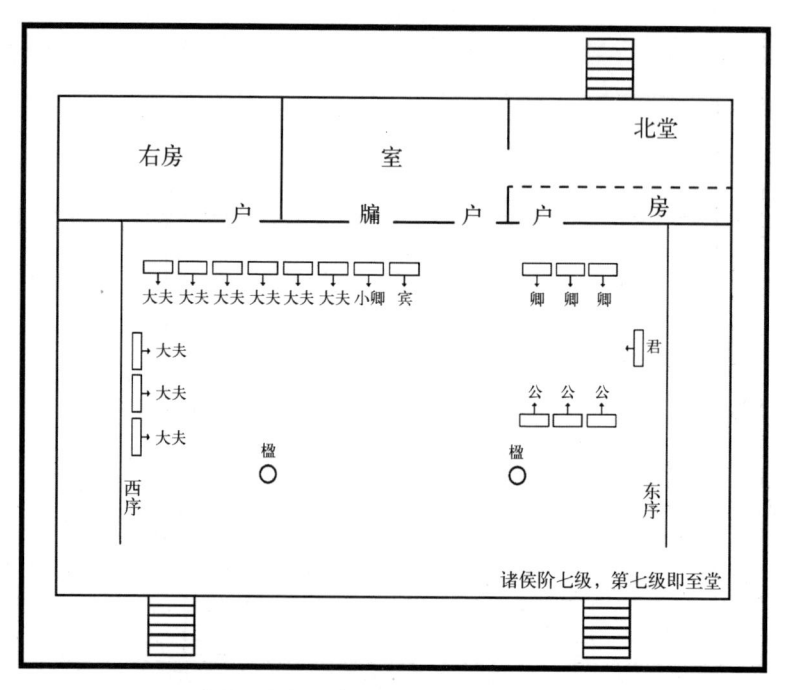

图十　大射仪堂上君臣位向局部示意图

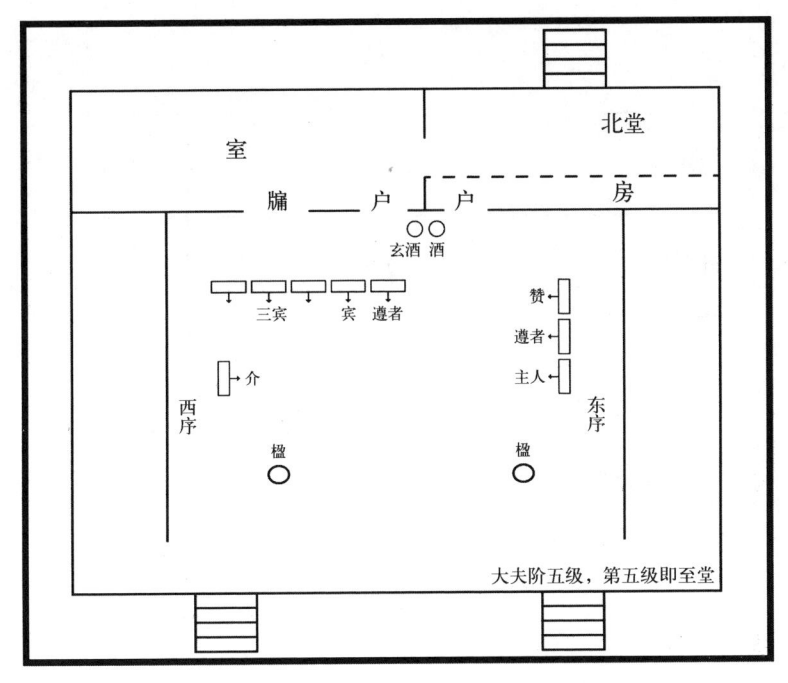

图十一　乡饮酒礼堂上宾主位向局部示意图

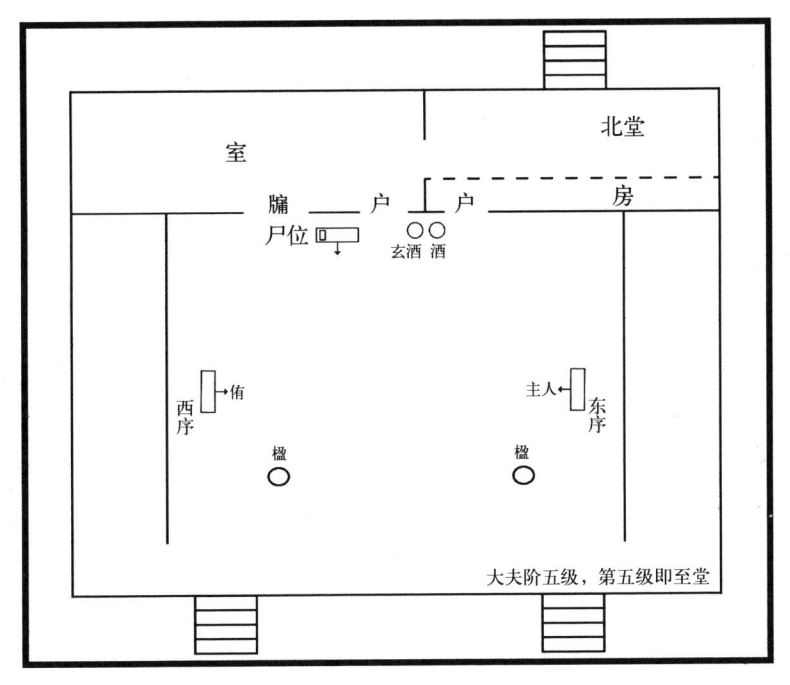

图十二　有司彻祭末堂上尸侑位向局部示意图

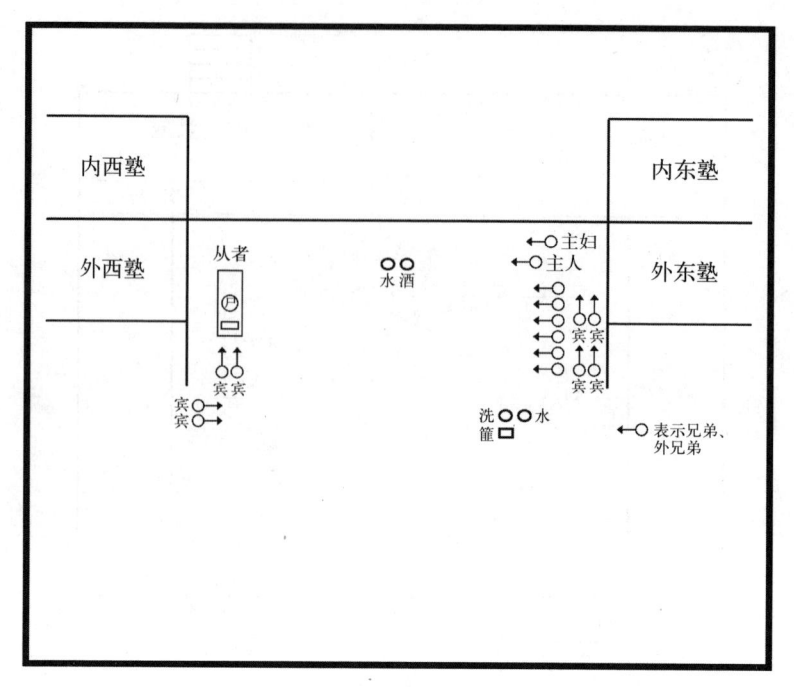

图十三　士虞礼终虞后庙门饯尸位向示意图

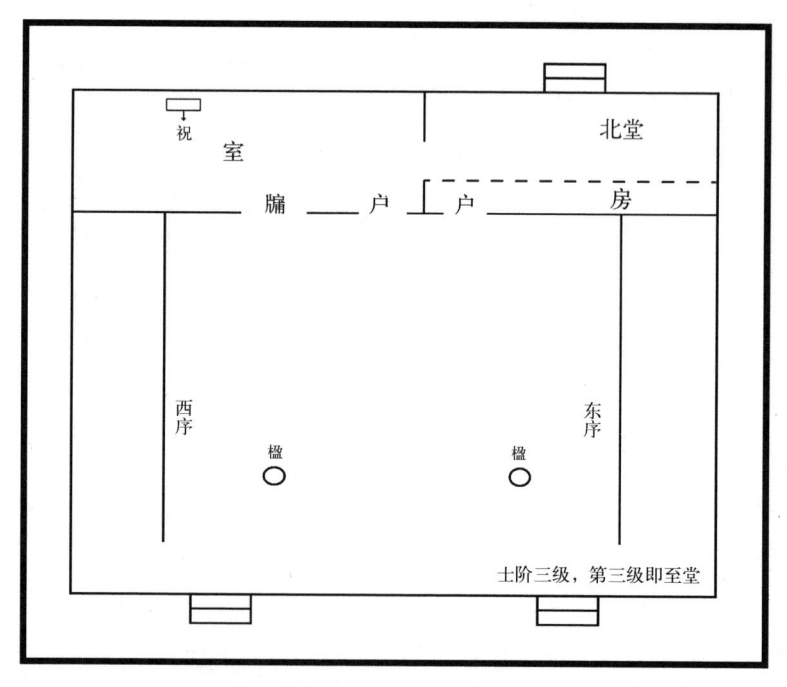

图十四　特牲馈食礼主人设席谢祝位向局部示意图

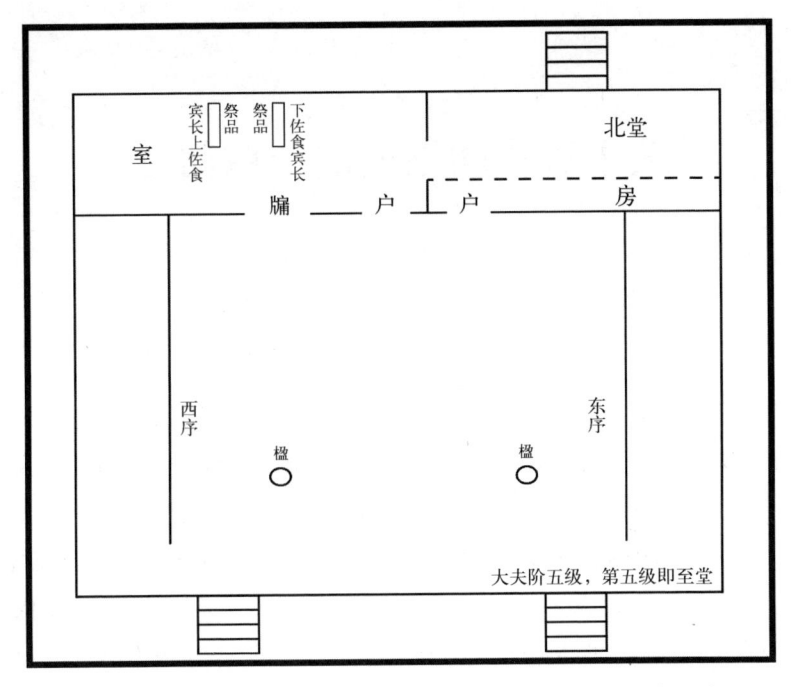

图十五　少牢馈食礼祭末主人设对席谢佐食及宾长位向局部示意图

关于唐代明堂礼的一些问题*

吴丽娱

古代明堂祭祀是祭天典礼的一项重要内容,且明堂从来与郊祀并重,由此成为经学史上最集中的问题之一,为历代礼家和学者瞩目。唐朝明堂由于建成于武则天时期,故关注者尤多。近来读到的吕博讨论明堂设计与武则天借助明堂,利用佛教伪经打造帝王形象的文章,使人深受启发[①],特别是论证唐朝明堂关于五室、九室设计理念的争议与六天说、一天说及《显庆礼》编纂之关系,可被认为是揭示了唐朝明堂礼争议的本质。但是明堂礼既涉及天帝观念的统一,就有必要对导致其观念变革的礼制本身进行深入探讨。考虑到明堂祭祀于高、武之际引起矛盾最多,且始终是以五方帝的处置为根本,但此礼沿革取舍的线索在前人的研究中却不够明晰,故本文即试从这一时期的相关礼制论争入手,讨论其制度变革之来源、经过及与唐前期礼法制作之关系,由此进一步追溯明堂礼的演变及其对《开元礼》确立郊天原则的意义和影响。

一、唐朝明堂礼争议的出现和缘起

关于明堂形制问题的讨论史料记载最早出现于贞观中。而高宗永徽二年(651)七月,颁布诏书,用"是知五精降德,爰应帝者之尊;九室垂文,用纪配天之

---

* 原载《魏晋南北朝隋唐史资料》第40辑,上海:上海古籍出版社,2019年。本文为国家社科基金重点项目"大唐开元礼校勘整理与研究"(15AZS001)阶段性成果。
① 吕博:《唐初明堂设计理念的变化》,武汉大学中国三至九世纪研究所编:《魏晋南北朝隋唐史资料》第37辑,上海:上海古籍出版社,2018年,第115—130页;《明堂建设与武周的皇帝像——从"圣母神皇"到"转轮王"》,《世界宗教研究》2015年第1期,第42—58页。相关明堂论著并见其文介绍,此不具列。

业"的说法暗示了明堂建设中五室、九室的两种不同理念,同时宣命所司与礼官学士等"考核故事,详议得失,务依典礼,造立明堂","其明堂制度令诸曹尚书及左右丞、侍郎、太常、国子监、秘书官、弘文馆学士同共详议"。① 于是明堂五室、九室的辩论从此开始。五室意味五精帝或曰五方帝各居其一,而九室象征九州,只能由一帝居中而统。因此诚如吕博所言,五室还是九室的争议,其实还是根源于对六天说和一天说的抉择。《旧唐书·礼仪志》说其时"太常博士依郑玄义,以为明堂之制,当为五室;内直丞孔志约据《大戴礼》及卢植、蔡邕等义,以为九室",以至"诸儒纷争,互有不同"。高宗虽"初以九室之议为是",但到了明年六月,"内出九室样,仍更令有司损益之",而有司再根据内样提出设计规划时,却导致了更多的争论——"此后群儒纷竞,各执异议",于是高宗又"以五室为便,议又不定,由是且止"。② 可见至少在永徽中,皇帝还是比较赞同构建祭祀五方帝的五室,而君臣于此亦尚未形成定见。

(一) 明堂配祀问题的起因和理论来源

五室和九室的争议既然立场不同,自然意味着对坚持郑玄理论的怀疑和动摇;而在此之后,我们就看到了《旧唐书·礼仪志》一所载显庆元年(656)太尉长孙无忌与礼官等的奏议:

> 臣等谨寻方册,历考前规,宗祀明堂,必配天帝,而伏羲五代,本配五郊,预入明堂,自缘从祀。今以太宗作配,理有未安。伏见永徽二年七月,诏建明堂,伏惟陛下天纵圣德,追奉太宗,已遵严配。时高祖先在明堂,礼司致惑,竟未迁祀,率意定仪,遂便着令。乃以太宗皇帝降配五人帝,虽复亦在明堂,不得对越天帝,深乖明诏之意,又与先典不同。
>
> 谨案《孝经》云:"孝莫大于严父,严父莫大于配天。昔者周公宗祀文王于明堂,以配上帝。"伏惟诏意,义在于斯。今所司行令,殊为失旨。又寻汉、魏、晋、宋历代礼仪,并无父子同配明堂之义。唯《祭法》云:"周人禘喾而郊稷,祖文王而宗武王。"郑玄注云:"禘、郊、祖、宗,谓祭祀以配食也。禘谓祭昊天于圆

---

① 《唐会要》卷一一《明堂制度》,上海:上海古籍出版社,1991年,第314—315页。
② 《旧唐书》卷二二《礼仪志》二,北京:中华书局,1975年,第853—862页。

丘,郊谓祭上帝于南郊,祖、宗谓祭五帝、五神于明堂也。"寻郑此注,乃以祖、宗合为一祭,又以文、武共在明堂,连祎配祀,良为谬矣。故王肃驳曰:"古者祖有功而宗有德,祖、宗自是不毁之名,非谓配食于明堂者也。审如郑义,则《孝经》当言祖祀文王于明堂,不得言宗祀也。凡宗者,尊也。周人既祖其庙,又尊其祀,孰谓祖于明堂者乎?"郑引《孝经》以解《祭法》,而不晓周公本意,殊非仲尼之义旨也。又解"宗武王"云:"配勾芒之类,是谓五神,位在堂下。"武王降位,失君叙矣。

又案《六韬》曰:"武王伐纣,雪深丈余,五车二马,行无辙迹,诣营求谒。武王怪而问焉,太公对曰:'此必五方之神,来受事耳。'遂以其名召入,各以其职命焉。既而克殷,风调雨顺。"岂有生来受职,殁则配之,降尊敌卑,理不然矣。故《春秋外传》曰:"褅、郊、祖、宗、报五者,国之典祀也。"《传》言五者,故知各是一事,非谓祖、宗合祀于明堂也。

臣谨上考殷、周,下泊贞观,并无一代两帝同配于明堂。南齐萧氏以武、明昆季并于明堂配食,事乃不经,未足援据。又检武德时令,以元皇帝配于明堂,兼配感帝。至贞观初缘情革礼,奉祀高祖配于明堂,奉迁世祖专配感帝。此即圣朝故事已有递迁之典,取法宗庙,古之制焉。

伏惟太祖景皇帝构室有周,建绝代之丕业;启祚汾、晋,创历圣之洪基。德迈发生,道符立极。又世祖元皇帝潜鳞韫庆,屈道事周,导浚发之灵源,肇光宅之垂裕。称祖清庙,万代不迁。请停配祀,以符古义。伏惟高祖太武皇帝躬受天命,奄有神州,创制改物,体元居正,为国始祖,抑有旧章。昔者炎汉高帝,当涂太祖,皆以受命,例并配天。请遵故实,奉祀高祖于圆丘,以配昊天上帝。伏惟太宗文皇帝道格上元,功清下渎,拯率土之涂炭,协大造于生灵,请准诏书,宗祀于明堂,以配上帝。又请依武德故事,兼配感帝作主。斯乃二祖德隆,永不迁庙;两圣功大,各得配天。远协《孝经》,近申诏意。①

这篇奏议也见于《通典》②,系年相同,而文字略有简化,看得出是针对明堂的配祀问题,请求将原来贞观所行高祖、太宗并配明堂的制度,改为以太宗独配。这

---

① 《旧唐书》卷二一《礼仪志》一,第821—823页。
② 《通典》卷四四《大享明堂》,北京:中华书局,1988年,第1222—1223页。

一问题虽然不是关乎五方帝本身，但说明在形制之外，相关明堂礼法争议却是从配帝开始。可见这个问题对明堂影响很大，且因涉及祭祀的根本理念而由来深远，故在讨论这篇奏议之前，有必要先解释一下它的起因和来源。

据前人所论，古礼祭天有着王者事天事父的双重含义，作为最高统治者的天子不仅代表国民，也代表其自身的家族，故以何祖为配，始终是汉魏以降祭天礼中带有根本性的问题。《孝经》言："人之行，莫大于孝，孝莫大于严父，严父莫大于配天，则周公其人也。昔者周公郊祀后稷以配天，宗祀文王于明堂，以配上帝。（下略）"①这里后稷为周之始祖，而文王是周受命之祖，也是周公之父，两者分配郊祀和明堂。两汉无始祖，汉武帝初于泰山建明堂，元封五年（前106）三月增封泰山，"甲子，祠高祖于明堂，以配上帝"。太始四年（前93）三月再行幸，壬午，先"祀高祖于明堂"，癸未，复"祀孝景皇帝于明堂"。②后者大约是依《孝经》严父之说而为之。但平帝时，依照王莽建议恢复南北郊，按《孝经》原则所定祭天礼便是"郊祀高祖以配天，宗祀孝文以配上帝"③。自后至东汉光武帝，仍"采元始中故事"以高祖配天。至汉明帝改以光武帝配明堂，基本实现了《孝经》以始祖郊祀配天，以受命祖明堂配上帝的宗旨④；而这里的上帝，即被郑玄解作五帝。

两汉制度形成后，对后世仍深有影响，如曹魏文帝黄初二年（221）正月，郊祀天帝明堂。明帝太和元年（227）正月丁未，"郊祀武皇帝（曹操）以配天，宗祀文皇帝（曹丕）于明堂以配上帝"，史称"是时二汉郊禋之制具存，魏所损益可知也"。⑤不过，之后的明堂配祀也往往依违于受命帝或在位帝父二者之间，如晋武帝泰始二年（266）正月因有司议奏，"明堂南郊，宜除五帝之坐。五郊改五精之号，皆同称昊天上帝，各设一坐而已"，而"帝悉从之"；故二月丁丑，"郊祀宣皇帝以配天，宗祀文皇帝于明堂，以配上帝"。此"文皇帝"司马昭乃武帝父而并非受命帝。太康十年（289）十月下诏，以为"往者众议除明堂五帝位，考之礼文正经不通"，且由于"宣帝以神武创业，既已配天，复以文皇帝配天，于义亦不安"，故诏令"其复明堂及南郊五

---

① 《孝经注疏》卷五，《十三经注疏》，北京：中华书局，1980年，第2553页。
② 《汉书》卷六《武帝纪》，北京：中华书局，1962年，第196、207页。
③ 《汉书》卷一二《平帝纪》元始四年春正月，第356页。
④ 分别参见《续汉书·祭祀志》上、中，《后汉书》，北京：中华书局，1965年，第3159、3181页。以上参见陈壁生：《郑玄与中国的经史传统——以"圆丘"礼为例》，清华大学道德与宗教研究院、清华大学历史系举办"礼制与汉传佛教社会生活"会议论文，2019年4月7日。
⑤ 《宋书》卷一六《礼志》三，修订本，北京：中华书局，2018年，第458页。

帝位"。可想而知，配祀明堂者仍是武帝之父司马昭。宋武帝永初三年（422）九月定以高祖武皇帝配天郊，但孝武帝大明五年（461）四月庚子，下诏"依汉汶上图仪，设五帝位，太祖、文皇帝对飨"。次年正月，"世祖亲奉明堂，祠祭五时之帝，以文皇帝配，是用郑玄议也"①。是从开国受命帝的独配，变为与在位皇帝父并配，最终改以在位皇帝父独配。

马端临关于郊、丘和明堂有"此三祭者，必皆有祖考可配，而后可以举事"，"是以配天之祀，必俟奕世之后，又复上取之遥遥华胄以足之，然后可以行礼耳"的评议。②因此历代明堂配祀固亦受帝王家族根基和祖宗条件的影响。又东晋孙耆之解释《孝经》说"郊以配天，故配之以后稷；明堂祀帝，故配之以文王。由斯言之，郊为皇天之位，明堂为上帝之庙。故徐邈以配之为言必有神主，郊为天坛，则明堂非文庙矣"③，意味着郊祀、明堂分祭皇天和上帝，文王仅是作配而非主祭对象。但按照这样的逻辑，则明堂为五帝主场的原则是基本不变的，此即所谓"用郑玄议也"；而事实上北朝明堂礼虽未建成，但南朝宋孝武帝创建后，齐、梁、陈都接受了专祀上帝—五帝的通规，梁武帝并建立了五帝（五天帝、五精帝）—五人帝—五官的祭祀系统。④

不过对配帝如何取则的认识却始终不一致。这是因为"宗祀文王于明堂以配上帝"只是《孝经》的说法，若按《礼记·祭法》言禘、郊、祖、宗，则有"祖文王而宗武王"之说，其言在郑玄即解释为"禘、郊、祖、宗，谓祭祀以配食也。……祭五帝五神于明堂曰祖、宗，祖、宗通言尔"；并有"郊祭一帝，而明堂祭五帝，小德配寡，大德配众"的区别。⑤这样就提供了明堂祭五帝以祖、宗并配的依据。所以杜佑也在"周制，季秋大享于明堂，宗祀文王以配上帝"之下加注释说：

  谓祀昊天上帝。先儒所释不同。若以祭五帝，则以天帝皆坐明堂之中，以

---

① 分别参见《宋书》卷一六《礼志》三，第461—462、471—472页。
② 《文献通考》卷七〇《郊社考》三，北京：中华书局，1986年，第631页。
③ 《通典》卷四四《大享明堂》，第1218页。
④ 《隋书·礼仪志》一言陈明堂安六座，"四方帝各依其方，黄帝居坤维，而配享坐依梁法"（北京：中华书局，修订本，2019年，第136页）；《通典》卷四四《大享明堂》言"陈祀昊天上帝、五帝于明堂"（第1220页），但又言堂制中央六间，依前代安六座，则无昊天之座，疑《通典》有误。按关于南朝明堂，参见牛敬飞：《经学与礼制的互动：论五精帝在魏晋南朝郊祀、明堂的发展》，《文史》2017年第4辑，第132—136页。
⑤ 《礼记正义》卷四六《祭法》，《十三经注疏》，第1587—1588页。

五人帝及文王配之，五官之神坐于庭中，以武王配之，通名曰祖宗。故云祖文王而宗武王，文王为父配祭于上，武王为子配祭于下。如其所论，非为通理。但五神皆生为上公，死为贵神，生存之日，帝王飨会，皆须升堂。今死为贵神，独配于下，屈武王之尊，同下坐之义，为不便。意为合祭五帝于明堂，唯有一祭，《月令》所谓九月大飨帝于明堂也。五帝及神俱坐于上，以文武二祖，泛配五帝及五神而祭之。以文王配祭五帝，则谓之祖，以武王配祭五神，则谓之宗。明二君同配，故《祭法》云"祖文王而宗武王"。夫祖者始也，宗者尊也，所以名祭为始尊者，明祭之中有此二义。①

这里杜佑解释《孝经》所说季秋大享，有祭昊天上帝和五方帝的不同。其中对五方帝的祭祀，就全然用了郑玄释《祭法》，以文、武二祖"泛配五帝及五神而祭之"的说法。这一点，显然与贞观曾采用高祖、太宗并配明堂之制有关。

而在宋孝武帝之后，再次采用过这一并配之法的是南齐。史载隆昌元年（494），"有司奏，参议明堂，咸以世祖（武帝）配"，但国子助教谢昙济即据《祭法》和郑注提出"宜祖宗两配，文、武双祀"。当时还有助教徐景嵩、光禄大夫王逡之等提出宜以世宗文皇帝配。只是祠部侍郎何佟之认为"周之文、武，尚推后稷以配天。谓文皇宜推世祖以配帝。虽事施于尊祖，亦义章于严父焉"，即应以世祖配明堂。左仆射王晏议，也以为若按照郑玄的祖、宗之义，则有功德而获尊称的历代配帝，何止于二？所以"今殷荐上帝，允属世祖，百代不毁，其文庙乎！"即认为世祖相当周文王，故诏可其奏而以世祖定案。②

但何佟之上述意见恐怕是出自宋初在位只有二帝，世宗文皇帝仅从文惠太子追尊，未实际在位的现实考虑。所以至永元二年（500），其本人就一改先前之见。他以郑玄解《祭法》为言，赞同并配，批评汉明帝以来明堂无兼配之祀的不合理，提出："窃谓先皇宜列二帝于文祖，尊新庙为高宗，并世祖而泛配，以申圣主严父之义。先皇于武皇，伦则第为季，义则经为臣，设配飨之坐，应在世祖之下，并列，俱西向。"所说先皇、高宗均指新去世的明帝，其意乃是主张将高宗与世祖并配明堂。而针对他人关于《孝经》明堂配祀不言武王的质疑，他的回答是"《孝经》是周公居摄

---

① 《通典》卷四四《大享明堂》，第1215页。
② 《南齐书》卷九《礼志》上，修订本，北京：中华书局，2017年，第138—139页；下同，引文并见第140页。

时礼,《祭法》是成王反位后所行,故《孝经》以文王为宗,《祭法》以文王为祖",而《孝经》所说孝莫大于严父配天也是从周公而言[①],若从成王则为严祖,何得云严父;并引《诗》和《国语》之语及韦昭论证明其观点,解释郑注《祭法》的"祖、宗通言耳",以及郑注《诗经》"昊天有成命,二后受之"的"二后"乃"文、武也"的看法。他提出:

> 且明堂之祀,有单有合。故郑云"四时迎气于郊,祭一帝,还于明堂,因祭一帝,则以文王配"。明一宾不容两主也。"享五帝于明堂,则泛配文武。"泛之为言,无的之辞。其礼既盛,故祖、宗并配。

意思是将四时迎气与明堂祭五帝分为单、合两种,前者迎气只祭一帝,故仅配以文王;后者因飨五帝,所以便"泛配文武"而行祖、宗并配。于是朝廷"参议以佟之为允,诏'可'",而果然实行了明堂的并配,这可以说是唐永徽明堂行并配之制的先河。

另外,前述诸朝无论行独配抑或兼配,在定配帝之后,其变化不甚明显。但由于何佟之发挥《孝经》的严父之说,肯定严父一称是从在位帝王出发的意义,所以南齐的并配,已采用了"先皇"的配祀。而到了陈朝明堂,就有"武帝时,以德帝配;文帝时,以武帝配;废帝已后,以文帝配"[②](《通典》卷四无"已后"二字)的变化,即配帝随皇帝更替而变。这一做法,同样可视作后来唐制之滥觞。

但弄清唐朝明堂的配祀,还要从隋制出发。《隋书·礼仪志》一载隋文帝祀昊天上帝于圆丘、祀感帝于南郊以及祀皇地祇、神州皆以太祖武元皇帝配。至大业元年(605),孟春祀感帝、孟冬祀神州,改以高祖文帝配。[③]另自开皇十三年(593)议建明堂,大业中又因宇文恺造《明堂议》及样而炀帝下诏再议,但均无结果。"终隋代,祀五方上帝,止于明堂,恒以季秋在雩坛上而祀。""人帝各在天帝之左。太祖武元皇帝在太昊南,西向。五官在庭,亦各依其方。"[④]这样隋代郊祀虽从一祖增为

---

① 此句《孝经》原文作:"孝莫大于严父,严父莫大于配天,则周公其人也。"参见《孝经注疏》卷五,第2553页。
② 《隋书》卷六《礼仪志》一,第136页;《通典》卷四四《大享明堂》,第1220页。
③ 《隋书》卷六《礼仪志》一,第131、133页。
④ 《隋书》卷六《礼仪志》一,第136页。

二祖,但明堂配祀以祖不以父,且与圆丘不分。这可能是因为北朝明堂祭祀未曾实行,故理论上尚未能打通汉魏,更未能吸收南朝之故。

而《旧唐书·礼仪志》一记载的武德初定令,冬至及孟夏雩祀昊天上帝于圆(圜)丘、夏至祀皇地祇于方丘、孟冬祭神州于北郊都由景帝(太祖)配,孟春祈谷祀感帝于南郊和季秋祀五方上帝于明堂则是由元帝(世祖)配,基本依从隋代。但以世祖而非太祖配明堂,已经开始接近《孝经》与"元始故事"。贞观初,"诏奉高祖配圜丘及明堂北郊之祀,元帝专配感帝,自余悉依武德"[①]。由于将开国受命帝高祖加入配圜丘及明堂北郊,故减少了景帝的配祀,并使元帝专配感帝。尽管如此,明堂以高祖配仍是按《孝经》的以父独配之则。至永徽二年(651),明堂才改成上述以高祖和太宗,即以祖、父分配五天帝和五人帝的做法,由于这一做法吸收了郑玄按《祭法》的并配原则,所以仍可被认为并不违背武德、贞观以来的北朝理念。

但这样做的结果,是太宗的权威和重要性得不到突出,加之这时唐配祀之祖已增为四人。人数过多,且既有远祖,又有近祖,性质、理念不一。而明堂的独配、兼配涉及经学理念的分歧,意味着唐朝廷必须就郊祀的配帝问题做出选择,显庆元年(656)长孙无忌的奏文正是针对这一点提出解决的方案。

而按长孙无忌等的提议,一是完全取消唐初以来景帝和元帝为主的配祀,以高祖配祀昊天、太宗配祀明堂取而代之,从而以王朝创建为基准,建立了以受命之祖取代始封之祖配天,以有功业之父配祀明堂的唐朝新规。其二者地位,实即相当于周之文、武,虽然奏议说明对景帝、元帝的安排是"称祖清庙,万代不迁",但按宗庙组成而言,太祖之外,真正因"殊功异德"而可当不毁之庙的只能是高祖和太宗,故高祖、太宗分工主配不仅是结合汉魏经学传统打造了配天格局,也等于为有唐一代的太庙定下基调。

二是从明堂的角度讲,太宗以严父专配,更符合《孝经》的基本精神。故以独配而放弃和否定永徽初以父祖并配,等于在理论上服膺《孝经》而摒弃《祭法》和郑注,这是对经学理论的新抉择,也是显庆定礼的一个明确认识。不仅如此,因严父概念的深入,故从贞观到显庆,明堂以当朝皇帝之父配祀已渐成定格。虽然高宗乾封至武则天,明堂又行并配之法(详下),但中宗以高宗、玄宗以睿宗均可说明。玄宗以睿宗配明堂也写入《大唐开元礼》,成为永久的指南。而唐后期也有代宗以

---

① 《旧唐书》卷二一《礼仪志》一,第819—821页。

肃宗、宪宗以顺宗、穆宗以宪宗配明堂之记载,可见以皇父配明堂始终未变。①

因此总的来看,明堂配帝虽由太宗的去世行并配之制,但于显庆初改行独配之法。在这之中,已经开始了对郑玄用《礼记·祭法》行并配原则的批判,并引用了王肃关于祖宗配祭明堂的驳论。虽然,太宗独配经长孙无忌等所定,基本依从《孝经》原理,但也非尽然,因皇父配明堂其实是接受了南朝制度,而显庆的定制也可以说是对汉魏至南朝以来制度的吸收和总结。由此开始,唐朝的明堂祭祀改革才可谓是真正拉开帷幕。

(二)明堂五方帝的取缔及其时间辨析

对于明堂制度的进一步改革就是直接针对祭祀的主神——五方帝。此事被《旧唐书·礼仪志》一记在上条奏议之后:

> (显庆)二年七月,礼部尚书许敬宗与礼官等又奏议:"据《祠令》及《新礼》,并用郑玄六天之义,圆丘祀昊天上帝,南郊祭太微感帝,明堂祭太微五帝。谨按郑玄此义,唯据纬书,所说六天,皆为星象,而昊天上帝,不属穹苍。故注《月令》及《周官》,皆谓圆丘所祭昊天上帝为北辰星曜魄宝。又说《孝经》'郊祀后稷以配天'及明堂严父配天,皆为太微五帝。考其所说,舛谬特深。按《周易》云:'日月丽于天,百谷草木丽于地。'又云:'在天成象,在地成形。'足以明辰象非天,草木非地。《毛诗传》云:'元气昊大,则称昊天。远视苍苍,则称苍天。'此则天以苍昊为体,不入星辰之例。且天地各一,是曰两仪。天尚无二,焉得有六?是以王肃群儒,咸驳此义。又检太史《圆丘图》,昊天上帝座外,别有北辰座,与郑义不同。得太史令李淳风等状,昊天上帝图位自在坛上,北辰自在第二等,与北斗并列,为星官内座之首,不同郑玄据纬书所说。此乃羲和所掌,观象制图,推步有征,相沿不谬。
>
> 又按《史记·天官书》等,太微宫有五帝者,自是五精之神,五星所奉。以其是人主之象,故况之曰帝,亦如房心为天王之象,岂是天乎!《周礼》云:'兆五帝于四郊。'又云:'祀五帝则掌百官之誓戒。'唯称五帝,皆不言天。此自太微之神,本非穹昊之祭。又《孝经》唯云'郊祀后稷',别无圆丘之文,王肃等以为郊

---

① 《唐会要》卷一二《禘明堂议》,第335页;并参见《大唐开元礼》卷一○《皇帝季秋大享于明堂·进熟》,北京:民族出版社,2000年,第77页。

即圆丘，圆丘即郊，犹王城、京师，异名同实。符合经典，其义甚明。而今从郑之说，分为两祭，圆丘之外，别有南郊，违弃正经，理深未允。且检《吏部式》，唯有南郊陪位，更不别载圆丘。式文既遵王肃，祠令仍行郑义，令、式相乖，理宜改革。

又《孝经》云'严父莫大于配天'，下文即云：'周公宗祀文王于明堂，以配上帝。'是明堂所祀，正在配天，而以为但祭星官，反违明义。又按《月令》：'孟春之月，祈谷于上帝。'《左传》亦云：'凡祀，启蛰而郊，郊而后耕。故郊祀后稷，以祈农事。'然则启蛰郊天，自以祈谷，谓为感帝之祭，事甚不经。今请宪章姬、孔，考取王、郑，四郊迎气，存太微五帝之祀；南郊明堂，废纬书六天之义。其方丘祭地之外，别有神州，谓之北郊。分地为二，既无典据，理又不通，亦请合为一祀，以符古义。仍并条附式令，永垂后则。"

据此是显庆二年（657）高宗由许敬宗直接展开了对郑玄六天说的批判。涉及者既含圆丘南郊，又有明堂。目标直指郑玄的郊、丘分祭，申明五帝为星象而非天，赞同王肃"郊即圆丘，圆丘即郊"的郊丘合祭与一天之说。而结果是其建议完全被接受，"诏并可之，遂附于礼令"。由此《显庆礼》的郊天原则完全取代了《贞观礼》，不仅南郊感生帝被昊天上帝所取代，明堂的五方帝也被取缔而专祀昊天。

以上奏议，也见于《通典》和《册府元龟》，只是上奏时间有不同。《通典·郊天》下载为永徽二年（651）七月，且上奏者被改为长孙无忌。最后一段文字被大大化简，变成：

"又《孝经》云'严父莫大于配天'，下文即云'周公宗祀文王于明堂，以配上帝'，则是明堂所祀，正在配天，而以为但祭星官，反违明义。"诏从无忌等议，存祀太微五帝，于南郊废郑玄六天之义。①

如按其说法，是长孙无忌等于高宗下令讨论明堂建制之际，已经展开了对郑玄六天说的批判。但由于"存祀太微五帝"并没有指明是何种礼仪，所以给人的印象是虽然南郊取消了感生帝，包括明堂、迎气在内，五方帝祭祀却都予以保留。《册府元龟》则虽然内容文字与《旧志》基本一致，系年却更写作"龙朔二年"（662）。

在以上永徽、显庆和龙朔的三个年份中，哪一年份更合理可靠呢？由于《大唐

---

① 《通典》卷四三《郊天》下，第1193—1194页。

开元礼》明言祈谷和明堂改祀昊天上帝为"大唐后礼"的基本特征，所以其规定的产生不应晚于显庆三年(658)《显庆礼》成书，如到龙朔二年(662)才提出取消六天是不可能的，故龙朔二年的年份肯定是错的，这一点吕博文也已指出。

那么会不会是永徽二年(651)呢？上面已举《旧唐书》说明彼时高宗朝对明堂按九室抑或五室建制一直在犹豫。可见在高宗即位初期，尚没有决心打破旧的体制。《通典》卷四四关于明堂也有曰：

  永徽二年，又奉太宗配祠明堂，有司遂以高祖配五天帝，太宗配五人帝。下诏造明堂，内出九室样。(下略)[①]

表明永徽二年甚至次年出九室样时，还是实行太祖、太宗并配的。而正因如此，明堂所祭还是五天帝和五人帝。这一点，上述显庆元年奏议其实也已给予证明。因为当时还在纠结太宗配五人帝，不得对越"天帝"的问题。由于五人帝与五天帝的祭祀有连带关系，所以这个天帝也只能是五方帝而不会是昊天上帝。可见明堂改换天帝的问题在显庆元年尚未提上日程，之前的永徽二年七月就更不可能了。

但是否会如上面对《通典·郊天》下的理解，是永徽二年已下敕取缔感生帝废六天，而明堂五方帝却仍予保留呢？这一点，显庆元年奏议其实也已给予了回答，其最后的提案是以高祖配圆丘，太宗则不仅"宗祀于明堂，以配上帝"，而且还"请依武德故事，兼配感帝作主"，是感帝当时也在祭祀之中。这可以证明，无论是南郊感生帝抑或是明堂五方帝的问题，在显庆元年以前都没有解决。所以可以肯定，《通典·郊天》下记载的年代有误，叙事也有混乱，而《旧唐书·礼仪志》的述事和系年才是更合理而可予相信的，也即南郊感帝和明堂五方帝的废除，都要到显庆二年才由许敬宗一并提出。

二、高宗时代的明堂礼争议及与礼法关系

笔者在以往的文章中，曾指出高宗修礼虽然始自永徽二年，但真正有别《贞观

[①]《通典》卷四四《大享明堂》，第1221页。

礼》的内容,都是在显庆以后,前揭显庆元年、二年(656、657)的奏议即证明了这一点。而如果说,显庆元年针对明堂和郊祀配帝的奏议,还不过是打破郑玄体系的开始,那么显庆二年奏议宣告的天帝之变,却是触及了郊天礼的根本,也是使《显庆礼》与《贞观礼》对立的关键所在。所以《显庆礼》的制定可被认为是揭开了唐代礼制史新的一页。

但这一变化的产生涉及南北郊祀理念中长期存在的矛盾和冲突,其分歧并不容易解决。所以《显庆礼》明堂五方帝祭祀的停废不断遭攻讦,成为不同派别争议的导火索和焦点。所以乾封以后,复旧的呼声占了上风,甚至仪凤修格也以《贞观礼》的恢复为主张。但为了解决两派的尖锐冲突,对五方帝问题采取调和与折中的实用做法渐渐占了上风。这一做法,深刻地影响了高宗后期乃至武则天时代的礼法与政治。

(一)《显庆礼》的经学立场及时代划分

为理解《显庆礼》的经学立场,或许还要旧话重提。如前所述,在《旧唐书》标为许敬宗显庆二年的奏议中,明确地指斥作为国家礼法的"祠令和新礼",应用郑玄六天说,使"圆丘祀昊天上帝,南郊祭太微感帝,明堂祭太微五帝"。这里他是将南郊感帝和明堂五(方)帝的祭祀作为一个问题来讨论的,认为将圆丘所祭昊天上帝当作北辰曜魄宝,是"考其所说,舛谬特深"。而他的主要论辩依据就是经典、《圆丘图》等关于昊天与作为星辰的太微五帝等有别,以及《史记·天官书》关于五帝"自是五精之神,五星所奉"的说法。由此第一次直接、彻底地批判了郑玄依据纬书所建立的郊祀理论,接受了王肃"郊即圆丘,圆丘即郊,犹王城、京师,异名同实"之说,推翻了武德、贞观以来继承北朝和隋的郊丘分立之制。其最终结果,便是南郊祭感生帝和明堂的五帝祭祀被同时取缔,而由于实行郊丘合一,并将南郊改称祈谷,与雩祀、明堂均改祭昊天上帝。另外将北郊、方丘的神州、地祇之祭也合而为一,充分吸收了南朝制度而又有改革。

关于《显庆礼》的内容指向及其与《贞观礼》《开元礼》的关系,以往研究者如金子修一先生已有过很清晰的论述[1],本文没有必要做过多重复。但有一点

---

[1] 金子修一:《关于魏晋到隋唐的郊祀、宗庙制度》,原载《史学杂志》88编10号,1979年;译文参见《日本中青年学者论隋唐史·六朝隋唐卷》,上海:上海古籍出版社,1995年,第337—386页,参见第337—362页;并参见氏著:《中國古代皇帝祭祀の研究》第二章,东京:岩波书店,2006年,第70—91页。

很清楚，即关于郊丘问题的争议早在南北朝之际已经发生。故魏徵领衔的《隋书·礼仪志》在叙述南北郊祀之前提纲挈领地明确区分了"祭天之数，终岁有九，祭地之数，一岁有二"的"郑学之所宗"，和"唯有昊天，无五精之帝，而一天岁二祭，坛位唯一"的"王学之所宗"；并指明"梁、陈以降，以迄于隋，议者各宗所师，故郊丘互有变易"①，可见对此理论歧异所导致的南北郊祀之争贞观史家已深有所悉。

而贞观十四年（640）成书的孔颖达《五经正义》，更是在涉及郊天之处引述诸家义疏以及郑、王对立之论。例如在郑注《礼记·祭法》"禘、郊、祖、宗"之义下，《正义》即先述郑玄郊、丘分离的观点，继而便引用王肃《圣证论》关于"郊与圜丘是一郊，即圜丘""所郊则圜丘，圜丘则郊，犹王城之内，与京师异名而同处"的质疑和论难，以及马昭、张融在五帝问题上申郑、反郑之义，并说明张融之论引用董仲舒、刘向、马融诸家"皆以为《周礼》圜丘则《孝经》云南郊，与王肃同非郑义"之来源②，但并不就双方观点加以批驳。

《正义》这种无偏无党、不唯一家门户之见的客观介绍有异于之前以家学为标榜的义疏学，实对当时影响甚大，也成为其书被指"繁杂"，遭批驳、"掎摭"的一个主因③，但孔颖达本人所持立场并不激进。《册府元龟》关于孔颖达生平，言其贞观中任太子右庶子兼国子司业，"与诸儒议历及明堂，皆从颖达之说"④。《旧唐书·礼仪志》也载他亲身参加了太宗时的明堂论证活动，称明堂，"高祖受禅，不遑创仪。太宗平定天下，命儒官议其制。贞观五年，太子中允孔颖达以诸儒立议违古，上言曰"云云，内中他以《孝经》"宗祀文王于明堂"并无明楼、明观之说，而反对刘伯庄等于重楼上建堂的提议。认为帝王示俭，今若"飞楼架道，绮阁凌云"则与古制不合，且反对所谓"上层祭天，下层布政"的提法，请求将己言下群臣详议。⑤ 可见他在明堂建置上，以经典为据，不赞成创新，引领了其时朝廷关于明堂的讨论，所谓"皆从颖达之说"并非虚言。

另外，《正义》表明孔颖达在《祭法》"五帝五神于明堂曰祖宗，祖宗通言尔"问

---

① 《隋书》卷六《礼仪志》一，第121页。
② 《礼记正义》卷四六《祭法》，《十三经注疏》，第1587—1588页。
③ 参见《旧唐书》卷七三《马嘉运传》，第2603—2604页。
④ 《册府元龟》卷五九七《学校部·选任》，北京：中华书局，1960年，第7167页。
⑤ 《旧唐书》卷二二《礼仪志》二，第849—850页。

题上,也基本从郑说,如从《明堂月令》的"五时皆有帝及神"和《月令》的"季秋大享帝"出发,证明"明堂之祭有五人神及五天帝也";又如结合《孝经》《杂问志》和《祭法》,证明堂祭五帝而使"文、武之配皆于明堂上";至如对郑注"郊祭一帝而明堂祭五帝,小德配寡,大德配众,亦礼之杀也"之论,则解作"郊祭虽尊,但祭一帝以喾,与鲧及冥、后稷之等配之,皆不如所祖宗之人,是小德配寡。明堂虽卑于郊,总祭五帝而以颛顼、契、汤、文、武配之,皆优之于所配郊之人,是大德配众,礼之杀也"。其说虽与南齐何佟之不尽相同,但进一步化解《孝经》和《祭法》在说法和理解上的矛盾,而为明堂的"并配"提供解释。所以,虽然高宗即位时孔颖达已去世,但永徽以高祖、太宗参配,很可能取自《正义》。而这也说明,在贞观至永徽的天帝、明堂问题上,从理论到实践,于旧礼和郑说尚改变不大。

不过,孔颖达《正义》毕竟打破了旧义疏学窠臼,将南北学术流派和不同观点引入经疏,展现了国家统一之后的学术大观,同时也适应了经学舍北从南的趋势。皮锡瑞说:"学术随世运为转移,亦不尽随世运为转移。隋平陈而天下统一,南北之学亦归统一,此随世运为转移者也;天下统一,南并于北,而经学统一,北学反并于南,此不随世运为转移者也。"① 显庆之变就是这一潮流之变的现实反映,而《显庆礼》的实际主持者许敬宗正是这一大势的推动者和得益者。

史载许敬宗乃"杭州新城人,隋礼部侍郎善心子也。其先自高阳南渡,世仕江左"②,其家为江东士族而有南学根底的背景。太宗去世的贞观二十三年(649)五月,许敬宗已被命为太子左庶子兼礼部尚书。不过他之所以能提出与贞观相悖之论,而使南朝制度反客为主,乃是借助武则天册后的契机。因为此前修礼的主持者是长孙无忌,而就在立后不久的永徽六年(655)十二月,便有"遣礼部尚书、高阳县男许敬宗,每日待诏于武德殿西门"③的记载。许敬宗贞观中已为东宫臣僚,故册后一事支持高宗立场鲜明。故以礼部尚书日日"待诏"者不应有他故,只能是秉承高宗、武后之意,为之打造足以显示皇权震慑力和能够标新立异、代表朝廷改换格局和政治气象的新礼。故显庆以后,新建礼法的实际主持者即许敬宗,这是我在旧文中已讨论过的。④ 而最能体现帝王权威的明堂、封禅诸礼尤获武则天

---

① 皮锡瑞:《经学历史》七《经学统一时代》,新一版,北京:中华书局,2004年,第135页。
② 《旧唐书》卷八二《许敬宗传》,第2761页。
③ 《旧唐书》卷四《高宗纪》上,第66、75页。
④ 吴丽娱:《显庆礼与武则天》,《唐史论丛》2008年第10辑,第1—16页。

支持。①由此可以理解这些贞观、永徽龃龉颇甚的礼制大事为何能在显庆初获得解决，而最中心的南郊、明堂之理论都发生了根本性的扭转。对照《正义》，可以知道他之所论相当成分是取自王肃《圣政论》及各家批郑之说，这也与许敬宗之家世学问相合，可以认为他是借权力而推行自身的学术理念；但由《新唐书》《旧唐书》本传所言其人品德，更恰当的解释还是深谙学术为政治服务之道。

但既然如此，为何《通典》会误将取缔感生帝和五方帝置于永徽二年（651），且又将许敬宗张冠李代为长孙无忌呢？我认为这里存在两方面的原因。

一是从长孙无忌任职经历看，他贞观初已与房玄龄、魏徵等同修《贞观礼》。永徽二年，作为顾命大臣，更是开始领衔礼的修撰，上文所言明堂形制的讨论，正是这一阶段的产物。不过由于争议尖锐，未能取得统一认识，也无法打破贞观格局，故礼制的修撰始终不能完成。永徽六年以后，因反对武则天立后长孙无忌已经逐渐失势，显庆四年（659）被许敬宗诬告谋反。只是得罪之前，作为皇帝的舅舅，尚没有被解除职务，史料中也有显庆元年他与史官令狐德棻缀集武德、贞观二朝史为八十卷，表上之的记载。②甚至显庆四年二月，还有他领衔上《进五经正义表》③，说明当时他个人的政治生活还在继续。而由于他从永徽直至显庆三年，始终是礼书修撰领衔人而未闻裁撤④，所以一些奏议上会有他和许敬宗等修礼官共同的署名。这样就会看到同一件奏议，或从领衔人出发，或从实际主持者出发而寄名不一样的情况。

二是从长孙无忌个人的思想观和立场看。如上所述，贞观之际是南北交流、思想交锋十分激烈、活跃的时期。参加《贞观礼》制作的孔颖达、魏徵、颜师古都非保守之人，许敬宗也是修撰者之一。魏徵有《类礼》一书针对《礼记》，其中有不少反传统、反潮流的言论思想，故玄宗时元行冲有为其作注的《类礼义疏》，成为提倡"改撰《礼记》"的实践和先导。⑤长孙无忌作为刊定《正义》的主持人之一，对于

---

① 关于封禅，参见《旧唐书》卷二三《礼仪志》三言："高宗即位，公卿数请封禅，则天既立为皇后，又密赞之。"（第884页）而武则天对明堂的支持则可从她在位对明堂的建置以推知。
② 《旧唐书》卷六五《长孙无忌传》，第2455页。
③ 长孙无忌：《进五经正义表》，《全唐文》卷一三六，北京：中华书局，1983年，第1374—1375页。下引文同。
④ 参见《新唐书》卷五八《艺文志》二，北京：中华书局，1975年，第1491页。
⑤ 吴丽娱：《从王通〈续六经〉到贞观、开元的改撰〈礼记〉——隋唐之际经典意识的变化》，《中华文史论丛》2017年第3期，第1—40页，参见第29—40页。

其中的思想交锋应当有一定的了解。而从长孙无忌所上《进五经正义表》所言高宗"而垂拱无为,游心经典,以为圣教幽赜,妙理深元,训诂纷纶,文疏踳驳;先儒竞生别见,后进争出异端,未辨三豕之疑,莫祛五日之惑",而因孔疏"虽加讨核,尚有未周,爰降丝纶,更令刊定"的意图十分清楚。就表而言,他对高宗辨析孔疏,以求统一和落实于当时礼制的思想还是理解和积极支持的。

当然长孙无忌并非经生出身而有许敬宗那样的学问背景。刊定《正义》和修礼本身只是因其身份而有的职务行为。作为关陇贵族,他与许敬宗、李义府等新兴集团政治上无疑完全对立,但学术上的界限却不是十分清楚,我们很难了解其个人关于郊天改制的真实看法。以唐初学术大势而言,推测他最初对于南学兴盛,以及显庆的礼制改革未必就是极端反对的,亦未必采取完全敌对的立场。例如就明堂永徽初以太宗与高祖并配,到改以太宗独配,若从长孙无忌与太宗关系的立场判断,无疑应该是支持的,何况他与许敬宗的职务并未明确地交接,所以显庆元年(656)那则奏议,史料无一例外均系于长孙无忌。而当时或之后的一些改革,也需要具体分析,由于本文主旨,这里不一一讨论,但《显庆礼》的突破毕竟是以许敬宗的上位为标志的,显庆二年触及南北郊祀的理论焦点问题,恐怕还是出自许敬宗。这类问题,由许敬宗策划,借用长孙无忌威望,打着他旗号的可能性很大。因为无论是从自身学术条件还是处境、权势而言,他本人都无力予以反击。赞成与否,都只能接受许敬宗之提议而"署位"[①],这也就是史料中常常见到的二者称名混乱而致《通典》发生错误的原因了。

总之,笔者认为明堂礼法的变化,由永徽二年(651)七月将太宗加入配帝行列,与高祖分配五天帝、五人帝开始,到显庆元年实行太宗在明堂的单独配祭,不单单是关系配帝的取则,也是自遵从到否定郑玄并配理念的转变。在此之后的显庆二年,由许敬宗进一步提出对郑玄六天说的批判,从而在取消南郊感帝的同时,也使昊天上帝的祭祀完全取代了明堂的五方帝。这是显庆和贞观、永徽之际的分水岭,也是唐初国家礼制变革的标志,而从永徽—显庆礼的修订开始,可以被认为是进入了唐明堂礼建制的第一阶段。

[①] 即于官文末签署官职位号及姓名,如《旧唐书》卷一八八《崔沔传》载:"拜中书侍郎,或谓沔曰:'今之中书皆是宰相承宣制命。侍郎虽是副贰,但署位而已,甚无事也。'"(第4928页)

（二）乾封以降的礼仪反复与仪凤修格

《显庆礼》修成后，史家评价不高。《旧唐书》说《显庆礼》"增损旧礼，并与令式参会改定，高宗自为之序。时许敬宗、李义府用事，其所损益，多涉希旨，行用已后，学者纷议，以为不及贞观"。《新唐书》也说："其文杂以式令，而义府、敬宗方得幸，多希旨傅会。事既施行，议者皆以为非。"① 意思差不多，都是指许、李二人修礼，完全投高宗、武则天所好，所谓"与令式参会"或"杂以式令"者，无非是指将唐朝新制直接引入，完全取代古礼和贞观制度。这里的"令式"恐怕只是一种笼统的说法，按"希旨"论则新改郊天和明堂制度都在内。因为郊祀是大礼，天帝问题是二礼最本质的不同，先已由制敕颁下，并修改令、式而落实于礼制。前揭《旧志》"诏并可之，遂附于礼令"，即是此意。所谓"学者纷议"者，自然包括这些与《贞观礼》最相龃龉的内容。

此段话坐实了《显庆礼》的策划出自许敬宗、李义府的看法。但在显庆以后的一段时间，反对或质疑的批评却似乎并不多见，而这一点与彼时的立法似乎也是相配合的。笔者曾经讨论过高宗时代的三次修格——分别于永徽二年（651）、龙朔二年（662）和仪凤二年（676）——发现后二次，也就是被称为"格中本""格后本"的两次修格在政治取向上针锋相对。② 龙朔在显庆之后，始于龙朔二年二月，截止于麟德二年（665），由司刑太常伯源直心主持。③《资治通鉴》载显庆五年（660）"冬，十月，上初苦风眩头重，目不能视，百司奏事，上或使皇后决之。后性明敏，涉猎文史，处事皆称旨。由是始委以政事，权与人主侔矣"④。这使武则天的干政由幕后走向前台。此是龙朔改元的前一年，说明其时武则天已参决百司奏事，故龙朔修格实在武则天的掌控之下。

据《唐会要》所说此次修格"复位格式，唯改曹局之名，而不易篇第"，即不但推翻了永徽二年初定之格，重加修订，而且秉承武则天意志，以《周礼》改官名。除此之外，我们还发现改革朝服品级衣色，以及龙朔二年八月讨论和订立嫡继母、庶母服制等问题⑤，作为武则天打造新政的标志，也都在第二次修格期间发生。这些笔

---

① 《旧唐书》卷二一《礼仪志》，第818页；《新唐书》卷一一《礼乐志》一，第308页。
② 吴丽娱：《试析唐高宗朝的礼法编纂与武周革命》，《文史》2016年第1辑，第83—115页。
③ 《唐会要》卷三九《定格令》，第820页，下引《唐会要》文不另。
④ 《资治通鉴》卷二〇〇，北京：中华书局，1956年，第6322页。
⑤ 参见《唐会要》卷三一《舆服》上龙朔二年九月孙道茂奏，卷三七《服纪上》龙朔二年八月条，第664、788页。

者已另文探讨，不拟多赘，但可以肯定的是，《显庆礼》已定礼法不会再重加讨论，而是会将相关制敕作为既定礼法直接收入新格。所以在这个阶段，反对的声音即使出现也会遭到打压，不可能有伸张的机会。

这样做的结果是大大提升了武后的权力，但矛盾也因此而生。《通鉴》载由于武后"专作威福，上欲有所为，动为后所制，上不胜其忿"，结果麟德元年（664）十二月发生了上官仪为高宗草诏废后被杀事件。① 这之后便是封禅礼的准备和进行。就在武则天终于以皇后身份担任"亚献"，参与封禅地祇大典的目的达到后，围绕郊祀天地的争议也正式开始。《旧唐书·礼仪志》一称"乾封初，高宗东封回，又诏依旧祀感帝及神州。司礼少常伯郝处俊等奏"，其言曰：

> 显庆新礼，废感帝之祀，改为祈谷。昊天上帝，以高祖太武皇帝配。检旧礼，感帝以世祖元皇帝配。今既奉敕依旧复祈谷为感帝，以高祖太武皇帝配神州，又高祖依新礼见配圆丘昊天上帝及方丘皇地祇，若更配感帝神州，便恐有乖古礼。按《礼记·祭法》云："有虞氏禘黄帝而郊喾，夏后氏亦禘黄帝而郊鲧，殷人禘喾而郊冥，周人禘喾而郊稷。"郑玄注云："禘谓祭昊天于圜丘也。祭上帝于南郊曰郊。"又按《三礼义宗》云，"夏正郊天者，王者各祭所出帝于南郊"，即《大传》所谓"王者禘其祖之所自出，以其祖配之"是也。此则禘须远祖，郊须始祖。今若禘、郊同用一祖，恐于典礼无所据。其神州十月祭者，十月以阴用事，故以此时祭之，依检更无故实。按《春秋》"启蛰而郊"，郑玄注礼云："三王之郊，一用夏正。"又《三礼义宗》云："祭神州法，正月祀于北郊。"请依典礼，以正月祭者。请集奉常博士及司成博士等总议定奏闻。其灵台、明堂，检旧礼用郑玄义，仍祭五方帝，新礼用王肃义。②

这里，郝处俊再次提出贞观、显庆二礼因各自采用郑、王之学，而导致的郊天理论的对立。从所说"今既奉敕依旧复祈谷为感帝，以高祖太武皇帝配神州"，知当时已按《贞观礼》恢复郊祀感帝和神州。虽然是请求解决因此而造成的高祖已配昊天和方丘，却又要配感帝、神州的矛盾，但明显站在拥护郑学的立场上，试图用《礼记》郑

---
① 以上参见《资治通鉴》卷二〇一麟德元年十一月条，第6342页。
② 《旧唐书》卷一《礼仪志》一，第255—256页，下引文同。

注及《三礼义宗》,证明禘、郊配祀不用一祖的问题。

不过,关于郊祀、明堂的五方帝问题以及神州祭祀用时如何处置,看起来尚无定论,所以"又下诏依郑玄义,祭五天帝,其雩及明堂并准敕祭祀"。雩及明堂《显庆礼》改为专祭昊天上帝,这里似乎是以"依郑玄义"完全取代。兼有奉常博士陆遵楷、许子儒等议,以为北郊之月,古无明文,东晋咸和中用正月无所指据,故请北郊神州祭祀仍按武德以来礼令以十月祭,则是在方向上全面恢复《贞观礼》。

史料对为何乾封初郊祀、明堂重回《贞观礼》并没有解释。但在礼制上否定郊丘合一而行郊丘分离,不仅意味着与《显庆礼》原则的对立,也是对之前政治取向的一种批判和背离。那么何以如此呢? 一方面固因北朝以来"郑学"体制的影响很难消除,另一方面因武则天封禅而造成的权力膨胀,以及许、李行事遭朝野和高宗个人反感,而宰相人事上的变更则也导致了某些方向性的扭转。龙朔三年(663)李义府得罪,下狱除名,配流巂州。许敬宗虽一直被任用,并于麟德二年(665)五月与李勣等同被任命为检校封禅使;但年老体衰,"乾封初,以敬宗年老,不能行步,特令与司空李勣每朝日各乘小马入禁门至内省"[①],显然已不是主持政事的首相。史载麟德元年八月丁亥,刘祥道和窦德玄分任右相和左相[②],实际已取代许、李。其中刘祥道曾在封禅亚献的问题上,与武后针锋相对。虽然乾封元年(666)二人皆致仕及卒,但其时已改刘仁轨任右相,继续和支持了这一立场。[③] 乾封元年司礼少常伯郝处俊的奏议正当其时,说明重臣中否定《显庆礼》的一派开始占了上风。

另外,显庆中定礼,以高祖配南郊(圆丘)而太宗配明堂,但史载高宗封禅郊天,有司所定仪注是"封祀以高祖、太宗同配"。这可能也是高宗下敕重定郊祀配帝的起因之一。所以,继乾封元年郝处俊提出配帝问题后,乾封二年十二月下诏,再次以"夫受命承天,崇至敬于明祀;膺图纂箓,昭大孝于严配"为名,专门做出指示。诏书从汉晋以来"或同昊天于五帝,分感帝于五行,自兹以降,递相祖述,异论纷纭,是非莫定"出发,最终落实于高祖、太宗的并配问题:"自今以后,祭圆丘、五方、明

---

① 参见《旧唐书》卷四《高宗上》、卷五《高宗下》,第83、87页。
② 《旧唐书》卷四《高宗纪》上,第85—86页。
③ 按关于宰相更换参见《新唐书》卷六一《宰相表上》,第1643页。按刘祥道及刘仁轨事并参见吴丽娱:《试析唐高宗朝的礼法编纂与武周革命》,第94—96、103—104页。

堂、感帝、神州等祠，高祖太武皇帝、太宗文皇帝崇配，仍总祭昊天上帝及五帝于明堂。庶因心致敬，获展虔诚，宗祀配天，永光鸿烈。"[1]这个并配已从明堂推广于以上五大祠祀之中。从后来武则天垂拱元年(685)凤阁舍人元万顷、范履冰奏议所说"谨案见行礼，昊天上帝等祠五所，咸奉高祖神尧皇帝、太宗文武皇帝兼配"[2]，知乾封中所建的这个祖宗并配之制一直持续到武则天之初。此外还可以明确两点，即一是已经取消的感帝、神州和五方帝的祭祀仍予保留，另一则是明堂同时祭祀昊天和五方帝，这基本成为乾封以后的制度。

不久便是经"详宜略定"后所下诏书，也即《旧纪》所云乾封三年(668)二月丙寅(十二日)，"以明堂制度历代不同，汉魏以还，弥更讹舛，遂增古今，新制其图。下诏大赦，改元为总章元年"[3]。所说"下诏大赦"即见于《唐大诏令集》的《改元总章诏》。只是年代在《集》和《旧志》《唐会要》中均被误作乾封二年二月。[4]此诏显然是上年十二月诏书颁下后讨论的结果。值得注意的是，诏书下令"采三代之精微，探九皇之至赜；斟酌前载，制造明堂"，并未提五室、九室问题，却要求"宜命有司，及时起作，务从折中，称朕意焉"。这是第一次提出"折中"二字。可以理解，所谓折中就是要合乎上年诏所说"总祭昊天上帝及五帝于明堂"的原则。

此次下诏改元不久，高宗复下令"分长安、万年置乾封、明堂二县，分理于京城之中"。可见是将明堂与封禅对等看待。而在总章改元之后，我们就看到总章二年(669)三月"又具规制广狭"设计明堂的诏书，内中提到"当中置堂，处二仪之中，定三才之本"；"自降院每面三门，同为一宇，徘徊五间"；"又《周易》三为阳数，二为阴数，合而为五。所以每门舍五间。院四隅各置重楼，其四墉各依本方色。按《淮南子》地有四维，故四楼又按《月令》，水、火、金、木、土五方各异色。故其墉各依本方之色"。按所说其建置应该是中间为一，四方为五，以象征五行，则五方围绕中间之堂，不知是不是昊天与五帝同祭在建筑格局的安排。

由于明堂的建制毕竟是与天帝理念密切结合的，所以"诏下之后，犹群议未决。终高宗之世，未能创立"。因明堂引起的郊天争议仍纠纷不断，并以此为政争焦点

---

[1] 《旧唐书》卷二一《礼仪志》一，第827页。
[2] 《通典》卷四四《大享明堂》，第1227页。
[3] 《旧唐书》卷五《高宗纪》下，第91页。
[4] 参见《旧唐书》卷二二《礼仪志》二，第855—856页；《唐大诏令集》卷三《改元总章诏》，北京：商务印书馆，1959年，第14—15页；并参见《唐会要》卷一一《明堂制度》，第317页。

而引起激烈冲突,以至于到仪凤中仍有反复。《旧唐书·礼仪志》一曰:

> 仪凤二年①七月,太常少卿韦万石奏曰:"明堂大享,准古礼郑玄义,祀五天帝,王肃义,祀五行帝。《贞观礼》依郑玄义祀五天帝,显庆已来新修礼祀昊天上帝。奉乾封二年敕祀五帝,又奉制兼祀昊天上帝。伏奉上元三年三月敕,五礼并依贞观年礼为定。又奉去年敕,并依《周礼》行事。今用乐须定所祀之神,未审依古礼及《贞观礼》,为复依见行之礼?"时高宗及宰臣并不能断,依违久而不决。寻又诏尚书省及学者详议,事仍不定。自此明堂大享,兼用《贞观》《显庆》二礼。②

此外,《唐会要·五礼篇目》也在《显庆礼》"诏中外颁行"和评论下有曰:

> 至上元三年二月③敕:"五礼行用已久,并依贞观年礼为定。"至仪凤二年八月,又诏:"显庆已来新修礼多不师古,其五礼悉宜依《周礼》行事。"(自是礼司益无凭[准?],每有大事,皆参会古今礼文,临时撰定。)④

此两条言事其实相互呼应,前条韦万石所说"又奉去年敕,并依周礼行事"应当就是《唐会要》所说仪凤二年(677)八月诏,所以韦万石上奏的时间应当依《册府元龟》作仪凤三年是。高宗朝第三次修格约始于仪凤元年前后,仪凤二年三月格修成。⑤上元三年(676)二月即在修格之前。

笔者在前揭文中已分析过其时用事宰相刘仁轨、郝处俊、来恒、李义琰等对武则天的态度⑥,而仪凤所修格后本正是在他们的主持下修成。按照时间,上元三年敕所谓"依《贞观礼》行事"就表明了他们的态度,而高宗当时也是赞同的,否则不会下敕,而这恐怕也是被修进《仪凤格》的,并且仪凤二年八月的敕文,也是强调显

---

① 《册府元龟》卷五八五《掌礼部·奏议》一三作"三年"。
② 《旧唐书》卷二一《礼仪志》一,第827页。
③ 《旧唐书·礼仪志》一作"三月",其年十一月改元仪凤。
④ 《唐会要》卷三七《五礼篇目》,第782—783页。
⑤ 按仪凤修格的开始时间参见《册府元龟》卷六一二《刑法部·定律令四》,第7345页;修成时间参见《唐会要》卷三九《定格令》,第820页。
⑥ 吴丽娱:《试析唐高宗朝的礼法编纂与武周革命》,第103—106页。

庆以来的新修礼"多不师古"而要求按照《周礼》精神行事的。

不过，这样修成的新格既然针对《显庆礼》，也必然会遭武则天一派的不满，以至仪凤三年(678)争议仍没有解决，所以韦万石才有此问。而从韦万石将古礼和《贞观礼》与"见行之礼"的《显庆礼》对举，说明是将《周礼》与按"古礼郑玄义"祭六天的《贞观礼》视作一体。不过《周礼》与《贞观礼》毕竟还是有一些差别。考虑到对《周礼》的解释既有关于天、帝并列的说法[①]，乾封二年(667)敕又有明堂"兼祀"五方帝和昊天上帝之说，那么，不知道是不是可以将"依《周礼》行事"，理解为将昊天与五方帝并祭的中间立场？无论如何，高宗朝后来的明堂礼，是依违于《周礼》《贞观礼》和《显庆礼》之间的。从上述《旧唐书》《唐会要》记事的落脚点来看，高宗为了调和矛盾，"自此明堂大享，兼用《贞观》《显庆》二礼"，已经开始成为一种方式和原则，落实于实际执行中。

所以如果说永徽、显庆是高宗朝讨论明堂形制的第一个阶段，那么乾封、总章以后就进入了明堂礼改革的第二个阶段。这个阶段是反《显庆礼》其道而行之，以恢复《贞观礼》感帝、神州和明堂五方帝祭祀为宗旨，同时按郑玄理论全面实行高祖、太宗的并配之制。仪凤修格重复五礼"依贞观年礼为定"的精神，可以看到与前一阶段相反的立场。但两种互相针对的立场，最终还是被高宗提出的"总祭昊天上帝及五帝于明堂""兼用《贞观》《显庆》二礼"所取代。由此促使这一阶段《贞观礼》回归的努力，向着与《显庆礼》协调和统一的方向转化。而昊天和五方帝的同祭于明堂，开始成为明堂礼发展的一个方向。

尽管如此，在祭祀神位的序次安排上，仍然是有问题的。明堂历来是五方帝的主场，但如采取"总祭"的方式，恐怕便要排在昊天上帝之后，或者是围绕昊天为中心，无论如何，都是坚持《贞观礼》和《显庆礼》的两方不愿意接受的。加上这一办法，从无经学和历史依据可以支持，所以一直到高宗晚期，这个矛盾都难于解决，才会出现《会要》所说，"自是礼司益无凭准，每有大事，皆参会古今礼文，临时撰定"的纠结情状。

[①] 按：清人金榜解释《周礼·大宗伯》"以禋祀祀昊天、上帝"，司服"祀昊天、上帝则服大裘而冕，祀五帝亦如之"和《典瑞》"四圭有邸，以祀天、旅上帝"，认为是"明昊天与上帝殊"。孙诒让也同意金榜的解释，认为郑玄和贾公彦将昊天上帝并合为一，以为专指圜丘之天帝是错误的。这虽然是后人的看法，但或者可作昊天、五帝并祭的依据。参见孙诒让正义，汪少华点校：《周礼正义》卷三三《春官·大宗伯》，北京：中华书局，第1565页。

三、武则天时代明堂礼的"折中"与《大唐开元礼》的继承

武则天在位之初，并未亲行郊祀。而明堂却成为武则天成功打造、展示其权威的祭天之所。《旧唐书·礼仪志》一曰："则天临朝，儒者屡上言请创明堂。则天以高宗遗意，乃与北门学士议其制，不听群言。"① 从最后型制是以上、中、下三层分象四时，法十二辰和二十四气的建筑格局来看，其实仍本着高宗基本理念而加以变通。只是由于"不听群言"，故可置原来五室、九室的争议于不顾。加之佛教的影响，可以使得所建明堂在一定程度上打破儒家规范，成就别开生面的样式和规模。《志》及《册府元龟》言武则天垂拱四年（688）十二月颁诏，说明建明堂的由来，及"上堂为严配之所，下堂为布政之居"的安排，而这一安排与贞观孔颖达的主张显然已经背道而驰。

在明堂建成的同时，武则天宣布"来年正月一日，可于明堂宗祀三圣，以配上帝"，并下令礼官、学士、内外明礼者详定礼仪奏闻。② 而其建政和在位时期的明堂礼，大致体现在配祀、五方帝和告朔三个问题上。以下，我们仅就与本文关系较大的配祀和五方帝两个问题进行探讨。

（一）武周时期关于明堂的配祀与天地合祭

郊祀和明堂的配帝问题，《显庆礼》已分别确定为高祖和太宗，但分行独配之制。乾封中因恢复南北郊，又重行五祠（圆丘、方丘、南郊、北郊和明堂）的二帝并配之制，此后相因不改。但由于高宗去世，涉及对他的定位，故《旧志》言"垂拱元年七月，有司议圆丘、方丘及南郊、明堂严配之礼"，使配祀问题重又提上日程。时孔玄义提出依《孝经》严父配天和《易》"先王以作乐崇德，殷荐之上帝，以配祖考"之说，昊天上帝之祭，合祖考并配，所以"请奉太宗文武圣皇帝，高宗天皇大帝配昊天上帝于圆丘"，并请奉二者"配祭于明堂"，而神尧皇帝则"请配感帝于南郊，义符《大传》之文"。沈伯仪又请按《祭法》《孝经》及《孝经纬》，以高祖配圆丘方泽，太宗配南郊北郊，而高宗皇帝"德迈九皇，功开万宇，制礼作乐，告禅升中"故理应总配五天。但最终的结果是制从元万顷、范履冰等提议，在原有高祖、太宗并配五祠

---

① 以上参见《旧唐书》卷二二《礼仪志》二，第853—862页。
② 《旧唐书》卷二二《礼仪志》二，第853—862页；并参见《册府元龟》卷五六四《掌礼部·制礼》二，第6773—6774页。

的情况下增加高宗,"自是郊丘诸祠皆以三祖配"①。从而将高宗增入本朝的"祖宗"之位。

从配祀的情况可以知道,武则天登朝以后,并不再针对高宗时的既定政策加以批判或者进行原则性变更,而是在此之上略加增补。不仅"革命"前如此,夺位之后,也萧规曹随,因袭了前辙。《资治通鉴》载永昌元年(689)"春,正月,乙卯朔,大飨万象神宫,太后服衮冕,搢大圭,执镇圭,为初献,皇帝为亚献,太子为终献。先诣昊天上帝座,次高祖、太宗、高宗,次魏国先王,次五方帝座"。这实际上是武则天以帝礼规格第一次祭祀明堂。由于尚未登基,故配帝中唐三帝排在武氏先王(武士彟)之前。但天授二年(691)正式称帝后大飨明堂,便主从颠倒,成了"武氏祖宗配飨,唐三帝亦同配"。是武氏祖宗置于李唐三祖之前。享祀亚献、终献甚至也以武氏诸王行之,此为称帝前后之变,但仍没有改易并配原则。

不过武则天的明堂,也有唐朝没有的特色。《资治通鉴》卷二〇四载永昌元年十月"己卯,诏太穆神皇后、文德圣皇后宜配皇地祇,忠孝太后从配",对于地祇配祀也别做安排。时在建周之前,故可以肯定在次年即天授元年"始用周正"的明堂大飨即实现了天地合祭。②而如同配天以唐帝为主,武氏魏国先王(载初应改为忠孝皇帝)为从,配地也以唐皇后为主,武氏母为从。这其实是相当于唐高宗封禅以"后"配地祇的做法,只是亚献、终献并不再以当朝后妃充当。在明堂祭祀问题上,只有天帝合祭与配祀问题尚能体现出武则天曾作为皇后和女性主祭的特征和痕迹。

天地合祭作为武周一朝的定制,后来也照搬于天册万岁元年(695)和长安二年(702)两次南郊。《旧志》称天册万岁元年"亲享南郊,合祭天地",而以周文王为始祖文皇帝,与武则天父"无上孝明高皇帝"同配,"如乾封之礼"。所谓"乾封之礼"应指泰山封祀以高祖、太宗同配,此处即以周文王与武士彟比仿之。但《新唐书·后妃传》却言"太后祀天南郊,以文王、武王、士彟与唐高祖并配"③,则虽以周祖为配,却仍未完全取消唐帝的配祀,颇疑明堂其实也如此。

---

① 以上参见《旧唐书》卷二二《礼仪志》二,第821—823、828—830页。
② 《资治通鉴》卷二〇四,第6461—6462页。
③ 《旧唐书》卷二一《礼仪志》一,第830页;《新唐书》卷七六《后妃传》,第3483页。

由于武后天授二年(691)不仅在明堂行天地合祭,"以周文王及武氏先考、先妣配",且以"百神从祀,并于坛位布席次第以祀之"①;故春官侍郎韦叔夏上言,反对这种将所有天地神祇集合于明堂的做法,认为据《月令》和《曲礼》《祭法》以及郑玄注,"明堂正礼,唯祀五帝,配以祖宗及五帝、五官神等,自外余神,并不合预"。如果"加昊天上帝、皇地祇,重之以先帝、先后配享"还可算是"补前王之阙典,弘严配之虔诚",但"于明堂之下,广祭众神,盖义出权时,非不刊之礼也"。他提出所祭内官、中官、五岳、四渎诸神,均应取消,"望请每岁元日,惟祀天地大神,配以帝、后。其五岳以下请依礼于冬夏二至,从祀方丘、圆丘庶不烦黩",得武则天敕旨"从之"。从后来的情况看,"百神从祀"很可能不再进行,但明堂中五方帝的祭祀仍应如韦叔夏所言予以保留。

武周时代曾定庙乐、明堂乐和乐舞。《册府元龟》载:"则天光宅元年九月,制高宗庙乐以《钧天》为名。天授中制天授乐舞,四人画五彩凤。长寿二年正月,亲享万象神宫。先是自制神宫大乐舞,用九百人。至是,舞于神宫之庭。是时又制长寿乐,武十有二人画衣冠。延载元年正月,制《越古长年乐》一曲。又有《鸟歌万岁乐》。时宫中养鸟,能人言,尝称万岁,为乐以象之。舞三人,绯大袖,并画鹦鹉,冠作鸟像。"②内除为高宗制庙乐在即位前,明堂乐、寿乐均为天授以后武则天所制,可见武则天除了兴建明堂,以明堂为中心的礼乐制度也是在逐步完善的。

(二) 五方帝的折中

高宗中、后期,已经逐渐明确了明堂礼中昊天与五方帝的合祭。这一点显然也影响到武则天明堂建成之后。从上面引用《通鉴》文可知,永昌元年(689)正月明堂的奠献次序是昊天上帝居于首位,然后是配帝,最后才是五方帝。这里以五方帝叨陪末座,证明武则天还是接受了高宗后期所定的昊天与五方帝共祭、"兼用"的原则。但这里还是有变化的,即五方帝并不是与昊天列在一起,而是排在配帝之后。这说明配帝之配只有昊天,不包括五方帝。或者换言之,五方帝已经被排除出了主祭神位的范围,而只能忝居其末。何以如此?《通典·郊天下》所记永昌元年九月敕可予解释:

---

① 《旧唐书》卷二二《礼仪志》二,第864页,下引韦叔夏言同。《旧志》文参见第864—873页。
② 《册府元龟》卷五六九《掌礼部·作乐》五,第6840页。

> 天无二称，帝是通名。从前诸儒，互生同异，乃以五方之帝，亦谓为天。假有经传互文，终是名实未当。称号不别，尊卑相混。自今郊祀之礼，惟昊天上帝称天，自余五帝皆称帝。①

敕文显然是重申了《显庆礼》的"一天"原则，五方帝既非"天"，则主祀之位即被取缔，这正是为载初元年（690，天授元年）正月享明堂所定，也是对昊天上帝和五方帝地位的划分，是在高宗以后，对于五方帝的进一步明确定位。如果说高宗制敕的"总祭"和"兼用"对二者的先后尚有犹疑和含糊之处，那么武则天敕文却是一锤定音，昊天与五方帝在明堂的位次在此之后不会或不允再有争执。

从敕文可以看出武则天与高宗有所不同。高宗对五方帝的定位仍有对学术理念和朝廷论争的考虑，但武则天此敕只是对将五方帝作为天而"互生同异"的现象直接进行批判，而完全不再引经据典，也不再对不同意见有所纠缠，则显然已不以学术观点或者理论为是非。可以说是以皇帝意旨强加于朝廷礼制。此后《开元礼》之所谓"折中"，也是在昊天唯一的前提之下考虑五方帝的存留问题，所以武则天所定轨则，实开后来《开元礼》之先河。

笔者曾撰文讨论《开元礼》五方帝问题，注意到明堂卷不同版本奠献物品中，所出现的五方帝与配帝序位先后不同的矛盾。②例如在此卷的《陈设》一节中，安排尊罍明明是按照先昊天，再配帝，再五方帝和五人帝的次序，但在《奠玉帛》一节中，就出现了五方帝尊罍排列在配帝前的问题。另外，在《进熟》一节中，皇帝也是先跪奠昊天上帝，然后等太祝等进献五方帝之后，才再奠献于睿宗神座。笔者认为，这一问题如作为原书抄写过程中发生的错误，可能性极小；而涉及观念和意识的可能性较大。它证明尽管从《显庆礼》到《开元礼》五方帝作为天帝的地位被逐步取消，但由于高、武以来的明堂祭祀，实际上仍不能被完全无视，且在主祭和配祀之间的地位仍有犹疑。所以尽管《开元礼》在总体上宣明了昊天上帝的独尊及"折中"的规则，但在具体礼仪的安排上，仍会出现划分不清的错误。总之《开元礼》五方帝的陪祀，武则天之明堂可谓先导，而礼中出现的疑问，也完全可以从高宗、武则

---

① 《通典》卷四三《郊天下》，北京：中华书局，1988年，第1197页。
② 吴丽娱：《从经学的折衷到礼制的折衷——由〈开元礼〉五方帝问题所想到的》，《文史》2017年第4期，第139—169页，参见第153—155页。

天制度中找到渊源。

总括言之，明堂礼作为祭天礼的一部分有丰富的内容，唐代郊祀和明堂都有着与隋以前不同的演变过程及发展特色。本文追寻和梳理了高宗、武则天时期明堂礼的发展线索与轨迹，认为高宗时期的明堂礼可以分为两个阶段，第一个阶段自永徽二年（651）建立高祖与太宗并配明堂开始，到显庆元年（656）实行太宗独配和显庆二年许敬宗批判郑玄六天，取消明堂五帝以昊天上帝取而代之为止，建立了与武德贞观完全对立的礼仪规范。这个时段一直延续到乾封封禅之前。

第二个阶段以封禅的乾封元年（666）敕令恢复感帝、五方帝、神州祭祀，并实行全面的并配制度始，到仪凤修格都将《贞观礼》的回归作为主要的宗旨。但为了调和矛盾，此后高宗又不得不提出二礼"兼用"的方式和主张，作为实际的执行办法。因此可以认为两阶段分别是以《显庆礼》和《仪凤格》为宗旨的，而有对立的特色，但最终建立在二者之上的折中意向，形成礼法实际运行中的主流。

武则天登朝后，不再以择从郑、王作为礼制取舍的基础和方向，而是以皇权直接为天、帝进行划分和等级定位，从而以帝王权威建立了以昊天为中心的祭祀准则。表现在明堂礼的具体实施上，是虽对五方帝予以保留，却突出了昊天上帝的唯一性。而无论是明堂建筑，抑或是祭祀大典，武则天也都有继承高宗朝制度的成分，是在已有基础上的变革。唐朝前期的明堂礼就是在这样的破立和妥协交互的矛盾下前行，而由此我们也可以找到《开元礼》成立的线索和根源。总之，礼制的变化是不同理论和意识形态长期斗争与相互混融的结果，也是高宗、武则天时代皇权不断加强的体现。唐朝前期"结束"南北朝，明堂礼也许就是一个最好的说明。

（作者单位：首都师范大学）

南宋大礼卤簿制度及其实践*

朱 溢

在中国古代,车舆并不只是作为交通工具而存在,装饰精美的车具、为数众多的扈从是统治者向外界宣示权威的重要工具。到了帝制时代,"车驾"一词更是成为皇帝的代称。刘增贵明确指出:"自封建制度崩溃以后,象征身份地位的器物如鼎彝等逐渐退出历史舞台,而车服、宫室、印绶等取得了新的地位,尤其车服最为重要,后汉以下史书中《舆服志》的出现说明了这点。"① 在皇帝车驾制度演变过程中,最具意义的便是卤簿的形成。

所谓"卤簿","按字书,卤,大楯也,字亦作橹,又作樐,音义皆同。卤以甲为之,所以扞敌。……甲楯有先后,部伍之次,皆著之簿籍。天子出入则案次导从,故谓之卤簿耳"②。从现存史料看,"卤簿"一词最早见于东汉,在蔡邕的《独断》和应劭的《汉官仪》中都有"天子出,车驾次第,谓之卤簿,有大驾,有小驾,有法驾"③ 的表述。从蔡邕在介绍大驾时所说的"在长安时出祠天于甘泉备之,百官有其仪注,名曰甘泉卤簿"不难推测,"卤簿"一词至少在西汉就已经出现。④ 虽然日后卤簿并非仅在天子出行时使用⑤,但是天子卤簿在整个卤簿制度中无疑占据了核心位置。

---

* 本文为教育部人文社会科学研究规划课题"南宋临安礼仪空间研究"(17YJC770049)的阶段性成果。
① 刘增贵:《汉隋之间的车驾制度》,《史语所集刊》第63本第2分,1993年,第372页。
② 封演撰,赵贞信校注:《封氏闻见记校注》卷五,北京:中华书局,2005年,第38页。
③ 蔡邕:《独断》卷下,《景印文渊阁四库全书》第850册,台北:台湾商务印书馆,1983年,第91页;应劭:《汉官仪》卷下,孙星衍辑:《汉官六种》,北京:中华书局,1990年,第184页。
④ 《独断》卷下,第91页。
⑤ 东汉有卤簿在天子、皇太后丧葬礼仪中护送灵柩去陵墓安葬的制度和事例,参见《后汉书》卷一○下《匽皇后纪》,北京:中华书局,1965年,第442页;《续汉书·礼仪志下》,第3145页。魏晋以降,臣下也逐渐获得了使用卤簿的资格。到了唐代,更是有《卤簿令》对臣下在婚丧礼仪中的卤簿规格做了规定:"应给卤簿者,职事四品以上、散官二品以上、爵郡王以上及二王后,依品给。国公准三品给。官、爵两应给者,从高给。若京官职事五品,身婚葬,并尚公主、娶县主,及职事官三品以上,有公爵者嫡子婚,并准四品给。"参见仁井田升:《唐令拾遗》,东京:东方文化学院东京研究所,1933年,第520页。

在天子卤簿的研究中，田丸祥干用力较勤，对东汉魏晋南北朝的三驾卤簿有系统探讨。① 黄桢着重考察了中古时代天子卤簿中的五辂，其研究表明，天子五辂从经典进入现实的时间是在刘宋而非西晋，《晋书·舆服志》对此的记载并不可靠，带有唐人对西晋车制的想象。② 宋代天子卤簿的研究主要围绕中国国家博物馆所藏的《大驾卤簿图书》而展开：陈鹏程对这幅过去被认为是元代延祐所绘的卤簿图做了考辨，其结论是此图为北宋皇祐五年（1053）卤簿图，延祐年间曾巽申对此进行处理后进献给元廷③；伊佩霞（Patricia B. Ebrey）以《大驾卤簿图书》为主，结合《东京梦华录》等文献记载对天子卤簿的描述，探讨了开封的视觉文化。④ 上述论文对中国古代卤簿制度的研究推动甚多，不过考虑到这些成果多是专注于制度层面的分析、卤簿行列的排比，较少涉及实际使用中的问题，而宋代史料较多，正好可以对此进行探讨，同时也可对过去在宋代卤簿的研究中未曾论述的一些问题有所考察。

一、大礼与卤簿

在帝制时代，卤簿虽非祭祀礼仪的内在组成部分，却与其有密切关系。对于活动空间主要限于宫城之内的皇帝来说，主持那些重要的祭祀礼仪，是其为数不多的外出机会，在宫城和祭祀地点往返时，卤簿不但提供必要的护卫力量，而且具有向民众展示皇权的功用。在蔡邕的《独断》中，就提到了西汉武帝在甘泉祀天所用的大驾"公卿奉引，大将军参乘，太仆御属车八十一乘，备千乘万骑"，东汉南郊祀天所用的法驾"公卿不在卤簿中，唯河南尹、执金吾、洛阳令奉引，侍中参乘，奉车郎御属车三十六乘，北郊、明堂则省诸副车"，祭祀宗庙所用的小驾"太仆奉驾，上卤簿于尚

---

① 田丸祥干：《汉代における三驾卤簿の形成》，《国学院大学大学院纪要·文学研究科》第43号，2011年，第171—198页；《魏晋南朝の礼制と三驾卤簿》，《古代文化》第64卷第3期，2012年，第418—435页；《北朝の礼制と三驾卤簿》，《国史学》第216号，2015年，第59—78页。
② 黄桢：《中古天子五辂的想象与真实——兼论〈晋书·舆服志〉车制部分的史料构成》，《文史》2014年第4期，第55—73页。
③ 陈鹏程：《旧题〈大驾卤簿图书·中道〉研究——"延祐卤簿"年代考》，《故宫博物院院刊》1996年第2期，第76—85页。
④ Patricia B. Ebrey, "Taking Out the Grand Carriage: Imperial Spectacle and the Visual Culture of Northern Song Kaifeng," in *Asia Major*, 3rd series, 12.1, 1999, pp. 33–65.

书中,中常侍、侍御史、主者郎、令吏皆执注,以督整诸军车骑"。① 魏晋以降,卤簿的规模不断扩充。在唐代,皇帝南郊亲祭的大驾卤簿已经有大约15 000人的规模。② 到了宋仁宗统治时期,大驾卤簿更是达到了20 061人。③ 皇祐二年(1050)以后,用于明堂亲享的法驾卤簿人数为11 088人。④

唐宋时期卤簿制度的进展,不仅表现为规模的增长,在皇帝亲祭中的地位也愈发凸显。我们先来看皇帝祭祀的变化。南郊亲祭在唐朝完全成为整个国家祭祀礼仪的中心,最具标志意义的事件便是天宝年间"三大礼"的形成。所谓"三大礼",是指皇帝连续三天分别前往太清宫、太庙和南郊,祭祀李唐皇室追认的远祖老子、李唐皇帝的真实祖先和昊天上帝。随着大中祥符九年(1016)供奉赵宋皇室追认的远祖黄帝的景灵宫的落成,从天禧三年(1019)开始,北宋也有了景灵宫、太庙和南郊"三大礼"。《宋史·礼志》:"故事,三岁一亲郊,不郊辄代以他礼。"⑤ "他礼"包括泰山封禅、汾阴祀后土、亳州太清宫祭祀、明堂亲享、宗庙大祫等形式,皇祐二年以后在不举行南郊亲祭的时候主要是用明堂亲享代替,在明堂亲享的前两天仍然有景灵宫、太庙的亲祭。

"三大礼"的形成极大地增强了皇帝祭祀的表现力度,卤簿在其中发挥的作用也很关键。对于生活在京城内的普通民众而言,在无法目睹祭祀过程的情况下,卤簿成为他们感受大礼气氛最直接的方式。根据《东京梦华录》的记载,在大礼仪式的两个月前,官府就要在开封的主干道举行卤簿的排练,"诸戚里宗室贵族之家,勾呼就私第观看,赠之银彩无虚日。御街游人嬉集,观者如织,卖扑土木粉捏小象儿,并纸画看人,携归以为献遗"⑥。皇帝完成南郊亲祭后,"入南熏门,御路数十里之间,起居幕次,贵家看棚,华彩鳞砌,略无空闲去处"⑦。北宋皇帝在非郊庙大礼的场合外出时,就有"士庶观者率随员从之人夹道驰走,喧呼不禁。所过有旗亭市楼,垂帘外蔽,士民凭高下瞰,了无忌惮,逻司街使,恬不呵止。威令弛阙,玩习以为常"⑧ 的

---

① 《独断》卷下,第91页。
② 马冬:《唐代大驾卤簿服饰研究》,《文史》2009年第2期,第111页。
③ 《宋史》卷一四五《仪卫志三》,北京:中华书局,1977年,第3401页。
④ 《宋史》卷一四五《仪卫志三》,第3404页。
⑤ 《宋史》卷九八《礼志一》,第2423页。
⑥ 孟元老撰,邓之诚注:《东京梦华录注》卷一〇《大礼预教车象》,北京:中华书局,1982年,第235页。
⑦ 《东京梦华录注》卷一〇《郊毕驾回》,第246页。
⑧ 《宋会要辑稿》舆服一之一四至一五,上海:上海古籍出版社,2014年,第2175页。

现象，在大礼前后，气氛变得更为热烈。宋英宗与龙图阁直学士吕公著有过一番意味深长的对话。宋英宗问："今之郊何如？"吕公著回答："古之郊也贵诚而尚质，今之郊也盛仪卫而已。"①这一看法或许略显极端，却也称得上犀利。

在宋代，与卤簿图绘有关的记载不少，这反映了卤簿制度受重视的程度。卤簿图在汉、晋、齐、陈、唐几朝都有绘制②，但是在修撰频度上均不及宋代。在至道二年（996）的南郊亲祭前，宋太宗"顾左右，瞻具车驾，自庙出郊，仗卫周列，千官奉引，旌旗车辂，相望无际，郊祀之盛仪，京邑之壮观，因诏有司画图以献。凡为三幅，外幅列仪卫，中幅车辂及导銮官人物，皆长寸余，又图画圜坛、祭器、乐架、警场。青城别为图，以纪一时之盛"③。天圣六年（1028），翰林学士宋绶奏上《天圣卤簿记》十卷④，宝元元年（1038），宋绶在对前者进行增饰的基础上，又奏上《景祐南郊卤簿图记》十卷。⑤根据记载，宋仁宗统治时期的《卤簿图记》，"凡仪卫之物，既图绘其形，又稽其制作之所自而叙于后，一代之威容文物，备载于此矣"⑥。宋绶的两种《卤簿图记》均已佚失，但其内容在中国国家博物馆所藏的《大驾卤簿图书》中多有引用。北宋末年对卤簿制度又有不少调整，于是兵部尚书蒋猷以"陛下顷以治定制礼，如卤簿仪制，革而新之者多矣"为由，"乞命有司取旧《图记》，考今之所革者，依仿旧体，别为一书"⑦，其成果便是宣和元年（1119）完成的《宣和重修卤簿图记》："凡人物器服，尽从古制，饰以丹采，三十有三卷，目录二卷。"⑧中国国家博物馆所藏的《大驾卤簿图书》是目前唯一能看到的宋代卤簿图，虽然在史书中没有对应的记载，但是研究者根据车制的变化认定此图反映的是皇祐五年（1053）的卤簿制度。

除了上述图记外，在北宋还有卤簿字图。字图起源于何时已经无法确知，但是至少在五代就已经出现，北宋初年的《南郊行礼图》就参考了后唐天成年间所修的《南郊卤簿字图》。⑨对于卤簿字图的样态，梅原郁和伊佩霞都有讨论：前者在分析

---

① 《续资治通鉴长编》卷二〇六治平二年十一月壬申条，北京：中华书局，1979年，第5007页。
② 高似孙：《纬略》卷二《卤簿》，《全宋笔记》第6编第5册，郑州：大象出版社，2013年，第166页。
③ 《玉海》卷九三《至道南郊图》，南京：江苏古籍出版社，上海：上海书店，1987年，第1773页。
④ 《续资治通鉴长编》卷一〇六天圣六年十一月癸卯条，第2484页。
⑤ 《续资治通鉴长编》卷一二二宝元元年十一月乙巳条，第2885页。
⑥ 《续资治通鉴长编纪事本末》卷一三四《礼制局》，北京：北京图书馆出版社，2003年，第4213—4214页。
⑦ 《宋会要辑稿》舆服二之一，第2193页。
⑧ 《玉海》卷八〇《宣和重修卤簿图记》，第1482页。
⑨ 《续资治通鉴长编》卷四乾德元年十一月甲子条，第108页。

宋代的卤簿时，认为明代《三才图绘》所收的《国朝卤簿图》就是卤簿字图[①]；后者猜测，卤簿字图当与《武经总要》中的图示相似。[②] 两相比较，梅原郁的看法比较站得住脚。在北宋，除了南郊卤簿字图，还有明堂卤簿字图。皇祐二年（1050），宋仁宗举行北宋历史上第一次明堂亲享，因为此前没有法驾卤簿字图，所以由兵部和礼官共同详定法驾卤簿，并且奏上所定的字图。[③] 字图平时由兵部保管[④]，等到举行大礼时，通常由兵部主管出任的卤簿使"掌定字图排列"[⑤]。

二、南宋大礼卤簿的重建

南宋政权建立后，即着力恢复各项礼仪活动，例如建炎二年（1128）冬至宋高宗在扬州驻跸时就举行了南郊祭天礼仪，但也面临很多困难，其中一项便是汴梁沦陷及其后一系列军事失利造成的礼器损失。根据《宣和录》的记载，金军攻破汴梁后，"节次取皇帝南郊法驾之属"，还胁迫宋帝下旨交出众多器物书籍，包括五辂副辂卤簿仪仗、皇后以下车辂卤簿仪仗、皇太后诸王以下车辂卤簿仪仗、百官车辂仪仗，还有不少礼器、礼图。[⑥]《建炎以来系年要录》的注文说："国家靖康之祸，乃二晋之所未有。中国衣冠礼乐之地，宗庙、陵寝、郊社之所，尽弃之敌，礼器乐器、牺尊彝鼎、马辂册冕、卤簿仪仗之物，尽入于敌。"[⑦] 金军南下后，一些新造的礼器也损失殆尽："昨建炎二年郊祀大礼，其所用祭器，并系于东京般取到新成礼器。绍兴元年明堂大礼所用祭器，为新成礼器。渡江尽皆散失。"[⑧] 绍兴元年（1131），礼部尚书秦桧认为郊祀亲祭不具备可操作性，只能改行明堂亲享，理由便是："今卤簿、仪仗、祭

---

① 梅原郁：《皇帝·祭祀·国都》，中村贤二郎编：《历史のなかの都市——续都市の社会史》，京都：ミネルヴァ书房，1986年，第299—300页。
② Patricia B. Ebrey, "Taking Out the Grand Carriage: Imperial Spectacle and the Visual Culture of Northern Song Kaifeng," p. 59.
③《续资治通鉴长编》卷一六九皇祐二年八月己巳条，第4058页。
④《宋会要辑稿》职官一四之一，第3395页。
⑤《太常因革礼》卷二七《卤簿上》，《续修四库全书》第821册，上海：上海古籍出版社，1997年，第452页。
⑥《三朝北盟会编》卷七七，上海：上海古籍出版社，1987年，第584页。
⑦《建炎以来系年要录》卷一四八绍兴十三年二月乙酉条，北京：中华书局，1956年，第2383页。
⑧《中兴礼书》卷五九《明堂祭器》，《续修四库全书》第822册，上海：上海古籍出版社，2002年，第243页。

器、法物散失殆尽,不可悉行。"①

南宋的大驾卤簿建立于绍兴十三年(1143)。从绍兴元年至绍兴十年,虽然宋高宗多次改换驻跸之地,但都没有举行南郊亲祭,而是用明堂亲享来代替,从而实践"三年一大礼"的制度。绍兴十二年宋金和议达成之后,南宋迎来了相对和平的外部环境,开始从战时体制转轨至正常体制,在礼制上的表现便是该年年底宋高宗预定在次年冬至举行南郊亲祭。②作为恢复南郊亲祭的必要举措,卤簿制度因此得以重建。次年二月,朝廷内经过多次商议,特别是考虑到南郊青城规模有限、大量车服尚未制造,最终确定大驾卤簿"依国初卤簿人数",即11 222人。③11 222人是建隆四年(963)宋太祖南郊亲祭所用的卤簿人数。④绍兴十六年,随着捧日、奉宸队的加入,大驾卤簿扩大为15 050人⑤,达到了南宋大驾卤簿规模的顶峰。与北宋大部分时间内大驾卤簿动辄超过20 000人相比,南宋卤簿的规模偏小,这里既有卤簿之中若干模块的弃用,又有获得保留的模块中人员、器物数量的压缩。北宋大驾卤簿必备的前部黄麾仗没有出现在绍兴大驾卤簿中,缺席的还有指南车、记里鼓车、白鹭车、鸾旗车、崇德车、皮轩车、相风乌舆、行漏舆。⑥在保留下来的模块中减少人员、器物数量的现象,这里只举一例:北宋初年的朱雀旗队中有引旗者2人、执旗者1人、夹旗者2人、执弩者4人、执弓箭者16人⑦,政和大驾卤簿的朱雀旗队中有引队金吾折冲都尉1人、执幰稍者2人、执朱雀旗者1人、引旗者2人、夹旗者2人、执弩者4人、执弓矢者16人、执稍者20人、押队左右金吾果毅都尉2人⑧,而绍兴大驾卤簿的朱雀旗队中只有引队1人、执朱雀旗者1人、执幰稍者2人、押队1人。⑨

在绍兴十三年卤簿制度的重建过程中,除了缩小其规模外,还对材质进行了改动。《建炎以来系年要录》对此有简略的记载:"卤簿应有用文绣者,皆以缬代

---

① 《建炎以来系年要录》卷四二绍兴元年二月戊寅条,第755页。
② 《中兴礼书》卷二《郊祀议礼》,第19页。
③ 《中兴礼书》卷一八《郊祀大驾卤簿一》,第79页。
④ 《宋史》卷一四五《仪卫志三》,第3400页。
⑤ 《宋会要辑稿》舆服一之二三,第2182页。
⑥ 指南车、记里鼓车、白鹭车、鸾旗车、崇德车、皮轩车、相风乌舆、行漏舆的形制,在《大驾卤簿图书》均有呈现。
⑦ 《宋史》卷一四五《仪卫志三》,第3409页。
⑧ 《宋会要辑稿》舆服二之六,第2196页。
⑨ 《宋会要辑稿》舆服一之二四,第2182页。

之。"①《宋会要辑稿》则为我们提供了极其丰富的细节:"内旧用锦袄子者以缬缯代,用铜革带者以勒帛代。而指挥使、都头仍旧用锦帽子、锦臂袖者,以方胜练鹊罗代;用绝者以绁代。禁卫班直服色,用锦绣、金银、真珠、北珠者七百八十人,以头帽、银带、缬罗衫代。旗物用绣者,以错采代;车路院香镫案、衣褥、睥睨、御辇院华盖、曲盖及仗内幢角等袋用绣者,以生色代。殿前司仗内金枪、银枪、旗干,易以添饰;而拂扇、坐褥以珠饰者去之。"②

在宋孝宗统治时期,卤簿制度又有调整。宋孝宗于隆兴二年(1164)正月一日宣布,将在该年冬至举行其即位后的第一次南郊亲祭,并且声称:"除事神仪物、诸军赏给依旧制外,其乘舆服御及中外支费并从省约。"次月,礼部侍郎兼权兵部侍郎黄中提出,在五辂之中,除了玉辂的确是用来让皇帝乘坐外,"金、象、革、木四辂,不过为一时观美,非其所乘",因而主张"止用玉辂,其余四辂权不以从",宋孝宗对此表示支持。同月,兵部在此基础上建议,除了玉辂、平辇、逍遥辇的仪卫人数仍然如旧外,其余仪卫人数均做大幅度裁减,这一方案得到了宋孝宗的认可。③于是,南郊大驾卤簿的规模缩减至6 889人。乾道六年(1170),臣僚出于"唯务减省,使礼文斯缺,则非所以重陟配而全事体"的考虑,奏请重新使用四辂、大安辇,并且得到了孝宗的认可。④虽有乾道六年的微调,此后的卤簿人数与隆兴二年相比并未发生变化:"乾道六年之郊,虽仍备五辂、大安辇、六象,而人数则如旧焉。自后,终宋之世,虽微有因革,大抵皆如乾道六年之制。"⑤

在南宋,用于皇帝明堂亲享的法驾卤簿规模是大驾卤簿的三分之二。在北宋的《礼令》中,就有"法驾之数减大驾三分之一"⑥的规定,皇祐二年(1050)以后的明堂亲享均遵守了这一准则。到了南宋,除了建国初期因为政局不稳,明堂亲享采用只有1 200余人的"常日仪卫"外,其他时候法驾卤簿人数都是大驾卤簿的三分之二。绍兴三十一年(1161)的法驾卤簿,就是在绍兴二十八年大驾卤簿的基础上减去三分之一,为10 140人。隆兴二年大驾卤簿减半后,法驾卤簿也作了相应的调整。

---

① 《建炎以来系年要录》卷一五〇绍兴十三年十一月戊午条,第2415页。
② 《宋会要辑稿》舆服一之二三,第2181页。
③ 《中兴礼书》卷二〇《郊祀大驾卤簿三》,第92—93页。
④ 《中兴礼书》卷二〇《郊祀大驾卤簿三》,第99页。
⑤ 《宋史》卷一四五《仪卫志三》,第3408页。
⑥ 《宋会要辑稿》礼二四之一六,第1147页。

三、南宋大礼卤簿的实践

南宋卤簿的人员规模、器物材质之所以不如北宋,主要原因是持续受到金军军事压力的南宋朝廷对此采取谨慎、节俭的态度,不过我们也能看到临安的城市空间对卤簿实践的限制。临安御街的某些地段已经进行了考古发掘,考古工作者推测,和宁门至朝天门段、朝天门至观桥段的宽度在10米开外,观桥至景灵宫段更窄。① 这与唐朝、北宋的情况有很大不同。根据考古实测的结果,长安的主干道承天门街的宽度在150至155米之间。② 东京御街沿途已有不少遗址得到了勘探③,但是御街的宽度由于现今开封中山路两侧建筑所压而未能探明。④ 在文献记载中,东京的御街宽约二百步。⑤

在南宋临安,御街的规模对车辂、卤簿的使用造成了很大影响。《建炎以来系年要录》对此有所记载:"礼官以行在御街狭,故自宫诣庙不乘辂,权以辇代之。"⑥《中兴礼书》对此事有更加翔实的记录,绍兴十三年(1143)三月,礼部侍郎王赏上奏:

> 将来郊祀大礼,前二日朝献景灵宫,前一日朝飨太庙,依礼例,合排设卤簿、仪仗、车辂。缘今来行在街道与在京事体不同,所有将来车驾诣景灵宫、太庙,欲乞权依在京四孟朝献礼例,服履袍,乘辇赴逐处。行事日,服衮冕行礼,俟太庙行礼毕,依自来大礼例,排设卤簿、仪仗,皇帝服通天冠、绛纱袍,乘玉辂诣青城斋宫。⑦

高宗对这一方案予以认可。同年闰四月,礼部、太常寺又对玉辂的经行路线进行了规划:"将来车驾诣太庙行礼毕,依仪,皇帝自太庙棂星门外乘玉辂,入行宫北门,由大内出行宫南门,依先降指挥,经由利涉门至青城斋殿门外降辂。"⑧ 绍兴十三年

---

① 杭州市文物考古所:《南宋御街遗址》上册,北京:科学出版社,2013年,第254—256页。
② 中国科学院考古研究所西安唐城发掘队:《唐代长安城考古纪略》,《考古》1963年第11期,第600页。
③ 丘刚:《北宋东京城御街遗址探析》,《中州学刊》1999年第6期,第155—157页。
④ 刘春迎:《北宋东京城研究》,北京:科学出版社,2004年,第284页。
⑤ 《东京梦华录注》卷二《御街》,第51页。
⑥ 《建炎以来系年要录》卷一五〇绍兴十三年十一月庚申条,第2415页。
⑦ 《中兴礼书》卷一九《郊祀大驾卤簿二》,第87页。
⑧ 《中兴礼书》卷一九《郊祀大驾卤簿二》,第89页。

(1143)制造的玉辂轴长为十五尺三寸①,也就是接近5米的样子。因为御街狭窄,皇帝乘坐玉辂的路段仅限于太庙至南郊间,从宫城赴景灵宫行朝献之礼,从景灵宫到太庙行朝享之礼,都是乘辇前往。这一做法后来一直延续:"故事,祀前二日诣景灵宫,皆备大驾仪仗、乘辂。中兴后,以行都与东都不同,前二日止乘辇,次日自太庙诣青城,始登辂,设卤簿。自绍兴十三年始也。"②

即便使用玉辂、卤簿的地段仅限于太庙至南郊,为了确保玉辂、卤簿能够顺利通过经行路线,还是需要拆除沿途两边的建筑以拓宽路面。兵部为此于绍兴十三年闰四月上奏:"将来郊祀,皇城南门外至利涉门经由道路,欲依太庙已拆街道丈尺,晓示官私去拆,送部同殿前司、禁卫所、临安府相度,申尚书省。"③从兵部的奏请可知,太庙附近的御道两旁此前已经进行了拆除工作。宫城南门后来称为丽正门,利涉门更名为嘉会门,其间的路段不算御街的一部分,但是因为皇帝南郊亲祭时经行此地,所以仍然面临拓宽的问题。在这种情况下,兵部要求相关部门商讨此事。经过高宗批准,此事"下兵部、殿前司、主管禁卫所、车辂院,看详有无妨碍去处"④。

在绍兴十三年的南郊亲祭中,鼓吹的引导形式也受到了御街规模的制约。该年八月,礼部、太常寺上奏:"将来郊祀大礼,车驾前后部并六引,合用鼓吹。令、丞已下至执色人,共八百八十四人,并指教使人一名,前后摆拽导引,作乐应奉。依在京例,并合骑导。窃恐今来经由道路窄狭,摆拽拥遏,难以骑导。今相度,欲乞止令步导。"高宗对此表示同意,鼓吹由骑导改为步导。⑤

绍兴十三年以后,我们依然可以通过臣僚的奏请,看到礼仪队伍所经道路的狭窄对车辂、卤簿使用的影响。绍兴二十二年十月,干办车辂院张公立向朝廷反映,车辂院曾经设在太庙以北,高宗南郊亲祭前两天去景灵宫朝献时,车辂院将五辂排设于太庙幕屋,待高宗完成太庙朝享后,即可坐上玉辂奔赴圜丘。后来,车辂院迁移至利涉门外的冷水坞口,"若依例,前二日驾驭五辂,守利涉门,入丽正门,经由大内,于幕屋排设。窃缘街道窄隘,转弯掉圆,迟慢缓急,有碍驾路",因此建议在南

---

① 《宋史》卷一四九《舆服志一》,第3484页。
② 《宋史》卷一四五《仪卫志三》,第3408页。
③ 《中兴礼书》卷一九《郊祀大驾卤簿二》,第89页。
④ 《中兴礼书》卷一九《郊祀大驾卤簿二》,第89页。
⑤ 《中兴礼书》卷一九《郊祀大驾卤簿二》,第90页。

郊亲祭前三天将五辂排设在太庙幕屋,最终得到了朝廷的认可。①绍兴二十八年（1158）八月,临安府在申奏时提到:"排办郊祀大礼五辂、大象,旧例经由内中往诣青城,所有和宁门里至丽正门内一带妨碍屋宇,合权去拆,及填迭渠海,铺筑道路。"②由此可见,在此之前,为了使车辂、卤簿顺利通过,宫城内的屋宇若有妨碍,也不得不进行拆除。

即便是在卤簿的使用上做了如此改动,当皇帝为大礼而外出时,临安的街道仍然十分拥挤。曾跟随使节访问过金朝的周辉,如此比较汴梁与临安的街道宽窄及其带来的卤簿与民众距离的差异:"辉幼见故老言,京师街衢阔辟,东西人家有至老不相往来者。迨辉出疆,目睹为信。且言每值驾出,甲马拥塞驰道,都人仅能于御盖下望一点赭袍。在绍圣间,约拦尤更严肃,几不容士庶观觎。第岁暮春上池亲御鞍马,则禁卫稍宽繁密,不若今日近瞻法驾不违于咫尺也。"③

在南宋,我们不但可以看到玉辂的使用多受街道条件的限制,而且它的性能也有问题。我们来看洪适在其自传中讲述的一则故事:

> 既寻盟,首为贺生辰使,上谓副介龙大渊曰:"前日洪某侍玉辂上,见其容貌甚悴,岂有声色之奉邪?方欲大用之,可往谕朕意,令其自爱。"某答之曰:"家素无侍妾,近以法服执绥车辂,撼顿失其常度。只尺天威,有战栗之色,所以颜状如是。"④

根据史料记载,洪适、龙大渊在隆兴二年（1164）十二月被任命为贺生辰使、副。⑤正如前文所说,宋孝宗在隆兴二年冬至举行过南郊亲祭。因此,虽然引文没有提供这则故事的具体时间,不难确认发生的时间是隆兴二年的年末。洪适所说的"执绥车辂",是指陪同皇帝乘坐玉辂。《梦粱录》对玉辂上的人员配置状况有翔实记载:"正座在玉辂上,左右各一内侍,名'御药',冠服执笏侍立。左首栏槛边,一从侍中书宦者,曲身冠服,旁立于栏,以红丝绦系定,免致疏失,名为'执绥官',以备

---

① 《中兴礼书》卷一九《郊祀大驾卤簿二》,第91—92页。
② 《中兴礼书》卷一九《郊祀大驾卤簿二》,第92页。
③ 周辉:《清波别志》卷下,《全宋笔记》第5编第9册,郑州:大象出版社,2012年,第173页。
④ 洪适:《盘洲集》卷三三《盘洲老人小传》,《景印文渊阁四库全书》第1158册,台北:台湾商务印书馆,1983年,第471页。
⑤ 刘时举:《续宋中兴编年资治通鉴》卷八隆兴二年十二月条,北京:中华书局,2014年,第184页。

玉音顾问。"①"执绥官"又被称为"备顾问官",朱熹认为其实质是"太仆卿执御之职",只是宋人将其"讹曰'执绥官''备顾问官'。然又不执绥,却立于辂侧,恐其倾跌,以物维之"②。根据洪适的自述,宋孝宗在玉辂上看到他面容憔悴,误以为他是纵情声色,其实只是洪适因为玉辂的晃动而感到不适。

玉辂不稳的问题并非仅在洪适笔下有反映,周必大的《玉堂杂记》提供了更多的信息:

> 大礼,上乘玉辂,率命翰林学士执绥备顾问。近岁多阙正员,临时选差他官,与五使同降旨。淳熙丙申南郊、己亥明堂,必大再为之。按京师用唐显庆辂,尝以登封,其安固可知。元丰改造,已不能及。今乃绍兴癸亥岁所制,上自太庙,服通天冠、绛纱袍,乘辇至辂,后由木陛以登,惟留御药二宦者侍立,执绥官先从旁用小梯攀缘而上,卫士以彩绳围腰,系以箱柱,辂行颇摇兀,宸躬亦觉危坐云。③

"绍兴癸亥"即绍兴十三年(1143),"淳熙丙申""淳熙己亥"分别是淳熙三年(1176)、淳熙六年。南宋的玉辂制成于绍兴十二年④,周必大虽然两次充任执绥官,他对玉辂历史的掌握也不是完全准确。不过,在其他方面,他的记载尚属可靠。正如周必大所说,北宋长期以"显庆辂"为玉辂。宋仁宗、宋神宗统治时期朝有过自制玉辂的举措⑤,最后都未能取代显庆辂。孙机认为,原因在于统治者看重玉辂的排场和装饰,导致车体愈发笨重,结构均衡性被破坏。在谈到南宋的玉辂时,他用《宋史·舆服志》《西湖老人繁胜录》的记载指出其需用人力推、压,还要用铁压,用人牵挽。⑥南宋玉辂需要用人牵挽的特点事实上也见于上文《玉堂杂记》,辽宁博物馆所藏的《卤簿玉辂图》更是为细致观察南宋玉辂提供了可能,从

---

① 《梦粱录》卷五《驾回太庙宿奉神主出室》,《东京梦华录·外四种》,上海:古典文学出版社,1956年,第171页。
② 《朱子语类》卷一二八《法制》,北京:中华书局,1986年,第3067页。
③ 周必大:《文忠集》卷一七四《玉堂杂记上》,《景印文渊阁四库全书》第1149册,台北:台湾商务印书馆,1983年,第6页。
④ 《建炎以来系年要录》卷一四六绍兴十二年九月戊申条,第2356页。
⑤ 《续资治通鉴长编》卷一六〇庆历七年正月辛卯条,第3861页;卷二八三熙宁十年七月癸酉条,第6939页;卷三一九元丰四年十一月己丑条,第7707页。
⑥ 孙机:《中国古舆服论丛》,上海:上海古籍出版社,2013年,第83—84页。

中亦可看到人力推动、牵拉玉辂的细节。虽然不像北宋玉辂那样用马拉动，但是笨重程度丝毫不输。在这种情况下，玉辂很不安稳，连坐在上面的皇帝都感觉危险，也就不难理解了。

四、结　语

卤簿在宋代皇帝的"三年一大礼"中扮演着极其重要的角色。与北宋一样，在南宋，统治者对卤簿也是颇为看重，在绍兴十二年（1142）与金朝达成和议后不久，就开始重建卤簿制度。不过，我们也看到了在卤簿制度的制定和执行过程中遇到的种种制约因素。首先，南宋始终面临来自金朝的军事压力，即便在绍兴十二年后，这种压力也从未消失，在这种情况下，统治者在宫室、舆服的花费上都比较节制，宋高宗是这样，宋孝宗更是如此。正是因为这样，南宋大礼卤簿的规模远不及北宋。其次，南宋大礼卤簿的使用时常受到临安空间状况的束缚。最突出的表现，便是临安街道的狭窄造成玉辂无法在皇帝举行三大礼期间全程使用，只能在皇帝从太庙前往南郊或返回宫城亲享明堂时启用。再次，由于原有的车辂仪仗散失殆尽，南宋朝廷不得不重新制造，新造器物的质量有不足之处，特别是玉辂行进起来很不安稳。以上这些建立在对文献记载、图像数据基础上的论点，为过去研究所无，或许具有一定的价值，谬误之处，尚祈方家指正。

（作者单位：复旦大学）

南宋大礼卤簿制度及其实践 / 123

附图

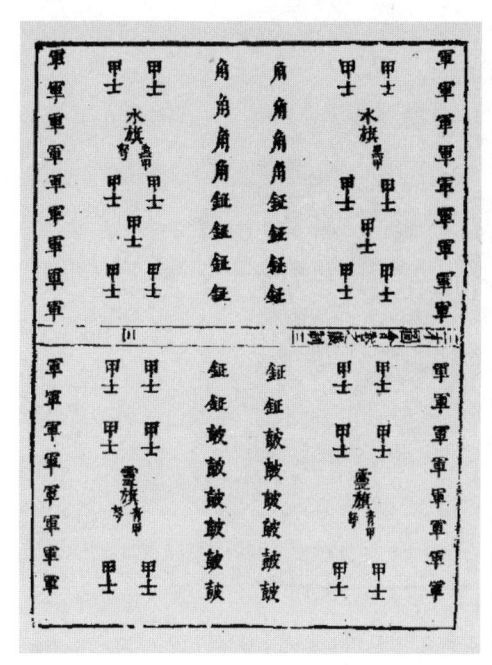

图一　明代《国朝卤簿图》(局部)(王圻：《三才图会·仪制三》，上海：上海古籍出版社，1988年，第1853页)

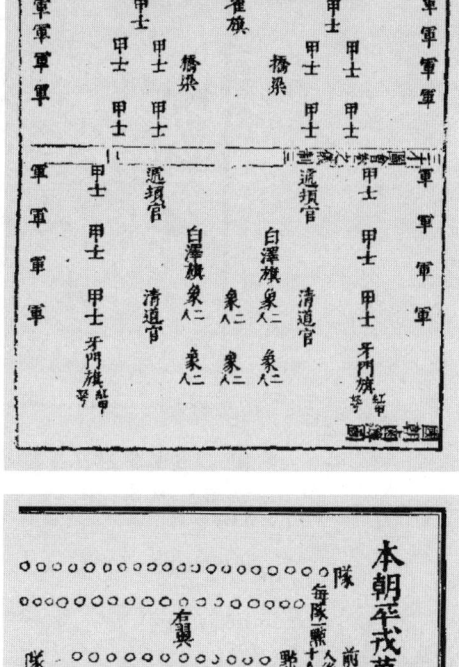

图二　《平戎万全阵图》(局部)(曾公亮、丁度等：《武经总要》，《景印文渊阁四库全书》第726册，台北：台湾商务印书馆，1983年，第277页)

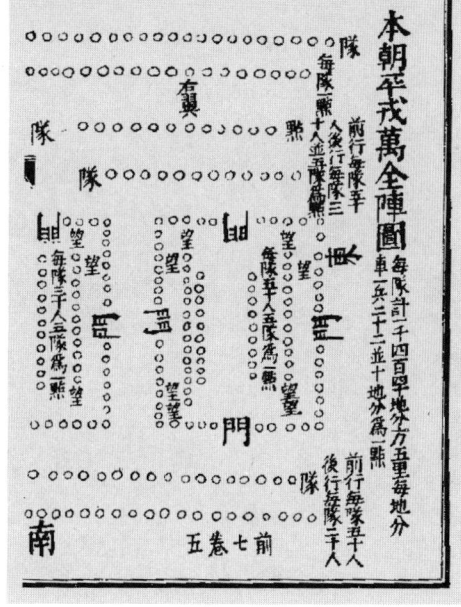

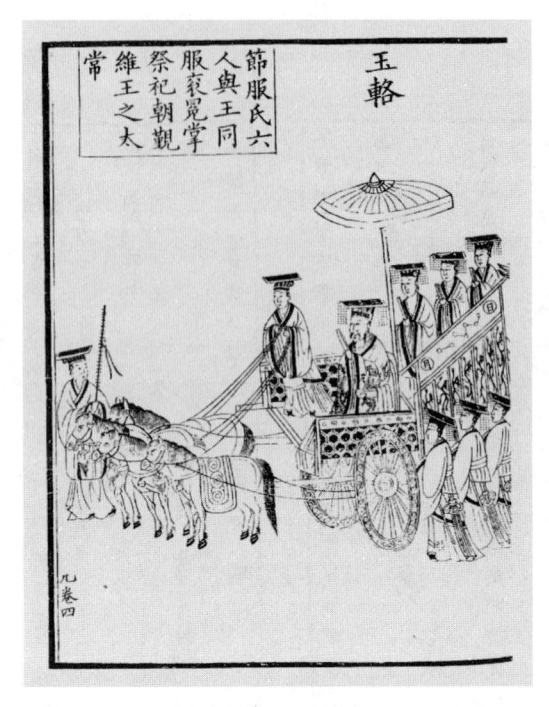

图三 《玉辂图》(聂崇义:《新定三礼图》卷九《旌旗图》,杭州:浙江人民美术出版社,2015年,第129页)

图四 辽宁省博物馆所藏南宋《卤簿玉辂图》(局部)

明清之际浙西地区的行礼团体及其论礼

何淑宜

一、前　言

　　道光七年（1827），钱仪吉（1783—1850）在先祖钱汝霖（1618—1689）年谱的刊刻序文中略述钱汝霖生平："弱冠，遇事变飞遁不出，读朱子之书，省察践履……然敬宗收族，分财教善之事，犹一二见于杨园张氏遗书中。……（先生）行道同术乃有杨园……桐溪、澉浦同源合流，实与于斯文之维系，岂不重哉。"[①] 钱仪吉对族祖的推崇虽然稍有溢美之处，然而大体描绘出明清鼎革之际，乡里儒士钱汝霖的处世与交游。其中，值得注意的是，钱氏着重省察践履的朱学倾向、隐居家乡从事敬宗收族的家族工作及跟程朱学者张履祥（1611—1674）的交流互动。

　　钱汝霖在他生存的年代及后世都不算举世闻名的士人，但是他的思想与行动却清楚反映明清之际一股不同于明代理学、心学、文社的思想潮流，在地方社会隐然成形的趋向。明清之际学风的讨论，向来是学界研究的重点，课题包括由王返朱的思潮、经世思想、从理学转向朴学、礼教主义的兴起等。[②]

　　在上述研究成果勾勒的时代图像中，重新思考思想与所处社会及个人日常生活的关系，以及摸索一套在变动无常的环境中更明确的行事规范（如：礼仪），是两

[①] 钱聚仁编：《紫云先生年谱》，《北京图书馆藏珍本年谱丛刊》，北京：北京图书馆出版社，1998年，钱仪吉序，第581页。
[②] 相关主题的研究成果甚为丰硕，兹举数例如下：林聪舜：《明清之际儒家思想的变迁与发展》，台北：学生书局，1990年；Kai-Wing Chow, *The Rise of Confucian Ritualism in Late Imperial China: Ethics, Classics and Lineage Discourse*, Stanford: Stanford University Press, 1996；王汎森：《清初思想中形上玄远之学的没落》，《"中央研究院"历史语言研究所集刊》，69：3，1998年9月，第557—587页；艾尔曼：《从理学到朴学：中华帝国晚期思想与社会变化面面观》，赵刚译，江苏：江苏人民出版社，2012年；王汎森：《清初"礼治社会"思想的形成》，王汎森、陈弱水主编：《中国史新论：思想史分册》，台北："中央研究院"，2012年，第353—392页。

项突出的特点。本文开头提及的钱汝霖、张履祥及其友人们即处在这股潮流日益成形的当口,百年后的钱仪吉论及族祖钱汝霖时,着重的是联结他跟理学系谱上的重要大儒张履祥的关系,以彰显宗族荣耀。而从钱仪吉的"桐溪、澉浦同源合流"观念出发,更让人好奇张履祥遗书中收录钱汝霖"敬宗收族,分财教善"的理由为何? 跟张氏的思想倾向有何关系? 本文将以主要活动于浙江海盐县的乡里儒士钱汝霖为中心,旁及当时与他交往密切的浙西士人,如张履祥、陈确(1604—1677)、吴蕃昌(1622—1656)等,探讨底层士人的思想行动跟时代环境的关系,尤其着重在他们透过什么样的方式,形成共同的意见论域,进而成为强调以礼行事的群体。

二、海盐儒士钱汝霖的家族工作

海盐钱氏本为何姓,始祖何贵四居住在嘉兴府海盐县西甘泉乡,洪武年间因故谪戍贵州都匀卫,行前将其子何玘托付给同乡友人钱富一,之后何玘袭钱姓,改名钱裕,后世子孙虽曾尝试复姓,但未成功,从此以钱为姓,逐渐在明代中叶之后发展成嘉兴地区的著姓望族(参见图一)。[①]

十世的钱汝霖生当明末局势板荡之时,相较于积极参与科考的家族兄长,或上疏首劾魏忠贤(1568—1627)而声名大噪的族叔钱嘉征(1589—1647),钱汝霖虽曾跟随塾师读书,但显然没有机会往科举之路迈进[②],活动范围基本上也以海盐县祖居半逻(沈荡镇半逻村)、澉浦为中心。[③]顺治二年(1645)清兵南下,杭州、嘉兴等地相继降清,已搬迁到嘉兴府城的族叔钱福征回半逻祖居,与钱汝霖同住,逃避兵祸。避难期间,钱汝霖常常"静坐一室,看性理诸书",也会跟友人谈道:"周程张朱

[①] 目前所见海盐钱氏最完整的族谱为钱仪吉及其弟钱泰吉所编的《庐江钱氏年谱》(上海图书馆藏)。潘光旦也曾介绍过该家族,参见潘光旦:《明清两代嘉兴的望族》,上海:上海书店,1991年,第25页。于志嘉则从钱氏前后几次企图复姓的举动,探讨军户制度与钱氏家族历史建构的过程,十分值得参考。于志嘉:《异姓别籍或复姓归宗:以庐江钱氏家族为例》,《"中央研究院"历史语言研究所集刊》,85:4,2014年12月,第769—826页。
[②] 其友人屠安道即说:"云士(按:钱汝霖)幼年未尝有师友父兄之教。"钱聚仁编:《紫云先生年谱》崇祯三年四月条,第589页。
[③] 崇祯九年(1636),钱汝霖族伯钱嘉征回海盐,隐居澉浦仙掌峰,年谱记载钱汝霖其时"时从读书山中"。钱聚仁编:《紫云先生年谱》崇祯九年丙子条,第589页。

一脉,吾辈不可令断绝。"①

钱汝霖的家族工作约略始于顺治九年(1652),是年冬天他合葬已过世多年的父母于澉上大岭卧龙冈②,之后直到顺治十五年间,他从事的几项家族工作还包括:顺治十一年恢复开济乡易姓祖(何玙,钱裕)墓祭,重修万苍山楼(墓祠),修葺半逻祖居的遗安堂,倡议建立宗族墓地(宗茔),主张成立赡军田(顺治十二年)等。

上述家族工作的重点除了遗安堂之外,主要围绕着宗族墓地与墓祭问题。海盐钱氏从明初到清代顺治年间,与钱汝霖相关的支系祖先葬地主要分散在海盐县境内的四个地方。万历二十八年(1600),七世钱与映的四房儿子曾共议祖墓的承祭房支,分别为:一是海盐县开济乡太尉庙之东,葬易姓为钱氏之祖钱裕(何玙,如渊公)、钱寔、钱达等三世,由二子钱世垚承祭;二是海盐宋坡湖化城,葬五世钱珍等,四子钱升承祭(中钱);三是海盐彭城,葬六世钱薇等,长子钱世奎承祭;四是永安湖万苍山(荆山),葬七世钱与映等,三子钱周承祭。③

不过,崇祯年间之后各支祭祀相继废弛,钱汝霖在顺治十年开始试图恢复开济乡祖墓的祭祀,同时写下"墓祭约",公告族众周知,并在顺治十一年春天,复举开济乡太尉庙墓祭。④钱氏拟定的墓祭约,除葬地、祭仪、祭品、祭期之外,更规定:"子孙年十五以上咸与,风雨必赴。"有事外出者若未告知,"罚无赦",而行礼越次喧哗,或"不孝不弟,弃礼背义,不守家法者,于祖墓前挞罚"。⑤他希望借墓祭联合族属,示范祖先祭祀重要性于族人的用意,十分明显。

不仅如此,钱汝霖同时提出仿效万历年间八世祖钱升设置宗茔,帮助族中缺乏殡葬之资族人的想法。不过,比先前的办法更进一步,他认为"若兼赵季明族葬法行之,则尽善矣"。他对族葬的要求是,需有规制次序,疏密不踰限,需勒石诒远,谋为可继。⑥也就是说,他所主张的宗茔,不只是济助的性质,更是企图结合宗族济助

---

① 钱聚仁编:《紫云先生年谱》顺治二年乙酉条,第591页。
② 钱汝霖之父钱山征早卒于万历四十七年,其母沈硕人则于顺治三年过世。钱聚仁编:《紫云先生年谱》万历三十七年己未条、顺治三年丙戌条,第586、592页。此外,他也积极进行复姓为"何"的工作,相关讨论参见于志嘉:《异姓别籍或复姓归宗:以庐江钱氏家族为例》,第797—803页。
③ 钱仪吉编:《庐江钱氏年谱》卷五万历二十八年庚子条,上海图书馆藏,第19页。
④ 何汝霖:《杂文》,《紫云先生遗稿》,《清代诗文集汇编》,上海:上海古籍出版社,2010年,第65—66页。
⑤ 钱仪吉编:《庐江钱氏年谱》续编卷一顺治十年癸巳条、顺治十一年甲午条,第7—8页。
⑥ 钱聚仁编:《紫云先生年谱》顺治十一年甲午条,第596页。

及在墓葬时展现宗族秩序。

我们有理由相信钱汝霖上述的做法与想法,并不是一时兴起,而可能是一整套的规划。同年稍早,钱氏将半逻祖居的正寝改建成遗安堂,预计将来作为宗祠,祠祭易姓始祖如渊公祖妣、恩祖钱富一祖妣等,同时,拟定宗祠规仪。[①]可惜,后来祠堂因故未能建立。钱汝霖并不是海盐钱氏第一个透过祭祀进行宗族建设的人,五世的钱琦(1467—1542)曾为太尉庙祖墓写记并"发现"远祖何长官墓[②],七世钱与映在故居立祠祭祀四世祖先,八世钱升开始在家祠中祭祀恩主钱富一等。[③]顺治年间钱汝霖的做法,似乎可视为海盐钱氏的传统,但是在易代惶惶不可终日之际,进行家族建设,显然需要有更强烈的动机。

顺治十一年(1654)举行开济乡太尉庙合族墓祭之后,钱汝霖撰文描述当时的心境,他写道:

> 岁甲午,余春秋三十有七,闭门九载,学无一成。人生朝露,上不能有所纲维,以为斯世斯民赖;下不能有所整饬,以为吾祖吾宗羞。肉粟徒饱,我犹腼然人也。用是旧修坠绪,勇却遗赀……浹月之中,其端有五,聊复识其颠末,以示后人云:复墓祭、存先庐、却继产、葺万苍丙舍、让叔产修开墓域。[④]

钱氏在文中流露出自顺治二年因战乱避难祖居以来,个人在社会、家庭都无所施展的自愧情绪,而他在顺治十一年先后进行的墓祭、让产、修建丙舍等家族工作,似乎就成为缓解他在乱世中学无一成、无所贡献焦虑的解方。

从现存资料中不易断定钱汝霖顺治十一年之前的家族工作是否受到其他人的影响,不过,值得注意的是,他的同乡友人吴蕃昌约略此时择取《朱子家礼》部分仪文,改写成"日月岁三仪"、"阃仪"、祠堂增仪等仪注,实行于家族之中,同

[①] 钱聚仁编:《紫云先生年谱》顺治十一年甲午条,第595页。
[②] 钱琦在嘉靖初年不仅设置太尉庙祖茔墓祠、墓祭田,同时,也认定被甘泉乡人称为何长官墓的无名墓冢为其家远祖,绘制河源复古图,邀集同乡友人赋诗歌咏。透过寻访祖先墓葬的活动,为复姓做准备,也开启海盐钱氏(何氏)在地方上发展的先声。钱仪吉编:《庐江钱氏年谱》卷二嘉靖七年戊子条、八年己丑条、十三年癸巳条,第10—12、18—19页。
[③] 钱仪吉编:《庐江钱氏年谱》卷五万历十二年甲申条,第1—3页;卷六万历四十四年丙辰条,第8—9页。
[④] 何汝霖:《杂文》,《紫云先生遗稿》,第65页。

时,也频繁地跟同门张履祥、陈确往复商榷上述仪注的内容。①崇祯末年,张履祥因自身经验,对乡里流行的丧祭风俗极为痛恨,不仅写作《丧祭杂说》批评时下风俗,同时注意及《家礼》《大明会典》中的日用礼仪。②而陈确在顺治初年也积极关心如何对抗乡里丧葬习俗,除了撰著《丧实论》《葬论》,大力宣扬族葬的优点,也积极改变自身家族丧祭不合礼之处。③他们对丧祭礼仪的意见,应该也会成为此时一些士人集会讨论的话题,如顺治九年(1652)张玙在海宁硖石山举办紫薇阁社,钱汝霖、吴蕃昌都曾参加。④钱汝霖此时虽然不认识陈、张二人,但很可能透过与会成员得知两人的主张及行事,如吴蕃昌即常常跟钱氏谈到张履祥的言行。⑤上述探讨的重点并不是为了将钱汝霖从事家族工作与陈确、张履祥等大儒的丧祭主张建立直接的因果关系,而是希望呈现钱汝霖的行动并不孤立,至少在浙西地区,上述士人表现出有意识地、急切地找寻一套可实行于日常生活,又能证学的规则与礼仪,以面对现实环境各种时不我予的变动。⑥

三、易代之际浙西士人的交游与"反"交游

顺治十五年,钱汝霖拜访坐馆于嘉兴秀水县徐彬家的张履祥,两人正式定交,两年后,张履祥开始任教于钱汝霖在半逻祖居的家塾。⑦此后两人十分投契,往还

---

① 吴蕃昌为明亡时在北京殉难的太常寺少卿吴麟征之子。明亡后隐居海盐澉浦。顺治三年,陈确逃避兵祸至海盐时,两人时相过从。吴骞:《陈乾初先生年谱》顺治三年丙戌条,陈确:《陈确集》,北京:中华书局,1979年,第838页。另外,吴蕃昌与张履祥讨论如何行礼的书信参见张履祥:《答吴仲木(八、九)》《与吴仲木(十、十一)》,《杨园先生全集》卷三,北京:中华书局,2002年,第52—58页。三人都师事刘宗周。
② 张履祥:《丧祭杂说》,《杨园先生全集》卷十八,第525—535页。
③ 吴骞:《陈乾初先生年谱》顺治七年庚寅条,陈确:《陈确集》,第841—842页;陈确:《撤主议》,《陈确集》卷七,第195页。
④ 根据朱韫斯的记载,紫薇阁社在顺治九年之后仍有数次聚会,钱汝霖也都每期必至。钱聚仁编:《紫云先生年谱》顺治九年壬辰条,第593—594页。吴蕃昌也参加了顺治九年之会,会后,曾向张履祥传达会中讨论课题。张履祥:《答吴仲木(八)》,《杨园先生全集》卷三,第53页。
⑤ 何汝霖:《紫云先生遗稿》,《跋杨园先生尺牍后》,第40页。
⑥ 王汎森透过探讨吴蕃昌族弟吴谦牧在清初的种种作为,论述17世纪部分遗民以更严格地实践礼为定义自我的方式。王汎森:《经学是生活的一种方式——读〈吴志仁先生遗集〉》,《华东师范大学学报》(哲学社会科学版)2016年第2期,第1—9页。
⑦ 何汝霖:《紫云先生遗稿》,《跋杨园先生尺牍后》,第40页。

密切而频繁。事实上,两人未相识之前,即有不少共同的友人,如吴蕃昌、吴谦牧(1631—1659)、张玙、徐彬、屠安道等,而钱汝霖每会必至的紫薇阁社,举办者张玙曾邀请张履祥与会,只是张履祥都显得兴致缺缺。①

硖石山的紫薇阁社在张玙的主持下,刻意强调"相期以考德论学,终始不渝"②。不过,张履祥对此仍不无疑虑,他曾跟吴蕃昌说道:

> 白方兄(按:张玙)会,因其成迹而守之可也,且未宜求广。一二年来,远近人士已渐开此种风气,然弟私揣,人心未能返朴。大都聪明才俊之士,拣取世间一个好题目做耳,未必真有朝闻夕死之志也。苟其不从此志发端,则终是内交要誉之窠臼,与夫数年以来时贤所为声气,不过改头换面而出耳。其弊将使人人羞称而止。③

张履祥虽然肯定此社强调问学求道的主张,但是他认为以顺治年间的士风来说并不是适合举行集会的时机。而最令他感到疑虑的是,若不是真心求道,此一聚会将与明末以声气相高,造成社会纷纷扰扰的士人社集没有差别。

显然张履祥刻意采取一种拒绝晚明士人好结社、好交游风气的态度。明末士人社集遍地开花,张氏早年也如一般士人,游走于各社之间。但在友人颜统影响下,逐渐对社集活动敬而远之。颜统曾告诫张氏,"谓彼皆贤士,何贤士之多?如非贤士,敝俗伤教,莫此为甚",并撰作《贫交诗》一首表达自己的立场。④因此,崇祯七年(1634)张履祥坐馆于颜家,正当东南文社大兴之时,两人即"严约毋滥赴"。颜氏峻拒社集活动,因此当听说张履祥参加硖石山社、语水社时,十分不满,几乎与之绝交。⑤此后,张履祥对交游、社集更为审慎,甚至定下自己坐馆时的三个原则:

---

① 张履祥曾对吴蕃昌说:"紫薇之会,弟之欲赴者,今才二、三,其不欲之意,仍居六、七。"张履祥:《答吴仲木(十三)》,《杨园先生全集》卷三,第61页。
② 钱聚仁编:《紫云先生年谱》顺治九年壬辰条,第593页。
③ 张履祥:《答吴仲木(八)》,《杨园先生全集》卷三,第53页。
④ 张履祥观察此一风气,说道:"近代盛交游,江南益甚。虽僻邑深乡,千百为群,缔盟立社无虚地。……当是时,士有不谈介生、天如者(按:周钟、张溥),人皆鄙之。"张履祥:《言行见闻录》,《杨园先生全集》卷三十一,第882—883页。
⑤ 苏惇元:《张杨园先生年谱》崇祯七年甲戌条,张履祥:《杨园先生全集》,第1492页;张履祥:《言行见闻录》,《杨园先生全集》卷三十一,第882—883页。

不拜客、不与筵席、不赴朔望之会。①

随着时局日益混乱,张履祥屡屡致信友人表达他的忧虑,譬如他给沈子相(字)的信中说:

> 方今天下交游之事,几于沸鼎,吾郡尤甚。弟于孤坐之际,每为念之。朋友所以谋情志也,今以起争;所以敦德义也,今以树势,以是之交,不如其已。②

给屠爌的信忧心更甚,他写道:

> 方今天下声气之习,衰靡特甚,士之入此,约有二种,非突梯滑稽以邀浮誉,则抗视厉气以启分争,不独于古人安身立命之业相去之万,即所谓文章气谊亦重违其指。……东南坛坫,西北干戈,其乱于世无所上下。阇伯……亦尝疾心及此否?③

张氏将"东南坛坫"跟"西北干戈"共同视为造成天下大乱的主因,其中社集的弊害更是表现在两方面,一是带起浮躁的士习及社会风气,二是远离了研习学问为安身立命的本质。

社集活动并未随着明亡消歇,顺治到康熙初年士人往来各地参加集会活动的风气仍盛。职是之故,张履祥不断规劝友人、门生需慎交游,甚至戒交游。例如他听到友人孙英将应文社之请,立即去信阻止④;他也提醒吴蕃昌,交游广对学问之事"非徒无益","为害要亦不浅",因此"前时通交游,今欲息交游",并认为"日新之图,诚莫急于此"。⑤他甚至告诫徐彬:"窃见一载之间,缁流往还去其一,声气应酬去其一,诗文赠答去其一,杂书涉览去其一,燕放闲适与夫博弈饮酒又去其一,人生

---

① 顺治十五年(1658),张履祥应秀水徐彬之聘时,即与徐氏约法三章。当时,其友人施博正好邀集远近友人进行朔望讲会,张氏之言即是针对此事而发。苏惇元:《张杨园先生年谱》顺治十五年戊戌条,张履祥:《杨园先生全集》,第1504页。
② 张履祥:《与沈子相(一·癸未)》,《杨园先生全集》卷九,第259页。
③ 张履祥:《与屠阇伯(癸未)》,《杨园先生全集》卷九,第257页。
④ 张履祥:《与孙商声(三·癸丑)》,《杨园先生全集》卷八,第244页。
⑤ 张履祥:《答吴仲木(十三)》,《杨园先生全集》卷三,第61—62页。

精力几何？日力几何？堪此四分五裂也！"①张履祥希望戒除的，正是晚明士人最常进行的活动，除了交游，另一项值得注意的是对知识的态度。

张履祥反对徐彬"杂书涉览"，那么他对于获取知识的方式，以及为何研讨学问的看法是什么？他曾向朱韫斯表露懊悔以前读书"泛涉"，以致至今一无所得，因此建议他：

> 惟幸仁兄潜心经义，其余量力及之，切勿蹈弟之覆辙也。更有进者，诸书义理，更望虚心平气，从容以求之。若只以己见读古人之书，则虽博通古今，祇以长养得一副自家面目，于克己功夫全无当也。②

张氏对钱汝霖讲得更明白，说自己读书"则四书、五经、儒先文集而外，不敢接于左右"③。张履祥提倡的学问有别于晚明广博、多识多知、驰骋己见的为学态度。他认为为学的目的并不在高远，只在"克己复礼"，为免流于禅，必须留心克己、复礼并非二事，而是"求端用力之际，莫切于礼"，他直言若无礼，"则亦何所取准？"④显然只是内省式的理学也不为张履祥所欣赏，类似吴蕃昌制作实践《日月岁三仪》《阃仪》，"从日用行习实用其力"，才是张氏觉得最理想的态度，而且他觉得此举不仅"修身以是"，更是"善俗以是"⑤，在历经明亡的冲击后，这两者显得更为重要。

然而，易代之际的士人需面对更实际的问题——如何治生，馆谷四方似乎成为此时许多士人的选项之一，张履祥自己基本上就是以馆谷维生。但是，他却不赞成因馆谷而远游，他认为"馆谷一事，贫士不免，然丰欠亦有命也。乡邦百里内外，可择地而处，何待远游哉？"因此，当他听到张玙将有东粤之游，立即去信提醒："吾兄学古之道，不应有此等举动。"⑥观察张履祥一生的足迹，除了家乡浙江嘉兴府桐乡县之外，他曾坐馆的地方还包括：湖州府归安县菱湖镇、湖州府苕溪、嘉兴府海盐县

---

① 张履祥：《又赠别徐敬可（六）》，《杨园先生全集》卷八，第224页。
② 张履祥：《与朱韫斯（乙未）》，《杨园先生全集》卷二十四，第665页。
③ 张履祥：《与何商隐（六十三·壬子冬）》，《杨园先生全集》卷五，第143页。
④ 张履祥：《与沈上襄》，《杨园先生全集》卷四，第83页。
⑤ 张履祥：《与吴仲木（十五·甲午）》，《杨园先生全集》卷三，第64页；《答吴仲木（九·甲午）》，《杨园先生全集》卷三，第55页。
⑥ 张履祥：《与张白方（丙申）》，《杨园先生全集》卷二十四，第667页。

澉浦、嘉兴府秀水县、海盐县半逻、嘉兴府石门县语水等地。①大体以家乡桐乡县为中心，旁及隔壁的湖州、嘉兴二府，运河水道可至之处，确实如他所说的"乡邦百里内外"之地。因此，"寡交"与"不远游"是他刻意自别于明末以来多数士人处世方式的态度，也成为时人对他最鲜明的印象。②虽然张、钱两人有许多共同的朋友，但迟至顺治十五年（1658）才正式与他定交的钱汝霖，也类似于张氏，除了早年父祖的移居地嘉兴府府城，顺治年间之后赴海宁县硖石山参加社集之外，钱氏主要的活动范围就是海盐县半逻、澉浦，晚年则隐居澉浦西方永安湖紫云村。无怪乎张履祥称二人："予与何子，足迹不出二三百里之外，耳目亦因之。"③

虽然不能说刻意弃绝泛交是明清易代之际士人的共相，但是确实可以看到当时部分士人将此视为人际关系新起点的标志。张履祥同门友陈确曾叙述他跟位列西泠十子之首的陆圻（1614—？）的友情："确等之得交景宣，在丧乱之后；而交之之深，尤在景宣谢社事、慎交游之后。"④陆圻因在康熙元年（1662）卷入庄廷鑨史案而改变心境，陈确则在顺治十年左右感到自己"过累山积"，开始"痛戒同志"⑤，一改以往的习惯。陆氏因政治原因，选择隐遁；陈确除了改朝换代的影响之外，奉行《人谱》，致力于改过⑥，也是促使他调整言行的关键。两人在交友与交游模式上的转向，反应明末那种跨越长距离、聚集众多人的集会风气，正在慢慢改变，张履祥、钱汝霖、陈确及其较为亲近的友朋弟子，大体上以桐乡、海盐、海宁三地为活动范围。值得进一步探究的是，在时代驱迫下对学与行的重新定义、移动范围的内缩，以及对行为准绳的强调，这三者如何具体反映在这批浙西士人的言行上？以下将再以钱汝霖为中心进行讨论。

---

① 此外，他曾于崇祯十七年（1644）到山阴从学于刘宗周，顺治二年避乱吴兴。他的行迹参见陈敬璋编：《张杨园先生年表》，《上海图书馆藏珍本年谱丛刊》第7册，北京：国家图书馆出版社，2015年，第395—409页。
② 他曾跟钱汝霖说道："所交朋友，则自先生而外，落落数人，通国耳目，无不共知。余不敢泛及，自谓于此受益良多。"张履祥：《与何商隐（六十三·壬子冬）》，《杨园先生全集》卷五，第143页。
③ 张履祥：《跋五老同寿卷（癸丑）》，《杨园先生全集》卷二十，第608—609页。
④ 陈确：《祭陆伯母裘太孺人文》，《陈确集》卷十四，第341页。
⑤ 陈确：《寄陆丽京书》《答陆丽京书（癸巳）》，《陈确集》卷一，第68、81页。
⑥ 根据吴震研究，陈确早在顺治六年左右已奉行《人谱》，并与其友人、子弟成立省过会，互相纠劾言行。参见吴震：《明末清初劝善运动思想研究》，台北：台湾大学出版中心，2009年，第六章《〈人谱〉与明清之际的思想转向》，第237—241页。关于省过会的研究，请参见王汎森：《明末清初的人谱与省过会》，《"中央研究院"历史语言研究所集刊》，63：3，1993年，第679—712页。

四、浙西士人的论礼与行礼

综观钱汝霖一生的家族工作，掌理父祖辈的丧葬事宜及家族墓地是主要的部分。我们也可以发现，他在顺治十五年（1658）与张履祥定交后，开始新一波的祖先墓地与祭祀的调整。以下尝试将钱氏在顺治十五年之后所从事的家族相关工作整理成表，以为讨论的基础。

钱汝霖家族事务年表（1659—1689）

年　代	事　　　务	备　注
顺治十六年	以灰隔法改葬考妣	
康熙二年	属云间顾企重摹历代祖先像，奉于遗安堂	
康熙四年	葬叔父钱福征（厚庵公）于万苍山祖墓	
康熙九年	改葬叔父君政公于万苍山曾祖墓之旁	原葬麇山
康熙九年	增置万苍山墓祭田	
康熙十一年	改葬嗣曾祖钱端唤（秦南公）、嗣祖钱世垚（沧屿公）于彭城祖茔	原葬收原
康熙十二年	重定族谱世次（原以如渊公何玙始异姓为始祖，钱汝霖认为当以何贵四公为始祖，何玙为二世祖）	
康熙十六年	复姓为何姓	
康熙二十三年	辨开济乡太尉庙墓碑之误，肇举钱翁母墓祭于开济乡	
康熙二十八年	增置开济乡始祖茔田，卧龙冈考妣茔祭田；遗命祔葬卧龙冈考妣茔昭穴	

钱聚仁编：《紫云先生年谱》顺治十六年己亥条到康熙二十八年己巳条，第597—618页。

上表中有两项工作十分突出，一是改葬祖茔，二是重定始祖及恩祖墓祭。改葬先茔在当时十分普遍，此时海盐钱氏的特殊之处何在？先看顺治十六年钱汝霖改葬其父母的例子。钱汝霖本生父钱山征（1595—1619）逝世于万历四十七年（1619），其母沈硕人顺治三年病卒。钱山征原先权殡在海盐宋坡湖化城，其高祖钱珍墓穴之左，顺治九年，钱汝霖重新卜地，将父母二人合葬于大山卧龙冈。七年后，顺治十六年，以"圹未安"为由改葬。钱汝霖在《改葬志》中强调此次改葬，"作灰隔，遵古法也"。事实上，这次改葬主要是因为在原墓之后得到新穴，改葬过程中则用《家礼》所载的灰隔法重新安葬。康熙三年（1664），钱氏将此篇改葬志呈送张履祥过目，张履祥除赞许钱汝霖之孝，也将此文标题从原先的"显考迁葬志"改为"显考妣改葬志",而文中的"灰夹"字样,也订正为"灰隔"。① 这些改动看似仅仅是润饰文章,但是由钱汝霖迁葬、撰著葬志、文中特意提及葬法遵守古法、请张履祥删正等种种步骤看来,这次的改葬不免俗地按照风水位向进行,但也融合了《家礼》的葬法,只是钱氏仍然无法安心,因此又求教于张履祥。慎重处理先祖葬事一直是钱汝霖的重要志愿,但是认识张履祥、陈确等人之后,他更关心"是不是符合礼""要如何处理才能合于礼"等问题。

之后,康熙九、十一年(1670、1672)两次的祖墓改葬工程更可见钱汝霖勤力实践礼经原则于日常之中。康熙九年,由于叔父钱治(君政公)无后,他将之从原葬地麂山改葬到万苍山曾祖墓(钱与映)旁,以祔于治之祖。② 康熙十一年的工程更是浩大,钱汝霖将原葬在收原的嗣曾祖钱端唤(秦南公)、嗣祖钱世垚(沧屿公)改葬于彭城祖茔。改葬后穴位安排为:

> 彭城在贲湖之浒,距所居二里许,距太常公(钱薇)墓百武。中穴秦南先生(钱端唤),昭穴沧屿先生(钱世垚),其穆则沧屿先生所后之次子鹏征,其又昭鹏征之长子礽也。③

海盐钱氏在三世钱寔时由县治西居地迁到秦溪(沈荡镇半逻村),四世钱达以下即定居于此,嘉靖十八年(1539),六世钱薇(1502—1554)削籍归乡,在秦溪西面建彭城书院讲学④,死后即葬于该地。钱端唤为钱薇的姜之子,因无子,由兄长钱与映的仲子世垚承祭,世垚也无子,死后由兄弟之子钱山征、钱鹏征承祭,钱汝霖为钱山征之子(参见图一)。从前述的世系关系与钱汝霖改葬后的穴位安排,可见他是以不动高祖,迁葬其余四世,并以昭穆次序安葬的方式重新安排。之所以无法以钱薇为

---

① 现存可见的钱汝霖文集为清抄本,除本文外,该页空白处另有张履祥识语,文中也留有删改前后的文字。何汝霖:《显考妣改葬志》,《紫云先生遗稿》,第42页。
② 钱聚仁编:《紫云先生年谱》康熙九年庚戌条,第605页。
③ 钱聚仁编:《紫云先生年谱》康熙十一年十二月丙辰条,第608页。
④ 钱仪吉编:《庐江钱氏年谱》卷一成化二年丙戌条,第18页;钱泰吉:《太常公年谱》嘉靖十八年己亥条,《北京图书馆藏珍本年谱丛刊》第46册,北京:北京图书馆出版社,1998年,第119页。海盐钱氏三世以前的原居地地点究竟在何处,目前存世的钱氏资料记载不一,根据于志嘉的研究,应该与其先祖隶属军籍,恩祖钱富一为灶籍,在明代时事涉敏感有关。参见于志嘉:《异姓别籍或复姓归宗:以庐江钱氏家族为例》,第769—803页。

中穴,可能跟葬地大小有关。

张履祥对钱汝霖此次的改葬工程极为赞赏,并收入他所辑录的《言行见闻录》一书中,张氏写下他的赞语:

> 自太常以下,合葬凡五世云。其地即商隐(钱汝霖)所受嗣产也。……观兹二事,一皆以子孙从其祖父,既合古人族葬之义,又使有后人者得以早葬,无后人者祭祀以时,封树无虞。仁人之为虑,何其远且厚哉![①]

文中的二事指康熙九、十一年(1670、1672)的两次改葬,张履祥认为钱氏所为有三点意义:一是符合古人"族葬"的精神,二是早葬,三是无后者灵魂得以安顿。其中第二点针对张履祥有切身之痛的停棺不葬风习,第一、三两点则跟当时张、钱二人及其友朋弟子热烈讨论的理想葬制与祭祀有关。

如果翻检崇祯到康熙初年,以张履祥、钱汝霖、陈确为中心的相关士人的文集,不难发现他彼此之间热烈讨论着:应该如何葬埋、祭祀先人才算合礼?问题是,哪一套方式是他们认可的"礼"?怎么知道自家的行为对不对?这些讨论中有一项共同的特点是,注重实际进行时的仪节、步骤,少谈原则式的礼意。而从崇祯到顺治年间,我们也可以看到一点变化,崇祯年间,《大明会典》《家礼》都是士人遵循的蓝本,他们也会互相借阅《家礼》[②],但是顺治之后不再能公开参考《大明会典》,除了《家礼》之外,同侪师友家的做法成为新的取法对象。譬如祝渊(1614—1645)看到吴蕃昌之父吴麟征(?—1644)的自祭文及丧禁后,"深以为合礼",增补其内容为自家规则,之后陈确再以此为基础,不及者,"以朱子丧礼行之",用于祝渊殉死后祝家的丧葬准则。[③]

祝渊的例子或许较为极端,钱汝霖也可为一例。钱氏着力以礼经营先祖祭葬事宜在浙西士人圈颇为著名,其做法常常成为士人参酌的基准。钱氏友人王锡阐

[①] 张履祥:《言行见闻录四》,《杨园先生全集》卷三十四,第962—963页。
[②] 崇祯末年祝渊因为希望以古礼迁葬母墓,遍寻自家收藏的《家礼》,想起陈确也曾希望跟他商借该书。事实上,祝渊早年十分相信风水之术,但师事刘宗周后,对此颇为懊悔。祝渊:《与陈子乾初》,《祝子遗书》卷四,《四库全书存目丛书》集部第195册,台南:庄严出版公司,1997年,第398页;吴蕃昌:《开美祝子遗事》,《祝子遗书》卷六附录,第412页。
[③] 吴蕃昌:《开美祝子遗事》,《祝子遗书》卷六附录,第412页;祝渊:《临难归属》,《月隐先生遗集》卷四,《丛书集成续编》第188册,台北:新文丰出版公司,1989年,第355页。

(1628—1682)就曾请他出示钱氏遗安堂的合祀仪节,作为王氏家族设影堂祭祖的参考。①张履祥弟子张嘉玲父亲过世,向老师请教丧葬之礼,张履祥直接告诉他:"敬与敝友何商隐、屠子高斟酌其可。盖商兄之于葬事,讲之素详,而行之复尽其诚,所周旋于亲友间者已多。"②钱汝霖俨然成为这个师友圈的礼仪顾问。

虽然这批士人专注讨论"如何做"的仪节,较少对礼进行原理原则式的阐发,但是如前所述,他们显然不是为守礼而行礼,"一一从身心日用间体验天理民彝,以为立身应事,自淑淑人"③,才是终极目标,也就是说"礼"(规矩准绳)是帮助个人达到这个目标的桥梁。而在当时的时空环境下,家族事务是最切身,也最能连接"道"与"日用"、个人与众人的所在。族葬问题也因此吸引这批士人的关注。

浙西士人中,陈确对族葬问题着力最深,《陈确集》中收录多通他给友人的书信,都逃不开族葬的话题,譬如他致信吴蕃昌说道:

> 顷以二书奉正,曾为弟一批驳否? 欲并前《族葬图说》合刻之,以呼世之昏昏醉梦者……族葬之法,决宜修行。而今天下葬师如织,残民如逞……若乃良田连亩……耕夫一家之命,咸仰于此。一旦夺为坟茔,永废农业,较弃粒米之罪,已相去几万万亿……深有望吾同志之士共相审究,定为不刊,以少捄贪愚之万一。④

文中所说的二书,应是指他先前写过的《丧实论》《葬论》;《族葬图说》则是指元代赵季明所写的族葬方法。显然,族葬是他用来对抗风水习俗的利器,而从书信的语气更可以感受到他急迫希望同志共同参究如何实行,一起实践的心情。同年,他给同乡友人董缵绪的信中,也表达了同样的急切之情。⑤

---

① 王锡阐:《与何商隐书》,《晓庵先生文集》卷二,《清代诗文集汇编》第105册,上海:上海古籍出版社,2010年,第723页。
② 张履祥:《答张佩蔥(一·丙午六月)》,《杨园先生全集》卷十一,第302页。
③ 何汝霖:《张念芝先生初学备忘引》,《紫云先生遗稿》,第41页。陈熙远讨论陈确对治生问题的想法时,也提到陈确认为学者道德的圆融,并非自度自化,而是必须在人际关系的脉络中实践出来。参见陈熙远:《时代思潮与转折点上的异数——陈确思想试析》,台北:台湾大学历史研究所硕士论文,1991年,第32—34页。
④ 陈确:《与吴仲木书(癸巳)》,《陈确集》卷一,第83—84页。
⑤ 陈确:《与老友董东隐书(癸巳)》,《陈确集》卷一,第86页。

族葬由于隐含合族的精神,自元代以来,一直被认为是儒家理想的葬制。[①]但是族葬制却隐藏着三个问题:一是随之而来的墓祭,挑战理学家的魂魄观;二是《家礼》中没有族葬的相关仪节;三是族葬的土地问题。陈确早先并不赞成墓祭,他在劝阻为母守丧庐墓过哀,大病一场的吴蕃昌时,曾说:

> 居庐,礼也;庐墓,非礼也。盖以魄藏于墓而魂返于家,故速归而虞而宁,以茔封未了之事委之子弟。轻重之义,略可睹矣。古者祭庙不祭墓,意亦准诸此。……守坟土有人,则朝夕献几筵者无人,此谓重其所轻,轻其所重,失礼甚矣。[②]

上述说法反应陈确所执守的儒家魂魄二元观念,跟吴蕃昌相信的祖先灵魂仍存于墓地之间的冲突。[③]此封信虽然出于劝阻友人伤身的动机,但从陈确随后将之载入家规,言明:"不墓祭(春秋拜扫,归祭于寝。祧主之墓,拜而不祭)。"[④]可见他对葬、墓地、祭祀、祠堂(或"寝")的整体构想,在他的主张下,择地、墓祭都没有太大意义。

然而,陈确后来改变他的想法,在安排自家的祖墓祭祀时,他拟议:"祭于墓,凡祔葬者皆得合祭。"在回答旁人对他前后立场不一的质疑时,他说:"今既不可止矣,就俗言俗,当如是耳。"他所能容忍的"俗",主要着眼于若合葬墓祭可能达到的效果——"墓祭故重宗,重宗故合族"[⑤]。在家族不一定有能力营建祠堂的情况下,族葬墓地代替祠堂,成为合族场所;而且族葬也可以避免《家礼》的祠堂只祭四世的限制。

陈确到处劝人实行族葬,但他也了解习俗锢人之深,不易改变,因此他退而求其次,从合葬开始。当时不少士人习青乌之术,如曾参与抗清的蒋平阶(1616—

---

① 关于《族葬图说》作者赵季明的身份及元末明初族葬情况的讨论,请参见何淑宜:《香火:江南士人与元明时期祭祖传统的建构》,台北:稻乡出版社,2009年,第一章,第55—70页。赵克生则对明代士人有关族葬的想法与实践进行了详尽讨论,参见赵克生:《明代地方社会礼教史丛论:以私修礼教书为中心》,北京:中国社会科学出版社,2011年,第二章第四节《明代士人对族会、族葬的构想与实践》。
② 陈确:《与吴仲木书》,《陈确集》卷一,第143页。
③ 关于汉代的灵魂观,学界大体有两种说法:一是魂魄二元论,如有学者认为人死后,魂随气升天,魄随形入地;另一是魂魄一元论,如蒲慕州认为人死后,灵魂仍在墓地接受祭祀。参见蒲慕州:《墓葬与生死:中国古代宗教之省思》,台北:联经出版事业有限公司,1989年。
④ 陈确:《丛桂堂家约》,《陈确集》别集卷九,第516页。
⑤ 陈确:《南北坟祭议》《宗祠末议上》《宗祠末议下》,《陈确集》卷七,第190—194页。

1714)、陈氏友人查继旦。陈氏不仅将《族葬图说》及他的族葬意见寄给查氏参考，更进一步劝他，如果要帮人择葬，"莫若劝人合葬、祔葬，勿轻造新坟，勿妄言祸福"①。合葬、祔葬虽然也是大工程，但比起族葬，在当时的现实条件下较为可行。钱汝霖当时的两次改葬即是分别进行合葬与祔葬。

在钱汝霖、陈确两人的文集中，并无两人通信的书信，但是顺治十八年（1661）钱汝霖在其家墓祠万苍山楼召开的集会中，陈确是参与者之一，会后也为此会写序一篇。会中讨论的主题包括：是否讲学、奉行《人谱》改过、如何处理葬事。会后陈确向张履祥表示，他跟钱汝霖"盘旋最久"②，以两人同样对于如何妥善处理家族丧葬事宜的注意，两人应有机会共同讨论族葬问题。由于资料的限制，我们无法得知可能的具体内容，但可以确知的是两人对于合葬、祔葬都持肯定的态度。根据钱汝霖弟子许楹记述，他的老师重新合葬先祖，并乘机以三和土实筑棺椁的做法，海盐、海宁不少家族加以仿效，除了许楹本身之外，许楹的外祖家海盐祝氏行两世合葬、其友吴玉章之弟合葬父母以下两世五棺等，也都尽可能实行此法。③

相较于陈确大力宣扬的赵季明族葬法，钱汝霖早先虽也觉得赵说甚好，不过实际进行改葬时，他主要参考北宋程颐（1033—1107）的下穴昭穆法。他说："昔程子尝改葬先少师虞部而下凡数世，故某之谋改葬不敢不力也。"④事实上两种方法都脱胎自《周礼》所载王诸侯墓葬昭穆制⑤，程颐的方法为："葬之穴，尊者居中，左昭右穆而次。后则或东或西，亦左右相对而启穴也。出母不合葬，亦不合祭。弃女还家，以殇穴葬之。"⑥而赵季明的办法则以程颐之说为本，但体系更细致完整，如增加妻、继室、妾祔葬原则；殇穴安排；男女异位原则等（参见图二）。⑦两相比较，赵季明以宗族为单位族葬，始祖以下子孙不分嫡庶祔葬，虽然尽可能包纳大部分的宗族成员，但是程颐以单一尊者为中心，子孙昭穆祔葬，反而自由度较高，也较易实行。钱汝霖两

---

① 陈确：《与同社书》，《陈确集》别集卷六，第486页；《致查静生书》，《陈确集》卷一，第79—81页。
② 陈确：《会永安湖楼序》，《陈确集》卷十，第232—233页；《与张考夫书》，《陈确集》卷三，第126页。
③ 许楹：《罔极录》，《堪舆集成》第6集第20册，扬州：江苏广陵古籍刻印社，1997年，附记，第9745页。三和土实筑法即灰隔法。
④ 钱聚仁编：《紫云先生年谱》康熙十一年十二月丙辰条，第609页。
⑤ 《周礼·春官·冢人》："先王之葬居中，以昭穆为左右。"《周礼》，台北：开明书局，1984年，第34页。
⑥ 程颐：《葬说（并图）》，《二程文集·伊川文集》卷十一，《景印文渊阁四库全书》，台北：台湾商务印书馆，1983年，第5页。
⑦ 陈确：《葬书下·赵季明族葬图说》，《陈确集》别集卷七，第491—492页。

次改葬以及海盐钱氏原有太尉庙祖茔，即分别以各支祖先为中心形成一个一个的合葬群。这样的方式更容易被希望借进行合葬，力行道的士人所接受与仿效。

五、结　　语

康熙二十八年（1689），钱汝霖病卒，因膝下无子，他的葬事由弟子许楹一手操办。钱氏后人所编的《紫云先生年谱》中记载：钱汝霖遗命祔葬卧龙冈父母墓地昭穴，"葬与考妣合兆。许氏考核古人良法，用灰隔、沥青，深藏实筑，隆冬监视工作，昼夜罔懈"[①]。钱氏本身的葬事可说是《家礼》与变通古礼族葬制的实践过程。更值得注意的是，钱汝霖的弟子遵照老师遗命营葬，并致力于以此套葬法影响外围亲友的心思与行动，显示合于礼的行动本身就代表了实践理与道。

对钱汝霖、张履祥、陈确、吴蕃昌、许楹等浙西士人而言，在日常生活中实践道，是重要而急迫的问题，前述顺治十八年（1661）的万苍山楼集会曾有以下对话，会中钱汝霖、沈德甫"以不讲学为忧"，张玙则说："学固不可不讲，要以力行为贵，毋徒为口耳之学也。"张履祥、陈确也同意这种说法，同时陈确进一步举例，孔子的讲学是为了修德，因此，他认为此时的他们应该以"改不善，为日用最切实工夫"，他并说自己的大过，"无如浅葬一事"，应该引以为戒。[②] 上述的对话明确地表现出这群浙西士人在当时的时代情境下，开始发展一种将学问、检讨过往言行及致力于在家庭日用间有所作为，三者相互结合的思想倾向。

由他们的人际联结网络与活动范围，也可以看到他们刻意让自己缩小交际范围，更专注于家族与乡里。这样的发展虽然跟朝代鼎革、政权易主有关，但却不一定是来自清廷的政治压力，事实上，顺治到康熙初年，东南地区的士人社集风气比起晚明并不逊色。这群浙西士人有意识地调整言行，无疑是来自对抗社会风气，有意与当时士风相区别，并以此自我改过、践道的想法。而他们由此倾向出发的行礼，也成为此一时期不可忽视的重要现象。

（作者单位：台北大学）

[①] 钱聚仁编：《紫云先生年谱》康熙二十八年己巳条，第618页。
[②] 陈确：《会永安湖楼序》，《陈确集》卷十，第233页。

附图

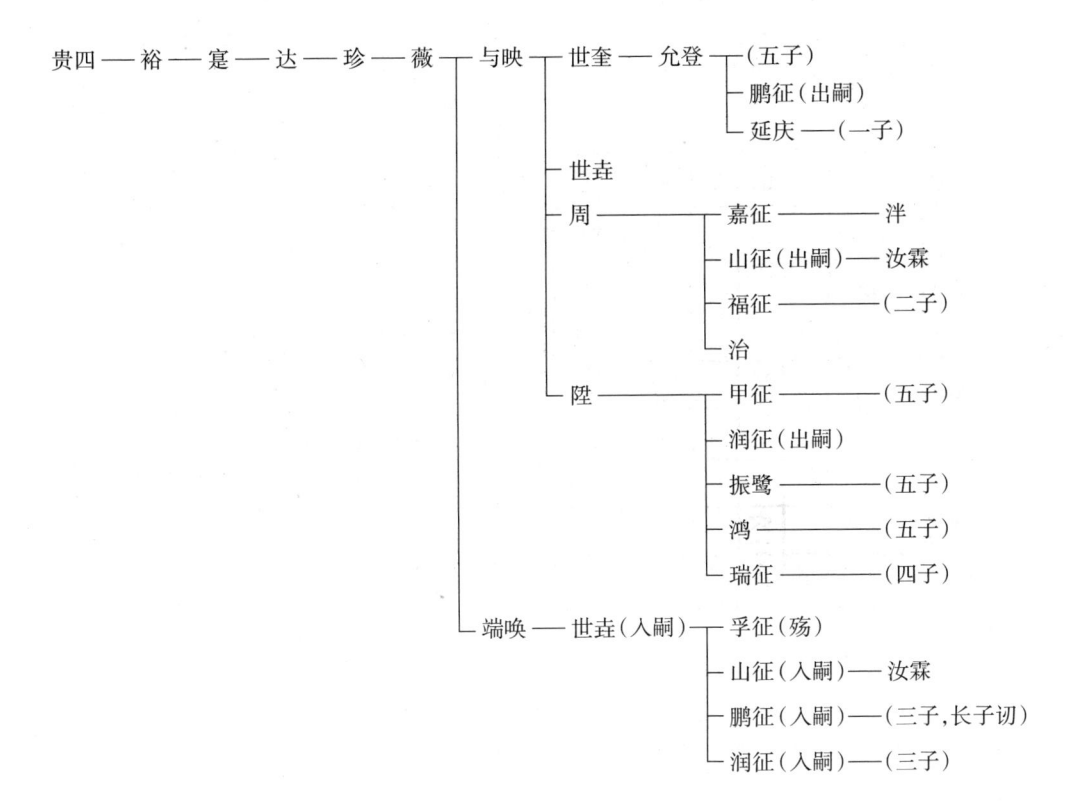

```
贵四 ─ 裕 ─ 寔 ─ 达 ─ 珍 ─ 薇 ─┬─ 与映 ─┬─ 世奎 ─── 允登 ─┬─ (五子)
                                │         │                   ├─ 鹏征(出嗣)
                                │         │                   └─ 延庆 ─── (一子)
                                │         ├─ 世垚
                                │         ├─ 周 ─────┬─ 嘉征 ─────── 泮
                                │         │           ├─ 山征(出嗣) ─── 汝霖
                                │         │           ├─ 福征 ─────── (二子)
                                │         │           └─ 治
                                │         └─ 陛 ─────┬─ 甲征 ─────── (五子)
                                │                     ├─ 润征(出嗣)
                                │                     ├─ 振鹭 ─────── (五子)
                                │                     ├─ 鸿 ─────── (五子)
                                │                     └─ 瑞征 ─────── (四子)
                                └─ 端唤 ─── 世垚(入嗣)┬─ 孚征(殇)
                                                       ├─ 山征(入嗣) ─── 汝霖
                                                       ├─ 鹏征(入嗣) ─── (三子,长子礽)
                                                       └─ 润征(入嗣) ─── (三子)
```

图一 海盐钱氏世系图(一到十世与钱汝霖相关部分)(据于志嘉《异姓别籍或复姓归宗：以庐江钱氏家族为例》第813页《世系图二：庐江钱氏太常房(六世至十一世)》改绘。)

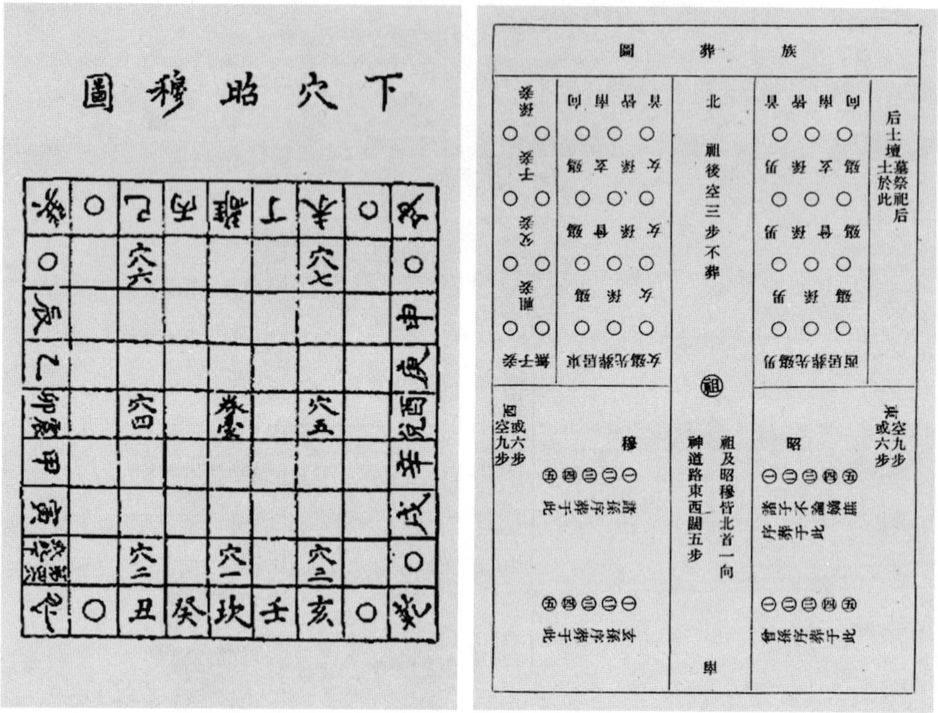

图二　程颐《下穴昭穆图》与赵季明《族葬图》(程颐:《葬说(并图)》,《二程文集·伊川文集》卷十一,第5页;陈确:《葬书下·赵季明族葬图说》,《陈确集》别集卷七,第492页。)

清代礼学研究的复盛和礼书编撰的兴起[*]

苏正道

清代礼学以考证研究最为知名,除此之外还包括礼书编撰著作,如时见于学术年谱及方志"艺文""经籍"中的学者及民间家礼著作,以及著名学者和学术赞助者,如徐乾学、江永、秦蕙田等卷帙浩繁的经礼编著。清代的礼学研究和礼书编撰,其兴起的原因是什么,过程如何,这是值得研究者措意的问题。梁启超说:"自黄梨洲、顾亭林惩晚明空疏之弊,提倡读古书。读古书自然触处都感觉礼制之难懂了……礼学盖萌芽于此时了。"[①]这自然是一种逻辑上的假说。周启荣先生指出,清代的礼学考证是明清间儒家礼教思潮推动的产物,内生出音韵、训诂。[②]张寿安认为,明清之际在家礼实践中出现的诸多问题,导致学者回归古礼进行研究,渐启文本考证的途辙。[③]长期以来,关于清代礼学研究的复兴,主要有"社会外缘"和"内在理路"说。"外缘"包括政治压迫、文字狱等,邓声国说:"清初统治者的文化递变和两手政策,使当时知识分子大都回避政治,埋头于没有政治风险的学术研究。……《仪礼》之学主要属于仪节礼制之诠释,较之其它儒经的诠释,它与当时政治思想之斗争距离要远得多,自然容易成为当时学者进行学术研究的避风港。"[④]"理路"说认为清代礼学的复兴

---

[*] 本文系国家社科基金一般项目"清代的礼书编撰与礼学研究"(18BZS074)阶段性成果。简略版原载《闽江学院学报》2015年第3期。

[①] 梁启超:《清代学者整理旧学之总成绩》,朱维铮先生校注:《梁启超论清学史二种》,上海:复旦大学出版社,1985年,第306页。

[②] Kai-wing Chow, *The Rise of Confucian Ritualism in Late Imperial China: Ethics, Classics, and Lineage Discourse*, Stanford: Stanford University Press, 1994;周启荣:《儒家礼教思潮的兴起与清代考证学》,《南京师大学报》(社会科学版)2011年第3期,第5—20页。李孝悌、刘永青均主此说。李孝悌:《18世纪中国社会中的情欲与圣体:礼教世界外的嘉年华会》,《恋恋红尘:中国的城市、欲望和生活》,上海:人民出版社,2007年;刘永青:《情礼之间:论明清之际的礼学转向》,北京:人民出版社,2014年。

[③] 张寿安:《十八世纪礼学考证的思想活力》,北京:北京大学出版社,2005年,第19—85页。

[④] 邓声国:《清代〈仪礼〉文献研究》,上海:上海古籍出版社,2006年,第3页。

是对明末王学空疏学风的反思,是复古风气下的必然选择。①本文拟在上述诸说的基础上,通过对晚明以来社会思想、民众习俗、学者学术研究的考察,窥观清代礼书编撰兴起的历史原因和礼学研究复盛的学术进程。

一、明清之际的社会背景和回归儒家经典研究

明朝建立后,在意识形态上一尊程朱,导致了思想上的滞固。薛瑄曰:"自考亭已还,斯道已大明,无烦著作,直须躬行耳。"②曹端、胡居仁等,笃践履谨,绳墨守之。但随着明中叶陈献章、王守仁学术的兴起,尤其是王阳明"致良知"学说的流衍,"别立宗旨,显与朱子背驰,门徒遍天下,流传逾百年,其教大行……嘉、隆而后,笃信程朱,不迁异说者,无复几人"③。虽然阳明心学在破除程朱学术的禁锢,以及与民众交流的活泼、简便方面具有积极意义,但其学术体系对于主观性的心性追求,使得它较于程朱理学更加空疏。

王阳明不承认其学说受佛学的启发,并且积极辟佛。但这并不能掩饰其学术中的佛学因子,尤其是禅宗的影响,阳明后学大多走上兼通儒释的道路,如王畿讲学"杂以禅机,亦不自讳也";王艮读书"止《孝经》《论语》《大学》,信口谈说,中理解……驾师说上之,持论益高远,出入于二氏";周汝登"其学不讳禅……更欲合儒释而会通之,辑《圣学宗传》,尽采先儒语类禅者以入。盖万历世士大夫讲学者,多类此"。④

王学的风靡,使文风亦变得空疏。明初"四书"、经义取士,不尚华采,其后"标新领异,益漓厥初",作文引文不止"六经"、《左传》、《国语》、《史记》、《汉书》,"《史记》穷而用六子,六子穷而用百家,甚至佛经、道藏摘而用之"。万历十五年(1587),礼部奏请刊布弘治、正德、嘉靖初年中式文字典雅者一百十余篇,但士子却不以为矩矱。天启、崇祯间,文体益变,以出入经史百氏为高,势重难返。⑤会试主

---

① 林存阳:《清初三礼学》,北京:社会科学文献出版社,2002年,第21—44页。
② 张廷玉等撰:《明史》卷二八二《儒林一》,北京:中华书局,1974年,第7229页。
③ 张廷玉等撰:《明史》卷二八二《儒林一》,第7222页。
④ 张廷玉等撰:《明史》卷二八三《儒林传二》,第7274、7276页。
⑤ 张廷玉等撰:《明史》卷六九《选举一》,第1689页。

考者厌"五经"而喜《老》《庄》，程文破题以《庄子》之言入。① 明人不读传注，士子作文张冠李戴，考官亦复不知。②

学风空疏，士风亦趋，竟至提倡"酒色财气，一切不碍菩提路"③，"无事袖手谈心性，临危一死报君王"④。这一切带来了亡国的悲剧。⑤

明清鼎革之际，清廷一系列的高压措施，如圈地、投充、逃人法等，导致满汉矛盾突出，其中尤以薙发、易服引起汉人的极度不满。清廷执行薙发令相当严厉，甚至衍圣公亦不可避免。⑥ 在汉人的文化传统中，"身体发肤，受之父母，不敢毁伤"，薙发令与固有文化相冲突，也使得满汉矛盾激化。双方隔阂益深，互不信任，有骨气的遗民大多不愿意出仕新朝。由于复国的愿望一时无法实现，加之中晚明以来王学禅学化的影响，士人们率相逃禅以避世。

逃禅的士大夫人数众多。孙奇逢说："当世士大夫，儒而归禅者，十常四五。"⑦ 颜元南游，所见"人人禅子，家家虚文"⑧。即使地处边陲的滇、黔等省，逃禅人数亦不少。⑨ 士大夫逃禅各有原因。有的是向新朝表明出处之义的姿态，如屈大均借古讽今，批评出仕元朝的许衡，以为"惟伦有五，而衡不辨君臣，惟经有五，而衡不知《春秋》"⑩。有的是一种伪装，很多抗清志士在复国无望之后迅速还俗。有的是借此慰藉苦痛的心灵，如钱谦益晚年研究内典，以摆脱家国覆亡，臣仕二主的人生经历。这些大量逃禅的情况引起了学者们的反思，最终将矛头指向王学，批评王学的

---

① 顾炎武：《日知录》卷十八《破题用庄子》，《日知录集释》中册，上海：上海古籍出版社，2006年，第1057页。
② 顾炎武：《日知录》卷十八《科场禁约》，《日知录集释》中册，第1061页。
③ 此为邹守益转述李贽语，引自黄宗羲：《东廓语录》，《明儒学案》卷十六，北京：中华书局，2008年第2版，第345页。
④ 颜元：《存学编》卷一《学辨》，《颜元集》上册，北京：中华书局，1987年，第51页。
⑤ 明亡的原因有流贼说、宦官说、朋党说、皇帝说、民困说、学术说，徐凯：《明朝大厦倾覆与社会矛盾的合力作用——清前期对明亡之因探讨的再解析》，《社会科学战线》2011年第11期，第93—102页。主张明亡于学术的代表人物是陆陇其，他以为："明之天下，不亡于寇盗，不亡于朋党，而亡于学术。学术之坏，所以酿成寇盗、朋党之祸也。"《三鱼堂文集》卷二《学术辨上》。
⑥ 《清世祖实录》卷二十一顺治二年十月条，《清实录》第3册，影印本，北京：中华书局，2008年，第1678页。
⑦ 孙奇逢：《夏峰先生集》卷七《答赵宽夫》，《孙奇逢集》中册，郑州：中州古籍出版社，2003年，第793页。
⑧ 李塨：《颜习斋先生年谱》卷下，《颜元集》，第774页。
⑨ 陈垣：《明季滇黔佛教考》卷五，石家庄：河北教育出版社，2000年，第388—435页。
⑩ 屈大均：《复王山史书》，《翁山文钞》卷九，《清代诗文集汇编》第119册，影印清康熙刻本，上海：上海古籍出版社，2010年，第110页。

空疏和阑佛入儒。陆陇其说:"自阳明王氏倡为良知之说,以禅之实而托儒之名……学术坏而风俗随之,其弊也至于荡轶礼法,蔑视伦常,天下之人,恣睢横肆,不复自安于规矩绳墨之内,而百病交作。"[①]学者们争辨儒、释,在颜元看来,"佛氏立教,与吾儒之理,远若天渊,判若黑白,反若冰炭,其不相望也,如适燕适越之异其辙"[②]。但在儒、释之辨上,不是每个人都有颜氏的自信,汤斌就是其中的不自信者。尽管他是强调修身的理学家,也知道"儒而不禅,不可不辨"[③],但究竟怎么辨,心中并无眉目,于是请益于老师孙奇逢。孙氏《语录》记下了两人的谈话。汤斌问:"儒学本天,释学本心。心无二理,何以与吾儒异?"孙氏回答说:"心无善无不善,此禅宗也,释氏本心之说也。性命于天,自是至善无恶,孟子所以道性善。此圣学本天之说也。本天以天地万物为一体,故能兼善天下。本心只了当一己,故谓之自私自利。"[④]孙氏以善、恶标准,指出儒学和佛学的区别在对"公"和"私"的态度。姑且不论这是儒、释的区别,还是孙氏的发挥,但谈话揭露出理学家亦很难判断出儒、释的区别,可见这一问题的困难。相较之下,黄宗羲对佛、释的批评更加鞭辟入里,他检讨自己:"昔贤辟佛,不检佛书,但肆谩骂;譬如用兵,不深入其险,不能剿绝鲸鲵也……乃阅《佛藏》,深明其说,所以力排佛氏,皆能中其窾要。"[⑤]他批评陈乾初虽然表面辟佛,但没有深入佛理,"于宋儒所言近于未发者,一切抹去,以为禅障……反是佛家作用见性至旨也"[⑥]。对于逃禅者,黄宗羲感叹他们"不甘为异姓之臣,反为异氏之子",极其痛心。其弟黄宗会晚年好佛,宗羲为之反复辩论,极言其不可。[⑦]

在理论上进行辟佛的同时,学者们针对晚明以来的空疏学风,开始进行儒家典籍的恢复和礼乐之学的研究,以期重塑儒家经典地位。这些学者包括顾炎武、黄宗羲、阎若璩、胡渭等。顾炎武将王阳明"致良知"比之王衍"清谈"、王安石"新说"。[⑧]针对儒家经典混入释、道成分,他们积极进行重新考证,重建原始儒学。如宋儒传下来

[①] 陆陇其:《学术辨上》,《丛书集成初编》,影印本,北京:中华书局,1985年,第1—2页。
[②] 颜元:《存学编》卷二,《颜元集》,第774页。
[③] 汤斌:《孙征君先生文集序》,《汤子遗书》卷三,《汤斌集》上册,郑州:中州古籍出版社,2003年,第92页。
[④] 孙奇逢:《夏峰先生集》卷二,《孙奇逢集》中册,第562—563页。
[⑤] 江藩:《国朝汉学师承记》卷八,北京:中华书局,1983年,第127页。
[⑥] 黄宗羲:《与陈乾初论学书》,《黄宗羲全集》第10册,杭州:浙江古籍出版社,2005年,第159—160页。
[⑦] 江藩:《国朝汉学师承记》,第127页。
[⑧] 顾炎武:《日知录》卷十八《朱子晚年定论》,《日知录集释》中册,第1068页。

的《易》图有明显的道家痕迹,清初《易》学研究集中于对《易》图的考辨,力图找到其来源。黄宗羲《易学象数论》、黄宗炎《图书辨惑》、毛奇龄《河图洛书原舛编》完成了这项工作。胡渭《易图明辨》引证详博,坐实此事。清初以后的《易》学研究以此为起点,力图复原汉代《易》学原貌,从而发展出自己的研究特色。不仅释、道混入儒家经典,流传的儒家经典自身也存在问题,比如《伪古文尚书》,经过阎若璩等人的整理,其文本的真假问题得到初步解决,儒家经典的权威得到了维护。[①]

清初礼学研究的复兴是这一学术背景的产物。由于唐宋以来佛道仪节渗进入儒礼,民间礼用在具体实行中多违礼义。清代学者进行礼书编撰和礼学研究,努力重倡儒家礼乐文明,重新回归儒家经典研究,以期达到纠偏实际礼用和"资考核"的作用。

明初礼仪特别强调等级差别,如在昏礼方面,明廷竭力提倡门当户对,对娶乐人为妻妾、良贱结为婚姻、僧道娶妻等有严格规定[②],同时对士庶所用丧葬礼仪也做了详细规定,强调"丧葬之礼通乎上下,各有等差无敢僭逾"[③]。然而到了中晚明,随着商品经济的发达,朝廷训令已成一纸具文,人们任情而逾礼,"婚娶之家惟论财势耳"[④]。由于王学在明中后期的主导地位,儒释道三教合一思潮的助力,佛僧礼俗阑入儒家礼仪等,在王学风靡的江南地区,民间礼仪参入佛道礼俗并无忌讳,其中丧、葬礼仪参入佛道仪式蔚为风气。《嘉兴县志》记载:"居丧葬祭……里俗一以道释、阴阳人主之。初死,燃灯诵经,名曰'伴灵';每七日必命释子修瑜珈法荐灵,至三周年而后已,以为亡者或困鬼狱,仗佛力赦出之。"[⑤]秀水地区"每七日,俗家作佛事,士大夫亦间有之"[⑥]。钱塘士人田艺蘅对丧葬用僧乐的现象大发感叹:"今俗,疾病则用僧道作斋醮,丧死则用僧道作道场,送葬则用僧道为引导。不惟愚民之家,

---

① 清初群经辨伪的研究,参见林庆彰:《清初的群经辨伪学》,上海:华东师范大学出版社,2011年。针对王学的空疏,明中期以来,杨慎、梅鷟、陈第、方以智等学者进行博雅的考证研究,但他们在思想、方法和学术规范上的不成熟,导致清代学者对他们的考证并不认同。
② 刘惟谦等撰:《大明律》卷六《户律三·婚姻》"良贱为婚姻"条、"娶乐人为妻妾"条等,日本影明洪武刊本。
③ 申时行等撰:《大明会典》卷九十六《礼部五十四·丧礼一》,明万历内府刻本。
④ 谢肇淛:《五杂俎》卷十四《事部二》,上海:上海书店,2001年。
⑤ 《崇祯嘉兴县志》卷十五《政事志·里俗》,《日藏中国罕见地方志丛刊》,北京:书目文献出版社,1991年。
⑥ 《万历秀水县志》卷一《舆地志·风俗》,影印民国十四年铅字重刊本,台北:成文出版社,1970年,第95页。

虽士宦亦有为之者。"① 陈确妻子的临终遗言竟是"以佛礼葬吾"。陈氏指出当时流行的许多礼仪程序不符合礼制规定，如"鼓铙佛事之饰耳目，非礼也"，"接煞，遣煞，及七七之说，皆非礼也"。② 世风如此，不可挽回。

与此同时，《朱子家礼》在明代以来的礼学研究和社会实践中依然占据着重要的地位。洪武元年朝廷下诏："令凡民间嫁娶，并依《朱文公家礼》行。"③ 明代官方编撰的礼书亦以《朱子家礼》为蓝本，如洪武二年（1369）八月开始纂修的《明集礼》，其家礼精神与主要仪节深植于《朱子家礼》。永乐十三年（1415），官修《性理大全》完成，其中收录《朱子家礼》并加注解，两年后刊布天下。《朱子家礼》遂由私修礼书转变为官修礼典。

但明代《朱子家礼》和国家礼书的官方传播在深度和广度上都是有限的。史书所谓"颁之天下"，不过是到达府县一级政府机构和书院。况且《朱子家礼》礼文深奥，礼典的作用往往要依赖私修礼书进一步地简易化、通俗化。④ 唐、宋以来的"礼下庶民"运动在明代继续，民间礼用的需求促生出大量家礼著作的编撰。这种情况一直延续到清代。据统计，明清时代的家礼有六十至八十余种。⑤ 这些家礼大多据《朱子家礼》进行修订，以便更简易地实行，其中最著名者是丘濬《家礼仪节》。该书为《朱子家礼》的注释性著作，以《朱子家礼》文本损益当时之制，每章后附"余注"及"考证"，以礼用为目标，极大地推动了《朱子家礼》的庶民化。还有冯善《家礼集说》，多以朱子晚年礼说正《朱子家礼》之误。《朱子家礼》的节编本、改编本、补编本众多，其中著名者如吕坤《四礼翼》，增订冠、昏、丧、祭四礼。吕坤又有《四礼疑》一书，孙奇逢谓其"简易有先进之遗"⑥。

明代民间礼书主要以《朱子家礼》为主进行改编，其中使用的一些礼仪与《仪礼》的记载不合，如明代冠礼不为人重视，冠礼"三加"据《仪礼》应为缁布冠、皮弁、爵弁，而顾起元记述南京一带诗礼之家的冠礼，称："冠礼之不行久矣。耿恭简

---

① 田艺蘅：《留青日札》卷二十七"丧葬用僧乐"条，上海：上海古籍出版社，1992年，第507页。
② 陈确：《陈确集·别集》卷八《俗误辨·丧葬第二》。关于明中后期的逾礼行为和民间丧葬遭遇佛教礼俗的问题，参见陈江：《明代中晚期的礼仪之变及其社会内涵——以江南地区为考察中心》，《史林》2006年第1期，第92—102页。
③ 申时行等撰：《大明会典》卷七十一《礼部二十九·婚礼五》。
④ 赵克生：《修书、刻图与观礼：明代地方社会的家礼传播》，《中国史研究》2010年第1期。
⑤ 张寿安：《十八世纪礼学考证的思想活力》，北京：北京大学出版社，2005年，第20页注释1。
⑥ 孙奇逢：《家礼酌序》，《夏峰先生集》卷四，第145—146页。

公在南台为其犹子行冠礼,议三加之服,一加用幅巾、深衣、履鞋,二加用头巾、蓝衫、绦靴,三加用进士冠服、角带、靴笏。……故留都士大夫家,亦多沿俗行礼,草草而已。"①《杭州府志》记载当地的丧礼习俗,"古者,妇人迎送不逾域,吊死送丧,男子事也。杭俗妇人有所谓'陪吊''陪殡'者"②。

这种情况的出现主要是明代礼书注重实行,其用意在于执礼。这决定了明代礼书编撰的缘俗特征,甚至援俗入礼。明代家礼著作中,这样的例子比比皆是,如葛引生《家礼摘要》:"请期第四:《家礼》只用纳采、纳币……然请期之礼,世俗必先令日者合其当婚之吉,以告女家。是请期之礼未废而纳吉之礼亦略改耳。仍宜从俗行之,庶不失存羊之意。……亲迎第六:朱子曰,初昏,婿盛服。今土俗多用未明时,从俗可也。"③这种缘俗性造成民间所编礼书不合《仪礼》记载,编者臆说横行,而用礼者概莫能知。

明代以《朱子家礼》为主导,兼采程颐、司马光等家礼,同时融入地方礼俗的家礼编撰,与经典悬隔太甚,这遭到清初学者的批评。毛奇龄批评《朱子家礼》"其书鲜据,不惟古礼不甚合,实时俗有未行者"④。李塨批评《朱子家礼》"多杜撰无凭,行之偾踬"⑤。到中叶清人修《四库全书》时,把明人礼书多归入"杂礼类",四库馆臣理想的礼书撰著应是尊经注、考仪节、辨制度、明古今,以经典为法式。在精于考据的清代学者看来,"礼有定制,不容轻议"⑥。他们认为丘濬《家礼仪节》、吕坤《四礼翼》等明代家礼书考证不精、经义不明、以今断古、好为臆说。这成为清代礼学研究兴起的滥觞。

正是晚明以来释道仪式杂入士庶民众日常使用的丧祭礼中,加上民间流通的通俗礼书偏离经典的解说太多,对先儒的曲解和错讹数不胜数,所以考据学家需要通过考订经典文本中的礼仪规范来复原其真相。⑦这促使有志之士"以古礼正今

---

① 顾起元:《客座赘语》卷九"礼制"条,北京:中华书局,1987年,第287页。
② 《万历杭州府志》卷十九《风俗》,明万历七年刊本。
③ 葛引生:《家礼摘要》卷三《婚礼》,引自赵克生:《修书、刻图与观礼:明代地方社会的家礼传播》,《中国史研究》2010年第1期,第142页注释3。
④ 毛奇龄:《辨定祭礼通俗谱》卷一,影印文渊阁《四库全书》本第142册,台北:台湾商务印书馆,第745页。
⑤ 冯辰、刘调赞撰:《李塨年谱》卷三,北京:中华书局,1988年,第97页。
⑥ 张寿安:《十八世纪礼学考证的思想活力》,北京:北京大学出版社,2005年,第22页。
⑦ 杨念群:《影响18世纪礼仪转折的若干因素》,《华东师范大学学报》(哲学社会科学版)2014年第3期,第11页。

俗",更注重礼制的考证,以矫正明代家礼的臆说。他们最终选择回归《仪礼》研究,并以《仪礼》为本进行礼书编撰。正是这些不厌其烦的工作,礼学才不遂歇绝而渐次复兴,最终形成清代礼学研究的繁盛局面。①

二、《朱子家礼》在清初的困境和习礼、考礼的兴起

明清社会是宋代以来"礼下庶人"时代的继续,而清代学术亦以礼学最著,但清初学者对于礼学礼制的研究,却最早与反对阳明后学的空疏紧密联系。晚明王学的空疏滥觞于王阳明对礼的认识。尽管王阳明和朱熹在概念上都承认"礼即理",但朱子将礼落实到了具体礼仪中,并进行关于古礼的研究;而王阳明则将礼学心学化,以为"礼字即理字。……约礼只是要存此一心"②。明清鼎革后,学者反思王学的空疏,主张践履而非空谈。孙奇逢就是其中之一。

孙奇逢学兼朱、王,自述"谨守程朱之训,然于陆王亦喜之"③。针对王学的空疏,他倡导躬行践履之说,并力图复兴古礼。为此他年轻时就进行了实践,魏裔介记载孙氏"二十二岁时丁父艰,哀毁成例,病、丧、葬,一准古礼,偕兄若弟结庐墓侧,不饮酒、不食肉、不御内者三年。服甫阕,旋丁母艰,既葬倚庐六载如一日"④。不仅如此,他还立《家规》,起草《苏门会约》,进行了大量的礼学实践,以更为实在的礼来取代空疏的理。他的《家祭仪注》规定了日常行为的诸多规范,其《家礼酌》一准明代吕坤《四礼疑》的简易风格,回归孔子"礼奢宁俭"的主张,以适合日用。⑤但孙氏礼书仍是明代家礼的继续,不过根据现实情况做了补充,缺乏经典依据。值得注意的是,孙氏门徒众多,门生多居要职,其礼学主张在清初有很大影响。他对

---

① 清代礼学研究的复兴主要是《仪礼》学的复兴,它是相对于明代《仪礼》研究的落寞而言的。《四库全书总目》于明代《仪礼》类著作未著录一部,亦仅郝敬《仪礼节解》、张凤翔《礼经集注》、朱朝瑛《读仪礼略记》三种存目,且多批评。如以为郝著"谓《仪礼》不可为经,尤其乖谬,所解亦粗率自用,好为臆断",张著"自出新义者,多所未允",朱著"其自为说者,以精意几无"。
② 黄宗羲:《明儒学案》卷十,第200—201页。
③ 孙奇逢:《夏峰先生集》卷七《寄张蓬轩》,《孙奇逢集》中册,第721页。
④ 魏裔介:《兼济堂文集》卷十一《孙征君先生传》,《四库全书》本;又参见《夏峰先生本传》,朱茂汉点校:《夏峰先生集》,北京:中华书局,2004年,第1页。
⑤ 孙奇逢:《家礼酌序》,《夏峰先生集》卷四,第145—146页。

于礼的践履也被学生们提倡,如魏裔介批评说:"自明季以来,风俗颓靡,僭越无度,浮屠盛行,礼乐崩坏。"①魏象枢以为"夫礼者,所以辨上下、定民志也"②,请求朝廷编修庶民通用礼书。

同孙氏一样进行践履之学的还有颜元。颜元也提倡古礼,但他在实践《朱子家礼》的过程中遭遇到困境。颜元在为父母服丧期间,对于《朱子家礼》有关丧事的种种规定,比如不饱腹便要行礼仪,或者见人吊唁也不能过分悲伤,觉得十分不合情理,于是校对古礼,发现全因《朱子家礼》误改所致。③他于是转向古礼的研习,又立族约,置常仪、书院规制,主躬践履行。不过颜元交游不广,对其学术进行推阐播扬的是李塨。

李塨继承颜元对礼的践履,以三物、六行、六艺为学之本,期于致用。他认为"理即礼也。礼以敬为主,而其事则先习于学习中","孝弟之温清定省,徐行隅坐,皆礼也。且礼不在故迹即在当前……随时随地,能合情理,是为礼矣"。④李塨将礼的范围扩大,不限于具体节文,而且坚持践履,这对矫正王学的空疏性有积极意义。但习礼亦需要经典文本的支撑,才能保证礼义的正确实行,所以李塨逐渐转向考礼研究。李塨的转向与其交游有关,他的交游对颜元学说的传播有极大的好处,但也改变了颜学的取向。他受到南方考证礼学的影响,拜毛奇龄为师学乐,开始礼乐考据。李塨以为"礼之冠昏丧祭,非学习不能熟其仪,非考订不能得其仪之当,二者兼用也"⑤。他批评《朱子家礼》"多杜撰无凭,行之偾蹶,其考议之当急"⑥,因此著有多种考礼著作,如《宗庙考辨》《士相见礼》《禘祫考辨》《郊社考辨》等。李塨由习礼转向考礼,说明考礼事关礼义的正确实行,习礼需要经典文本的支撑。

---

① 魏裔介:《兼济堂文集》卷一《兴教化正风俗疏》,北京:中华书局,2007年。
② 魏象枢:《寒松堂全集》卷三《请颁礼制之书等事疏》,北京:中华书局,1996年,第80页。
③ "先生居丧,守《朱氏家礼》惟谨,古礼:'初丧,朝一溢米,夕一溢米,食之无算。'《家礼》删去'无算'句,先生遵之过,朝夕不敢食,当朝夕遇哀至,又不能食,病几殆。又《丧服传》曰:'既练,舍外寝,始食菜果,饭素食,哭无时。'《家礼》改为:'练后,止朝夕哭,惟朔望未除服者会哭。凡哀至,皆制不哭。'先生亦遵之,校以古丧礼,非是。因叹先王制礼,尽人之性,后儒无德无位,不可作也。"戴望:《颜氏学记》卷一,北京:中华书局,1958年,第1—2页。钱穆说:"根据此段传文,知习斋守丧,与阳明格庭前竹的情形相同。惟重习行,重一'礼'。"《国学概论》,《钱宾四先生全集》第一册,台北:联经出版事业股份有限公司,1993年,第295页。
④ 李塨:《论学》卷二,清《畿辅丛书》本。
⑤ 冯辰、李调元撰:《李塨年谱》,北京:中华书局,1988年,第96页。
⑥ 冯辰、李调元撰:《李塨年谱》,第97页。

在南方，主张践履的人物是陆世仪。陆世仪重视六艺，尤其是礼，但主张切于世用。他曾言"六艺之中，礼乐为急"，认为实践礼的方法是保持"敬"字，"立于礼，成于乐，不过始终教人成一个敬字"。①面对《朱子家礼》的教条和纷争，陆世仪以为"今所传文公《家礼》……大概准今酌古，俱可遵行，只要行之者贯以诚心，不必拘拘仪式。……是虽不尽泥礼文，而实得礼之精意"②。陆氏主张践礼、行礼，以平息《朱子家礼》的争论，代表着鼎革之际的礼学研究反对王学空疏学风的趋势。陆世仪曾准备重编朱子《仪礼经传通解》，他以为朱子本书"成于门人，未及折衷，亦且多泥古礼，而不能揆之于今，使后世无所遵守。愚意欲一依朱子《通解》所分之目，如家礼、国礼、王朝礼之类，自三代以至近代，一一类载其礼，而后以己意为文以折衷之，名曰《典礼折衷》。庶几议礼之家有所考据"③。陆氏的做法表明主张践履的理学家亦需要礼学文本的支持。用礼首先需要考礼，庶几其礼可用，而礼书的编撰可以为考礼提供参考。从陆氏的设想和实践中，可见习礼、考礼和礼书编撰的关系：无论是学术研究，还是具体礼用，均对回归《仪礼》及相关考证，以及礼书编撰等，有着内在的需求。

由于礼用在传统社会生活中的重大作用，它的正确与否直接相关《仪礼》礼仪的实行。因此，对具体礼制的考证成为必然。但清初的礼制考证主要发生在江南学者中间，这与王学在江南的风靡，以及它所造成的释、道礼俗掺进儒家礼仪的背景有关。由于民间礼书以《朱子家礼》为主进行编撰，他们将考证的矛头多指向《朱子家礼》，这其中以黄宗羲、毛奇龄和鄞县万斯大、万斯同的礼学考证最为著名。

黄宗羲很重视礼，他说："六经皆载道之书，而礼其节目也。"④他的《深衣考》主要针对《朱子家礼》所载衣制，详列了朱熹等五家图说，各指其误，立陈新说。由于《朱子家礼》在民间礼用中的重要性，黄氏对朱子的批评更显实用色彩。黄氏批评朱熹"有因孔氏而失之者，有不因孔氏而失之者"⑤，并列举了朱熹的具体错误。但黄氏说法由于缺乏经典依据，被四库馆臣认为"排斥前人，务生新义"，"变乱旧诂，

---

① 陆世仪：《思辨录辑要》卷二《居敬类》，《丛书集成初编》本，上海：商务印书馆，1936年，第24页。
② 陆世仪：《思辨录辑要》卷十《修齐类》，第103页。
③ 陆世仪：《思辨录辑要》卷四《格致类》，第49—50页。
④ 黄宗羲：《学礼质疑序》，《黄宗羲全集》第10册，杭州：浙江古籍出版社，2005年，第24页。
⑤ 黄宗羲：《深衣考》，《黄宗羲全集》第1册，第177—180页。

多所乖谬"。①黄氏的做法凸显出礼学考证缺乏经典证据造成的困境,这样不仅不能纠偏《朱子家礼》的错误,反而会陷入臆说。

同样陷入臆说的还有毛奇龄。毛奇龄的礼学著作多达十数种,如《昏礼辨正》《丧礼吾说篇》《仪礼疑义》《辨定祭礼通俗谱》等。他的礼学考证主要针对民间礼书的臆说,自述"少时与先仲兄相订,纂丧、祭二礼以正末俗"②。他将批评的重点指向《朱子家礼》,自述"幼时与仲氏学礼,伤时俗蛊坏,思一时补救,而无可考证,不得已取朱氏《家礼》一书为至胚模。而其书鲜据,不惟古礼不甚合,实时俗有未便行者"③。他指责《朱子家礼》错误太多,"误以肃拜为手拜,致凶丧之礼行之平时"④,"祠堂之制若从朱氏《家礼》,则误认长房为宗子"⑤,"《家礼》谓成妇三日始可庙,见自宋至今通行之,则不特不读《春秋》,将并《礼记》三日庙见之说而尽误之"⑥。毛奇龄的考证并不重视经典文献,如他解释"三年之丧不折月说"引民俗说礼,以为"古礼虽亡,然尚有草蛇灰线可隐相踪迹"⑦。毛氏追求新解异说,认为三年之丧为三十六个月,这与传统的二十七月说相抵牾。⑧他本为纠偏民间礼书的臆说,但因缺乏经典证据,反而自己陷入臆说。

毛奇龄勇立新说,万斯大也是如此。万斯大于三礼均有考证,有《周官辨非》《礼记偶笺》《学礼质疑》《仪礼商》等,其中最负盛名的是《仪礼商》。《仪礼商》含附录共三卷六十六条,首二卷按《仪礼》十七篇次第逐篇辨说,遇有疑误则先列原文,继加考辨。本书承袭宋儒疑经传统,如其解《聘礼》之"裼""袭",颇多新意。应㧑谦称"喜其覃思,而嫌其自用",四库馆臣谓万斯大"颇有新义,而亦勇于信心"⑨。这种得失参半的评价,凸显出万氏受到宋儒疑经思想的影响,未能回归《仪礼》汉唐注疏。这也从侧面反映出礼学考证和《仪礼》研究需要回归原始经典的内在需要。

---

① 永瑢等:《四库全书总目》卷二十一,北京:中华书局,1965年,第172—173页。
② 毛奇龄:《辨定祭礼通俗谱》卷一,第745页。
③ 毛奇龄:《辨定祭礼通俗谱》卷一,第745页。
④ 毛奇龄:《经问》卷一,影印文渊阁《四库全书》本第191册,台北:台湾商务印书馆,第16页。
⑤ 毛奇龄:《经问》卷十六,第191页。
⑥ 毛奇龄:《春秋毛氏传》卷十一,影印文渊阁《四库全书》本第176册,台北:台湾商务印书馆,第117页。
⑦ 毛奇龄:《丧礼吾说篇》卷七,《四库全书存目丛书》影印康熙间刻《西河合集》本第87册,第707页。
⑧ 毛奇龄:《三年服制考》,《丛书集成续编》本第9册,第61页。
⑨ 永瑢等:《四库全书提要》卷二十,北京:中华书局,1965年,第162页。

万斯同亦受学于黄宗羲，他博通经史，长于古礼。初至京师，人皆以为其特长在史，及徐乾学居忧读礼，与之讨论，发现其礼学才华，因请纂修《读礼通考》。万斯同不孚其望，"上自国恤，以讫家礼，《十四经》之笺疏，《廿一史》之志传，汉、唐、宋诸儒之文集、说部，无或遗者，又以其余为《丧礼辨疑》四卷，《庙制折衷》二卷"①。万斯同编撰礼书，对于礼学材料的全面了解和把握，使得他对《朱子家礼》的评价比较客观。其《群书疑辨》对于《朱子家礼》的批评很多，如"古之五服未有不用衰者"，万氏以为《朱子家礼》则惟期服以上用之，虽失古人之制，犹曰己所著书，原非尽依古礼也。勉斋、信斋素称达于礼者，其于《仪礼》一书，析之极其精矣，乃谓礼惟父母用衰，旁亲皆不用，是何敢于背礼，为此无稽之论也？"关于"神帛"，万氏以为"古礼无神帛之说……自程子定为木主式，而朱子家礼因之，则士大夫俱得用木主矣。既用木主，可以不用神帛"。但他并非一味务反朱子，如"书仪葬不用椁"，他以为"《朱子家礼》虽不为木椁，而易以灰隔之制，则坚与铁石无异，实胜于木椁，此后人所当法也"②。

另外，江藩《国朝汉学师承记》提到阎若璩与汪琬关于丧服的争论："琬著《五服考异》成，若璩纠其缪。琬虽改正，然护前辙，谓人曰：'百诗有亲在，而喋喋言丧礼乎！'百诗闻之曰：'王伯厚尝云：夏侯胜善说礼服，言礼之丧服也。萧望之以礼服授皇太子，则汉世不以丧服为讳也。'"③前述万斯同在京亦助编徐乾学《读礼通考》，可见当时京师的学术圈，由于学术交流的频繁，江南学者的礼学考证影响广泛。

从江南和京师学术圈的礼制考证来看，清初有关礼制的具体考订主要针对家庭和社会用礼而进行，考证内容主要是民用的丧、祭礼，以此补正《朱子家礼》及其改编本的不足。但由于这些学者的考证并没有回复到《仪礼》文献上来，更多是在《朱子家礼》范围内根据时俗进行有限地修正，造成这些学者的考证臆说过多，得失参半。可见，无论是对礼的践履，还是对具体礼制的考证，都必须要有经典依据，习礼、考礼内生出回归《仪礼》研究和礼书编撰的需要。

---

① 全祖望：《鲒埼亭集》卷二十八《万贞文先生传》，朱铸禹汇校汇注：《全祖望集汇校汇注》上册，上海：上海古籍出版社，2000年，第519页。
② 分引自陈祖武点校：《清儒学案》卷三十五，石家庄：河北人民出版社，2008年，第1164、1168、1173页。
③ 江藩：《国朝汉学师承记》卷一，第9页。

三、《仪礼》研究的复兴及其内在理路

清初对于《仪礼》全经的研习是由张尔岐开始的。清初《仪礼》研习一尊敖继公《仪礼集说》，张氏《仪礼郑注句读》宗主郑玄的选择是一个例外。这个例外同时也是意外，其宗郑竟是"闻有朱子《经传通解》，无从得其传本"的替代选择。① 张尔岐从三十岁开始研究《仪礼》，历经三十年，至康熙十年（1671）始成其书。该书对《仪礼》进行分章别句，以郑注为主，融合疏注体和章句体两者优点，以考据为基础，重视名物的考订和仪节的诠释，以及礼制的说解，讲究证据，十分简明而条畅地体现了汉学质朴的治学风格。② 不过，由于成书较早，加上张氏交游不广，其书影响有限。

张尔岐的贡献不止《句读》，其《仪礼监本正误》《仪礼石本误字》在清代校勘学上影响巨大。由于当时流行的十三经监本"校勘非一手，疏密各殊。至《仪礼》一经，脱误特甚"，张氏乃取石本、吴澄本、监本进行校勘。张氏的校勘工作很仔细，他校正出通用本《仪礼》中误字、脱字、倒置、经注混淆等情况，共计脱八十字，误八十八字，羡十七字，倒置六处计十三字，经文误细书一字，注文误大书混经文二字。③《石本误字》是张氏校勘监本的副产品，"参订监本脱误凡二百余字，并考《石经》脱误凡五十余字"④，成绩显著。

值得注意的是，顾炎武亦校勘过《仪礼》文本。尽管他没有专门的《仪礼》著述，但《九经误字》中有《仪礼》部分内容的校勘，《日知录》中保留了少许礼学札记，大部分与丧礼有关。其后，金曰追在四库馆据内府所藏唐宋元明版本逐章对《仪礼》进行了校正。另外，浦镗、卢文弨亦有《仪礼》文字、注疏的校订。乾隆五十六年（1791）诏刻石经，《仪礼》校勘之风更盛，冯登府、洪亮吉、阮元等皆参与其事。⑤ 顾、张二人可谓开风气之先。

造成《仪礼》研究必须先行校勘是由于历史原因造成的。顾炎武在为张尔岐

---

① 张尔岐：《仪礼郑注句读序》，影印文渊阁《四库全书》本第108册，台北：台湾商务印书馆，第3页。
② 邓声国：《试论张尔岐的〈仪礼〉诠释特色及其成就》，《江西科技师范学院学报》2012年第4期，第61—65页；《清代仪礼文献研究》，上海：上海古籍出版社，2006年，第250—254页。
③ 张尔岐：《仪礼郑注句读》附《仪礼监本正误》，第249页。
④ 江藩：《国朝汉学师承记》，第17页。
⑤ 彭林：《论清人〈仪礼〉校勘之特色》，《清代学术讲论》，桂林：广西师范大学出版社，2005年，第37页。关于清代的《仪礼》校勘和礼学回归郑注的论述，详见其说。

《仪礼郑注句读》所作《序》中说：

> 自熙宁中王安石变乱旧制，始罢《仪礼》，不立学官，而此经遂废，此新法之为经害者一也。南渡已后，二陆起于金溪，其说以德性为宗，学者便其简易，群然趋之，而于制度文为一切鄙为末事，赖有朱子正言力辨，欲修三礼之书，而卒不能胜夫空虚妙悟之学，此新说之为经害者二也。……沿至于今，有坐皋比，称讲师，门徒数百，自拟濂、洛，而终身未读此经一遍者。①

《仪礼》研究从校勘文字、厘定章句开始，然后进行通贯的整理，最终形成专门的研究，这成为清代《仪礼》学最为显著的特点。

前面提到，清初的《仪礼》研究一尊敖继公《仪礼集说》。《集说》的突出特点是对郑玄注的背离，具有浓郁的疑经风气。《集说》影响广泛，清初《仪礼》研究，无论是万斯大《仪礼商》、姚继恒《仪礼通论》，还是方苞《仪礼析疑》，均受此影响。一直到乾隆初修撰《三礼义疏》，其中《仪礼义疏》尽管在章节方面一尊朱熹《仪礼经传通解》，但在解释话语方面仍以敖继公注疏为主。但正是学者们参与对《仪礼义疏》的修订，在修订的过程中，必然要清理《仪礼》的流传历史以及参阅郑玄的注释，于是在反复的对比勘验中，他们发现敖继公和郑玄的不同，在更多的时候是敖继公错误，而郑玄是正确的。于是渐有对敖说的批评，并力图回归郑注，这其中尤以吴廷华、褚寅亮，以及稍后的凌廷勘最著。他们的《仪礼》研究，贡献最为突出。②

吴廷华著有《仪礼章句》一书，其训释多本郑贾笺疏，间采他说，附案以发明之，于《丧礼》尤为详审。③在敖继公和郑注贾疏对垒的过程中，吴氏对于郑注的重视具有标志性意义。褚寅亮则认为敖继公《集说》不在解经，而有意与康成立异，甚至改窜经文曲就其义，于是著《仪礼管见》四卷，大多申郑驳敖。如《乡饮酒》记"北面

---

① 顾炎武：《仪礼郑注句读序》，《亭林文集》卷二，影印清康熙本《四部丛刊》。顾炎武捍卫《仪礼》的经典地位，考释方面归宗郑学，礼学应用方面弘扬朱学，开辟出融汇古今的礼制建设通途。陈晓东、田汉云：《顾炎武〈仪礼〉学探析》，《南京社会科学》2010年第4期，第142—148页。
② 关于清代《仪礼》研究回归郑注及敖继公《集说》的地位问题，参见彭林：《清人的〈仪礼〉研究》，第38—41页。
③ 永瑢等：《四库全书提要》卷二十，第164页。

者东上",敖改"东"为"西",褚氏驳之曰:"注明言统于门,门在东,则不得以西为上也。"《乡射礼·记》"胜者之弟子洗觯升酌,南面坐,奠于丰上,降、袒执弓,反位",敖以"袒执弓"句为衍,褚氏驳之曰:"胜者之弟子,即射宾中年少者,以是胜党,故袒执弓,非衍文也。"① 褚氏对于敖继公的批评更加直接,使得人们开始重新审视郑、敖二人的是非得失。

凌廷堪的《仪礼释例》跳出了以传统经注方式研究《仪礼》的窠臼,对《仪礼》全书做了通贯研究。他再次证明,在敖继公和郑玄的争论中,多数的情况是郑玄是正确的,而敖继公是错误的。其后胡培翚《仪礼正义》和黄以周《礼书通故》对敖氏逐条进行批评。在这一时候,郑玄注的地位完全确立。

但值得注意的是,清人对敖注的好处并未随意抹杀,对于郑注也非盲从。比如皖派学者程瑶田的诸多考礼之作,其中对于郑玄之说,不苟异亦不苟同,凡郑氏之失,皆援据经史以规正之。而金榜著《礼笺》,仿郑玄笺《诗》之意,对郑玄礼注的不合理处进行规正。②

《仪礼》研究回归郑注的同时,清代礼学研究还出现专精研究的趋势,对于衣制、宫室及典章制度等进行专门考证。如对深衣的考证,先后有黄宗羲、万斯大、江永等人的著述,其中尤以江永《深衣考误》最著。它从训诂学角度重新探究深衣制度,纠偏朱熹和黄宗羲之说。又如对宫室的考证,先后有江永《仪礼释宫增注》、任启运《宫室考》等。江永误将李如圭《仪礼释宫》视为朱子所作,对其详加推敲,辨析入微,多所补正。关于祭礼的考证主要有任启运《肆献祼馈食礼》,任氏认为《仪礼》中《特牲馈食礼》《少牢馈食礼》均属士礼,王礼则未及,因此分祭统、吉蠲、朝践、正祭、绎祭五篇,博采众论而成。

清代礼学复兴实质是《仪礼》学的复兴,它经历了一个从"家礼"研究向"经礼"研究的转变过程。顾炎武和张尔岐的《仪礼》研究从校勘开始,开启了清代《仪礼》学研究的序幕。此后的礼学研究由文本校勘转向专题研究和通礼编撰,最终形成清代礼学中以郑玄《仪礼》学为代表的经礼和朱熹《仪礼经传通解》为代表的通礼研究的全面繁荣,影响了整个清代学术的走向。

---

① 褚寅亮:《仪礼管见》卷上之四、五,《续修四库全书》第88册,影印浙江图书馆藏清乾隆刻本,上海:上海古籍出版社,2002年,第396、401页。
② 金榜:《礼笺序》,《清经解》影印本第3册,上海:上海书店,1988年,第820页。

四、重编礼书的热潮和朱子《仪礼经传通解》的赓续

在乾隆初年三礼馆开馆之前，尤其是康熙时期的礼学研究，当时学者欲改革和施行礼制，为了寻找经典的证据来支持自己的意见，礼学研究主要环绕家庭及宗族内适用的礼仪而进行。康熙时期的礼学著作几乎都是环绕朱熹《朱子家礼》《仪礼经传通解》而提出进一步的增修研究、批评或者辩护，或者用朱熹的礼学著作为基础，继续编纂有关礼书。① 朱子《通解》前后体系上的矛盾和未成之作的现实，使得清代的众多学者掀起了赓续朱子礼书的高潮。

钱穆说，朱熹"不仅集北宋一代理学之大成，同时亦集汉晋以下经学之大成"，而"于经学中，于礼特所重视"。② 朱熹少时就傅，由杨由义亲授司马光《杂仪》，这为他以后的礼学研究奠下基础。③ 他年轻时考订诸家祭礼，成为其礼学研究的起点④；他在司马氏《书仪》基础上增订而成《朱子家礼》，是书在明清时风靡宇内，成为民间普及型礼书读本；他晚年主持编撰的《通解》，不仅是礼制方面的鸿篇巨制，也是其绝笔之作，事实上也是未成之作。此书同样在明清风靡，既影响着礼书编撰的式样，又成为《仪礼》研究的典范。

朱子钟情礼书编撰，有着鲜明的时代背景。唐宋间社会经济的变化和门第的消失，礼下庶民运动开始进行。这推动了礼书编撰，以满足日用。同时，北宋时期，神宗接受王安石的建议，罢废《仪礼》，士人弃读《仪礼》而研习《礼记》，弃经任传，遗本宗末，造成《仪礼》研究中杜撰之风盛行。在现实中，在涉及国家礼制的庙议、承统、祭祀等问题上的争讼不断，由于经典研究的缺乏，使得这类争讼不能得到有效解决。⑤ 这一切促使朱熹在奏请国家设局编撰礼书的同时，开始私人主持编撰礼书，最终编撰完成《通解》这部皇皇巨著。

《通解》是朱熹最大的礼学著述。相较于陈祥道《礼书》的满纸名物、制度汇编，本书最大的特点是纲举目张，内容上包括家礼、乡礼、学礼、邦国礼、王朝礼，以及设计中的丧礼、祭礼，体现着其"家齐国治"的理学思想。如此庞大的体系绝非

---

① 周启荣：《儒家礼教思潮的兴起与清代考证学》，《南京师大学报》（社会科学版）2011年第3期。
② 钱穆：《朱子之礼学》，《朱子新学案》第4册，《钱宾四先生全集》第14册，第127页。
③ 《朱子语类》卷九十，《朱子全书》第21册，上海：上海古籍出版社，2002年，第1121页。
④ 《晦安朱先生文集》卷二十五《与建宁傅守札子》，《朱子全书》第17册，第3052页。
⑤ 殷慧：《朱子礼学思想研究》，湖南大学博士论文，2009年，第92—107页。

一人之力所能成就,本书事实上由朱子发凡起例,众弟子各司其职,最后由朱子笔削定夺,撰成《通解》一书。①

庆元六年(1200),朱熹去世,《通解》并未完成。在嘉定十年丁丑(1217)南康道院的《通解》刊刻本中,只有《家礼》《乡礼》《学礼》《邦国礼》《王朝礼》共三十七卷,《丧礼》《祭礼》并未成型。三十七卷中只有前二十三卷经过朱子审订,定名《仪礼经传通解》,《王朝礼》十四卷未通过审订,是为《仪礼集传集注》。黄榦秉承朱熹遗愿,继续编《丧礼》《祭礼》,但他在嘉定十三年《丧礼》编撰完成后不久就去世了,剩下的《祭礼》由杨复编撰完成。②

杨复上承朱熹礼学,其研究为元代马端临所承继。马氏《文献通考》承继朱子典制类礼书的编撰,对明清以来的礼学研究者影响巨大。元代吴澄和汪克宽亦据《通解》编撰礼书。吴澄撰有《仪礼逸经传》二卷,是书搜集经传材料,共成《投壶礼》《奔丧礼》等八篇,以补《仪礼》之遗。"其编次先后,皆依行礼之节次,不尽从其原文,盖仿朱子《仪礼经传通解》之例。"③汪克宽亦尊朱子编例,采集经传《家语》及汉儒记录,以吉、凶、军、宾、嘉为目,成《经礼补逸》九卷,《礼经附说》终焉。④

明代的礼学研究中,丘濬最为著名。他早年据《朱子家礼》作《家礼仪节》,损益当时之制,其书蔚为流行。⑤但其晚年上献弘治且被立即刊行的《大学衍义补》,才是他系统探讨礼制的篇章。真德秀《大学衍义》止于"修身",丘濬试图补撰"齐家"和"治国"部分。真氏所引材料大都依据理学家著述,丘濬则大幅度地扩充了《大

---

① 据白寿彝考证,朱熹先后进行了五次较大的体系调整,才形成了今本《通解》的体系和内容,白氏称为"五次设计"。白寿彝:《仪礼经传通解考证》,《国立北平研究院院务汇报》1936年第7卷第4期,《白寿彝史学论集》下册,北京:北京师范大学出版社,1994年,第1037—1068页;亦收入《白寿彝文集》第七卷《朱熹撰述丛考》,郑州:河南大学出版社,2008年,第40—69页。此外,钱穆《朱子新学案》之《朱子之礼学》(《钱宾四先生全集》第14册,第127—200页),殷慧《朱子礼学思想研究》,均有关于《仪礼经传通解》撰写过程的讨论,可以参阅。
② "杨复在编次黄榦《祭礼》时,看到很多内容抵牾的地方,便萌生了重编《祭礼》的想法,他又按照朱熹生前的构想在绍定四年(1231)重新编写成一部《祭礼》。所以《仪礼经传》的《祭礼》部分其实有截然不同的两种书,但清代以来一直被学者混淆,《四库提要》和《朱子全书》皆是如此。"叶纯芳:《杨复再修仪礼经传通解续卷祭礼·导言》,台北:"中央研究院"中国文哲研究所,2011年,第1—50页。对杨复《仪礼》研究成绩的清理,参见刁小龙:《杨复〈仪礼〉学初探——以〈特牲馈食礼〉〈少牢馈食礼〉章句论为中心》,《中国典籍与文化》2014年第1期,第34—42页。
③ 永瑢等:《四库全书总目》卷二十,第160页。
④ 汪克宽:《经礼补逸》,影印文渊阁《四库全书》本第105册,台北:台湾商务印书馆,第635—729页。
⑤ 永瑢等:《四库全书总目》卷二十五,第206页。

学衍义》的内容和架构,试图建立一套严谨的官方执政纲要和具体而微的帝王治国之学。①这种仿效朱熹构建理学体系的编撰方法,彰显出丘濬对朱熹礼书编撰的认可。

而到清初,朱子《通解》遭遇到强烈的反对声音。黄宗羲为万斯大《学礼质疑》作序,指出"朱子亦尝修《仪礼经传》,不过章句是正;于其异同淆乱,固未弹驳而使之归于一也"②。姚际恒则认为《通解》毫无学术价值:"经传颠倒……全录注疏,毫无发明,一抄书吏可为也……一粗识文字童子亦可为也……其于无可合者,则分家、乡、学、邦国、王朝等名,凭臆变乱,牵强填塞,此全属纂辑类书伎俩。使经义破碎支离,何益于学?何益于治?"③

黄、姚的指斥凸显了《仪礼经传通解》一书的内在矛盾。《通解》编撰实际上由朱子发凡起例,朱门弟子及友朋参与编撰,最后由朱熹笔削整理。从成书来看,朱子亲定部分只有《通解》,《仪礼集传集注》未及整理,黄榦、杨复《通解续》又未能完全融入朱熹构建的"家齐国治"体系。江永指出《通解》"前后体例亦颇不一,《王朝礼》编自众手,节目阔疏且未入疏义,黄氏之书,《丧礼》固详密,亦间于漏落,《祭礼》未及精专修改,较《丧礼》疏密不伦。信斋杨氏有《祭礼通解》,议论详赡,而编类亦有未精者"④。同时,朱子将学礼位设于家、乡与邦国、王朝礼之间,位置、类型均不恰当。朱子对《仪礼》分经附记,造成经文、传文、记文混杂,事实上割裂了《仪礼》经文,这遭到清代学者的诟病。体系矛盾的内在缺陷和未成之作的现实,导致在清代掀起了重撰《通解》的高潮。

对于朱子《通解》的重新整理,清初胡具庆曾有计划。他是孙奇逢的弟子,所著书中有《仪礼经传通解》《礼记类诠》。⑤立志重编朱子此书的人很多,但大多未有机会完成,顾炎武是其中之一。他早年参加抗清斗争,中年以后又浪迹天涯,晚年拟编修礼书又无精力,心中充满悔恨,而将希望寄托于来学。⑥庶几完成礼书编撰的学者,如徐乾学《读礼通考》,秦蕙田《五礼通考》等,均成于众家之手,有待删

---

① 张廷玉等:《明史》卷一八一《丘濬传》,北京:中华书局,1974年,第4808—4810页。
② 黄宗:《学礼质疑序》《黄宗羲全集》第10册,第24页。
③ 姚际恒:《礼学通论·仪礼论旨》,影印北京图书馆藏抄本,上海:上海古籍出版社,1995年,第2页。
④ 江永:《礼书纲目序》,《丛书集成续编》经部第11册,影印广雅书局刊本,第153页。
⑤ 引自徐世昌:《清儒学案》卷一《夏峰学案》,石家庄:河北人民出版社,2008年,第52页。
⑥ 顾炎武:《亭林文集》卷三《答汪苕文书》,《顾亭林诗文集》,北京:中华书局,1983年,第60页。

削。事实上，清代礼书编撰无不以朱子《通解》为底本，但成书者极少，或者成书反不及《通解》，如应撝谦《礼学汇编》"往往参以臆见"；胡抡《礼乐通考》"丛脞少绪"；姜兆锡《仪礼经传内编》"多因袭前人，发明最少……盖欲补正《仪礼经传通解》，然不及原书远矣"；梁万方《重刊朱子仪礼经传通解》名曰"重刊"，实则改修，"掩其书名而观之，殆莫能知为《仪礼经传通解》之文也"①；盛世佐《仪礼集编》落入朱子礼书繁复的窠臼。可见赓续朱子此书的困难。②相比之下，以一己之力成书的仅有江永《礼书纲目》，而且体系上有超越之处。其书篇幅简略，但补苴朱熹礼书颇为有功。

需要指出的是，清代学者争相重订《通解》，有着时代背景。一是《朱子家礼》的固有缺陷内，生出根据朱子《通解》进行礼书编撰的需要。明清民间礼书对《朱子家礼》的改编展现出"以时为大"的原则，也透露出《朱子家礼》的内在缺陷：它和实行礼用之间有着矛盾冲突。《朱子家礼》首揭祠堂宗庙制度，突出宗法，但所主张的宗子主冠、昏、祠之祭，明显违背《仪礼》"父母为冠昏主人"的记载。《朱子家礼》的丧服制度和制作方式与传统经注不和，也与朱子《通解》有异。③在实行中，《朱子家礼》的规定多违人情，如颜元为父母服丧期间遵循《朱子家礼》所产生的困境，全因《朱子家礼》误改古礼所致。④

《朱子家礼》的种种矛盾冲突，使得人们开始重提《朱子家礼》公案。《朱子家礼》在朱子生前被窃取，死后流出，其来源可疑，加上它记载的一些礼仪明显地与朱子后来所作《通解》有很大的差异，这就不能不引起一些学者的怀疑。元至正年间，武林应氏作《家礼辨》，怀疑此书非朱子作。清代王懋竑作《家礼考》《家礼后考》《家礼考误》，坐实《朱子家礼》为伪书之说。四库馆臣认同王氏考证，认为此书非朱子作。⑤

---

① 永瑢等：《四库全书总目》卷二十五，第205—206页。
② 礼书编撰主要要解决"繁难"和"缺损"两大问题，清代学者大多囿于朱熹《通解》的体系设计，未能有所突破，因而造成礼书编撰的不成功。
③ 彭林先生从内容上论述了《家礼》在虚抬宗法、丧服制度、妇人不杖、握手、祔祭、仪节错乱、昧于经义、前后不照、取舍失当、悖逆朱子礼说十个方面的问题，证明《朱子家礼》非朱子所作。彭林：《朱子作〈家礼〉说考辨》，《文史》2012年第3辑，第363—383页。
④ 戴望：《颜氏学记》卷一，第1—2页。
⑤ 近来的研究虽然表明朱子前后礼作矛盾，但不能排除本书为朱子原作的可能。关于《家礼》是否为伪作的正反意见，参见彭林：《朱子作〈家礼〉说考辨》，《文史》2012年第3辑；吾妻重二：《朱熹〈家礼〉实证研究》，上海：华东师范大学出版社，2012年。

《朱子家礼》的众多不合古制及违碍人情之处，引起明清以来改良《朱子家礼》的出现。其基本的做法，或者缘俗以编礼书，或者回归朱子《通解》进行礼书编撰。万历间嘉善钱士升居忧读礼，发现《朱子家礼》和朱子晚岁论礼不合，于是参考历代礼制及诸儒异同，以《仪礼》为本而成《考证》一书。① 冯善《家礼集说》亦多以朱子晚年礼说正《朱子家礼》之失，江南士庶之家多用之。但清代学者的编撰与明代学者的不同之处在于，清代学者对于《通解》的改编并非为了实用，而是作为"资考核"之用，如陆世仪所谓"欲一依朱子《通解》所分之目……庶几议礼之家有所考据"②。

　　清代学者争相重订朱子礼书，与国家礼书编撰迟未进行有关。清朝建立之后忙于干戈，无暇文治，国家礼书编撰和礼制建设未提上议事日程。顺治元年（1644），朱鼎蒲即提出："礼仪为朝廷之纲，而冠履、侍从、揖让、进退其纪也。若上习便安，下乐盘辟，则错乱无纪而礼仪之纲坏。"③ 康熙六年（1667），熊赐履再倡礼治之说，魏象枢亦竭力主张编撰礼书。④ 但直到高宗亲政后，才下令诏开三礼馆，纂修《三礼义疏》，同时编撰《大清通礼》。清廷"尊崇"程朱，礼学研究渐趋繁荣，国家礼书的钦定版本迟迟未现，给学者们赓续朱子礼书带来动力，激发出民间礼书编撰的热潮。据江藩的记载，从顺治十三年开始的钦定诸经书，仅三礼未有完成。⑤ 而清廷官修《三礼义疏》在体裁选择和编撰时长上的遭遇，侧面说明了礼书编撰的困难。民间礼书编撰有导引政府礼书纂修和留名的企图，如江永自认其礼书编撰是在"为圣朝备一礼乐之书"⑥。

　　综上所述，清初礼学研究的主要形式是习礼、考礼，主要针对民间礼用，有着现实意义，并非脱离现实的纯粹考证，也非受到文字狱的影响。由于《朱子家礼》及其改编本礼书脱离经典，导致考证礼学和重编礼书的兴起。《通解》是朱子晚年之作，可以更正《朱子家礼》本身的缺陷。但《通解》在体系和结构上存在弊病，加上

---

① 许重熙辑：《赐余堂年谱》，钱士升：《赐余堂》，《四库禁毁书丛刊》，影印清乾隆四年钱佳刻本集部第10册，第409页。
② 陆世仪：《思辨录辑要》卷四《格致类》，第49—50页。
③ 《清世祖实录》卷十顺治元年甲申十月丙寅，《清实录》第3册，北京：中华书局，1985年，第99页。关于这一论题的讨论参见林存阳：《礼乐百年而后兴——礼与清代前期政治文化秩序建构》，《齐鲁文化研究》第8辑，第14—32页。
④ 魏象枢：《寒松堂全集》卷三，第80页。
⑤ 江藩：《国朝汉学师承记》卷一，第4—5页。
⑥ 江永：《答程悚也太史书》，《善余堂文集》，台北："中央研究院"中国文哲研究所，2013年，第39页。

明清鼎革的刺激,学者们进行深刻的学术反思,清初兴起重编此书的热潮。清代学者的努力并未引起民俗的变化,民间依然盛行夹杂着佛道仪节的家礼,但却引起学术上的巨变。

周启荣先生指出,在乾隆初三礼馆开馆前,尤其是康熙时的礼学研究,主要基于实际改革和施行礼制而进行,其礼学著作几乎都是环绕朱熹《朱子家礼》《通解》而提出进一步的增修研究、批评或者辩护,或者以朱熹的礼学著作为基础,继续编纂有关礼制的书。[①]这一观察是正确的。但需要继续指出的是,在清代后期,具体地说,是在嘉、道时期及以后出现了礼学考证的兴盛,而礼书编撰出现衰落的趋势,即使是礼书的编撰,如黄以周《礼书通故》,也注重礼学考证和体系编撰的结合,而不再一味追随朱子进行理学体系的构建。

清代礼学研究的显著转变,一是乾隆初三礼馆设立和修撰,前后召集了大批的耆老和专家参编其中,不仅促成了《三礼义疏》的诞生,也促进了学者们继续独自研究礼学,产生了大批的礼著,促进了学术的发展;二是从惠栋开始出现了研究路径的明显差异。惠栋提倡"求古",即以汉代音韵、训诂研究古代典章制度,是清中期惠、戴分帜的学术特色。实际上,这种特色在惠、戴之前的惠士奇、江永处就已经出现分际的端倪。清初的其他学术,比如《易》学等的研究,亦以惠栋引领的学风转变为标志。惠栋在清代学术诸多学术面向的转变中,成为清代学术的引领人物之一,他和他的礼著应该是我们重点研究的对象。

(作者单位:西南财经大学)

[①] 周启荣:《儒家礼教思潮的兴起与清代考证学》,《南京师大学报》(社会科学版)2011年第3期。

程瑶田礼学的心性学基础*

吴 飞

清儒戴震、程瑶田、凌廷堪等有一个共同特点,一方面有非常细密的礼学著作,另一方面也有对宋明理学心性之学的反思。针对戴震、凌廷堪的研究已经比较多,程瑶田的研究还比较少。

程瑶田所著《通艺录》,考据严谨精详,多有创获,许多观点至今仍为定论,为乾嘉考据学的杰出著作,无论在当时还是后世,均备受推崇,其中最能代表程瑶田先生义理思想的,当属《通艺录》的前四篇:《论学小记》《论学外篇》《宗法小记》《仪礼丧服文足征记》。程瑶田将此四篇置于《通艺录》之首,也意在以此标明学旨。[①] 这四篇构成一个整体,不仅是了解程瑶田思想全貌的钥匙,也是研究清代丧服礼学的重要门径。以前的论者,多从《宗法小记》与《仪礼丧服文足征记》看程瑶田的礼学考据成就。自钱穆先生以降,又颇有学者从《论学小记》与《论学外篇》看他的义理学思想,对程瑶田思想的研究有很大拓展。但还是很少有学者能沟通这两方面著作,因而也就难以窥见程瑶田先生礼学思想的全貌。笔者即尝试从总体上研究这四部著作,以期对程瑶田礼学有一个更全面的把握。本文首先梳理其心性学。

一、理 与 则

程瑶田亲手编辑《通艺录》,将《论学小记》与《论学外篇》置于最前,其中深意颇值得玩味。程瑶田与戴震交往密切,于戴震对宋明理学的攻击非常清楚。《通艺

---

* 原载《中州学刊》2020年第4期。
① 张寿安:《以礼代理——凌廷堪与清中叶儒学思想之转变》,石家庄:河北教育出版社,2001年,第231页。

录》刊于戴震卒后很久。程瑶田对朱子又非常敬重，故其义理学对戴震之学既是修正，也是发展。对于程瑶田与戴震论学之异同，张寿安先生非常细致精彩的讨论①，可以大大帮助我们进一步考察程瑶田的思想体系。

与戴震一样，程瑶田首先要面对宋儒所言之理。在《论学小记》中，程瑶田很少直接讨论理的问题。在《论学外篇》中，他于数处辨析了自己为什么不喜欢言理。在《擘窠书四字说》中，他说："事必有理。俗谓之'理路'，若大路然。今不曰理而书'让'字者，理但可以绳己，自己见得理路一定如此。自达其心，岂故有违？若将理绳人，则人必有诡词曲说，用相取胜，是先启争端也。今吾以一让应之，彼虽有褊心，不自知何以变为豁达之度。"②程瑶田晚年自号让堂，此一段就在解释为什么选"让"字，而不选"理"字。在程瑶田看来，作为理路之理并不错，但仅可用来律己，而非待人接物之原则。在《让堂卮言》中，程瑶田又更全面地阐释了他对理的看法。他说："窃以谓礼之本出于理，而理亦有所难通，据理而执一，不以礼权之，亦不可通也。人之言曰：'天下止有一理。'余以为此亦一是非，彼亦一是非，乌在其为一理也？"③此处所说的"人之言"，当即宋儒论理之言。从程瑶田这段话看，他似乎在原则上并不否定礼出于理，但认为若只是从理的角度出发，就会导致人们各执一是非，争论不休。比如在性的问题上，孟子、荀子、扬子就都有不同看法，即使在武王伐纣这样的大事上，也还有伯夷、叔齐来争论。因此，"各是其是，是人各有其理也，安见人之理必是，我之理必非也？而于是乎必争，争则持其理而助之以气"④。程瑶田进一步说，孟子可以养浩然之气，不动其气，但这是圣贤才能做到的，一般人在争理的时候做不到这一点，而往往会动气，导致更加激烈的争论。既然言理只能导致争斗，程瑶田就导向了情，说："故言理者，必缘情以通之；情也者，出于理而妙于理者也。情通则彼执一之理自屈，而吾之理伸矣；情不通，则吾之理转成其为执一，是吾以理启人之争矣。"⑤程瑶田并作楹联以言其意："直任理来终惹气，曲通情处渐能和。"程瑶田的这一态度，代表了清儒批评理学时一个非常流行的倾向。戴震批评宋儒以理杀人为以意见杀人，亦与此颇类似。过多执着于理，自然会导致很

---

① 张寿安：《以礼代理——凌廷堪与清中叶儒学思想之转变》。
② 程瑶田：《论学外篇》，《程瑶田全集》第1册，合肥：黄山书社，2008年，第94页。
③ 程瑶田：《论学外篇》，《程瑶田全集》第1册，第97页。
④ 程瑶田：《论学外篇》，《程瑶田全集》第1册，第97—98页。
⑤ 程瑶田：《论学外篇》，《程瑶田全集》第1册，第98页。

多争端，因此要达至中庸和乐的儒家理想，需要更多体会人情，尚让而非尚争，而人情与让正是礼的核心含义。不过，这种对理的批评似乎还只是从相当外围的角度进行的，即其所反对的乃是过于执着于理，却并没有反对理本身。因而程瑶田自己也承认，礼出于理，情出于理。但仅如此论理，还看不出高明之处来，从这样笼统的角度看，尚不能窥见程瑶田义理学之全貌。

程瑶田对理的讨论还有更复杂的层面。我们尚需细究其所谓"礼出于理"为何意。《论学小记》的核心篇章是《诚意义述》，程瑶田于篇中全面展示了他的义理学体系。其中释《大学》八条目说："格者，举其物而欲贯通乎其理，致知者，能贯通乎物之理矣。而于是诚意，使吾造意之时务不违乎物之理，而因之正心，使吾心常宅乎物之理；而因之修身，使万物皆备之身，始终无愧怍乎其物；而驯致乎家之齐，国之治，亦惟不外乎顺物之情，尽物之性，使天下无一物不得其所，而《大学》之能事毕矣。"[①] 无论格物、致知、诚意，还是正心，都就物理而言，而修齐治平之礼亦皆由此来，这就是程瑶田所谓的礼出于理之意。初看上去，这似乎与朱子所谓"礼也者，天理之节文也"并无大异。但需要注意的是，程瑶田谈的是物理，而非天理，这不是一个可有可无的小差别。他在下文又说："不知循物，寂守其心，此异学之所以歧也。吾学则不然，'慎独'者，慎其意之接于物。"[②] 寂守其心，是程瑶田对佛老二氏的批评，也是对体认天理的宋儒的暗中批评。故程瑶田论理，必在物上言，而不会蹈空谈天理。在这一点上，程瑶田与戴震实无二致，唯戴震之辞激切，程瑶田之言婉转，戴震直指宋儒要害，程瑶田批评宋儒之实质，却从不直标所批评者之名姓。

在《论学小记》诸篇当中，并无专门论理的题目。但对于如此重要的问题，程瑶田不会避而不谈。或许因为戴震对理的批评激起了相当热烈的讨论，程瑶田尽可能回避了对理的直接讨论，但他在很多地方其实就是在谈论理。还是在《诚意义述》中，程瑶田写下非常重要的一段：

> 天分以与人而限之于天者，谓之命。人受天之所命而成之于己者，谓之性。此限于天而成于己者，及其见于事为，则又有无过、无不及之分以为之则。

---

① 程瑶田：《论学小记》，《程瑶田全集》第1册，第30页。
② 程瑶田：《论学小记》，《程瑶田全集》第1册，第30页。

是则也,以德之极地言之,谓之"中庸";以圣人本诸人之四德之性,缘于人情而制以与人遵守者言之,谓之威仪之礼。盖即其限于天、成于己者之所不待学而知,不待习而可能者也,亦即其限于天、成于己者之所学焉而愈知,习焉而愈能者也。是之谓"性善"。诗曰:"天生烝民,有物有则。民之秉彝,好是懿德。"孔子释之曰:"有物必有则,民之秉彝也,故好是懿德。"增"必"字、"也"字、"故"字,而"性善"之义见矣。"性""命"二字,必合言之,而治性之学斯备。五官百骸,五常百行,无物无则。性、命相通,合一于则,性乃治矣。

此一段中备述程瑶田对性、命、礼、则的理解,乃是其义理学之总纲。若要理解程瑶田之义理学体系,需要细细辨析这几个概念的关系。张寿安先生以为,四个字同源异名[1],应该有些失于粗疏了。若是四者完全同源,程瑶田也就不会强调,必须性命合一于则才可以治性。天给人的是命,人得自天而自成的是性,这当然是对"天命之谓性"的演绎。命与性虽然很难分开,但命是就天而言,性是就己而言,性命在具体事情上,就体现为每个事物的理则,这个则恰到好处时就是中庸,而其外在表现出来,就是礼。性命都是不学而知、不习而能的,但若有学习之功,则可以愈知愈能,所以说人是性善的。程瑶田强调性、命必须合一言,即必须看到人性来自天,而天命必成于人性,天命、人性之成,则在于则,按照则制定具体的行为规定,就是礼。程瑶田在解释礼时,又说了本四德、缘人情,因四德、人情皆是天命之性。可见,程瑶田所谓的则,就是天命之性的条理、规则,那么,这个"则"字,正是理的另外一个说法,物之理即物之则。

程瑶田随后举了《孟子》中的两段话来说明性、命、则的关系。孟子说:"口之于味也,目之于色也,耳之于声也,鼻之于臭也,四肢之于安佚也,性也,有命焉,君子不谓之性也。"人们生下来就会有对这五者的喜爱,因而这是"与生俱生之性",但是,人们并不是总能满足这些欲望,也并不应该不知餍足地满足它们,因而,"其不能必遂者,命之限于天者也"。在这五者上面,"遂己所成之性恒易,而顺天所限之命恒难"[2],因而性和命并不总是一致的。由于性易遂,所以"必过乎其则";而由于命难顺,也使得"不能使不过乎其则"。因而,必须"节之以命而不畏其难顺,

---

[1] 张寿安:《以礼代理——凌廷堪与清中叶儒学思想之转变》,第257页。
[2] 程瑶田:《论学小记》,《程瑶田全集》第1册,第37页。

斯不过乎其则矣"①。在《述性三》中，程瑶田解释"性也，有命焉"说："命即则之所从生也。"②如果过乎其则，就成为恶。

孟子又有另外一段话："仁之于父子也，义之于君臣也，礼之于宾主也，智之于贤者也，圣人之于天道也，命也，有性焉，君子不谓命也。"这五者的性命状况又不同。这五者也是"与生俱生之性"，但因为命限于天，也并非总是能够做到。但是对于这五种大节，却是"遂己所成之性恒难，而顺天所限之命恒易"③。因为性难遂，所以人们经常做得不够，"必不及乎则"；命易顺，也总是"任其不及乎则"。所以在这五者之上，就必须要"勉之以性而不畏其难遂，斯必及乎其则矣"④。对比这两段话，我们就可以明白程瑶田综合性、命、则的考虑所在。无论是人身体中最一般的欲望，还是德性大义，都有性、命、则的维度，只是表现不同而已。

二、论性、诚、敬

由此，我们也就可以理解程瑶田在《述性一》开篇所言的："有天地，然后有天地之性；有人，然后有人之性；有物，然后有物之性。"⑤万物之性来自天之所命，但万物之性各自不同，其理则也各自不同。因而程瑶田与戴震一样，认为并不存在一个独立的天理，理不过是万物之理则，正如性不过是万物之所自成于己者。程瑶田没有明确批评宋儒的天理说，却明确批评了宋儒的性论："使以性为超乎质、形、气之上，则未有天地之先，先有此性。是性生天地，天地又具此性以生人、物。"⑥程瑶田认为，一定要追求一个超乎形质之上的性，是"后世惑于释氏之说，遂欲超乎形、质、气以言性，而不知惟形、质、气之成于人者，始无不善之性也"⑦。人与禽兽之性之所以有差异，就是因为形、质、气有差异，而不是在相同的形、质、气上面又有不同的性。

---

① 程瑶田：《论学小记》，《程瑶田全集》第1册，第37页。
② 程瑶田：《论学小记》，《程瑶田全集》第1册，第42页。
③ 程瑶田：《论学小记》，《程瑶田全集》第1册，第37页。
④ 程瑶田：《论学小记》，《程瑶田全集》第1册，第38页。
⑤ 程瑶田：《论学小记》，《程瑶田全集》第1册，第38页。
⑥ 程瑶田：《论学小记》，《程瑶田全集》第1册，第38页。
⑦ 程瑶田：《论学小记》，《程瑶田全集》第1册，第39页。

既然认为没有独立的天理,也没有天地之性,程瑶田也和戴震一样,否定宋儒对天地之性与气质之性的二分。他说:

> 夫人之生也,乌得有二性哉!譬之水,其清也,质、形、气之清也,是即其性也;譬之镜,其明也,质、形、气之明也,是即其性也。水清镜明能鉴物,及其浊与暗时,则不能鉴物。是即人之知愚所由分也。极浊不清,而清自在其中;极暗不明,而明自在其中。是即"下愚不移"者,其性之善自若也。知愚以知觉言,全在禀气清浊上见。性则不论清浊,不加损于知觉,但禀气具质而为人之形,即有至善之性。其清,人性善者之清;其浊,亦人性善者之浊也。其知其愚,人性善者之知愚也,此之谓"性相近"也,断乎其不相远也。①

既然性是天命所成于己,则每个事物有怎样的形、质、气,就有怎样的性。万物皆各有一性,正如水之性即为清,镜之性即为明。若水不清,镜不明,并不是因为另外一个性,而是因为性被遮蔽了。同样,人也不会有二性。人性本善,无论智愚清浊,皆不改其至善之性。因此,程瑶田认为性皆就气质而言,没有气质之外的性。人性之所以与禽兽不同,是因为人的气质就与禽兽不同,这正是孟子所谓"人之异于禽兽者几希"之处。孟子又说"庶民去之,君子存之",庶民之所以去之,不是因为有另外一种性,也不是因为性有不善,而是因为他丢掉了本性,遮蔽了本性,就如同水变浊了,镜变脏了一样。

程瑶田深知,宋儒之所以会有二性之分,是因为"无解于气质之有善恶,恐其有累于性善之旨,因别之曰有气质之性,有理义之性"②。但对性这样的二分,不仅无助于性善之说,反而有很大问题,因为"无气质则无人,无心则无心,无心,安得有性之善?"③宋儒受佛老影响,将人性追溯到人未生之前,说那是天地之性;但程瑶田指出,天地也自有其形质,因而才有天地之性,即天道。生生不穷是天道,天所赋予万物者为天命,人之禀赋为人性,无论禀赋,都要从气质上说,"岂块然赋之以气质,而必先谆然命之以性乎?"④如果一定要说性是脱离于气质之外的,则人与禽兽之

---

① 程瑶田:《论学小记》,《程瑶田全集》第1册,第39页。
② 程瑶田:《论学小记》,《程瑶田全集》第1册,第40页。
③ 程瑶田:《论学小记》,《程瑶田全集》第1册,第40页。
④ 程瑶田:《论学小记》,《程瑶田全集》第1册,第40页。

性就有可能是一样的了。就气质论性,而不区分二性,亦为程瑶田与戴震非常相同的一点。

但人性之善是不可见的,所以要通过情来看性善。他说:"性不可见,于情见之。情于何见?见于心之起念耳。人只有一心,亦只有一念。善念转于恶念,恶念转于善念,只此一念耳。性从人之气质而定,念从人之气质而有。若有两念,便可分性有善恶;今只此一念,善者必居其先,恶则从善而转之耳。"[①] 程瑶田坚信人性皆善,体现在心之发念皆出于善,只是因为外在原因才转而为恶,但恶念一转即可为善。程瑶田举盗贼的例子说,盗贼最初的念头,其实都是为了谋生,这不是恶念,而谋生的手段本来也很多,完全可以择其善者而为之,但是这个人若是没有机会选择,又有一两个盗贼引诱,结果一切不顾,甘做盗贼,就陷入了恶念。程瑶田以为,这些下愚之人之所以纵欲败度,根本上还是因为善念过乎其则。下愚之人不仅一般地过乎其则,而且积重难返,结果大大远于其则,从而成为下愚不移的人。但即便是这种下愚不移之人,他的善性也尚未消失,只不过是被遮蔽得太深,几乎看不到了,也很难回归到原来的样子了。但这样的人偶尔也会改变,也会显现出善性。

谈到下愚不移的问题,程瑶田对历史上一个著名的问题,即孔子论性与孟子论性是否不同的问题,给出了自己的诠释。由于孔子说上智下愚不移,而孟子说性善,所以经常有人以为,孔、孟对性的理解并不一样。程瑶田则认为,孟子之言恰恰可以证明孔子的说法。在他看来,孟子说的性善,正是孔子所谓的"性相近",人人从天获得的禀赋是相同的,因而人性都是同样至善的,不存在善恶的差别。之所以人们会有行为善恶的不同,是因为外在的影响所致。孟子说:"富岁子弟多赖,凶岁子弟多暴,非天之降才尔殊也,其所以陷溺其心者然也。"因为陷溺其心的不同,而导致人们的善恶之差,正是孔子之所谓"习相远"。恶,多为长时间陷溺习惯而来,而不是因为人性有什么不同。孔子所谓的下愚不移之人,并不是天性上就与别人有什么不同,而是因为长时间陷溺于恶,积重难返,遂为恶人,而且难以改变。程瑶田又强调:"孔孟言性,并主实有者言之。如溯'性'于未有气质之前,此所以终日而言诚,茫然不解诚之所谓也。"[②]

[①] 程瑶田:《论学小记》,《程瑶田全集》第1册,第41页。
[②] 程瑶田:《论学小记》,《程瑶田全集》第1册,第44页。

以万物之则来解释理，以气质之性来看人性，这构成了程瑶田先生思想的基本出发点，他对其他问题的讨论都来自这两点。他作《述诚》两篇，解释说："诚者，实有焉而已矣。"[1] 天地人皆实有之物，故人性之德皆实有之德，性善即实有其善，此即"诚者"；"诚之者"，即能实有此性之善。"自明诚，谓之教"，指的就是通过教育，使人做到实有其善，这就是"成己"，从而实有各种德性。若是不实有人之气质，就无法实有其性，实有其性之善。而二氏从空、无上谈诚，便不是实有之诚。所谓在实有上求诚，求性善与德性，就是要尽伦尽职，而不能通过主静之类的方式去做。他说："吾学之道在有，释氏之道在无。有父子，有君臣，有夫妇，有长幼，有朋友。父子则有亲，君臣则有义，夫妇则有别，长幼则有序，朋友则有信。以有伦，故尽伦；以有职，故尽职。"[2] 实有之诚，便是在人伦当中求善。他因此进一步批评释老从静坐、空无的角度谈诚。程瑶田对佛学是有相当精深的研究的，所批评皆能切中要害。他说，释氏虽然言无，但若不在实上用功，无亦为无，其道便不能自立。因而，释氏之诚就是如《心经》所说的"无无明，亦无无明尽，乃至无老死，亦无老死尽"。释氏所无的，是万万不可能无德明与老死。二氏之诚，亦从实处求，但是实有其"无"，儒家之诚，是从有处，求实有其有。因此，程瑶田以为，释氏实无之说，袭儒学实有之说而来，所以并不出儒学之范围。虽然他们宣扬形如槁木，但形毕竟不是槁木，所以还是要从实有之事上做，一定还是要实有其形、实有其心，才能主静主无。程瑶田此说既是为辨析儒佛之别，也是在暗暗批评宋儒因袭佛老主静之说。

程瑶田又有《述敬》一篇，可与《述诚》对观。程瑶田于篇中强调，敬亦主动言，因而敬之全功必在日用之间的具体事情上，而不能是一个悬空的敬。"人于日用之间，无时无地之非事，即无时无地之非动。"[3] 因而，导国家言"敬事"，事君言"敬其事"，论仁言"执事敬"，论君子言"事思敬"，还有"事上敬""交久敬""行笃敬""敬鬼神""祭思敬"等，经文中的敬，皆就具体事上说。程瑶田又以为，人生在世，动时多，静时少，动时皆须敬，即使偶有静时，也需要用敬来联属之，即静处之敬皆为辅助性的，都以动处之敬为目的的，因而绝不能把敬全部归为静处之涵养。孔子让颜回省察其视听言动，都是先看清其礼，然后再去视听言动，而不能如释氏一

---

[1] 程瑶田：《论学小记》，《程瑶田全集》第1册，第44页。
[2] 程瑶田：《论学小记》，《程瑶田全集》第1册，第46页。
[3] 程瑶田：《论学小记》，《程瑶田全集》第1册，第55页。

般寂守其心。此处显然是在暗指宋儒之说,但程瑶田又不愿意显驳程朱,所以下文就辩驳说:"程子为人不知收放心,故单说一个'敬'字,为收放心之第一法。其吃紧为人,实具一片苦心。"① 至于其弟子上蔡所谓"敬是常惺惺法",是主静涵养,程瑶田就并不认可了。程瑶田煞费苦心,从程朱言论中找出与自己相合之处,但这一思路也开启了清代后期汉宋兼采的一个方向。

三、情 与 意

无论诚还是敬,在程瑶田的思想体系中,都是为相当核心的诚意之讨论做准备。而对诚意的讨论的一个出发点,在于对情与意的区分。

前文谈到,程瑶田礼学的一个核心问题,是辨析理与情,因为他认为,情虽出于理,却妙于理,而礼正是本于情。前文既已辨析了理和相关的各个问题,现在再来看程瑶田论情的文字。程瑶田在《述性三》中言:"性不可见,于情见之。"② 情是性的表现,性是情之根源,性善所以情亦然。这便是程瑶田《述情》的主要观点:

> 性善,情无不善也。情之有不善者,不诚意之过也。由吾性自然而出之谓情,由吾心有所经营而出之之谓意。心统性情,性发为情,情根于性。是故喜怒哀乐,情也。故曰:"喜怒哀乐之未发谓之中,发而皆中节谓之和。"其中节也,情也;其未发也,情之未发也;其中也,情之含于性者也;其和也,性之发为情者也。是故"心统性情"。情者,感物以写其性情者也,无为而无不为,自然而出,发若机括,有善而已矣。③

这是理解程瑶田思想非常重要的一段话。性情关系本来就是宋明理学中非常根本的一对关系,心统性情亦为朱子非常重要的一个命题。而今程瑶田在许多说法上都与宋儒很相似,但其实却有了相当大的不同,这也是我们理解其最终集中于礼学的关窍所在。朱子论心统性情,以性为未发,情为已发,性皆为善,情则

---

① 程瑶田:《论学小记》,《程瑶田全集》第1册,第56页。
② 程瑶田:《论学小记》,《程瑶田全集》第1册,第41页。
③ 程瑶田:《论学小记》,《程瑶田全集》第1册,第47页。

有善有不善，以致朱子在此陷入了一个矛盾。①而程瑶田则明确讲情无不善，情若不善，则归结于不诚意，诚意一节，在程瑶田的功夫论中至关重要，故其作长文《诚意义述》以发明此旨。前文所引《述性三》中所说"情于何见？见于心之起念耳"，说的正是意的问题，意念之转换，即为善恶之变化。所以他在《述情》中也有对意非常重要的讨论。意究竟怎样导致不善呢？程瑶田非常细致地分析了意的产生和转变：

> 自夫心之有所作为也，而意萌焉。其初萌也，固未有不善者也。何也？意为心之所发，而心则统乎性情，故意萌于心，实关乎其性情，则安得而不善？然而意之萌也，未有不因乎事者也。事之乘我也，有吉有凶；而人之趋事也，有利有害。吉凶天降之，利害人权之，君子于此，亦未有不思就利而务去害也。主张之者，意而已矣。于是经营焉，曰：必如是，然后有利而无害也。然而善从此而亡矣。曰：苟如是，则必得利而远害也。然而不善从此而积矣。②

意是心的发动作为，最初也都是善的。因为心统性情，性情无不善，心无不善，意之始发亦无不善。但意都是就某事而发的，就有可能脱离本来的心性。具体的事情有吉凶利害之别，面对这些事情时的权衡经营就是意。如果意唯利是图，就有恶而无害，这就是恶意的出现。如果人之意总是这样做，恶意越积越多，善意越来越少，不慎其独，自欺欺人，终于无法诚意。程瑶田总结说："岂其意之萌也，果遂不善乎？经营之巧习于中，利害之途炫于外，故事触于情，而喜怒哀乐不转念而应，情交于利害，而取舍疑惑，一转念而淆。慎之又慎，在持其情于独焉。即事察义，以诚其意而已矣。"③即事察义，就是程瑶田解诚意的关键，也正是慎独的意义所在。若是能够于人所不见不知之事都能做好，即在隐微之处持其情之正，而不失其本心之善，就会将情之四端发现于外。

程瑶田认为，孟子所说的"端"，就是"情之初出于性，即连乎意之始萌于心者也"④。此中既有意之初萌，有情之初出。就四端问题，程瑶田可以进一步辨析情与

---

① 陈来：《朱子哲学研究》，上海：华东师范大学出版社，2000年，第211页。
② 程瑶田：《论学小记》，《程瑶田全集》第1册，第48页。
③ 程瑶田：《论学小记》，《程瑶田全集》第1册，第48页。
④ 程瑶田：《论学小记》，《程瑶田全集》第1册，第49页。

意的关系。心统性情,而心之动就是意之萌,"故情与意同居而异用。事触于性,而自然而出之谓情;事感于心,而经营而出之谓意"①。四端初发,其意与情皆为善,只是情是性的自然流露,情即性之用,性即情之体。而意却要经营,善恶之转,就是在这经营中来的。若是发动了恶意,"于是心不能察,而性亦退听焉而已矣。惟加以慎独之功,而毋自欺其初萌之意,随事察义,以条理其本然之情,而归根于其有生之性,于是乎性得其养而心以存。能存其心以见之于事,而身有不修者乎?"②心、性虽善,对恶意却无能为力,只能靠慎独之功,条理其情,归根于善性,才能够存心养性以修身。在根本上,这仍然是意中的较量,即善意依靠情的力量对恶意的驱赶,而心性则是被动地被存养。

因此,程瑶田给意赋予了极大的重要性,使诚意成为善恶转换的关键。他特别细密地辨析心、意、性、情的关系,以为心统性情,情出于性,而意则是心之动。情与意似不同源,但又皆具于心。既然都出于心,则不仅性、情有善无恶,意亦无恶,但由于心与外部的接触要通过意,意之经营会导致恶的产生,而意又主张于情,因而意变恶,会影响到情,乃至丧失良心,而此皆为不诚意之害。意与情的区别在于,"盖情之发于性也,直达之而已;意之主张乎情者,有所经营,不能直达"③。所谓诚意,就是使已经不能直达的情重新成为可以直达本性的情。

四、诚　　意

正是在这样的框架之下,我们才能理解程瑶田作长文《诚意义述》的用意。他把诚意定义为"真好真恶之情发于性者"。情是"好恶之出于不容已者",意是"好恶之情动于中而欲有所作为者",即情是一种自然的好恶流露,但意则是欲做某事的念头。如果人的自然之情非常喜欢某个东西,但是此人却不想做这件事;非常讨厌某个东西,却要去做,就不能真的做到为善去恶,这就是不诚意。"发于情之好恶,是真好恶也;发于情而即欲好之恶之,是其意已自知其当好当恶也。"但是如果不

---

① 程瑶田:《论学小记》,《程瑶田全集》第1册,第49页。
② 程瑶田:《论学小记》,《程瑶田全集》第1册,第49页。
③ 程瑶田:《论学小记》,《程瑶田全集》第1册,第50页。

能按照这个好恶之情去做，就是自欺。"'毋自欺'者，知其当然而即无丝毫之不然，是能充实其为善拒恶之意，而能不负其出于不容已之情，夫是之谓诚其意也。"①

程瑶田特别强调，诚意之功的关键在于慎独。如何理解《大学》《中庸》里面的"慎独"，自宋以后就是一个大问题，清儒争论尤多。郑君对"慎独"的理解非常朴素，以为即"慎其闲居之所为"；朱子认为，所慎的乃是"人所不知而己所独知之地"，即人欲将萌未萌之时，仅自己知道的状态，因而慎独就是去除人欲最细微的萌芽。程瑶田则综合了郑、朱两说，以为"独者，内外相交之际，而慎则专在内也"②。所谓独，是对他人而言的，所以独是他人所不见处。他在几处讨论慎独时都举了《后汉书》中王密见杨震的事："所举荆州茂才王密为昌邑令，谒见，至夜，怀金十斤以遗震，震曰：故人知君，君不知故人，何也？密曰：暮夜无知者。震曰：天知，神知，我知，子知，何谓无知？密愧而出。"这便是二人独处时，王密自欺以欺人，其意便是私意而不诚。这样的例子，显然更符合郑君闲居的理解，所以程瑶田不同意宋儒"专在内"理解慎独的思路。他发挥郑注的理解，认为古人所说的"出门如见大宾"，"独立不惭影，独寝不愧衾"，说的都是慎独。③他认为慎独是内外相交之际，之所以强调其外，是因为其总要在耳、目、口、鼻的视、听、言、动上面，即随时行事的合礼与不合礼。但慎又必须专在内言。仅仅按照合礼去做事还不够，还要"如好好色，如恶恶臭"。见到好色，本来是非礼的，也知道不应该去做，却仍然心里喜欢，那就是尚未做到慎独，意还不够诚。见到自己不喜欢的东西，虽然知道应该做才合礼，却不能如好好色，心里还是有一些厌恶，那也是没有做到诚意。

在对"如恶恶臭"的理解上，程瑶田体现出与宋儒相当大的不同：

> 诚意者之"恶恶"也，非专指恶已有之而后去之务尽之谓也，谓不使丝毫之恶有以乘于吾之身也。故曰：夫子言"恶不仁者，其为仁矣，不使不仁者加乎其身"，说恶字最精妙也。若不善乘于吾身，此所谓"恶念"也。不可误认为吾欲诚之意，其治之之功谓之"去恶"，谓之"改过"，亦不得以"诚意"二字统

---

① 程瑶田：《论学小记》，《程瑶田全集》第1册，第26页。
② 程瑶田：《论学小记》，《程瑶田全集》第1册，第29页。
③ 程瑶田：《论学小记》，《程瑶田全集》第1册，第16页。

言之，而此去恶、改过之皇皇焉不容缓者，此之谓"恶恶"之意也，此之谓"内自讼"也，此之谓"独"之当慎者也，此之谓"毋自欺"以诚其意也。①

对"如恶恶臭"的理解，是宋儒讨论天理、人欲的一个重要证据，戴震已经有所辨析。而程瑶田于此处尤加措意，以孔子之言证明，诚意并非去除已有之人欲和恶意，而是努力做到不使恶念加乎其身。所谓"去恶""改过"当然很重要，但并不是"诚意""如恶恶臭"的本意，因为所恶的并非自己的人欲，而是外在的诱惑。他随后详细说道："吾之恶之也，虽猝值之而几于不能避，然卒无有肯受之者，何也？其恶之意诚也。夫天下之可恶如此'恶臭'者多矣。今即以'好色'例之，色虽好，而视之即为非礼之视，由君子观之，其为可恶何异于'恶臭'！而人之见之者，往往不能不视之也。此其恶之之意不能'如恶恶臭'之诚也，此即'独'之不慎也。"② 在宋儒二性的框架下，修身最重要的是"存天理，灭人欲"，因而其功夫论的核心在于遏制人欲，因而朱子对《大学》《中庸》里面的"慎独"，都强调遏制人欲。戴震与程瑶田对这个问题的辨析是从他们以气质之性为善的人性论推出的必然结论。这个看似微小的差别，遂成为清学之功夫论区别于宋学的关窍所在。因而程瑶田在很多地方都非常强调这一点，特别是对《大学》《中庸》一些细节的诠释上。

程瑶田对《中庸》里"莫现乎隐，莫显乎微"的解释是："隐为黑暗之地，非无其处，而视之不能见也；微为细小之物，未尝不可见，而见之不能显也。此真如视听言动之接于吾，而吾欲视之、听之、言之、动之时也。此时心中即以礼权之，如其非礼则勿视、勿听、勿言、勿动也。此慎独之事也。"③ 内在的修养也一定要落实在具体的事情上，而不是对人欲的内在斗争上，所以隐和微并不是指自己的内心深处，而是黑暗之地、细小之物，即使在黑暗之处的小事上面也以礼权之，视听言动无不合礼，自觉地以好好色之心态对待应行之礼，以恶恶臭的心态对待不当行之事，就是做到了慎独，如曾子三省其身之说，所针对的都是自己的行事。"盖行事不疚，乃吾之志即好善恶恶之意也。好恶之不诚，以自欺其意，是见恶于其志矣。能于内外相交之际，断乎不蹈于非礼，则是于人之所不见时而能慎独，以无恶于志矣。"④

---

① 程瑶田：《论学小记》，《程瑶田全集》第1册，第28—29页。
② 程瑶田：《论学小记》，《程瑶田全集》第1册，第29页。
③ 程瑶田：《论学小记》，《程瑶田全集》第1册，第29—30页。
④ 程瑶田：《论学小记》，《程瑶田全集》第1册，第30页。

宋儒对理与欲的区分导致对二性的讨论，从而呈现丰富的内在自我。戴震、程瑶田将这些地方都理解为实事，是否就取消了内在自我的丰富性呢？戴震和程瑶田虽然不再区分内在的二性，但对内在修养的强调并不弱于宋儒，同样有相当复杂的人性结构。正是这一点，使清儒在讲汉学的时候，与完全强调礼制的郑君并不一样。他们是在更细密地阐释孟子性善说的基础上，重新重视礼学建构的。因此，程瑶田既然不承认二性说，就必须构造一个新的心性论体系。所以，无论是在对性情还是对诚意慎独的讨论中，他都贯彻了一贯的思路，即反对从理欲二分的角度讨论问题，他所理解的修身也不是静坐内省式的修身，而一定要落实到具体的事情上。在修身的具体理解上，他更强调正面的修养，而反对遏制欲望。他特别严厉地批评了以遏制欲望为核心的功夫论：

  今之言学者动曰"去私""去蔽"。余以为，"道问学"其第一义不在"去私"，致知之第一义亦非"去蔽"。盖本不知者，非有物以蔽之；本未行者，非必有所私也。若五金然，其性有光，能鉴物，是"明德"也；铄之，煎之，锻之，范之，镕之，厉之，是"明明德"也。鉴受尘则拭之，有垢则磨之，是"去蔽""去私"之事也。是故崇德，"明明德"之事也；"道问学"以"尊德性"，所以"明明德"也。修慝，去蔽、去私之谓也；诚意者，崇德、修慝兼而有之者也。"好善恶不善"，非修慝也；"毋自欺"，亦非修慝也。自欺则慝也，反其不诚以几于诚，是之谓修慝也。问学之事，崇德一大端，大之大者也；修慝亦一大端，所以辅其崇德，大之次者也。今之言学者但知修慝为大端，认修慝为即以崇德，其根由于不知性善之精义，遂以未治之身为丛尤集怨之身，虽亦颇疑于性善，及其著于录也，不能不与荀子《性恶篇》相为表里。此说之不能无歧也。[①]

张寿安先生认为，程瑶田在此所批评的"今之言学者"指的就是戴震。此说相当敏锐。戴震虽然也反对理欲二分，但还是强调"去私""去蔽"，如在《原善下》中，他说："人之不尽其材，患二：曰私，曰蔽。私也者，其生于心为溺，发于政为慝，见于事为悖为欺，其究为私也。蔽也者，其生于心为惑，发于政为偏，成于行为谬，见于事为凿为愚，其究为蔽已……不惑于心，不疑于德行，夫然后乐循理，

[①] 程瑶田：《论学小记》，《程瑶田全集》第1册，第13页。

乐循理者，不蔽不私者也。得乎生生者仁，反于是而害仁之谓私。得乎条理者智，隔于是而病智之谓蔽。"① 在《孟子字义疏证》中，戴震也说："智也者，言乎其不蔽也；仁也者，言乎其不私也；勇也者，言乎其自强也。非不蔽不私加以自强，不可语于智仁勇。"②

在程瑶田看来，这些地方就是戴震对宋儒批评得还不够彻底的地方。所以他在许多地方都反复强调，修身的核心不在于"去私""去蔽""修慝"之类，而是在于更积极地崇德好善，从而使外界之恶无法侵入。虽然程瑶田很少直截了当地批评宋儒，但在这个问题上，他距离宋儒比戴震更远。

由于对诚意的极端重视，程瑶田对大学诸条目的理解也与宋儒非常不同。朱子对《大学》诸条目的理解中，格物致知是首位的，诚意则相对次要。这在《朱子语类》的好几条中都非常明显。他说："致知、格物是源头上工夫。看来知至便自心正，不用'诚意'两字也得。然无此又不得，譬如过水相似，无桥则过不得。意有未诚，也须着力。不应道知已至，不用力。""知若至，则意无不诚。若知之至，欲着此物亦留不住，东西南北中央皆着不得。若是不诚之人，亦不肯尽去，亦要留些子在。""致知者，诚意之本也；慎独者，诚意之助也。致知，则意已诚七八分了，只是犹恐隐微独处尚有些子未诚实处，故其要在慎独。"③ 因为有理欲二分之说，所以朱子认为最重要的是认识天理，格物致知就是认识天理的功夫，等到有了真知，诚意就不难了，甚至会说，致知之后自然就可以诚意。

程瑶田正是针对朱子的这个观点，说："说者只为诚意工夫是致知之后、正心之前夹缝中事，故必说在发念之初，方能不侵界限。不知此意也，以一事言，则一事之始终该之。故意之发端在一念，而诚意之功，则非一念之可毕也。"④ 程瑶田既然否定理欲二分，也就不认为认识理则是最根本的问题，而认为是否真心好善恶恶才最重要，因为这是善恶之间的分界。程瑶田与朱子一样，在原则上同意，致知、诚意、正心、修身虽然界限有四段，但四段的工夫不能截然分开，而"诚意之功，以一事言，则贯乎其事之始终；以一身言，则贯乎终身"⑤。在这个意义上，程瑶田其实更强调

---

① 戴震：《东原文集·原善下》，《戴震全书》，合肥：黄山书社，2010年，第346—347页。
② 戴震：《孟子字义疏证》，北京：中华书局，2008年，第209页。
③ 三条分别见于《朱子语类》十五、十六卷，《朱子全书》第14册，上海：华东师范大学出版社，合肥：安徽人民出版社，第483、483、522页。
④ 程瑶田：《论学小记》，《程瑶田全集》第1册，第27页。
⑤ 程瑶田：《论学小记》，《程瑶田全集》第1册，第28页。

不间断的修身。而对于致知与诚意的关系，他更正面的表述是："当其致知时，既知'仁为己任'，'死而后已'矣，此时便有好仁之意，日日好之，事事好之，所谓诚也。心即由此而正矣，身即由此而修矣，其诚意之功未尝间断也。"①

程瑶田也并没有因为特别突出诚意而忽视致知，而是仍然强调致知在诚意之前。他说："诚意为明明德之要，而必先之以致知。知非空致，在于格物。物者何？意、身、心、家、国、天下也。"② 这段话非常概括地总结了程瑶田的义理学。他不仅同样强调致知，而且是以求理的目的来求知，但所求的并非天理，而是物之理，以便可以顺物之情，尽物之性。他批评佛教"不知循物，寂守其心，此异学之所以歧也"，这也正是宋学的问题。由于程瑶田从物则的角度理解理，致知以求物理，这就构成了诚意的基础，通过诚意来顺其情，尽其性，从而使得天下万物各得其所，这正是程瑶田礼学的心性论基础所在。前文也已经谈到，他认为情出于理而妙于理，缘情制礼，使得礼也出于理，但却并不认定死理，而是曲通于情以制礼。

五、《论学小记》的结构与礼的问题

在对心性学的讨论中，我们处处可以看出程瑶田对礼的重视，而在其礼学当中，程瑶田尤其重视的是人伦。所以，他在《志学篇》中说："学也者，学为人子，学为人臣，学为人弟，学为人友之道也。"③ 这种对礼的重视与汉儒颇不同，因为他又强调："圣教安归乎？归于自治而已矣。今有能纯乎喻义而绝不喻利之人，处人伦如此，酬世务如此，夙兴夜寐举如此，尔室屋漏中如此，稠人广众中复如此，志气清明时如此，梦寐惶惑时无不如此。此其人，不亦可以立于天地间乎？"④ 这便是程瑶田礼学区别于汉学最大的地方：人伦礼制不是制度架构，而是修身之道，来自他所理解的心性结构。但这与宋学的修身之法也颇不同，因为他重视的是在人伦日用中的修身，而不是静坐体悟。他在《颜子不改其乐述》中阐释颜子之乐说："假使于人伦之中，如父不慈，子不孝，愧怍之无地，乐于何有？故曰：实事求是而能行之，此

---

① 程瑶田：《论学小记》，《程瑶田全集》第1册，第28页。
② 程瑶田：《论学小记》，《程瑶田全集》第1册，第30页。
③ 程瑶田：《论学小记》，《程瑶田全集》第1册，第13页。
④ 程瑶田：《通艺录自叙》，《程瑶田全集》第1册，第9页。

为其乐筑固灵株也。"①

由于程瑶田不把心性重点放在理欲之间，而是落实在具体事务中的诚意上，所以，"其立乎世也，必有以接乎其人也。人也者，父子、兄弟、夫妇，苟在家，毋相离也。朋友，则出而日相见者也。至于能仕，则事之者吾君也"②。学，就是在这各种人伦关系上做到无过无不及，也就是视、听、言、动皆不失乎礼。学的目的是立于世上，方法是博文与慎独，而无论博文还是慎独，都要通过礼才能完成，所以孔子说"不学礼，无以立"，所以有《博文篇》《慎独篇》《立礼篇》的安排。

在诠释礼的意义时，程瑶田也是就人伦说的："礼之于人大矣！以求之其子者而事父，以求之其臣者而事君，以求之其弟者而事兄，以求之其友者而先施，礼也。"③贤者之过，在过于礼，不肖者不及，也在于不及乎礼。要做到人伦之礼的恰到好处，就要"视不以邪色接乎目，听不以淫声受于耳，言不以游辞出诸口，动不以畸行加诸身，礼也"。在这些方面，智者之过，也是过乎礼，愚者之不及，也是不及乎礼。所以，学者要以礼自立。

所谓以礼自立，虽然要通过在与人相接的各个方面做到，但其最终的落实却在内在之德，所以《立礼篇》随后是《进德篇》释"恕"，《主让篇》释"让"，《以厚篇》释"厚"，《贵和篇》释"和"。他以为，仁是人之德，而恕是行仁之方，尧舜之仁不过终身行恕道。让之所以重要，因为它是争之反、任之对。做到不争夺，不任性，自然是礼之真意。而程瑶田以为，凡人之获令名、膺遐福，都是因为厚。最后，礼之用以和为贵，无论治己治人，都是和气招祥。这四德是程瑶田所理解的礼意所在，所以他特别重视。这是程氏祠堂障壁上写的四件事，程瑶田曾作《祠堂障壁四事书呈宗老垂示后生》以示其同族子弟。他又作《擘窠书四字说》《和厚让恕四德贯通说》两篇，来阐述这四德之义，而其晚年所号让堂，即从此中来，均收入《论学外篇》。述四德之后，程瑶田又作《大器篇》，强调有容乃大的道理。随后是《游艺篇》。因为程瑶田特别强调要在实事中体认礼意，所以尽职尽伦都必须有所落实，"夫德之能据也，仁之能依也，皆于艺乎得之"④。以上为《论学小记》前十篇，为程瑶田论学之大纲，皆以礼为归。随后则是《论学小记》的核心篇章《诚意义述》，再后面就是对

---

① 程瑶田：《论学外篇》，《程瑶田全集》第1册，第131页。
② 程瑶田：《论学小记》，《程瑶田全集》第1册，第13页。
③ 程瑶田：《论学小记》，《程瑶田全集》第1册，第17页。
④ 程瑶田：《论学小记》，《程瑶田全集》第1册，第25页。

其学说之关键概念的阐释,即"诸述篇",是对其心性论的详细阐发。

最后一篇《论学约指》,综述全书主旨,再度阐发学与人伦的关系,特别指出:"人之类,有出于君臣、父子、夫妇、昆弟、朋友之外者乎?是故五伦者,百行之本也。"①

由此可以看出,程瑶田置于《通艺录》之首的《论学小记》虽然不像他的考据学著作那样受到人们的重视,却是一部精心安排的著作,其思想关键在于否定宋儒理欲二分之说,阐发性善论,特别以诚意为功夫论的核心,而所有这些讨论都落实到人伦之礼上面,他所强调的恕、让、厚、和四德,都是礼学上强调待人接物之法的德性。《论学外篇》收入的是相关的一些散论,可以帮助我们更好地理解《论学小记》。而这正是《宗法小记》和《仪礼丧服文足征记》的用意所在。

(作者单位:北京大学)

---

① 程瑶田:《论学小记》,《程瑶田全集》第1册,第85页。

东亚家礼学

佐藤一斋《哀敬编》初探
——日本阳明学者的儒教丧祭书

〔日〕吾妻重二 著
李　洁 译

引　言

　　朱熹的学问思想即"朱子学",不仅影响了中国,还对东亚世界产生了巨大的影响。这一博大精邃的学问思想,不仅在儒教史的展开过程中在质与量上都有突出的内容,还在成为近世中国以及东亚世界各种思想的母体这一层面上,具有十分重要的意义。就日本而言,批判朱子学、产生新的日本儒教展开的伊藤仁斋"古学派"、荻生徂徕"古文辞学派"等,其思考的出发点原本都是朱子学;如果撇开朱子学的影响,恐怕也不能充分理解他们的思想。这在中国的明清时代、朝鲜王朝以及越南的黎朝、阮朝时期都是如此,那么"作为近世东亚思想母体的朱子学"这一观点,并不是夸张之言,而是在历史上有十分明确的证据。朱子学就是具有这样巨大的冲击力量。

　　关于朱子学的接受情况,只要确认一下朱熹的著作在东亚世界里是如何被广泛阅读,特别是包括《论语集注》在内的《四书集注》的普及程度就会立即明白。众所周知,在近世日本,《四书集注》的"和刻本"不仅被多次翻印,而且还有很多用日文编写的通俗易懂的解说,如溪百年的《经典余师》等。《经典余师》是自学用的教材,为了让不能上学、不会读汉文的初学者也能很好地理解,作者下了很大的功夫。此书为只懂"和文"(日语书写的文章)的平民阶层敞开了朱子学的大门。

　　如果考虑到朱子学这样的普及方式,我们就很容易明白朱熹的《家礼》被广泛阅读是理所当然的事情。虽然学界早已确认《家礼》不仅对中国,而且对朝鲜、韩国和越南也都产生了广泛的影响,但是在日本产生的巨大反响很大程度是通过近年的研究才得以明确的。这种结果表明,儒教礼仪的一面与其哲学的一面都对东亚诸国产生了重要影响。

如果仔细观察这种反响在日本是如何产生的,就会发现不仅朱子学派,就连古学系、古文辞学系、阳明学系、考证学系,甚至洋学系等不同学派的思想家都非常关注《家礼》。[1]《家礼》中展现的儒教礼仪受到各学派的极大注意。其中,冠婚丧祭中的丧礼和祭礼两类尤为引人关注。丧礼和祭礼是以父母为中心的家族的葬仪和祭祀。在日本近世时期,对父母尽孝这一"孝"的思想的渗透,引起了学者们很大的关注,产生了各种各样的研究和论述。

这里介绍的佐藤一斋(1772—1859)的《哀敬编》,便是追溯《家礼》在日本的"接受"与"变化"之时不可或缺的重要文献。到目前为止,对《哀敬编》的研究寥寥无几,今后还有待进一步研究。本文在介绍这本书的同时,还要对它的特色进行初步考察。

一、 佐藤一斋其人

佐藤一斋,名坦,字大道,通称几久藏、舍藏,号一斋、爱日楼等,是代表江户后期的儒者,作为岩村藩(首府在岐阜县惠那市)家老的儿子出生在江户,曾经成为岩村藩的藩士,但不久致仕,来到大阪向中井竹山学习。后来回到江户,投林信敬门下。不久林信敬去世,成为继任者林述斋(1768—1841)的门生。林述斋从少年时代就和一斋共同读书,是一斋的师兄,一斋发奋读书,在文化二年(1805)34岁时成为林家塾的校长,且声名远播。天保十二年(1841)林述斋去世,一斋成为昌平坂学问所的儒官。他的学术思想被称为立足朱子学,同时尝试融会王学,重视独立自主的精神。

一斋学问德性兼优,据说有弟子三千,在他门下出了渡边华山、安积艮斋、佐久间象山、横井小楠、松崎慊堂、山田方谷、大桥讷庵、东泽泻、池田草庵、吉村秋阳等幕府末期、维新时期的诸多英才。还有虽非亲炙弟子,却因他的著作而受到深刻影响的,如吉田松阴、西乡隆盛等。

---

[1] 详见吾妻重二编:《家礼文献集成·日本篇》第1—8册,吹田:关西大学出版部,2010—2019年。

他著作等身，已经出版的有《言志四录》四卷、《传习录栏外书》三卷、《小学栏外书》一卷、《古本大学旁释补》一卷、《爱日楼文诗》四卷，此外还有缩写版《爱日楼全集》五十六卷（收录于《近世儒家文集集成》第十六卷，鹈鹕社，1999年），其中的《言志四录》是他在四十余年间不断缀写的随想录，受到读者欢迎。此外，他对中国古典文献的点校被称为"一斋点"，在"四书""五经"和刻本中广泛应用。他的著作现在都收录在《佐藤一斋全集》（明德出版社，1990—2010年）中。

二、《哀敬编》及其立场

《哀敬编》为三册写本，藏于日本国立公文书馆的内阁文库，索书号190-528，开首两册名《哀编》，第三册题为《敬编》，正文是日文，汉字与片假名混用。这部书虽然在《佐藤一斋全集》中有收录，但出版方考虑阅读感受，在《全集》中把片假名都改成平假名，而且加了浊音符号和句读等，这样就和原文有了些许出入。另外，标题被统一编号，这在原文中也是没有的。

此书完成时间被推定为文化十三年（1816），其母亡故的时候。[①] 当时一斋45岁，正是作为学者的鼎盛时期，这部书也恰如其分地表现出一斋壮年时对细节的追求以及对考据方面的投入，十分可贵。只是，正如在卷名下面有"佐藤坦稿"几字所传达的那样，此书作为手稿，没有在他生前刊行。

《哀敬编》的目录如下：

第一册
哀敬编一
总论　五则
哀编上
疾病行祷于五祀　　　　　　　　死于适室
戒内外　　　　　　　　　　　　加新衣

[①] 参见高濑代次郎：《佐藤一斋及其门人》，东京：南阳堂本店，1922年，第477页；以及田中佩刀：《佐藤一斋年谱》，《佐藤一斋全集》第九卷，第813页。

举哀	讣告　告启期
立相礼者	择葬地
迁尸　帷堂	拜宾
始死奠　上食	沐浴
易服　不食	袭　敛
治棺椁	灵坐　奠
刻志名	成服
具辨	穿圹

第二册
哀敬编二
哀编下

启柩　奠　朝祖	立碑
窆	暇满
反哭	祔
虞祭	除服
作主	

第三册
哀敬编三
敬编

家庙	祭器
神主位次	立春祭
晨谒　出入	忌祭
朔望　节祠	墓祭
时祭	

关于《哀敬编》这一书名，见卷首《总论》第一条后面所做的说明（图一）。

丧祭之主意在于哀敬二字，传曰："丧礼，与其哀不足而礼有余也，不若礼不足而哀有余也；祭礼，与其敬不足而礼有余也，不若礼不足而敬有余也。"是也。……今编述丧祭之说，以哀敬为名，为令读者不失其本耳。（原文是日文）

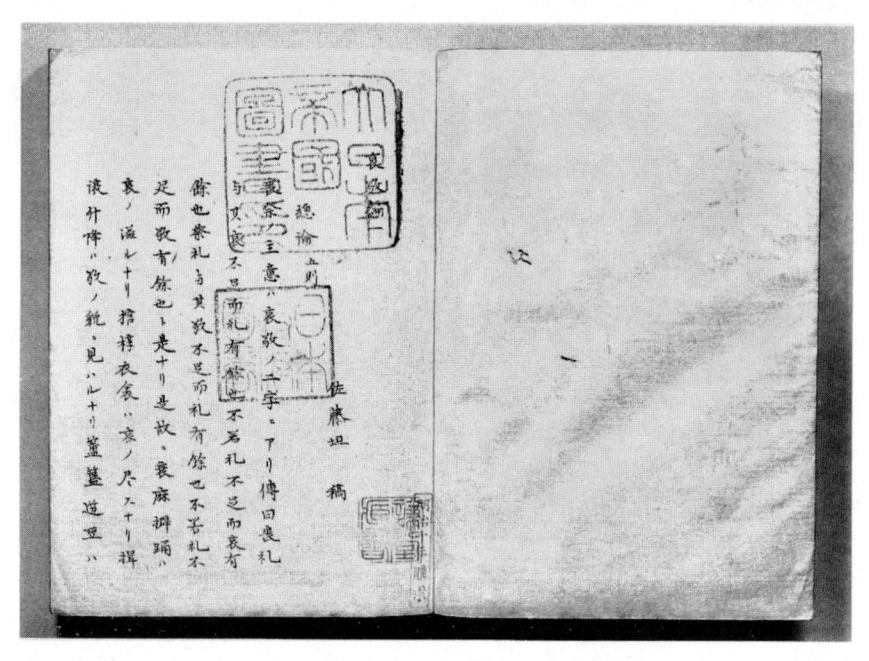

图一　佐藤一斋《哀敬编》一书的卷首部分

这里的"传曰：'丧礼，与其哀不足而礼有余也，不若礼不足而哀有余也；祭礼，与其敬不足而礼有余也，不若礼不足而敬有余也'"系引自《礼记·檀弓》上篇，意思是比起丧祭的形式，更应该重视其实质，即"哀""敬"之心。对丧祭仪式书起"哀敬"这个名称似乎很特别，但也可以说是与一斋所服膺的阳明学的出发点相一致，即相较于形式，更重视内在。第二条中"哀敬之心为我之真情所不得已"所表达出来的也是阳明学式的对不可遏止的真情的重视。

当然，一斋并不轻视外在仪式，如同第一条所说的"如有哀敬之实，则必有哀敬之文"，有"哀敬"这个实质，当然就会有"哀敬之文"，也就是哀敬之心必然具备眼睛能看到的形式——"仪文"。他并非要在仪式和精神之中二选一，而是乐观地认为仪式和精神可以并行不悖。

此外，一斋对于随"时宜"而改变礼仪是持肯定态度的。他说"仪文之起本于人心，不必泥于古制"，即认为仪式是根据人心制定的，不必拘泥古代的制度。而且他说这种思想可以从"礼从宜"(《礼记·曲礼》上)、"礼,时为大"(《礼记·礼器》)等古语中得到印证。这样一来,斟酌古礼,制作符合日本的儒家丧祭礼仪就成为此书的方针。关于这一点,同一条中说:

> 今斟酌古礼之可行者,去繁缛,就简易,或从宜以义起,要之使人能达哀敬之心。(原文是日文)

同样的言论还见于他的《言志后录》第156条:

> 邦俗丧祭都用浮屠,冠婚依遵势笠两家;在吾辈则自当用儒礼,而汉地古礼今不可行,须斟酌时宜,别创一家仪注。丧祭余尝著《哀敬编》,冠礼亦有小著,务要简切明白,使人易行耳。独婚礼则事涉两家,势不得如意,当以渐与别为要。①

这里的"汉地古礼今不可行,须斟酌时宜,别创一家仪注"清楚地表达了一斋的立场。

总之,这里表明的是他作为昌平坂学问所的林述斋的门人及该学问所后来的儒官的立场。他对于幕府的规定和日本的风俗习惯常常做出妥协,三年丧、追谥法号等办法都出于这种考虑。《朱子家礼》摒斥佛教礼仪,但一斋鉴于日本国情,对一部分佛教礼仪采取了默许的态度。

三、佐藤一斋与《四库全书总目》(《四库提要》)的关系

在当时,根据日本的国情和习俗,对中国的礼仪进行取舍的态度并不限于一斋,所有想要在日本奉行儒家礼仪的儒者都有同样的方针。不过,这里要强调的是,一斋并不认为《朱子家礼》是朱子的作品,而认为是托伪之作,这一点则是其他日本儒者未曾言及的特点。他在《言志晚录》别存第28条里说:

---

① 《佐藤一斋全集》第十一卷,第219页;相良亨等校注:《佐藤一斋·大盐中斋》,《日本思想大系》第46册,东京:岩波书店,1980年,第85页。

> 林家丧祭旧式沿《文公家礼》，公尝疑《家礼》出于假托，不欲用之。晚年自述《丧式》，余亦有《哀敬编》，经公订览。①

这里的"公"指的是林述斋，可见《家礼》为托伪之作也是林述斋的意见，而一斋的《哀敬编》曾经过述斋的订正。

关于《家礼》的假托之说，一斋在《哀敬编》第3条中说：

> 世所传《家礼》之书……恐非文公所作，若为文公之作，亦是其早年之稿本，而必非本意也。明王懋竑《白田杂著》曾细论之，清乾隆官修《四库全书总目》亦从其说。然文公之礼说，除散见于《文集》《语类》以外，另无有成书可考，则今大抵依《仪礼》次序，又斟酌《礼记》诸书而成此编，而至于《家礼》之说，则不可从者多矣……（《四库全书总目》曰：《家礼》五卷附录一卷，旧本题宋朱熹撰。案王懋竑《白田杂著》有《家礼考》，曰《家礼》非朱子之书也……）
> （原文是日文）

一斋认可清王懋竑以及《四库全书总目》的看法，认为《家礼》要么是伪作，要么是早年未定之论，并非朱子本意。②述斋和一斋恐怕都没有亲自看过王懋竑的《白田杂著》，所以把他误认为"明人"。这一条的结尾，从"《四库全书总目》曰"到"礼从宜使从俗也"为止的汉文长句的双行注，是照搬抄录《四库全书总目》的"家礼"条原文。③因为《四库全书总目》是根据王懋竑的《白田杂著》所说做出说明，所以一斋说他参考了王懋竑的说法。不论如何，日本的文化、文政时代，清朝学者的考据成果已有很多流传到了日本，一斋把这些作为新知识采纳进来。

《四库全书总目》全200卷，由纪昀等人奉诏撰修，于清乾隆四十七年（1782）完成，乾隆六十年由浙江布政使以及武英殿刊行，即所谓"浙本"及"殿本"，"浙本"流传最广。④该书何时传到日本不明，但可肯定它刊行之后不久就传至日本，文化

---

① 《佐藤一斋全集》第十二卷，第176页；相良亨等校注：《佐藤一斋·大盐中斋》，第160页。
② 然而，王懋竑以及《四库提要》的家礼托伪说，已被近年来的研究所否定。
③ 笔者参考的《四库提要》，在下一条注释中所说的北京中华书局版的《四库全书总目》第二十二卷经部礼类四"家礼五卷附录一卷"条。定本被称为"浙本"。
④ 参见《四库全书总目》出版说明（北京：中华书局，1981年）。

二年(1805)昌平坂学问所已刊行《乾隆钦定四库全书总目》四卷本。① 主导此次官方刻本的应是林述斋以及佐藤一斋,以他们两人当时的地位来判断,是毋庸置疑的。这部官刻本《乾隆钦定四库全书总目》,鉴于原书《四库全书总目》的体量过大,故把解题部分全都删除,只保留了目录部分。② 其中,关于《家礼》的记录是:

家礼五卷　附录一卷[旧本题宋朱子撰,盖依托也。]

在这里,明确记录《四库全书总目》的《家礼》假托说(括号内的是双行注)。顺便一提的是,《四库全书总目》由于卷帙浩繁,所以又编了缩略版的《四库全书简明目录》二十卷。缩略版目录于乾隆四十七年(1782)编成,并于两年后的乾隆四十九年先于《四库全书总目》刊刻。③ 这部《四库全书简明目录》在中国刊刻的九年之后就流传到日本,在宽政五年(1793)的《商舶载来书目》中已经有书名记载。④ 不仅如此,在前述官刻本《乾隆钦定四库全书总目》刊刻之前的享和二年(1802),此《四库全书简明目录》已经有了附训点的和刻本四卷刊本,只是内容到"经部"为止。⑤ 这部书的发行也有赖于一斋的推进,一斋在书序《刻四库全书简明目录序》中详细记载了刊刻的过程。⑥ 此和刻本《钦定四库全书简明目录》卷二的"家礼"条,引用如下:

家礼八卷
　　旧本题朱熹撰,据王懋竑《白田杂著》所考,盖据依托也。自明以来坊刻舛乱,殆不可读。此本为邓钟岳所刻,犹宋人原帙也。

---

① 此外,根据大庭修编著《江户时代的唐船持渡书的研究》(关西大学东西学术研究所研究丛刊一,吹田:关西大学出版部,1967年),《四库全书总目》的最早入关记录是弘化元年(1844)的书籍总账(同书第478页C),然而该书实际上在此之前已经来到日本,只是没有留下记录。根据大庭的考证,弘化元年以后,该书被频繁地带到日本。
② 如同杉山精一官刻本解题《官版书籍解题目录》(出云寺万次郎,弘化四年,1847)上"四库全书总目・无卷数・五册"条中所说,"凡卷二百,卷帙繁重,为便检寻,故删去解题,以从简便"。
③ 参见《四库全书简明目录》,上海:上海古籍出版社,1985年。
④ 前述大庭修编著《江户时代的唐船持渡书的研究》"商舶载来书目"记载,宽政五年癸丑中"钦定四库全书简明目录一部二套"(第718页D)。
⑤ 田原藩有朋馆镌藏,鹰见爽鸠、星皋点。爽鸠和星皋是田原藩的儒者。同书第一卷以外,第一卷到第四卷的"经部"被刊刻,"经部"以下的"史部""子部""集部"没有刊刻。参见长泽规矩也:《刻本汉籍分类目录・增补补正版》,东京:汲古书院,2006年,第92页。
⑥ 和刻本《钦定四库全书简明目录》卷首;另见《爱日楼文诗》卷一,《佐藤一斋全集》第二卷,第37页。

关于该书的作者问题，和官刻版的《乾隆钦定四库全书总目》一样，明确记载为托伪（参考图二）。这里《家礼》的卷数变成了八卷，恐怕是其所依据的《四库全书简明目录》的版本问题。①

上面，考据说了很多，简单地说，一斋在讨论儒教丧祭仪礼的时候，对于《四库全书总目》提要上关于《家礼》的托伪说非常重视。日本近代的儒家丧祭仪礼研究，几乎都受到《家礼》极大的影响，《哀敬编》则采纳清代考据学的观点，对《家礼》采取存疑的态度，构思了新的儒家丧祭仪礼，这作为日本独自发展儒教的尝试意义重大。

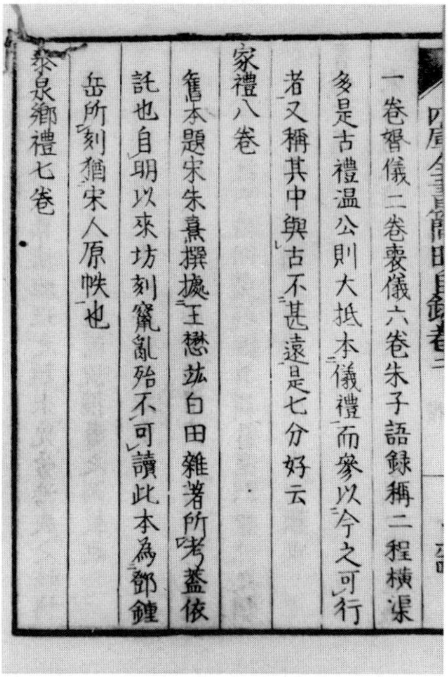
四庫全書簡明目録卷二
一卷昏儀二卷喪儀六卷朱子語録稱二程横渠
多是古禮溫公則大抵本儀禮而參以今之可行
者又稱其中與古不甚遠是七分好云
家禮八卷
舊本題宋朱熹撰據王懋竑白田雜著所考蓋依
託也自明以來坊刻竄亂殆不可讀此本爲鄧鍾
岳所刻猶宋人原帙也
泰泉鄉禮七卷

图二　和刻本《钦定四库全书简明目录》家礼条（关西大学综合图书馆长泽文库藏）

由于上述理由，《哀敬编》根据古礼以及日本的习俗，对《家礼》提出种种批判。但也不能不以朱熹的说法为根据，所以会进一步援引朱熹的《语类》和《文集》中的语句进行解释。另外，作者在引用朱熹原文的时候，并不单纯采信，而是会追踪其思想的变化，这一点让人惊讶，比如关于外亲之神主的祭祀、时祭的日期等就是如此。这些都意味着一斋曾经就这些话题对朱熹的著述做过深入的研读。

四、其他版本以及小结

这里顺便介绍一下，在关西大学综合图书馆内藤文库中藏有《哀敬编》的一个写本（图三）。此写本不是三册而是一册，卷首的目录有“总目”二字，上部栏外有几句关于文字校勘的按语。卷尾有“天保十三年岁次壬寅七月二十一日校字毕 /

① 另外，前述上海古籍出版社《四库全书简明目录》是根据广东官刻本印刷，为“家礼五卷・附录一卷”；民国二十一年（1932）的扫叶山房版《四库全书简明目录》则写的是“家礼八卷”，与和刻本相同。

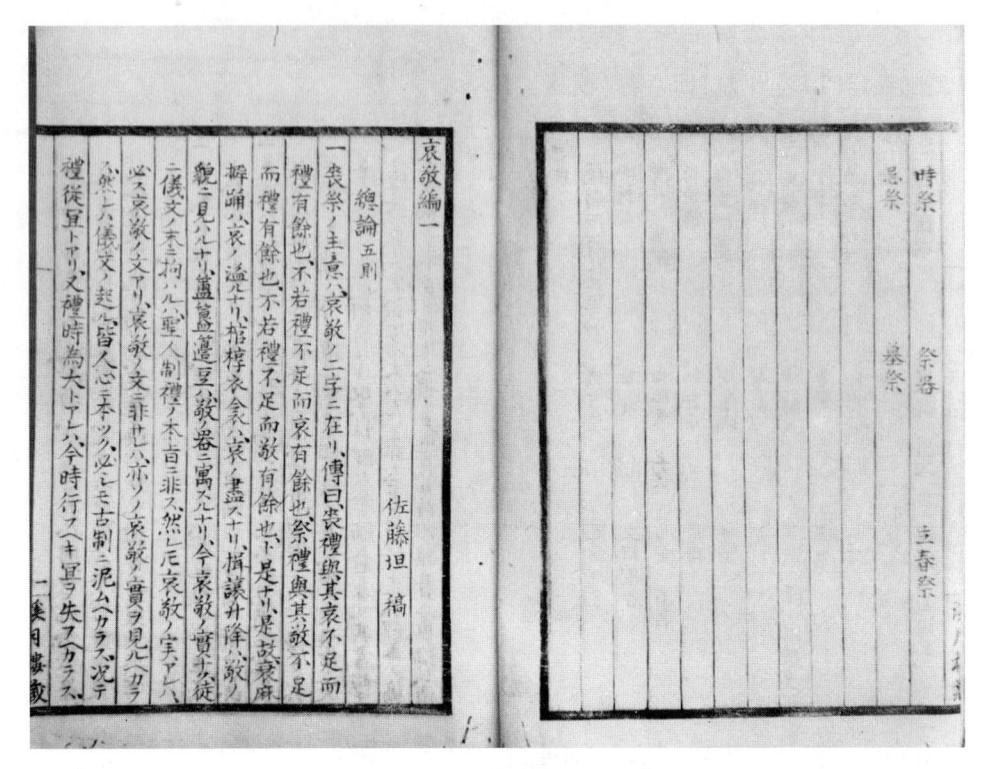

图三 关西大学综合图书馆内藤文库藏《哀敬编》

伊藤辅世"的字样,说明校订者是伊藤辅世。伊藤辅世(1791—1860)是幕府末期的朱子学者,字孟德,又字子长,号樵溪。冈藩(现在的大分县竹田市)儒者,原来学习徂徕学。伊藤辅世成年后向田能村竹田学诗,后来又从游角田九华,成为以朱子学为主的冈藩藩校由学馆的助教。[①]九华曾从学于中井竹山以及林述斋,后来成为由学馆的教授。

考察此内藤文库本,可以发现在栏外备注的位置记载文字校勘,很多与内阁文库本相一致。从这里可以推测,内藤文库本是抄写内阁文库系统之一本,并在抄写后统一加以校勘而成立的。另外,由于正文和栏外按语的笔迹一致,可以推测伊藤辅世不但是校勘者,也是抄写者。

《哀敬编》虽然没有刊刻发行,但该书的写本,除了上述地点之外,还在国会图书馆、东北大学附属图书馆狩野文库、财团法人无穷会、静嘉堂文库等处有收藏,可

---

① 笠井助治:《近代藩校的学统学派研究》(下),东京:吉川弘文馆,1970年,第1862页。

见其是广受欢迎的。另外,在明治初期写作完成、堪称日本《家礼》相关文献殿军之作的池田草庵《丧祭略仪》也摘抄了《哀敬编》的一部分。①

总之,佐藤一斋的著作《哀敬编》是一部很有特色的文献,其特色总结如下:

(1) 一斋重视诚实的心情,重视丧礼中"哀"的感情和祭礼中"敬"的感情。作为尊信阳明学的学者,能有这样的态度应该是理所当然的。《哀敬编》的书名也是由此而来的。

(2) 但这不意味着一斋忽视仪式,他站在仪式和心情并不冲突这一基本观点上,兼顾两者,撰写了儒教丧祭礼仪手册《哀敬编》。

(3) 一斋在对中国古代的礼仪选择取舍后,还根据日本的国情和习惯进行了必要的修改。特别是他站在率领昌平坂学问所的林述斋的门人,以及后来的昌平坂学问所儒官的立场上,往往需要妥协于幕府的规定和日本固有的风俗习惯。他的"吾辈则自当用儒礼,而汉地古礼今不可行,须斟酌时宜,别创一家仪注"这句话,很好地概括了一斋的立场。《哀敬编》中围绕三年丧与服期、追号(法名)等的讨论,便是很好的例子。

(4) 与此同时,很有特色的是一斋很早就关注了当时传入日本的《四库全书总目》(《四库提要》)以及《四库全书简明目录》,并根据这些文献,采用了其中所载的王懋竑的《家礼》假托说。这似乎是受到了林述斋的启发,对同时代的中国的最新学术动态采取相对应的措施,这一点很值得注意。

(5) 因此,《哀敬编》以清朝考证学的论点为基础,与《家礼》保持一定的距离,提出了相当独特的丧祭礼仪构思。

(6) 但另一方面,一斋在《哀敬编》中还对朱熹的其他著作进行了较为仔细的研究。这些研究可以说是从《家礼》出发,探求了儒教丧祭礼仪中的新发展。

(7)《哀敬编》虽然不曾出版,但其手抄本除了收藏在日本国立公文书馆内阁文库、关西大学内藤文库以外,还收藏在国会图书馆、东北大学附属图书馆狩野文库、财团法人无穷会、静嘉堂文库等。此外,还有幕末阳明学者池田草庵的抄本。因此可以得知它获得了广泛的读者,并发生浓厚的反应。

(作者单位:关西大学)

---

① 池田草庵《丧祭略仪》见吾妻重二编《家礼文献集成·日本篇8》(吹田:关西大学出版部,2019年),有影印本。

崎门派"家礼"实践与近世日本社会

〔日〕松川雅信 著

张　琳 译

一、绪　论

本文将沿着继承山崎暗斋(1618—1682)思想流派的崎门派儒者之思路，对近世后期的日本儒者怎样定位《家礼》中的殡葬仪式这一问题进行讨论。具体来说，本文将以在近世后期开创了尾张崎门派和上总道学的两位儒者中村习斋(1719—1799)和稻叶默斋(1732—1799)为研究对象进行分析。至于为何要将此二人作为研究对象，其一缘于现存的相关研究较少[1]，其二则因为二人均针对近世日本社会问题(后文详述)阐述了极具深意的观点。

毋庸赘言，伴随着历史上朱子学在东亚地区的传播扩散，相传为朱熹所著的《家礼》一书亦是影响深远。[2] 但人们一般认为，近世日本虽与其他东亚诸国一样沐浴着朱子学的春风化雨，却在最初就不具备以《家礼》为代表的儒礼(儒教礼仪)普及的土壤。譬如引领日本思想史研究的著名学者们就曾极具象征性地这样论断，"缺乏独自丧祭礼仪的儒学即是日本的儒学。……(也是一种)缺乏宗教经验的儒教"[3]，"日本近世的儒教是一种缺乏祭祀和信仰的学问、处世、治世之道"[4]。也就是说，在日本思想史研究领域的普遍认知中，近世日本儒教被理解为一种明显缺乏礼

---

[1] 近年关于稻叶默斋的研究有高岛元洋编《近世日本の儒教思想》(御茶水女子大学附属图书馆，2012年)，三浦国雄《与〈朱子家礼〉的距离》(《東アジア文化交渉研究》，东亚文化研究科开设纪念号，2012年)，细谷惠志《我が国における〈朱子家礼〉の受容について》(《東洋文化》347号，2016年)等诸多优秀研究问世，但管见之下，从与《家礼》相关的角度探讨中村习斋的研究几乎是没有的。
[2] 吾妻重二、朴元在编：《朱子家礼と東アジアの文化交渉》，汲古书院，2012年。
[3] 渡边浩：《近世日本社会と宋学》，东京大学出版会，1985年，第170页。
[4] 黑住真：《近世日本社会と儒教》，ぺりかん社，2003年，第156页。

仪层面价值的"学问"或者"道德"体系。

但是随着近年来研究的推进，我们可以说，这种理解在很大程度上是违背事实的。例如据近来吾妻重二、田世民等学者的研究成果，曾有许多近世的日本儒者对《家礼》一书表示出极大的关心，同时，亦有多数依据同书内容的儒礼实践被证实了。[1] 通过不断积累日本儒者对《家礼》一书关心和实践的事例，我们或可期待重新认知近世的日本儒教。但是，在进行事例积累的同时有一个需要慎重考虑的问题，即与同时代的中国、朝鲜等地相比较而言较为特殊的日本近世社会状况问题。下面举其中两个比较有代表性的特点。

第一，在近世日本的幕藩体制下，儒教（特别是朱子学）并未发挥正统学问的功能，因此儒教的全面社会制度化也未达成。科举制度的缺位可被看作其代表。因而在近世日本，信奉儒教的儒者基本都是自称，其中大多数不得不被看作一些毫无体制性背景的特殊技能者。以本文将探讨的近世后期为例，譬如当时深切同情儒者所处状况的中井竹山（1730—1804）与幕府老中松平定信（1759—1829）的时务对谈中的一段言论非常有名："希望有一种可在户籍上登录儒者的身份，并根据其要求允许其享有姓氏和佩刀权的制度。"[2] 竹山向当时的最高掌权者直接提出了建立承认儒者身份的制度性要求。但是众所周知，竹山的提案并未被采纳。可以说在幕藩体制下，除去藩儒的录用等形式以外，多数儒者未能获得合法地位。[3]

第二，相较儒教而言，在幕藩体制下被社会制度化的宗教是佛教。以基督教禁教为原因的寺檀制度在17世纪中叶确立其地位以后，佛教寺院对丧葬和祭祀的主导权就被官方制度化了。[4] 无论怎样强调自身的儒者身份，这些人在根本上是很难脱离寺檀制度的。也就是说，本应对佛教持批判态度的日本近世的儒者们，却是以从属于特定寺院的某个檀家的形式生活在当时的社会中。

那么在佛教被官方制度化的近世日本社会中，没有任何制度保障的儒者们又

---

[1] 吾妻重二编《家礼文献集成》1—8册（关西大学出版部，2010—2019年）、田世民《近世日本における儒礼受容の研究》（ぺりかん社，2012年）等。
[2] 《草茅危言》，《日本経済大典》卷23，明治文献，1969年，第412页。
[3] 但是藩儒也是作为大名家的家臣团成员被录用，其真正身份是武士，并非儒者，而且他们的主要公务为教育、编纂家谱以及管理文库等，对于藩政的主体性参与是很罕见的。详细内容参见宇野田尚哉：《儒者》，横田冬彦编：《知識と学問をになう人びと》，吉田弘文館，2007年；浅井雅：《藩儒の修学過程と公務》，《教育史フォーラム》8号，2013年。
[4] 圭室文雄：《葬式と檀家》，吉川弘文館，1999年。

是怎样去实践倡导"不作佛事"的《家礼》式丧仪的呢？换句话说，在近世日本的社会状况下，他们在强行实践儒教葬礼的过程中发现了何种意义呢？本文将以前述两位崎门派儒者为例，在积累事例的同时，对上面提出的问题进行考察。

二、尾张崎门派的中村习斋

儒者中村习斋曾在现今的名古屋附近传授崎门派朱子学，并为一直沿袭到明治时代的尾张崎门派奠定了学问基础。最初他曾于半官半民的尾张藩学校——巾下学问所跟随三宅尚斋（1662—1741）的门下蟹养斋（1705—1778）学习，同时积极投身于学问所的运营工作。但随着藩校明伦堂的正式开设，巾下学问所无疾而终，养斋也离开了尾张。自此中村习斋再也没有以儒者身份与藩国有任何瓜葛，余生均在私塾以教育门人为业。[①]也就是说，与大多数日本儒者一样，没有体制保障的习斋也以市井儒者的身份度过了一生。

私塾时代的习斋为了向门人传习《家礼》中的丧葬礼仪，著有简明的《丧礼俗仪》一书。在同书序文中，他认为"丰饶大户人家或可逸脱世间风俗之礼，特立独行而不至被周围之人见怪"，"贫乏小户"则不可同日而语。此外同书亦特地记载，"专为贫乏小户人家而写，使其不违反现今习俗，不损害礼之原则"[②]。此处提及的"丰饶大户人家"具体是指何人不得而知，联想到此书成书时代已有水户藩德川家及冈山藩池田家等大名家开始举行儒式葬礼[③]，或可推测竹山的此番言论是念及上述大名之家的儒礼实践状况而专门提及的。由此我们可以认为，习斋念及门下的市井之人不同于坐拥权力宝座的大名之家，专为此类市井小民正确实践儒式丧葬，又不至于过度逾越既存之风俗习惯而著述了《丧礼俗仪》一书。

在此种意图下成书的《丧礼俗仪》中，近世日本的社会状况被描述如下：

[①] 据高木靖文研究，在习斋长达47年的私塾经营过程中，入门弟子多达600人（《中村習斎"講会諸友姓名記録"にみる私塾像》，《名古屋大学医療技術短期大学部紀要》6号，1994年）。

[②] 中村得斎编：《道学资讲》卷80，名古屋市蓬左文库所藏，第1页里—第2页表。

[③] 吾妻重二：《水戸徳川家と儒教儀礼：葬礼をめぐって》，《東洋の思想と宗教》25号，2008年；同氏：《水戸徳川家と儒教儀礼：祭礼を中心に》，《アジア文化交流研究》3号，2008年；同氏：《池田光政と儒教喪祭儀礼》，《東アジア文化交渉研究》1号，2008年；近藤萌美：《江戸前期岡山藩主の先祖祭祀とその思想背景》，《岡山県立記録資料館紀要》9号，2014年等。

现今之人，一旦撒手人寰则必接受佛教葬仪。……基督教禁教以后，凡生活于此国度之人必然成为某处佛教寺院之檀家，借以证明自身并非邪教之徒，此举已成天下之大法。……无论如何崇奉儒教的儒者均不得违背此之大法。①

由此处可以看到，只要寺檀制度存在一天，就算是儒者也不能抗拒由寺院主导的现行佛教丧葬礼仪。这也同样说明了习斋为何要思考在不否定既存佛教葬仪的前提下实践《家礼》葬仪这一问题。

本来，很难全面否定已体制化的佛教这一观点也并非习斋独创，我们可以从活跃在近世中期以后的多位儒者那里看到同样的主张。比如就崎门派内部的儒者而言，浅见䌹斋（1652—1711）门下的若林强斋（1679—1732）就是其中一位。他曾经著述《家礼训蒙疏》推动《家礼》一书的普及，还曾针对弟子提出的各种佛教礼仪是否应该执行的问题这样回答："应该按照一般习俗执行。被周围人质疑的行为反而不好。"② 同样地，习斋的老师蟹养斋也曾经说过，"从属于某个檀那寺是现今之大法……无法拒绝家中设置佛坛的行为"③。另外，佐藤直方（1650—1719）门下，亦是次章言及的稻叶默斋的父亲稻叶迂斋（1684—1760）则更加明确地留下了如下发言：

自基督邪法流行、感化者结为徒党之事件（指岛原天草之乱——引者注）以降，基督教成为禁教，为将其取缔，国法遂成。天下之人即使未有皈依佛教之心，依此国法则必守佛教之宗旨，亦必成禅宗、一向宗或法华宗等寺院之檀家，即便精通古时之礼，亦难违抗此间风俗。④

对于生于17世纪中叶前后寺檀制度建立以后的诸儒来说，佛教寺院主导的葬仪乃是不可颠覆的认知前提之一。⑤ 由此而言习斋也未能免俗。

---

① 参见上引《道学资讲》卷82，第48页里—第49页表。
② 《雑话笔记》，《神道大系·垂加神道》下卷，神道大系编纂会，1978年，第23页。
③ 《居家大事记》，九州岛大学附属图书馆所藏，第45页里。
④ 《火葬论》，《迂斋先生和书集》卷1，千叶县文书馆所藏，第10页表。
⑤ 除上述崎门派儒学者以外，近世后期的佐藤一斋（1772—1859）、会泽正志斋（1782—1863）、佐久间象山（1811—1864）等儒者也表达过同样的观点。

只是在习斋的观点之中较为值得瞩目的一点是，他认为遵循体制化的佛教葬仪与朱熹所著《家礼》的思路并不相悖。譬如在《丧礼俗仪》一书中，他曾就墓碑上必须篆刻寺院所赐之戒名一事做出如下富含深意之说明：

> 多数人死后会得到一个由所属寺院僧侣决定的戒名。即使此人并非僧侣，若有戒名则刻在墓碑上亦无可厚非。原本在《家礼》一书中，于墓碑上篆刻官爵职位乃是常识，这也是朱熹根据当世习俗（"通俗"）所制定的方式。现今之日本的习俗乃是所有人都会被赐予一个戒名，我们遵从这种习俗，也同样符合朱熹自身的考虑。①

习斋认为《家礼》一书的意图在于遵循同时代社会的"习俗"（"通俗"），因此在近世日本，遵守在墓碑上雕刻戒名的"习俗"也是没有任何问题的。也就是说，执行佛教礼仪和实践《家礼》之间并不存在矛盾关系。笔者亦认为，习斋的说明并非毫无根据。因为《家礼序》中也承认，只要遵守构成"礼"之本质的"本"（名分、爱敬），那么作为具体礼仪、作法等的"文"则可以根据时代或情况的不同而随之改变，而且序文中也记载道，朱熹自身亦是根据这一思想而制定了同书的各种礼仪。② 先行研究中指出的"原则主义"③ 可以理解为朱熹礼学的基本立场，但实际上习斋对于门人，进行的是一种应在理解《家礼》原则的基础上、根据实际状况进行礼仪实践的指导：

> 读此（指《家礼》一书——引者注）之方法，乃是先听一两回师友对同书的文意、大要之讲解，理解以后再亲自涉猎各类书籍，将之推广。如此这般渐次推之广之，朱熹先生之斟酌权衡则渐入己心，方可对应万般变化。……此非我

---

① 参见上引《道学资讲》卷81，第50页表—第50页里。
② "凡礼有本有文。自其施于家者言之则名分之守爱敬之实其本也。冠婚丧祭。仪章度数者其文也。……是以尝独究观古今之籍。因其大体之不可变者而少加损益于其间。以为一家之书。大抵谨名分崇爱敬以为之本。至其施行之际。则又略浮文务本实以窃自附于孔子从先进之遗意。"（《家礼序》）
③ 吾妻重二：《近世儒教の祭祀仪礼と木主・位牌》，吾妻重二、黄俊杰编：《東アジア世界と儒教》，东方书店，2005年。

（指中村习斋——引者注）个人见解，而是朱熹先生思考并讲解的礼之要义。①

综上所述，近世后期阶段，缺乏体制保障的市井儒者无法全面否定建立在寺檀制度上的佛教葬仪，而习斋则通过将其看作世间"习俗"，实现了对佛教葬仪的某种容许。而且重要的是，在习斋个人的主观之中，容许佛教葬仪与朱熹或《家礼》的思想并不矛盾。

那么在容许佛教葬仪的前提下执行儒式葬礼的话，具体应该怎么做呢？举例来说，《丧礼俗仪》一书中曾记载，对于《家礼》中记载的"朝祖"仪式，应该如下举行：

> 朝祖是一种面对祖先的死者告别仪式。将棺木抬到先祖灵位所在之处，棺木正对灵位方向，子孙跟随其后，酝酿悲伤心情。此礼仪不仅适用于灵位，亦适用于佛教牌位。②

"朝祖"原本是对置于祠堂中的祖先灵位举行的一种礼仪③，在上述引文中可以看到，习斋认为此礼仪同样适用于佛教牌位。《丧礼俗仪》一书中明确记载了以此种佛教葬仪为前提的《家礼》丧礼实施方法。

即便如此，习斋也没有完全按照遵循"习俗"的理论，采纳所有既存风俗习惯。如前所述，《丧礼俗仪》一书的意图在于"不违反现今习俗，不损害礼之原则"。因此，损害"礼之原则"的"习俗"是无论如何都无法采纳的。例如，习斋认为下列三种"习俗"是绝对不能容许的：

> 火葬、简棺、速葬，此三项绝不可行。关于禁止理由，先儒已有明文规戒。

---

① 《一軌図資講書目講説》卷1，大倉精神文化研究所所藏，第9页里—第10页表。
② 参见上引《道学资讲》卷81，第13页表—第13页里。
③ 奉柩朝于祖。"將迁柩。役者入妇人退避。主人及众主人辑杖立视。祝以箱奉魂帛前行。诣祠堂前。执事者奉奠及倚卓。次之。铭旌次之。役者举柩次之。主人以下从哭。男子由右。妇人由左。重服在前。轻服在后。服各为叙。侍者在末。无服之亲。男居男右。女居女左。皆次主人主妇之后。妇人皆盖头。至祠堂前。执事者先布席。役者致柩于其上。北首而出。妇人去盖头。祝帅执事者。设灵座及奠于柩西东向。主人以下就位。立哭尽哀止。此礼盖象平生将出必辞尊者也。"（《家礼》丧礼）

特别是火葬,应严令禁止。即便有长者命令,亦应据理力争,禁止实行。[1]

此处可以看到,习斋认为,即使和周围人的意见相悖,也决不应该实行火葬,或使用简易棺木,抑或死后直接埋藏,尤其是火葬应该被严格禁止。[2] 也就是说,即使是既成风俗之中,也有绝不可采纳之习。而且,对于此类习俗不可被容许的原因,习斋自身并未明确说明,只是记述了"先儒已有明文规戒"。但是可以指出,这几种习俗(特别是火葬极为典型)都有损毁死者遗体的风险。

此外习斋还写到,关于《家礼》中记载过的"祠后土""志石"等,虽然不是近世日本的"习俗",但也必须实行。在《丧礼俗仪》一书中,有关二者的段落分别如下:

> 祠后土是指对埋葬地点的神明进行祭祀。崇尚儒礼者则必须执行此礼仪。……既埋棺椁,为得长久庇佑,则需向埋葬地的神灵进行祈祷。在现今的习俗之中,此项礼仪并不存在。[3]
>
> 志石在现今习俗中较不为人所知。志在圣学之人当行之。若现今儒者频繁使用志石,则有朝一日可望成为习俗。……即便家境贫寒无法树立墓碑,只有志石也是必要的。[4]

对于为何要实施"祠后土"的礼仪,或是为何必须掩埋"志石"一事,习斋还是没有解释具体的理由。只是可以看到共通的是二者均为长久保存死者遗骸所不可或缺的重要环节。具体来看,如上述引文中习斋自身也曾提到的,前者是一种祈求棺椁埋葬地神明保佑的仪式,后者则是起到了一种防止墓地被随意挖掘的作用。[5]

总的来说,习斋一方面通过对"习俗"进行遵循的逻辑实现了对佛教葬仪的容许,另一方面从保护死者遗骸的一贯立场出发,主张在破除一部分既成习俗的同

---

[1] 参见上引《道学资讲》卷82,第58页表—第58页里。
[2] 常有人说在近世社会中,土葬形式占绝大多数,近代化以前的火葬形式是极少的,这种观点是不正确的。其实,不论在近世社会的城市还是乡村,火葬的比例一直都保持在一个较为稳定的水平上。详情参见木下光生:《近世の葬送と墓制》,胜田至编:《日本葬制史》,吉川弘文馆,2012年。
[3] 参见上引《道学资讲》卷81,第23页表—第24页里。
[4] 参见上引《道学资讲》卷81,第39页表—第40页里。
[5] "盖虑异时陵谷变迁,或误为人所动,而此石先见,则人有知其姓名者,庶能为掩之也。"(《家礼》丧礼)

时，应积极实施、采用当时近世日本社会并未普遍认同的《家礼》式礼仪作法。从结论出发而言，上述习斋的观点同次章讨论的稻叶默斋的主张基本一致。

三、上总道学的稻叶默斋

晚年（1781年以后）的稻叶默斋定居于上总国清名幸谷村，当时，上总道学已在此地落地生根。默斋到来以后，决定性地推动了上总道学的发展，他也因此青史留名。[1] 上总道学是指上总国成东村的和田仪丹（1694—1744）与姬岛村的铃木养察（1695—1779）拜入稻叶迂斋门下后，将其教义普及乡里而发扬光大的崎门派朱子学的分支流派，其中心据点位于上总地方（现在的千叶县南部）的乡村地区并因此得名。曾奉职于新发田藩的默斋选择了与其父因缘深厚的此地作为晚年的隐居之所，并在余生致力于乡野教育活动。在直到近世后期也未设置藩校的上总乡村地区，儒者们也当然不可能有任何制度上的保障。

默斋对上总地方的门人们讲解了《家礼》。通过阅读他当时的讲义可以看到，默斋对于《家礼》中的"不作佛事"一文做出了极为大胆的重新解释，其内容如下：

> 阅读《家礼》之人应对"不作佛事"进行深入理解。现今之世，崇佛等同于崇敬幕府。所有人都从属于特定檀那寺，对佛教不得违背。朱熹说的"皮毛外"一语指的就是这样的情况。[2]
>
> 朱熹也说"皮毛外事可从世间之习俗也无妨"。……所以在日本，《家礼》所记"不作佛事"解释为"为佛事"比较好。[3]

令人惊讶的是，此处默斋将"不作佛事"解释为"为佛事"，他认为在近世日本的寺檀体制下，遵守寺院主导的葬礼仪式才是实践《家礼》的正确方式。也就是说

---

[1] 关于默斋以及上总道学的概要，本文参考了梅泽芳男编《稲葉黙斎先生と南総の道学》（ぺりかん社，1985年）、塚本庸《要説・上総道学の研究》（城东町，2002年）、三浦国雄《上総道学と新発田藩学の交流》（《大東文化大学漢学会誌》50号，2011年）、高岛元洋编《近世日本の儒教思想》等研究。
[2] 《家礼抄略讲义》卷2，第123页表—第123页里。
[3] 参见上引《家礼抄略讲义》卷2，第15页表—第16页里。

默斋也跟其他近世中期以后的儒者相同，对已然体制化的佛式丧仪采取了一种默认其为自明前提的态度。在我们看来，上述默斋对"不作佛事"的解释或许有些突兀，但至少他是参照了一种明确的论据来对其进行解释的。这种论据就是上述引文中默斋所依照的朱熹的"皮毛外"一语。此语出现在《朱子语类》八十九卷中的下列语境中。

> 或问："设如母卒，父在，父要循俗制丧服，用僧道火化，则如何？"曰："公如何？"曰："只得不从。"曰："其他都是皮毛外事，若决如此做，从之也无妨，若火化则不可。"泳曰："火化，则是残父母之遗骸。"曰："此话若将与丧服浮屠一道说，便是未识轻重在。"

这段话主要针对的主题是假设母亲比父亲先去世，若父亲在举行母亲葬礼的时候遵循普遍习俗，穿着佛教丧服并进行火葬的话，其子应该如何对应的问题。朱熹认为，火葬是大事，因此绝不可实行，而佛教丧服之类则是不足轻重的"皮毛外"事，所以无可无不可。也就是说，朱熹在《家礼》一书之外，通过对"皮毛外"一语的使用，实现了对除火葬以外的部分佛教丧仪的容许。那么以此类推，可以说默斋也通过对朱熹"皮毛外"一语的全面参照，进而实现了对"不作佛事"的大胆换读。虽然对我们来说，这样的解释或许难以接受，但重要的是默斋自身通过这种看似勉强的解释，实现了对体制化佛教仪式的兼容，这也正是难以撼动的历史事实。

再举个例子，默斋曾就丧礼首日死者供品的问题，认为应该考虑到檀那寺的参与而对应如下：

> 乃设奠。……死者是儒者的话本来应该上供肉类，但考虑到僧侣要来家里所以需要改成点心类。不应该在没有利益冲突的情况下惹恼檀那寺。……在这里没有必要和僧侣们发生争论，亦非该拿出《排释录》（佐藤直方的著述——引者注）的场合。所以供品应使用点心，或者根据情况也可使用葡萄或梨子。[①]

[①] 参见上引《家礼抄略讲义》卷2，第13页表—第14页里。

《家礼》一书中曾明确记载,在丧事首日应该上供"脯""醢"等肉制品。① 但是默斋考虑到檀那寺的僧人会到家中访问,认为不应该使用肉类供品,更不应该和僧侣发生不必要的争执,完全将排佛论放在了次要的位置上。在这里,默斋以一种不与寺檀制度发生正面冲突的形式展示了实践《家礼》式丧仪的方法。

但需要注意的是,如上述《朱子语类》第八十九卷引文中所提示的,朱熹虽然部分同意了佛式丧仪,但同时他也表示了对火葬实行的强烈反对。因此默斋也同样主张"采纳佛式(丧仪),丧尽一生之孝。……尤其是佛教式火葬,火烧父母身体,可说是最大之不孝"②,认为火葬源自佛教,坚决不可施行。③ 火葬是与"孝"对立的,因此必须严格禁止。那么具体在哪些方面火葬是与"孝"背道而驰的呢?默斋曾引用《孟子·滕文公》上篇,以"孝"为出发点对火葬展开了以下的批判:

> 父母遗骸自然朽腐之前,亲自将之烧却一事实在过分。烧却遗骸的念头本不应存于孝子之心。《孟子》亦言"人有不忍父母遗骸损毁之心"。具体参照滕文公上篇《墨者夷之》。④

众所周知,孟子曾对信奉墨家并倡导薄葬的夷之进行反驳,孟子回顾了埋葬仪式的起源,"孝子"之心不忍父母遗骸被遗弃野外,并被"狐狸""蝇蚋"等损毁,为了防止此种情况的发生所以当然选择埋葬遗体。⑤ 默斋的思路与此一脉相承,在上述引文中他批判道:若秉承孟子所说的"孝子"之心,则任谁都应该想要长久保存父母遗体,与此相反,亲自将父母遗体烧毁的就正是火葬。也就是说,默斋认为长久保存去世双亲的遗体才是"孝",而与此背道而驰的行为,他认为正是火葬。

---

① 乃设奠。(执事者以卓子置脯醢,升自阼阶,祝盥手洗盏斟酒,奠于尸东当肩、巾之。……)(《家礼》丧礼)
② 参见上引《家礼抄略讲义》卷1,第2页表。
③ 此外,认为寺檀制度无法抗拒的蟹养斋则立于火葬并非源于佛教的前提下,采取了一种批判火葬而非直接批判佛教的立论方式。详情参见拙稿《蟹養斎における儒礼論》,《日本思想史学》47号,2015年。
④ 参见上引《家礼抄略讲义》卷2,第59页表。
⑤ "盖上世尝有不葬其亲者。其亲死,则举而委之于壑。他日过之,狐狸食之,蝇蚋姑嘬之。其颡有泚,睨而不视。夫泚也,非为人泚,中心达于面目。盖归反蔂梩而掩之。掩之诚是也,则孝子仁人之掩其亲,亦必有道矣。"(《孟子·滕文公上》)。

为此默斋认为，为了长时间保护父母遗体并实现"孝道"，在丧仪中最重要的就是隆重制作棺椁的环节：

> 《家礼》丧礼的记述中最为重要的是"治棺"。棺木是父母死后的隐居之地，因而通过棺木制作的好坏可以直接判断儿女的孝或不孝。……父母生前所居之处若发生损坏，可以马上修复，而棺木不可如此，因此绝对不能出现丝毫差错。《孟子》之中也曾记载，丧礼之中最重要的环节正是对于棺木的细致制作。①

上述引文认为，通过是否细致地制作棺木就可以马上判断人的"孝/不孝"。由此默斋认为需要仿照《家礼》记载，制作一种灌注沥青（松脂）的牢固棺木，并且在《丧埋之书》《葬之心得》等其他实践手册中详细地指示了棺木的制作方法以及下葬的顺序。另著别册来专门介绍制作棺木和下葬的顺序正说明了默斋对于遗骸的保存是多么重视。

此外，在默斋的观点之中富含深意的一点是，当时他已经认定，可以既采纳旧有的佛教丧仪，又能实现对埋葬遗骸的坟墓的长久保存。换言之，对于默斋来说对基于寺檀制度的佛教丧仪的容许，并不意味着某种妥协或让步。又比如，在《丧埋之书》中默斋主张，应积极采纳寺院赐予的戒名并将其雕刻在墓碑上②：

> 对于坟墓来说最重要的是被永久保存。因此应在墓碑正面刻上"某左卫门之墓"，在其右侧和后面则应该注明名讳、出生地、生卒年、戒名等。特别需要刻上戒名，因为戒名对应着寺院保存的"过去帐"，不会出现时间一长就无法判别是何人之墓的情况。这种方式正是永久保存墓穴的方法。儒者多以刻戒名为耻，其实是一种不知如何长久保存坟墓的浅薄想法。③

---

① 参见上引《家礼抄略讲义》卷2，第7页里。
② 《丧埋之书》成书于默斋移居上总前的1751年，但在上总地区该书也作为抄本被流传一时。特别是1847年的抄本附记中，写有"自此书由城东村武兵卫传来以后，城东村的下葬方式采用古礼的事例渐多。武兵卫继承了默斋先生的志向，可以说是一位重礼之人"（第15页里）。从此处记载可以看出，在上总道学的门人之间有不少基于该书的丧仪实践。
③ 《丧埋之书》，千叶县文书馆所藏，第9页里—第10页表。

修墓时间一长，墓主为何人常难以追溯。这样一来，坟墓难免遭人毒手。而默斋认为，若在墓碑上刻上戒名或可在某种程度上降低这种风险。原因是墓碑上所刻的戒名对应着寺院保存的"过去帐"，修墓时间再长，只要坟墓仍处于寺院管理之下，那么墓主自可查询。而不知此事，只把戒名当耻辱的儒者，因为未能看清问题本质而沦落为默斋的批判对象。由此，当时寺院主导的丧仪已经成为体制的一部分，而默斋认为面对此种现状，反而应该积极去利用。

参照上述默斋的论述，前一章中村习斋在论及遵循"习俗"必要性的同时，却主张在遗骸保存方面的礼仪作法上脱离"习俗"的理由也算是真相大白了，即习斋也认为"孝"才是葬礼的本质，其愿望在于长久保存双亲遗骸。反过来也可以说，习斋、默斋均认为，只要通过保存遗骸实现"孝"道，那么丧礼的其余部分掺入佛教要素也没有太大关系。

那么，"孝"为何如此重要呢？当然，若把"孝"看作儒教伦理基础的话，则自称儒者的二人重视"孝"倒也无可厚非。但是如前所述，他们如此重视"孝"的背景里，却有着近世日本社会的特殊状况。默斋曾就《家礼》"大敛"一处做出以下评论：

  死后三日之内，过世的父母或有苏生可能。若为孝子，当然盼望父母复活。正如《礼记》所言"犹俟其复生"一文。听闻如此言论，世人都会抱怨说："看看这帮儒者说的话。"……父母过世以后世人总想尽快掩埋其遗骸，因为他们并无"孝"心。父母过世之际都没有孝心的话，那何时才会有呢。……对于儒者的此番言论，世人也许会指指戳戳，说"儒者都是些不着调的人"吧。但只有被认为是"不着调"的，那才是真正的儒者。……和世人举行不一样的丧礼，正是实践朱熹《家礼》的意义。①

众所周知，《家礼》中明文记载了须在死后三日才能将死者入殓。②在上述引文中默斋以"孝"为出发点解释了为何要停尸三日的理由。他认为想尽

---

① 参见上引《家礼抄略讲义》卷2，第21页里—第22页里。
② "大敛……小敛之明日，死之第三日也。司马温公曰：礼曰：三日而敛者俟其复生也，三日而不生则亦不生矣。故以三日为之礼也。"（《家礼》丧礼）

快将父母下葬的世人缺乏"孝"心，但同时默斋也承认世人不会那么快就采纳《家礼》中的丧葬方式。"看看这帮儒者说的话""儒者都是些不着调的人"等世人的嘲笑是无法回避的。尽管如此，默斋在停尸三日的必要性上也没有做出任何让步。不仅如此，他反而认为"只有被认为是'不着调'的，那才是真正的儒者"，"和世人举行不一样的丧礼，正是实践朱熹《家礼》的意义"。他在此强调，即使是偏离俗世常识，也要遵循《家礼》实现"孝"道，这才是儒者应有的姿态。

在此可以看到，对于默斋来说，"孝"的实现成为支撑其"儒者意识"的重要因素。换句话说，为了表明自己是一个真正的儒者，其手段就是去实践"孝"道。笔者在文章一开始就讨论过，在近世日本社会中，儒者没有任何制度上的保障。那么就需要在制度以外的地方寻找儒者的身份或存在证明。正确的实践丧礼并实现"孝"道，也起到了这样一种证明身份的作用吧。

四、结　　论

中村习斋、稻叶默斋面对近世后期基于寺檀制度，且已经内化的佛教丧仪，展示了一种可与其兼容的儒教丧仪的实践方式。重要的是，他们在展开各种讨论的过程中，强调了对佛教的容许也符合朱熹的思想。在已有的对近世日本儒学者的佛教观的研究中，排佛论或儒佛争论等对佛教的批判论侧面出现的较多，但是若仅限儒礼实践问题而言，并不可一概而论。

但是，他们并非对包括佛教在内的一切习俗都采取包容的态度。从"孝"的观点出发认为需要长久保存父母遗骸的二者均认为，火葬等损毁遗体的习俗是需要被严格禁止的。同时，通过正确实践丧仪来实现"孝"道，也在缺乏制度保障的近世日本社会状况下，在某种程度上起到了支撑儒者们"儒者意识"的作用。以上内容可以概括为本文的主要论点。

那么，在制度化的佛教丧仪成为主流的近世，他们所提倡的在下葬地点施行"祠后土"仪式，掩埋"志石"或制作浇灌沥青（松脂）的牢固棺木等，是否真的实现了呢？换言之，习斋、默斋倡导的以"孝"为出发点的遗体保存方法，在当时的寺檀体制之下是否有真实的可操作性呢？从结论而言，笔者认为在一定程度上，这些是可能实现的。[1]因为根据近年的民俗学墓制研究来看，虽说在近世日本佛教丧仪较为普遍，但寺院也并非管辖一切，尤其是与下葬相关的礼仪作法方面，其具体实施基本都委托民间自行进行。[2]也就是说，寺院并没有过多参与遗骸的处理和下葬环节。更有趣的是，在近世后期真正举行了儒葬的人们留下的史料当中可以发现一部分支撑上述观点的言论。比如山科道安（1677—1746）和上原立斋（？—1854）就曾分别有如下论述：

> 现今世道，不做"佛事"绝无可能。地面上的事均须依从一般风俗，地面下的事却无强制法令，虽有习俗僧侣们也不会插手。[3]
>
> 丧仪相关事项均被委托给僧侣，这也是现在的规定，所以很难排除僧侣举行丧仪。在寺院举行的各种佛教礼仪都交给僧侣，而下葬等需要在家庭举行的礼仪，在提前同寺院商量的基础上，不委托给僧侣办理比较好。[4]

在寺檀制度已近完备的近世后期日本社会中，没有体制背景的儒者们即使对佛教持批判立场，也很难忠实再现《家礼》中的丧仪形式。但是仅就遗体下葬这一点而言，或可通过主观努力来实现某种形式的儒葬，上述史料也可成为旁证。或许，在披着佛教形式外表的近世墓穴中，有很多是采用了《家礼》埋葬方式的遗骸呢。[5]

（作者单位：日本学术振兴会）

---

[1] 另外，尾张崎门派上总道学的门人们依据习斋、默斋的所论举行了葬礼一事可以在史料上确认。上述结论与本文主题相隔较远因此割爱，详细内容在以下的拙稿中已有论述，可同本文一道参考：《寺檀制下の儒礼》，《立命館史学》37号，2016年；《近世後期における闇斎学派の思想史的位置》，《日本思想史研究会会報》34号，2018年；《稲葉黙斎の喪礼実践論》，《日本思想史学》50号，2018年。

[2] 岩田重则：《墓の民俗学》，吉川弘文馆，2003年；《"お墓"の誕生》，岩波书店，2006年。

[3] 山科道安：《丁憂箚録》，神居文彰：《〈丁憂箚録〉にみる死生観》，《佛教大学総合研究所紀要》8号，2001年所引，第50页。

[4] 上原立斋：《川島栗斎宛書簡》，川岛栗斋：《喪葬私考》，小浜市立图书馆所藏，第87页里。

[5] 松原典明依据考古学调研，证实了有较多地上构造为佛教式，地下构造为儒式的近世坟墓的存在（《近世大名葬制の考古学的研究》，雄山阁，2012年）。

近世日本丧葬礼仪的实践与转化*

田世民

一、前　　言

朱子《家礼》（冠昏丧祭礼仪典范）是一部影响东亚世界既深且远的经典文本。朝鲜、日本、琉球或越南的知识人在接受和实践源自中国的《家礼》或传统儒礼时，势必脱离原本的脉络（"去脉络化"）以后，才能落实（"再脉络化"）在自身的社会之中[1]，尤其是朱子在编纂《家礼》时已意识到部分古礼不合时宜，必须对礼文、礼器有所变革，并采纳部分俗礼以合于现实社会。例如，朱子创设古代所无的"祠堂"之制，而且其中的制度颇多是采用俗礼。朱子说："然古之庙制不见于经，且今士庶人之贱亦有所不得为者，故特以祠堂名之，而其制度亦多用俗礼云。"（《家礼·通礼》）不过，其终极目标还是为了保存、实践儒家传统礼仪的礼意。

中国以外之其他接受《家礼》等礼仪的东亚知识人在保存、实践儒家礼仪的礼意方面，基本上是一致的。近世日本朱子学者浅见䌹斋（1652—1711）即赞同朱子采用俗礼以建立制度的做法，并且说："以此方(指日本)言，尊祖先、奉于祠堂是天地自然之理，唐(指中国)与日本莫有相异。但其立之制，此方应有不同。朱子若生于日本，亦为此方之家礼。"（《家礼师说·通礼》）䌹斋认为，如果朱子生在日本的话，一定会考虑日本的风俗，制作符合日本现实的家礼。然而，日本儒者将儒礼再脉络化于自身的土地时，在礼文、礼器的诠释和变通上，较朱子或明清士人所意识之时间的隔阂，更多了空间上的差异性。

---

* 本文为台湾大学高等教育深耕计划—核心研究群子计划"近世日本儒教礼仪与佛教及神道的交涉和演变"的部分研究成果。
[1] 有关"去脉络化"与"再脉络化"的概念及方法论，请参见黄俊杰：《东亚文化交流史中的"去脉络化"与"再脉络化"现象及其研究方法论问题》，《东亚观念史集刊》第2期，2012年。

本文举出日本丧葬礼制的几个事例,并从脉络性转换的视角来探讨江户时期的知识人如何兼顾日本的制度与习俗,并对礼文制度加以转化及诠释以实践儒家礼仪。

二、心丧与服忌

中江藤树(1608—1648)是日本近世初期的儒学者,他不但重视孝的思想,亦重视朱子所著的《家礼》。藤树本人虽无《家礼》方面的专著,但现存于藤树书院里迄今仍奉祀不辍的藤树神主即是按照《家礼》的神主式所制,粉面文字作"显考惟命府君神主",其右侧的夫人神主也采用同样的形式。[1] 藤树在正保元年(甲申夏,1644)回答冈村伯忠(按:不详,盖为藤树门人)的书简《答冈村子》里提到身为人子如何为至亲守丧的心法,藤树写道:"身为养子者为本生父母服周年之丧(按:他本有'为养亲三年'),心丧亦以此为期。"[2] 来信的冈村子盖为养子并以服丧之期为问,故藤树有此回答。他指出,养子为本生父母守丧周年,为养亲则三年,如果无法长期守丧而代以心丧的话亦以此为期。

朱子《家礼》服制规定为父斩衰三年、为母齐衰三年等,依照亲疏关系而有明确的丧服及丧期。在近世日本,幕府于贞享元年(1684)制定颁布了"服忌令"[3],以规范服忌的期间。根据该服忌令,为父母忌五十日、服十三月;为养父母忌三十日、服百五十日。藤树之时尚未颁布正式的服忌令,他所说的为本生父母守丧周年大致符合服忌令"服十三月"的规定,而为养亲三年的说法则远远重于服忌令的"服百五十日"。可见藤树重视养亲与养子间的伦理价值,认为养亲之恩更甚己亲,须服比本生父母更重的丧期。

接着看藤树所说的心丧。如前所述,一般而言三年是为父母服的丧期,而三年心丧则是弟子为亡师守丧,犹如对亡亲所尽之礼一般,三年期间内心哀悼、谨慎行事以尽礼。《礼记·檀弓》曰:"事师无犯无隐,左右就养无方。服勤至死,心丧三

---

[1] 相关的介绍参见吾妻重二:《藤樹書院と藤樹祭:〈家礼〉の実践》,关西大学亚洲文化交流研究中心通讯:《環流》第6号,2008年,第14页。
[2] 《藤树先生全集》第二册,第385页。
[3] 有关近世日本的服忌令,参见林由纪子著:《近世服忌令の研究:幕藩制国家の喪と穢》,大阪:清文堂,1998年。

年。"可见藤树将原本为师守丧的心丧转化成为至亲服丧的方法。其实，在日本一般人在忌五十日之后即恢复正常生活，只是不前往神社参拜而已。如此一来，服十三月仅存形式上的意义。为了尽到人子守丧三年之礼，藤树采用了心丧之法。之后，中井竹山等近世日本儒者为了遂行三年丧服之礼，普遍有强调与实践"心丧三年"的情形。例如，竹山在回答门人有关服丧的疑问时曾提到中江藤树的心丧说，他写道："凡孝子慈孙忠厚之人似拘于时制而全然不得尽其本意，然调停此二者，既不背时制亦得表其寸心，情文皆可得宜者则心丧者也。心丧无定制，轻重在各自揣其分从宜而行之。心丧之事见于藤树书简，此书定有贵藏，可就其考之。"[①]竹山认为，为了调停时制与服丧本意，最得宜者莫过于心丧，并且提到心丧之事见于藤树书简，要求弟子参阅考究。

因此，藤树不仅实践《家礼》还率先提出心丧之法，对近世日本的儒礼实践来说实具有指标性的意义，尤其是近世日本施行寺请制度并颁布服忌令之后，心丧更成为市井的儒者们缘情以遂行服丧之礼的重要依据。

三、点 主 仪

水户藩自第二代藩主德川光圀（1628—1700）以降举藩上下实行儒礼不坠。光圀曾命儒士根据朱子《家礼》编撰藩士实践儒礼的礼仪书《丧祭仪略》，该书以抄本行并历经多次的改订。

在改订过的《丧祭仪略》里，有关题神主的段落写道："于墓地匆忙题写，有笔误之虞。故初书陷中粉面，只留主字上一点。此时，于初书陷中主字题点，次题粉面，以行礼。"意思是说在墓地临时题主难免有误，先将神主之陷中粉面题妥，仅留"神主"之主字上一点（即仅题写"神王"），到了墓地后再题上陷中、粉面"主"字之点，以完成题主之礼。

这样的"题点"仪式在水户藩并不是一开始就有的。例如，第一代藩主德川赖房的葬仪时，是由书法家真幸正心直接于墓地题主。[②]但是，光圀葬仪时题主之节，

[①] 中井竹山：《答加藤子常》，大阪大学附属图书馆怀德堂文库藏抄本《竹山先生国字牍》（抄写年不明），无页码。
[②] 水户史学会：《史料翻刻〈慎终日录〉（威公）》，《水户史学》57号，2002年，第120页。

如记录所示,"(梅村)源七先题陷中之点,次题粉面之点",于墓地仅题神主之点。还有,恭伯世子葬仪时,题主之礼于江户举行,陷中、粉面分别由医师法桥今井元昌和田中石云题写,之后由丧主纲条题上"主之主之字之点"①。

换言之,从以上例子可以得知题主之仪在水户藩里渐渐转变为"题主之点",或者说"题点"已逐渐成为葬仪惯例。

值得一提的是,大阪的书院、怀德堂诸儒的儒礼实践,亦有与水户藩相同的题主仪式。怀德堂第二代学主中井甃庵(1693—1758)著有《丧祭私说》一书。该书初稿成于1721年,甃庵辞世后,1760年由长男竹山、次男履轩共同补订增补而成。值得注意的是,该书中也有叙述"题点"的文字,曰:"主人盥手出主,卧置于卓子上,其陷中主面皆豫题之,但留主面主字一画不书。至此填之,既毕,奉置于卓子上。"②《丧祭私说》的补订者中井竹山表示,之所以这么做是因为题主之仪在天色昏暗的墓地难以为之,且书法家难得之故。

其实,"题点"之仪并不见于《家礼》,而是明清以降民间的俗礼,一般称为"点主"。③而且,点主仪不单单是因"昏黑"之中不方便题写、没有善书者,或是避免笔误,其中更具有另一层含义,亦即由点主之仪,使灵魂凭依至木主,而让"神主"正式成立。在台湾丧礼中的"点主"仪式,甚至有"反凶为吉"的象征意义,例如吕理政即指出:"目前台湾丧礼中,凡家中奉祀小龛式公妈牌者,在出葬点主时是以魂帛点朱,题'王'为'主',即象征反凶为吉,迎魂帛'返主',俟除灵时烧却魂帛,而将祖先名讳填入公妈牌中。"④

---

① 水户史学会:《史料翻刻〈慎终日录〉(义公、恭伯世子)》,《水户史学》56号,2002年,第93、96页。
② 引自大阪大学附属图书馆怀德堂文库藏抄本《丧祭私说附幽人先生服忌图》(抄写年不明)"送葬"题主条,原汉文,无页码。另参见高桥文博:《〈喪祭私説〉における"家礼"受容:徳川儒教における仏教批判の一方向》,《懐徳》61,1993年,后收入氏著《近世の死生観》,東京:ぺりかん社,2006年,第120—138页。
③ 有关点主之仪,参见王尔敏著:《明清时代庶民文化生活》,台北:"中央研究院"近代史研究所,1996年,第5章《日常礼仪规矩》,第63—91页;李秀娥:《台湾传统生命礼仪》,台中:晨星出版社,2003年,第153—155页;石奕龙:《中国民俗通志(丧葬志)》,济南:山东教育出版社,2005年,第369页等。另外,台湾民间的葬礼至今仍习用点主之仪。以家礼书为例,清初龙溪吕子振的《家礼大成》至今仍广为印行,书中载点主之仪,曰:"请点主官吉服到山。孝男在道旁跪接。孝子转跪中央面朝上。两手在背后负主。点主者将朱笔指日。再与其子孙呵转。向主点毕。执事者扶主安座上。点主者再鞠躬。主人拜谢。宾答拜。跪送点主者就寓。"引自龙溪吕子振羽仲辑,鹭江杨鉴晓潭重校:《家礼大成》,台北:武陵出版有限公司,2005年,第270—271页。
④ 吕理政:《传统信仰与现代社会》,台北:稻乡出版社,1992年,第五章《汉文化的传统丧礼》,第130页。

由此可见，不管是水户藩或是怀德堂儒者的题主仪都采用了明代以降的点主仪，并且视之为在墓地无法妥善题主的权宜措施，而不考虑（或是淡化）该仪式所具有之"神灵入主"的象征意义。

四、龟趺

龟趺是龟形的石碑台石，一般用于墓前碑（神道碑）或是名人事迹及神佛的显彰碑。

根据平势隆郎指出，墓前碑在东汉的豪族墓葬中已经出现，其中有以龟趺为台石的。初期在碑身或台石上表现为青龙、朱雀、白虎、玄武等四神，之后玄武的造型分离为台石的龟趺与碑身上部的螭首，并且成为固定的形式。在唐代，五品以上的人可以建造龟趺碑。[1] 到了明代，《明会典》洪武二十九年规定"三品以上"可使用龟趺；同时，明礼令也有龟趺的相关文字，规定："五品以上许用碑龟趺螭首，六品以下许用碣方趺圆首。"[2] 原本这两个规定并存，后来仅残存五品以上的规定。而且，"一般而言，唐朝皇帝不建造龟趺碑，皇帝以下地位的人们才建造龟趺碑，在新罗等国则是于王者的墓前立碑"[3]。

在朝鲜半岛，高丽时代佛教界有禅宗及教宗两大势力，并且各有僧阶的规定，从下位依序而言，禅宗有大选、大德、大师、重大师、三重大师、禅师、大禅师；教宗则有大选、大德、大师、重大师、三重大师、三重大师、首座、僧统等位阶；而得以建立龟趺塔碑的都是具有第五位大师以上地位的高僧。由此可见，高丽援用了唐朝允许五品以上者建立龟趺碑的规定，并将其转化为僧阶在第五位以上者得以建立龟趺塔碑的规定。[4] 到了李朝，儒教取代了佛教的地位，在立碑的规定方面，二品的高官可建立龟趺碑，而这个规定很明显是援引明朝允许三品以上者可立碑的规定并略做调整。但是，平势隆郎指出，这个许可三品以上建立龟趺碑的规定，是当时明朝

---

[1] 平势隆郎：《东亚册封体制与龟趺碑》，高明士编：《东亚文化圈的形成与发展：政治法制篇》，台北：台湾大学出版中心，2005年，第22—23页。
[2] 平势隆郎：《日本近世の亀趺碑：中国および朝鮮半島の歴代亀趺碑との比較を通して》，《東洋文化研究所紀要》121，1993年，第9页。
[3] 平势隆郎：《东亚册封体制与龟趺碑》，第23页。
[4] 平势隆郎：《东亚册封体制与龟趺碑》，第35页。

早已放弃不用的。他说："虽然明朝制定了允许三品以上高官立碑的规定，但是当时复古运动隆盛，时人似乎相当热烈地讨论唐朝许可五品以上立碑的规定。结果，五品以上的规定留存下来，三品以上的规定却不再被考虑了。"[①] 因此，这表示李朝遵行明朝业已废弃的法令，并规定二品以上的高官才能建立龟趺碑。

在日本，公元三世纪至六世纪之间是统治阶层兴筑古坟的主要时期，但在七世纪颁布《大化薄葬令》之后，随着古坟的消失，作为古坟地目标石碑也跟着消失了。到了中世，虽然有营造五轮塔、宝箧印塔等较为大型的墓塔，但是却未建立石碑。到了江户时代，各地的大名领主开始营造大型墓葬，初期是制造大型的五轮塔或宝箧印塔。"不久，在各个大名的封建领地上，开始营造大型的墓石。这可以说是古坟时代的复活。"[②] 而且，这些大名在墓葬时，有建立龟趺碑的情形。例如，水户德川家、会津松平家、山口毛利家、冈山池田家[③]，以及鸟取池田家等大名的墓所里都建有龟趺碑。

除了大名墓葬的龟趺碑，还有一些表彰名人或高僧事迹的显彰碑，也有设置龟趺的情形。例如，较为早期的例子有永井直胜（1563—1625）的颂德碑。永井直胜是江户前期的大名，曾侍奉德川家康及信康父子，并且在天正八年（1584）的长久手合战中大胜敌方大将池田恒兴，战功彪炳，其后成为下总国古河（现茨城县古河市）七万二千石的大名。该颂德碑的碑文成于永井氏逝后第十三年的宽永十四年（1637），为大儒林罗山所撰文，其文最后有铭，曰："永井家谱，大江之后。（中略）龟趺载名，百世传远。"[④] 实际的碑石建立较晚，目前永井直胜颂德碑现存有三座[⑤]，其中位于京都市悲田院（永井家的菩提寺）里的颂德碑建立于正保四年（1647），兴圣寺（京都府宇治市）及永井寺（茨城县古河市）的颂德碑则建立于庆安二年（1649），其中只有悲田院里的颂德碑是龟趺碑。

由于龟趺碑所牵涉的问题很广，这里仅扣紧武家官位与龟趺之间的关系来看ア近世日本墓葬礼制的脉络性转换。简言之，这些在墓葬建立龟趺神道碑或龟趺

---

① 平势隆郎：《东亚册封体制与龟趺碑》，第24页。
② 平势隆郎：《东亚册封体制与龟趺碑》，第27页。
③ 但是，有建立龟趺碑的是池田辉政的墓，光政之墓则是方趺的形式。根据吾妻重二的研究，这是遵循明礼的《稽古定制》。参见吾妻重二：《池田光政と儒教喪祭儀礼》，《東アジア文化交涉研究》创刊号，2008年，第83页。。
④ 国文学研究数据馆数字数据：肥前岛原松平文库（长崎县）藏《右近大夫永井月丹居士碑铭》写本，无页码。
⑤ 豆田诚路：《永井直勝の事績形成と林羅山》，《碧南市藤井達吉現代美術館研究紀要》2号，2013年。

墓石的大名，大部分都具有三位以上的武家官位。例如，水户德川家第一代藩主赖房是正三位，第二代光圀以降都是从三位。有"姬路宰相"之称的池田辉政是正三位，会津藩的保科正之虽是正四位，但曾受天皇赐予从三位中将，却只接受中将而辞退从三位。山口毛利家历代藩主均取得四位的武家官位，但是从建立龟趺碑的毛利吉就以来，却将祖先之姓"大江"刻在墓石上，原因是其先祖大江言人在古代是取得三位律令官位之人。另外，鸟取池田光仲的祖父就是上述正三位的池田辉政。[1] 由此可见，江户时代的大名们在墓所建立龟趺碑，是以《明会典》洪武二十九年定"三品以上"的规定作为准据，并将其转化为武家官位的"三位"。平势氏亦分析指出："各个大名建立龟趺碑，三品是一个标准，离开这个标准时，人们会议论它是因为什么理由而建立的。"[2]

五、结　　语

以上以心丧与服忌、点主仪，以及龟趺碑为例，来探讨丧葬礼仪在江户时代经过脉络性转换具体落实在日本社会的情形。除此之外，在其他丧葬祭祀相关的礼器上面，例如神主（以"纸牌"代替神主、魂帛）、棺木（以"坐棺"取代"卧棺"）、铭旌（以"墓标"代替铭旌）等，都能看到日本知识人试图缘礼从俗，对礼器的制作进行脉络性的转换，以达到实际行礼的目的。从这个角度来观察日本的儒礼受容，更能清楚地理解社会史脉络下礼仪实践的意义。

（作者单位：台湾大学）

---

[1] 平势隆郎：《东亚册封体制与龟趺碑》，第31—32页。
[2] 平势隆郎：《东亚册封体制与龟趺碑》，第33页。

朝鲜朝后期变礼书的发展
——以《礼疑类辑》为中心

〔韩〕张东宇

一、前　　言

《家礼》最晚在14世纪初传入朝鲜半岛,时隔一个半世纪后,在《高丽史·礼志》(1451)和《世宗实录·五礼》(1454)的基础上,《国朝五礼仪》(1474)得以完成。《国朝五礼仪》的成书意味着,从国家典礼到私家仪礼,通过对《家礼》高水平地再建构而形成的行礼标准指南由国家主导刊行。这是因为《国朝五礼仪》不仅囊括了国家典礼,还记载了《文武官冠仪》《宗亲文武官一品以下昏礼仪》及《大夫士庶人丧》《大夫士庶人四仲月时享仪》等品官和士庶人的冠礼、昏礼、丧礼、祭礼等仪礼的行礼规范。

从16世纪后期开始,在儒教知识分子的努力下,《家礼》的研究正式开展。一直致力于确立行礼规范的《家礼》研究,在17世纪初取得里程碑式成果,进入18世纪后期发展到顶峰。为使在"12世纪的中国"出现的《家礼》适应"16世纪之后的朝鲜",儒教知识分子在明确《家礼》名物度数的含义,探寻名物度数的渊源,修改、新增《家礼》规定等方面做出了诸多努力。《家礼》研究的进展正是在此基础上取得的。

如果说确定名物度数的含义,探寻名物度数的渊源,属于将制礼精神通过训诂或文献考证的方法来加以确立的广义考证学,那么修改《家礼》的规定使之本土化,或对《家礼》中的规定进行补充以提高行礼的可行性,则属于在明确的制礼精神的指导下对礼加以变更,即变礼。由此取得的变礼成果又用于修改行礼的标准指南,或以附则的形式被活用。因此,考证为变礼服务,变礼以行礼为目标。基于此,朝鲜时代《家礼》研究的特征可概括为以行礼或施行为中心。[1]

---

[1] 李俸珪:《通过与明清朝的比较考察朝鲜时代〈家礼〉研究的特色与研究方向》,《韩国思想史学》第44辑,韩国思想史学会,2013年,第234页。

18世纪之前，对行礼、考证及变礼的研究均独立展开[①]，到18世纪末出现了将三个层面的研究总结在一部专著内的研究成果。[②]引领此种潮流，具有里程碑式意义的著述有金长生（1548—1631）的《丧礼备要》（成书：1583，初刊：1620）、《家礼辑览》（成书：1599，初刊：1685）、《疑礼问解》（成书：1620，初刊：1646）三部作品。《丧礼备要》与《家礼辑览》重点论述行礼与考证的问题，《疑礼问解》则主要论述变礼的问题。[③]

金长生与其弟子通过书信探讨《家礼》相关的疑文与变礼，而《疑礼问解》正是将这些信件按《家礼》体裁进行分类编辑而成。疑文是"存在疑惑的礼文"，变礼则指"修改或重新制定的仪礼"。从这一层面来看，《疑礼问解》不是一部只讨论变礼问题的礼书。只有通过考证的方法，明确《家礼》中名物度数的具体含义，探索名物度数的渊源，疑文才能得以消除化解。不过，《疑礼问解》对于所讨论的主题究竟属于疑文的范畴还是属于变礼的范畴，并未进行明确的分类。

在对变礼做出明确规定的著述中，朴圣源（1697—1767）的《礼疑类辑》是朝鲜时代最具代表性的作品。《礼疑类辑》打破学派的藩篱，广泛收录了16世纪至18世纪前半期探讨疑文和变礼的文章。《礼疑类辑》分为《冠礼》与《冠变礼》、《昏礼》与《昏变礼》、《丧礼》与《丧变礼》、《祭礼》与《祭变礼》，将变礼作为独立的部分展开论述。本论文旨在以《礼疑类辑》为中心，探究朝鲜时代变礼书发展过程的特点及含意。本文首先考察了16世纪后半期至《礼疑类辑》成书期间的冠变礼、昏变礼、丧变礼、祭变礼"四变礼体裁"的确立情况，之后分析了《礼疑类辑》收录的与变礼相关的讨论，进而揭示朝鲜后期变礼研究的特点及含意。

二、变礼的范畴化

中国最早提出将变礼范畴化的著述是《仪礼经传通解续》。《仪礼经传通解续》卷三《丧变礼》中将丧变礼划为"奔丧""闻丧""并有丧""道有丧""因吉而

[①] 张东宇：《朝鲜时代〈家礼〉研究的进展》，《泰东古典研究》第31辑，泰东古典研究会，2013年。参考附록"（现传）家礼研究书目录"。
[②] 指李宜朝（1727—1805）的《家礼增解》（14卷10册，1792年）与柳长源（1724—1796）的《常变通考》（30卷16册，1783年）。
[③] 以《丧礼备要》为代表的行礼书的发展过程部分参考张东宇的论文：《通过行礼书看朝鲜后期〈家礼〉研究的特性及含义》，《国学研究》第36辑，韩国国学振兴院，2018年。

凶""因凶而吉"六类,筛选并收录了经传中的相关内容。主要引用了《礼记》中的《曾子问》《杂记》《奔丧》等,同时也有《仪礼》与《周礼》的部分内容。《仪礼经传通解续》之后,以变礼为主题进行范畴化的著述,可以确定的有徐乾学(1631—1694)的《读礼通考》及江永(1691—1762)的《礼书纲目》。

《读礼通考》第101—107卷收录了变礼的相关内容。同时,此著述还继承并完善了《仪礼经传通解续》的问题意识,保留"并有丧"与"卒于道",合并"闻丧"与"奔丧"为"奔丧",删去"因吉而凶"与"因凶而吉",具体列为10个条目。①《礼书纲目》第30卷中,《丧变礼》不仅沿用了《仪礼经传通解续》的六类分类法,所收录的内容也与其几乎一致。仅有的差别在于,此著述将"因吉而凶"与"因凶而吉"所引《曾子问》(9—10)和《杂记下》(54—55)以"冠变礼"为题重复收录,将《曾子问》(16—22)和《杂记下》(55)重复收录在"昏变礼"的题目之下。此外,祭变礼内容未收录其中。

朝鲜时代将变礼范畴化的最早著述是宋翼弼(1534—1599)的《家礼注说》。《家礼注说》被称作"真正的《家礼》注释书"。此著述分别在冠礼、昏礼、祭礼的末尾以"冠变礼""昏变礼""祭变礼"为题对变礼进行了简要介绍,而丧变礼内容未做收录。

《家礼注说》中的变礼规定具有三方面的特点。第一,将《仪礼经传通解续》中"因吉而凶"与"因凶而吉"引用的内容细分为冠变礼(《曾子问》[9—10]、《杂记下》[54])、昏变礼(《曾子问》[16—19、21—22])、祭变礼(《曾子问》[39])②三类进行收录;第二,从《礼记》与《朱子大全》《朱子语类》等文献中寻找朱熹关于变礼的论述,并加以完善;第三,彻底排除属于国家典礼的内容,只收录私家仪礼的内容。

关注与省察变礼的焦点在于对私家仪礼——《家礼》的施行,由此而形成了上述三个特征。在《家礼》的施行过程中,变礼不可回避。为应对变礼,经传中私家仪礼的相关记录,与被认定为《家礼》作者的朱熹对变礼的议论才是更为可靠的依据。从郑述(1543—1620)的《五先生礼说分类》中也发现了相同情况。

《五先生礼说分类》不仅收录了宋代程颢、程颐、司马光、张载、朱熹等人的礼说,还对"三礼书"与《论语集注》《孟子集注》《中庸章句》《大学章句》《性理大全》《文献通考》《仪礼经传通解》《仪礼经传通解续》《通典》《家礼仪节》《家礼会

---

① 10条目:"他国遭丧""嫁娶遭丧""时祭遭丧""遭丧不祭""丧不助祭""夫妇未昏服""丧中冠子嫁女取妇""王侯初丧袭爵""皇妃受册遭丧""丧中受册宝"。
② 除此之外,祭变礼还引用了《祭统》(29)与《曲礼上》(194)。

通》《乡校礼辑》等书中的相关内容进行了筛选收录。记载天子、诸侯四礼的前集8卷与记载私家四礼的后集12卷构成了《五先生礼说分类》这一鸿篇巨制。前集在《天子、诸侯的昏变礼》题目之下收录了"不娶同姓"的条,而后集在《昏变礼》《丧变礼》[①]《葬变礼》[②]的题目之下仅对变礼的相关论述做了简要整理。

李益诠(？—1679)的《礼疑答问分类》,将朝鲜学者研究变礼的问题意识进行了系统地整理。李益诠的老师郑述,按《家礼》体裁对《退溪丧祭礼答问》的内容进行了分类,在此基础上编纂完成了《丧祭礼答问分类》。李益诠的从弟李惟诠以此为草稿,又补入了郑述与张显光回答门人疑问的内容。《丧祭礼答问分类》由于分类体系不明确而无法快速参考,李益诠克服了这一缺陷,从金长生的《疑礼问解》与郑经世的文集中选取有价值的内容增补到相应条目,完成了《礼疑答问分类》。[③]《礼疑答问分类》以郑述的《五先生礼说分类》为基础,除补充李滉的礼说之外,还对郑述与张显光、金长生与郑经世的学说进行完善,同时还构建了便于后人参考的分类体系。

《礼疑答问分类》采用《冠变礼》《昏变礼》《丧变礼》《祭变礼》的"四变礼体裁",收录了变礼的相关内容。《冠变礼》中的"临冠有丧"与《昏变礼》中的"临昏有丧"各1条,《丧变礼》中包括"并有丧"5条与"改葬"11条等共42条内容,《祭变礼》中收录了包含与祝文相关的12条在内的共32条内容。以下是以《祭变礼》为例对变礼相关事项的整理:

表一 《礼疑答问分类·祭变礼》的构成

条　目	引用礼说
摄　祀	《退溪集》(李滉)(9)、《寒冈集》(郑述)(2)、《旅轩集》(张显光)、《愚伏集》(郑经世)
兄弟神主一龛	《寒冈集》(2)
宗子绝嗣	《寒冈集》(2)
立　后	《退溪集》(2)、《寒冈集》(2)、《沙溪集》(5)
冢妇主祭	《退溪集》(3)

[①] 指"闻丧""奔丧"2条目。
[②] 指"并有丧""返葬""旅葬""久不葬""火葬""招魂葬""改葬""地风"8个条目。
[③] 《礼疑答问分类·序》。

续 表

条　目		引用礼说
支子主祭		《退溪集》《沙溪集》
妾子承重		《退溪集》(2)、《沙溪集》、《愚伏集》
侍养奉祀		《退溪集》
无后神主		《寒冈集》(3)
承重孽子所生亲祭		《寒冈集》《沙溪集》
外家奉祀		《退溪集》、《寒冈集》(3)、《旅轩集》
外党祭		《退溪集》《寒冈集》(2)
妻亲祭		《退溪集》(2)
俗节遇忌日		《寒冈集》
寓中行祭		《退溪集》《寒冈集》(4)
临祭有丧		《寒冈集》、《沙溪集》(2)、《愚伏集》
临祭拘忌		《旅轩集》《愚伏集》(2)
过时不祭		《退溪集》《沙溪集》
祭馔倾覆		《寒冈集》
生辰祭		《退溪集》(2)、《寒冈集》(3)、《沙溪集》
祝	丧葬祝	《退溪集》、《寒冈集》、《旅轩集》(4)、《沙溪集》(2)
	合祔葬祝	《寒冈集》(4)、《旅轩集》(2)、《沙溪集》
	题主祝	《退溪集》、《寒冈集》(2)、《旅轩集》、《沙溪集》
	虞祭祝	《寒冈集》(7)、《旅轩集》(2)、《沙溪集》
	祔祭祝	《退溪集》(2)
	祥禫祝	《退溪集》《旅轩集》(5)
	改葬告庙祝	《旅轩集》(2)
	改葬祝	《退溪集》
	祭礼祝	《退溪集》(5)、《寒冈集》(5)、《沙溪集》(4)、《愚伏集》
	墓祭祝	《寒冈集》《沙溪集》
	后土祀祝	《退溪集》(2)、《沙溪集》
	祝　版	《退溪集》《寒冈集》

括号内数字表示被引用的次数。

由上表可以发现三个特点。第一，《五先生礼说分类》收录的内容以《礼记》和宋代学者的礼说为主，而《礼疑答问分类》则将朝鲜学者的礼说作为核心。这部书是变礼讨论已从确认文献来源的考证阶段，向适应朝鲜实际情况的行礼阶段发展的证据。因为朝鲜学者的讨论已经取代礼经、礼记以及宋代学者学说，而成为所必须参考的"判例"。第二，祝文的相关内容被细分为12小目。这体现出随着变礼讨论的增加，有必要摆脱单纯罗列的方式，对其分类进行细化。第三，大量引用《沙溪集》(金长生)。若将《祭变礼》中引用的礼说按文集进行统计，《退溪集》(李滉)被引40次、《寒冈集》(郑逑)49次、《沙溪集》23次、《旅轩集》(张显光)19次、《愚伏集》(郑经世)6次，《退溪集》与《寒冈集》成为主要的论述来源。据此，将《礼疑答问分类》看作一部强烈表达学派门户意识的著述也不为过。这种学派门户意识是在李滉到郑逑时代形成的。但若将冠、昏、丧、祭四礼看作一个整体，情况又有所不同。《退溪集》被引用83次、《寒冈集》79次、《沙溪集》68次、《旅轩集》46次、《愚伏集》20次。若排除引用次数，只计算引用的条目，则全部76个条目中《退溪集》至少被引用过一次的条目数是42条。《寒冈集》被引41条，《沙溪集》被引40条，与《退溪集》《寒冈集》相比，《沙溪集》的被引情况并不逊色。

考虑到《沙溪集》引用内容大部分直接来源于《疑礼问解》，可以说《礼疑答问分类》的变礼范畴，继承了《家礼注说》(《家礼注说》以《家礼》四礼体裁为基础来划分范畴)之后的范畴划分潮流，使"四变礼体裁"得以确立，并受到了《疑礼问解》为范畴设定题目的影响。郑逑的《五先生礼说分类》与李益诠的《丧祭礼答问分类》以及《愚伏集》《旅轩集》中没有变礼的详细分类题目，与之相反，《疑礼问解》中所有与疑文和变礼相关的条目都相应地设定了标题。

三、《礼疑类辑》的变礼构成及其特征

（一）为行礼之便宜而实行的范畴系统化

《礼疑类辑》分为《冠礼》(21条)和《冠变礼》(4条)[①]、《昏礼》(40条)和《昏

[①] 卷一《冠变礼》中收录了"将冠遇丧""服中冠礼行废""国恤中冠礼(见丧礼国恤条)""祸家行冠婚之节"4个条目。

变礼》(18条)[1]、《丧礼》(912条)和《丧变礼》(207条)、《祭礼》(279条)和《祭变礼》(99条),包括常礼1 252条和变礼328条在内共计1 580条,主题极为丰富。[2] 此外从文集中选取了李滉(1501—1570)、郑逑(1543—1620)、张显光(1544—1637)、金长生(1548—1631)、金集(1574—1656)、郑经世(1563—1633)、宋时烈(1607—1689)、朴世采(1631—1695)、权尚夏(1641—1721)、李绛(1680—1746)等人关于变礼的论述,按所属范畴而非《家礼》体裁进行了收录。以《丧变礼》为例,下表为其与《礼疑答问分类》的比较[3]:

表二 《礼疑答问分类》与《礼疑类辑》的《丧变礼》的构成

《礼疑答问分类》		《礼疑类辑》		
体　裁	条　目	中范畴(小范畴)	备　考	大范畴
丧变礼(42)	①并有丧(5)	〔1〕闻丧(12)		丧变礼(207)
	②服中死	〔2〕奔丧(8)		
	③代父继丧	〔3〕追丧(20)	㉔㉕㉖	
	④庶孙代嫡孙继丧	〔4〕代丧(7)	③④	
	⑤摄主	〔5〕并有丧(49)	⑧	
	⑥嫁女主私亲丧	〔6〕途有丧(4)		
	⑦因丧而冠	〔7〕丧中身死(3)	②	
	⑧葬祥禫有丧	〔8〕嗣子未执丧(4)	⑤	
	⑨过时练祥禫	〔9〕无嫡嗣丧(7)		
	⑩寓中成服	〔10〕无后丧(15)	⑥	

---

[1] 卷二《昏变礼》中收录了"将昏遇丧""服中昏礼行废""国恤中昏礼(见丧礼国恤条)""冒哀嫁娶之非""禫月废昏""改葬时废昏""祸家行冠婚之节(见冠变礼)""失君父行昏之说(见丧礼失君父处变条)""见舅姑""庙见""妻丧改娶"等18个条目。

[2] 《疑礼问解》中常礼与变礼一样,均收录了包括冠礼6条目、昏礼12条目、丧礼351条目、祭礼47条目在内共416个条目的内容。相比之下,《礼疑类辑》的主题数目庞大,接近它的4倍。单就变礼而言,《礼疑答问分类》中收录了包括冠变礼1条目、昏变礼1条目、丧变礼42条目、祭变礼32条目在内共76个条目,《礼疑类辑》收录的条目数是其4.5倍以上。

[3] 《礼疑答问分类》的条目依据内容被分列至《礼疑类辑》的中范畴之中。此处未列的条目有:⑦因丧而冠、⑬"速葬"、⑰"遗命不用椁"、㉒"坟墓遇变"、㉓"加服"、㉗"战亡人服"6个条目。⑦被列入《礼疑类辑·冠变礼》的"服中冠礼"中,⑬被列入《丧礼》的"虞",㉒被列入《祭变礼》的"祠墓遇变",㉗列入《丧变礼》的"闻丧"。⑰与㉓属于非礼性质的变礼。

续表

《礼疑答问分类》		《礼疑类辑》		
体　裁	条　目	中范畴（小范畴）	备　考	大范畴
丧变礼(42)	⑪寓中禫事	〔11〕过期之礼(4)	⑨⑭	丧变礼(207)
	⑫旅葬	〔12〕追行之礼(9)	⑫⑱⑳	
	⑬速葬	〔13〕追改之礼(5)	⑮⑯⑲㉑	
	⑭过时不葬	〔14〕染患中丧礼诸节(8)	⑩⑪	
	⑮丧服改造	〔15〕丧中遇变乱诸节(3)		
	⑯改棺	〔16〕被罪家丧礼诸节		
	⑰遗命不用椁	〔17〕草殡(3)		
	⑱追后封坟	〔18〕权葬(3)		
	⑲神主改造	〔19〕改葬(45)		
	⑳神主追造	〔20〕虚葬		
	㉑神主火改造	〔21〕失君父		
	㉒坟墓遇变			
	㉓加服			
	㉔追服			
	㉕追服人变除			
	㉖税服			
	㉗战亡人服			
	㉘改葬(11)			

括号内数字表示下设条目数。

可以确定的是，《礼疑类辑》大量引用《仪礼经传通解续》"丧变礼"的范畴作为自己的中范畴。《礼疑答问分类》中只有①"并有丧"与《仪礼经传通解续》的范畴一致；《礼疑类辑》除"因吉而凶"和"因凶而吉"外，〔1〕"闻丧"、〔2〕"奔丧"、〔5〕"并有丧"、〔6〕"途有丧"都是直接沿用《仪礼经传通解续》的范畴格式。但《仪礼经传通解续》将礼经和礼记分类收录，与此不同的是《礼疑类辑》用朝鲜学者的讨论代替了礼经和礼记的内容。正如前文所述，《礼疑类辑》继承了《疑礼问解》之后变礼研究的潮流。

随后较为引人注目的是范畴的组织化倾向。在《礼疑答问分类》中，只有①"并有丧"①与㉘"改葬"②两个条目被设定为中范畴，相反，《礼疑类辑》中有19个条目被设定为中范畴。同样，在《昏变礼》中设置9个小范畴，在中范畴"见舅姑"③"庙见"④之下又设定9个小范畴，在《祭变礼》的16个中范畴⑤之下又设置99个小范畴来收录相关内容。

"追丧"也称追服，是指在较晚得知讣告的情况下穿上丧服为死者服丧。税服专指丧期结束之后才得到讣音，补行服丧的情况。⑥根据《礼疑类辑》，"追丧"发生的原因有两种：第一种是异地闻丧，即使马上出发，到家时也会产生时间差；第二种是无后之家遇丧，向官府申告立后，得到许可公文后才可服丧，这期间会产生时间差。前者的"追丧"是在〔1〕"闻丧"和〔2〕"奔丧"的实际施行过程中进行，而后者是〔9〕"无嫡嗣丧"和〔10〕"无后丧"的情况下，丧中立后，必然会出现"追丧"。

"追丧"是在"闻丧""奔丧"的施行过程中，或者在丧中立后的实际状况下，必然产生的变礼。然而，《仪礼经传通解续》中虽设定"闻丧"与"奔丧"范畴，没有设置"追丧"的范畴，由丧中立后产生的变礼最初并未被收录其中。《礼疑答问分类》发现了这一问题，《礼疑类辑》中也有所涉及。李滉之后类似的讨论不断，这说明朝鲜的变礼研究已不仅限于文献考证，而是围绕行礼或施行过程中出现的实际变礼问题展开。

"代丧"也称代服，指丧中若丧主的父亲或者祖父去世，则由其嫡子或嫡孙代为服丧。从这点来看，"代丧"虽属于"并有丧"的特殊事例，但因与承重相结合，所以被分离出来。"丧中身死"记录丧中与死者相关的礼节，虽然符合"并有丧"，但因

---

① "并有丧"下分"总论""并有丧葬礼""并有丧祭礼""并有丧持服""并有丧变除"5个小范畴。
② "改葬"下分"总论""告庙""告由""灵座""改棺""葬轻重先后""玄纁明器铭旌""祭礼""虞祭""改葬服""改葬持服"11个小范畴。
③ "见舅姑"下分"舅往妇家见妇""成婚久后见舅姑""舅没姑存见姑见庙先后""未及见舅姑而赴舅丧（见丧变礼奔丧条）""姑服丧中妇初见""舅没姑存馈礼行废""未见舅姑而失夫者归夫家之节"7个小范畴。
④ "庙见"下分"成昏久后庙见""姑已没庙见之礼"两个小范畴。
⑤ "临祭有故"（4）、"丧中行祭"（28）、"两祭相值"（5）、"异居行祭"（6）、"祭祀摄行"（4）、"支子祭先"（3）、"次嫡奉祀"（3）、"妾子奉祀"（7）、"立后奉祀"（4）、"摄主奉祀"（9）、"侍养奉祀"（2）、"外孙奉祀"（5）、"出继子祭本生亲"（4）、"承重妾子祭本生母"（2）、"家庙移奉"（3）、"祀墓遇变"（7）。
⑥ 《礼记·檀弓下》（45）郑玄注："日月已过，乃闻丧而服曰'税'。"

其主要关注新死者的袭敛衣和祭奠，于是被独立出来。"嗣子未执丧"指长子年幼或长子因疾病无法担任丧主时，由亡者的弟弟或亡者长子的弟弟代为服丧。若"代丧"是丧中因嫡嗣死亡而发生的情况，那么"嗣子未执丧"则是嫡嗣年幼或嫡嗣患病而出现的情况；"代丧"是继承丧主地位，而"摄主"只是作为代理来代为执行，在这两点上二者是有差异的。"无嫡嗣丧"指没有嫡嗣而遇丧，"无后丧"指无主管丧事的男主，"无嫡嗣丧"指虽无嫡子或嫡孙，但有众子或者众孙的情况，因此二者存在差异。

"过期之礼"是对因故无法及时举行大敛和埋葬的情况而展开的讨论，"追行之礼"是指未完成的仪节，在之后补充举行。"追改之礼"指起初使用的棺和神主等器物出现问题，或把斩衰服当作齐衰服，把齐衰服当作斩衰服误穿，之后进行改正的情况。"染患中丧礼诸节"指丧中染病，或传染病暴发的状况下举行丧礼的方式。"丧中遇变乱诸节"是丧中遭遇变乱，举行丧礼仪节的方式。"被罪家丧礼诸节"是触犯国法的家中如何举行丧礼仪节的相关论述。

"代丧"和"丧中身死""嗣子未执丧""无嫡嗣丧""无后丧"等是完整统一的丧礼所必须包含的举措；"过期之礼""追行之礼"以及"追改之礼"是为应对行礼过程中出现的特殊情况而设置的仪礼；"染患中行礼诸节""丧中遇变乱诸节""被罪家丧礼诸节"是行礼出现困难时，不得已而采取的权宜之计。由于《仪礼经传通解续》中未见此类问题意识及省察，因此学者们对"代丧"的评价可能与"追丧"相同。

《礼疑类辑》一书的本质是，通过细分化的范畴，省察《家礼》施行过程中产生的变礼问题，对这些省察通过更为细致的范畴划分，以作为行礼时的参考。变礼的范围和内容在80余年[①]间增加了五倍，为便将这些在行礼时作为参考，《礼疑类辑》不再像《仪礼经传通解续》或《礼疑答问分类》那般简单罗列变礼范围和内容，而是采取了更为高效的方式使之系统化。

（二）使"义起"正当化的类比[②]积累

《礼疑答问分类》和《礼疑类辑》将"并有丧"和"改葬"设定为中范畴。前者

---

① 《礼疑答问分类》成书于1672年，《礼疑类辑》成书于1758年。
② 类比是指将类似的事例进行比较，本文中泛指类比结果相关的讨论。

"并有丧"分为"总论""并有丧葬礼""并有丧祭礼""并有丧持服""并有丧变除"5个小范畴,后者设定了49个小范畴。《疑礼问解》中虽也未对变礼范畴进行明确区分,但在"并有丧"的中范畴下设定了14个小范畴。现将《疑礼问解》的小范畴在《礼疑答问分类》和《礼疑类辑》中的收录状况做如下整理:

表三 《疑礼问解》《礼疑答问分类》《礼疑类辑》"并有丧"的构成

《疑礼问解》	《礼疑答问分类》	《礼疑类辑》
①并有君父丧	(《国恤》"私丧")	(《丧礼》"国恤")
②父母偕丧异几筵持重服	并有丧(总论)	父母偕丧设几筵持服
③父丧中母死及母丧中父死服	并有丧(总论)	父丧中母亡服母;丧中父亡仍服母期
④父丧未葬以斩衰行事母殡	并有丧持服	父母偕丧设几筵持服
⑤父母丧偕在道先父下棺先母	并有丧葬礼	并有父母及祖父母丧发引先后
⑥父丧中祖父母死代服	并有丧(总论)	父丧中遭祖父母丧代服当否
⑦祖丧中父死代服	并有丧(总论)	父死丧中子代服
⑧并有祖父母及父母丧袭敛先后	并有丧(总论)	父母及祖父母偕丧袭敛入棺先后
⑨并有祖父母及父母丧成服先后	并有丧(总论)	父母及祖父母偕丧成服先后
⑩适孙祖母丧中母亡持服及称号	并有丧(总论)	承重孙并有父母及祖父母丧持服
⑪并有丧前丧大祥当服其服而行祭	并有丧变除	并有丧前丧祥日除之节
⑫父丧未毕不可行祖母禫及吉祭	并有丧祭礼	并有重丧中前丧禫祭行废
⑬并有丧前丧之禫过时不祭	并有丧祭礼	重丧中遭轻丧者重丧练祥禫行废
⑭死丧中适孙承重改题主宜在丧毕后	(未确认)	("代丧"代丧后改题之节)

可以说《疑礼问解》除去①和⑭的12个条目,均在《礼疑答问分类》和《礼疑类辑》被再次收录。① 这说明,无论哪个学派,这些作为变礼讨论的核心论据均在《疑礼问解》中得到活用。在"改葬"的中范畴中也出现了相似情况。《疑礼问解》的"改葬"收录了13个条目,这些也毫无例外地被再次收录在《礼疑答问分类》和《礼疑类辑》之中。据此可以判断,《礼疑答问分类》从《疑礼问解》《退溪集》《寒冈集》《旅轩集》《愚伏集》中选取和完善了相关议论,而《礼疑类辑》则是添加了《礼疑答问分类》中宋时烈、朴世采、权尚夏、李绛等人的相关议论。这种从《疑礼问解》到《礼疑答问分

---

① ①中君丧与私丧相继发生时,均在"国恤"中再次收录。⑭在《礼疑类辑》中被再次列入"代丧"而非"并有丧",在《礼疑答问分类》的收录情况不明。

类》再到《礼疑类辑》的变化,体现了变礼讨论以积累的方式持续发展的特征。

《礼疑类辑》"并有丧"收录的49个条目中,涉及退溪学派礼说的共12个条目。具体整理如下:

表四 《礼疑类辑》中引用退溪学派关于"并有丧"的条目

条　目	引　用　礼　说
①所后丧中遭本生亲丧奔哭成服之节	李滉(2)
②父死丧中子代服(见代服)	李滉(2)、金长生(4)、郑经世(2)、宋浚吉、朴世采、权尚夏(2)、金昌协、李喜朝、李绛(3)
③父丧中遭祖父母丧代服当否(上同)	金长生(2)、郑经世、朴世采、权尚夏、李绛
④父丧中母亡服母	金长生(3)、郑经世、宋时烈、宋浚吉、朴世采(2)、权尚夏、李绛
⑤承重孙并有父母及祖父母丧持服	郑逑、金长生(2)、宋时烈(2)、朴世采、权尚夏
⑥新丧成服前前丧上食当否	郑经世、金长生、权尚夏(3)
⑦丧中死者祭奠用素当否(见丧中身死)	郑逑、朴世采(2)
⑧并有父母及祖父母丧发引先后	郑逑、金长生、郑经世、宋时烈、金集、朴世采
⑨临葬遇丧	李绛(3)、李滉、宋时烈
⑩所后丧中本生亲丧祔祭	郑逑—李滉(2)
⑪并有丧前丧祥日变除之节	李滉、金长生、宋浚吉、宋时烈
⑫并有重丧中前丧禫祭行废	郑逑、张显光、李绛(2)(以上禫祭当行)、金长生(4)、金集、宋时烈、宋浚吉、朴世采(3)

括号内数字表示被引用的次数。

①⑨⑩是出后者遇到所后亲、本生亲的丧事相继出现的情况,其余是亲族的丧事相继发生的情况。后者又可分为并有丧与承重结合的②③⑤,以及在并有丧的情况下处理丧服和上食、奠、发引、大祥、禫祭等具体仪节问题的④⑥⑦⑧⑪⑫。

①是出后者在所后父的丧中闻亲丧时,奔丧成服的相应仪节。关于奔丧时的着装,李滉提出"重丧既成服,在途,恐只以重服行,而至彼,行变成之礼,似可"[①]。这源于《家礼》"凡重丧未除而遭轻丧,则制其服而哭之。月朔设位,服其服而哭之,既毕,返重服"[②]的规定。

---

① 《丧变礼·并有丧》,《礼疑类辑》卷17,第421页。
② 《丧礼·成服》,《家礼》。

所后父的丧服要重于亲父的丧服,此规定根据立后的义理而设。因为《仪礼·丧服》以及《家礼》规定,出后者为所后父穿斩衰服,对亲父则降低行礼等级,穿齐衰不杖期服。李滉的主张能在立后之理和《家礼》中找到直接的根据,故被一致采纳。出后者为埋葬所后父而上山,在未下棺时,若听闻百余里之外的本生母去世,应停止下棺去奔丧,还是下棺之后奔丧,⑨就此展开讨论。⑩记录了所后父丧中本生亲丧的祔祭问题。⑨⑩的结论也与①相同。因此,据立后之义理制定的服礼,胜过据亲亲之情而制定的服礼。

祖父丧中,嫡子父亲死亡(即②)和父丧中发生祖父母丧(即③),虽是相反的事例,却都与承重问题相联系,二者性质相同。因此两个条目都用小注"见代服"标示,讨论实际收录在"代服"条目中。两个事例中,一方面是情理,三年丧期结束前子女无法面对父母过世之情理;一方面是义理,为处理家系继承的重大问题而应克制子女情感之义理,即如何协调亲亲与尊尊①两大原则的问题。

关于②,郑经世提出"父为嫡,居丧而亡,子不得传重",此观点来源于《通典》,反对追服与代服。②他提出父亲的三年丧结束之前,不能完成承重的极端主张,表达了亲亲原则先于尊尊原则的立场。与此直接对立的是李縡关于③的立场。以父丧的成殡为标准,支持承重的金长生、朴世采,提出《通典》的贺循说作为依据,认为此说非先王制定的绝对判例,这遭到了李縡的批判。他主张"父丧中祖死者,无论殡与未殡,皆服三年"③。关于③,郑经世提出"贺循之言,虽未有先贤折衷之论,求之情理,似为合当,遵行不妨"④的观点,与②的主张一致。包括李滉在内的其他学者集中探讨了承重何时可行的问题。就承重孙而言,在父母丧与祖父母丧同时发生时,应将何种丧服视为重服,⑤便是对这一问题的讨论。⑤不仅与郑述以埋葬为标准、视父服为重服的观点以及应宋时烈、朴世采将承重服视为重服的观点对立,也与②③中大多数学者的立场保持一致。

④是关于父丧中又发生母丧的情况。母服受到父亲生存与否的影响。若父在世,母服降服为齐衰杖期服;若父亲已死,则可以举行齐衰三年服。父亲作为家

---

① 李俸珪:《17世纪朝鲜丧服论争的规范观——关于对亲亲尊尊观念的认识》,《国际儒学研究》第5辑,1998年。
② 《丧变礼·并有丧》,《礼疑类辑》卷十七,第400页。
③ 《丧变礼·并有丧》,《礼疑类辑》卷十七,第410页。
④ 《丧变礼·并有丧》,《礼疑类辑》卷十七,第409页。

长,其本质即尊,会降低母服的等级,对其产生影响。这种情况下如何认定父亲死亡的具体时间成为论争的焦点。在《仪礼·丧服》贾公彦的疏中,金长生认为服父丧的三年之内不能同时为母服三年丧,该主张连同与此对立的观点均被收录在《通典》《仪礼经传通解》之中。郑经世以《朱子语类》中提到的"礼疑从厚"为根据,主张为母服三年丧。李绛认为"父先卒而母后死者,虽一日之间,亦可以申三年"①,支持了郑经世的主张。宋浚吉、权尚夏和宋时烈则认为父死埋葬以后便可为母服三年丧。

⑥是在埋葬前出现新丧的情况下,前期丧礼的祭品是否采用素食的相关内容。⑦的主题与⑥一致,讨论丧中祭奠死者是否应使用素馔。这是将"事死如事生"的丧礼大原则运用到具体事例之中的缘故。在⑥中,宋浚吉提出若父母丧尚未结束而子死,是否应停止父母丧的朝夕奠仪,直至子丧的成服完成。对此郑经世根据《曾子问》(27)②的相关论述,主张至子丧的成殡为止,应停止父母丧的朝夕上食。虽在死亡之后,但考虑到父母对子女死亡的悲痛,故而停止上食。对此,金长生也支持郑经世的主张。③

⑦中,郑述主张初丧时"不以死者待之",因此在朝夕上食时不能使用肉馔。因为初丧时不能视其已死,与生者在母丧中服丧一样应使用素馔。但朴世采反对该主张,他认为不以死者待之的情况下,素馔外还有很多相关仪节,若未修改和举行全部仪节而只施行素馔,这种做法欠妥。

⑧是父、母、祖父、祖母的丧事相继发生时,对发引先后顺序的相关论述。关于父丧和母丧同时发生的情况,郑述主张父丧的发引应在前。金长生同意郑述的意见,但另一方面他又主张下棺应以母亲为先。宋时烈认为同一天发引时,父亲应在前,这是根据"男先于女"的义理观做出的正当选择。朴世采对此也并不反对。相反,郑经世认为埋葬是"夺情之事",埋葬之时先行轻丧乃正当行为,批判以"男先于女"的义理为依据先发引重丧的做法。因为无论是埋葬还是发引,都是为减轻子女不愿送走父母的哀恸心情而不得不进行的仪礼,在这个层面上二者没有差异。④夺情之义理不仅在埋葬礼上,在发引以及启殡等

---

① 《丧变礼·并有丧》,《礼疑类辑》卷十七,第431页。
② 《丧变礼·并有丧》,《礼疑类辑》卷十七,第450页。
③ 《丧变礼·并有丧》,《礼疑类辑》卷十七,第451页。
④ 《丧变礼·并有丧》,《礼疑类辑》卷十七,第459页。

方面也应一以贯之。

⑪是关于前丧大祥礼时着装的相关论述。李滉认为应着黪服举行大祥,金长生则认为应着大祥服,在这点上二人的观点存在差异。宋浚吉、宋时烈的立场与金长生相同。⑫论述了在重丧相继发生时,是否应举行前丧禫祭的问题。郑述、张显光、李绎均认为应举行禫祭,而金长生、金集、宋时烈、宋浚吉、朴世采等人则提出反对意见,认为丧中不能举行禫祭。他们对此给出的解释是禫祭作为吉祭,不能在丧中举行。①

⑪收录了大祥礼服的相关论述,⑫展现了关于禫祭是否为吉祭的不同主张。除⑪及⑫的两个条目外,其余条目均讨论了制礼的两大原则——亲亲与尊尊,以及"事死如事生"的丧礼原则在变礼中如何进行调整,以适应具体现实的问题。这些讨论从形式上可分为三种类型:第一,达成共识的议论;第二,多数意见与少数意见并存的议论;第三,观点尖锐对立的议论。例如,①⑨⑩和⑥⑦属于第一种类型,②③⑤和④⑧是第二种类型,⑪⑫则属于第三种类型。

第二种类型中,提出少数意见的学者只有郑经世和李绎,这点值得注意。在⑧中郑经世主张夺情的义理不仅适用于埋葬,发引也同样适用。②③以《通典》为依据,不仅反对追服,也反对代服。在④中根据朱熹"礼疑从厚"说,主张父亲死后,尊便不再对母服产生影响。李绎针对②和③,认为不能将《通典》视为绝对的标准,主张无论祖父何时死亡,都应着承重服。这虽与郑经世的观点对立,但在④中以贾公彦疏关于《仪礼·丧服》的论述不可信赖作为论据,这又与郑经世的观点一致。郑经世表现出始终坚持亲亲中心论的倾向,实属少见。李绎关于⑧的主张,没有相关记录。关于第三种类型的特征,完全找不到能作为支撑依据的相关事例。

四、结　　论

变礼是常礼的反义词,指变更礼或已变之礼。有两种情况必须变礼:一是常礼在施行过程中,遇到突发状况且在常礼中无法找到即时可用的明文规定,故按照

---

① 《丧变礼·并有丧》,《礼疑类辑》卷十七,第481页。

常礼的精神新设仪礼（义起）。二是虽然能在常礼中找到明文规定，但与实际情况不符而需进行修改（宜起）。变礼的概念包含了修改与实际情况不符的既存仪礼，以及依据实际情况新增仪礼这两方面的含义。变礼的含义是通过修改新增仪礼，使礼符合实际情况以提高它的实用性，即礼自身的生命性适应环境的同时，所发挥的、本质的活动性。

《礼记》中收录的有关变礼的论述，再现了《礼记》时代礼的发展盛况。从《礼记》时代至宋的1 500余年间，宋代黄榦修订的《仪礼经传通解续》设置《丧变礼》，成为变礼范畴化的第一部著作。《丧变礼》提出"奔丧""闻丧""并有丧""道有丧""因吉而凶""因凶而吉"六种变礼的范畴后，筛选并收录经传的相关内容。《仪礼经传通解续》引用的大部分内容来自《礼记》，同时也引用了《仪礼》《周礼》的部分内容。《仪礼经传通解续》及《仪礼经传通解》的问题意识在于降低《仪礼》的难读性，"以《仪礼》为经，而取《礼记》及诸经史杂书所载，有及于礼者，皆以附于本经之下，具列注疏诸儒之说"[①]，即停留在通过文献考证明确制礼精神的阶段。这点与《读礼通考》和《礼书纲目》一致。

朝鲜时代，将变礼范畴化的第一部著述是宋翼弼的《家礼注说》。《家礼注说》中的变礼规定有三点特征：第一，《仪礼经传通解续》的"因吉而凶"与"因凶而吉"引用的内容按"冠变礼""昏变礼""祭变礼"进行分类；第二，从《礼记》以及《朱子大全》《朱子语类》等著述中查找朱熹的变礼议论，并对其进行补充；第三，去除属于国家典礼范畴的内容，只保留私家仪礼的相关内容。朝鲜时代对变礼的关注与省察，最初便将重心放在私家仪礼——《家礼》的施行问题上，这一点在《家礼注说》中得到了深刻体现。

《五先生礼说分类》进一步发展了《家礼注说》的问题意识。虽缺少"冠变礼"和"祭变礼"，但其有了几点变化：已接近"四变礼体裁"；区分"丧变礼"与"葬变礼"；与礼经或礼记相比，更加频繁地引用宋代学者与朱熹的礼说，尤其是对宋代学者变礼议论的关注反映了不再将变礼问题视为文献考证，而是将其作为施行问题来看待，并对其进行有效的处理，这样一个发展的问题意识。

《礼疑答问分类》系统地整理了朝鲜学者关于变礼问题的问题意识。《礼疑答问分类》体现出以下三方面特点。第一，《五先生礼说分类》以《礼记》和宋代学者

---

① 朱熹：《乞修三礼札子》，《晦庵集》卷十四。

的礼说为重点,而《礼疑答问分类》则重点记录朝鲜学者的礼说。这表明变礼的相关讨论,已从明确文献依据的考证阶段,进入在朝鲜这一新环境中以行礼为中心的阶段。第二,将祝文相关内容分为12个细目。这表明,随着变礼相关议论的大幅增加,有必要摆脱单纯罗列的方式,而将其分类细化以形成体系。第三,大量引用《沙溪集》的内容。考虑到《沙溪集》引用内容大部分直接来源于《疑礼问解》,可以说《礼疑答问分类》的变礼范畴,继承了《家礼注说》(《家礼注说》以《家礼》四礼体裁为基础来划分范畴)之后的范畴划分潮流,使"四变礼体裁"得以确立,并受到了以《疑礼问解》为范畴设定题目的影响。

《礼疑类辑》继承《礼疑类辑》或《五先生礼说分类》之后的潮流,对变礼议论的论据,完全采用朝鲜学者的议论,打破学派门户的界限,进行了大量的整理。针对《家礼》施行过程中遇到的变礼问题,进行了多样化的省察,并通过对省察的细化分类,为行礼提供参考。此为《礼疑类辑》的一个本质。

对"并有丧"内容的分析,向我们展示了走向两个极端的少数意见,这其中存在多种议论的分布状况,但未见凸显退溪学派和栗谷学派的差异的论点。同时《礼疑类辑》针对互相对立的论点和论据,只做简要整理,并不强加评判。从这点来看,《礼疑类辑》如实反映了作为"义起"结果被提出的各种变礼议论。在此基础上,应对行礼过程中不可回避的变礼状况,《礼疑类辑》正是一部旨在提高应对变礼的省察能力的著作,这是其所具备的另一个本质。

(作者单位:延世大学)

附录：（现传）朝鲜时代家礼研究书目录

16世纪以前：行礼3种，考证8种，变礼3种，总14种（失传30种）
17世纪：行礼8种，考证17种，变礼14种，谚解2种，总41种（失传37种）
18世纪：行礼15种，考证22种，变礼23种，总60种（失传44种）
19世纪：行礼34种，考证18种，变礼17种，谚解1种，总70种（失传34种）
20世纪：行礼64种，考证8种，变礼8种，谚解1种，总82种（失传32种）
年代不详：行礼15种，考证4种，变礼7种，总26种（失传8种）
总计：行礼139种，考证77种，变礼72种，谚解4种，总292种（包含失传477种）

分类		书名[1]	著(编)者	生年	没年	成书[2]	卷册[3]	备考
16世纪以前	行礼	奉先杂仪	李彦迪	1491	1553	1550	2卷1册	丛书[4]
	考证	朱门问礼	辛应时	1532	1585	1570	2册	
	考证	礼经要语	安余庆	1538	1592	1580?	1册	
	考证	丧礼考证	金诚一	1538	1593	(1581)	3卷3册	丛书
	考证	家礼讲录	金隆	1549	1593	不详	1卷	
	考证	家礼注解	李德弘	1541	1596	不详	1卷	
	考证	家礼注说	宋翼弼	1534	1599	1590?	3卷	
	考证	家礼考证	曹好益	1545	1609	(1587)	7卷3册	丛书
	行礼	丧礼备要	金长生	1548	1631	1583	2卷1册	丛书
	考证	家礼辑览（图说）	金长生	1548	1631	1599	12卷6册	丛书
	行礼	丧礼通载	申义庆	不详	不详	1583以前	5卷2册	
	变礼	退溪先生丧祭礼答问	赵振	1535	不详	不详	1册	丛书
	变礼	退溪先生丧祭礼说	不详	不详	不详	不详	2册	
	变礼	李先生礼说类编	不详	不详	不详	不详	5册	

续表一

分 类	书 名	著(编)者	生 年	没 年	成 书	卷 册	备 考
	考 证	丧礼考证	柳成龙	1542	1607	1602	3卷1册	丛 书
	考 证	四礼训蒙	李恒福	1556	1618	1614	1册	丛 书
	考 证	五服沿革图	郑 逑	1543	1620	1617	1卷1册	丛 书
	考 证	五先生礼说分类	郑 逑	1543	1620	1618	20卷7册	丛 书
	考 证	深衣制度	郑 逑	1543	1620	1606?	1册	
	考 证	家礼附解	任 屹	1557	1620	(1628)	4册	
	变 礼	退溪先生丧祭礼答问分类	郑 逑	1543	1620	不 详	1册	
	谚 解	家礼谚解	申 湜	1551	1623	不 详	10卷4册	丛 书
	变 礼	疑礼问解	金长生	1548	1631	1620?	4卷4册	丛 书
	变 礼	疑礼问解拾遗	金长生	1548	1631	1620?	1卷1册	丛 书
17世纪	行 礼	乡饮酒礼笏记考证	李 埈	1560	1635	不 详	1册	
	变 礼	旅轩先生礼说	不 详	1544	1637	不 详	1册	
	变 礼	疑礼问解	姜硕期	1580	1643	1638	2卷1册	丛 书
	考 证	家礼附赘	安 玑	1569	1648	1628	6卷3册	丛 书
	行 礼	家礼乡宜	赵 翼	1579	1655	(1644)	7卷2册	丛 书
	变 礼	疑礼问解续	金 集	1574	1656	1643	2卷1册	丛 书
	考 证	古今丧礼异同议	金 集	1574	1656	1649	1卷1册	丛 书
	考 证	家礼源流	俞 棨	1607	1664	1638	14卷9册	丛 书
	考 证	家礼源流续录	俞 棨	1607	1664	1643	2卷1册	丛 书
	行 礼	奉先抄仪	赵任道	1585	1664	(1621)	1册	丛 书
	变 礼	四礼问答	金应祖	1587	1667	(1645)	4卷2册	丛 书
	考 证	家礼源流	尹宣举	1610	1669	1642	18卷9册	丛 书
	考 证	丧服考证	柳元之	1598	1674	(1673)	1册	

续表二

	分 类	书 名	著(编)者	生 年	没 年	成 书	卷 册	备 考
17世纪	变 礼	礼疑答问分类	李益铨	不 详	1679	1672	18卷6册	
	行 礼	丧祭要录	洪 锡	1604	1680	(1651)	2卷1册	丛 书
	考 证	经礼类纂	许 穆	1595	1682	1649	5卷4册	丛 书
	行 礼	四礼笏记	李惟泰	1607	1684	1668	1册	
	变 礼	疑礼问答	李惟泰	1607	1684	不 详	1卷1册	
	变 礼	尤庵先生礼说	不 详	1609	1689	不 详	2卷1册	丛 书
	变 礼	尤庵疑礼问答	宋时烈	1609	1689	不 详	11卷5册	丛 书
	考 证	家礼要解	朴世采	1631	1695	1683	7卷1册	丛 书
	变 礼	六礼疑辑	朴世采	1631	1695	1690	33卷14册	丛 书
	行 礼	三礼仪	朴世采	1631	1695	不 详	3卷1册	丛 书
	行 礼	四礼仪	朴世采	1631	1695	不 详	4卷1册	丛 书
	考 证	四礼综要	李 沃	1641	1698	不 详	7卷2册	
	变 礼	明斋疑礼问答	不 详	1629	1714	1690?	8卷4册	丛 书
	行 礼	礼仪补遗	郑 镇	1634	1717	(1698)	3卷2册	丛 书
	考 证	五服便览	权 绿	1658	1730	1698	7卷4册	丛 书
	谚 解	丧礼谚解	李鸾寿	1550	不 详	(1623)	2卷1册	
	考 证	五服通考	申 湸	1561	不 详	(1625)	9卷2册	
	变 礼	二先生礼说	李惟樟	不 详	不 详	1671?	2卷2册	丛 书
18世纪	考 证	五礼辑略	权以时	1631	1708	不 详	6卷3册	丛 书
	考 证	家礼辑说	柳庆辉	1652	1708	不 详	6卷3册	丛 书
	考 证	家礼通解	李天相	1637	1708	不 详	11卷5册	
	考 证	家礼辑解	申梦参	1648	1711	(1702)	9卷5册	丛 书
	考 证	家礼考证	柳世彰	1657	1715	不 详	3卷	
	考 证	二礼补考	李之炫	1639	1716	不 详	2卷2册	
	变 礼	家礼或问	郑硕达	1660	1720	1703	10卷5册	丛 书
	考 证	四礼纂说	李 㦕	1661	1722	不 详	8卷4册	丛 书

续表三

分 类	书 名	著(编)者	生 年	没 年	成 书	卷 册	备 考
变 礼	变礼集说	权尚精	1644	1725	(1715)	3册	
变 礼	四礼考证	安晋石	1644	1725	不 详	5卷2册	丛 书
变 礼	疑礼类聚	金尚鼎	1668	1728	不 详	1册	
行 礼	改葬备要	郑万阳 郑葵阳	1664	1730	(1715)	1册	丛 书
变 礼	南溪先生礼说	金干	1646	1732	[1718]	20卷10册	丛 书
变 礼	疑礼通考	郑万阳 郑葵阳	1667	1732	不 详	15卷7册	丛 书
考 证	家礼便考	李衡祥	1653	1733	1714	14卷	丛 书
行 礼	四礼笏记	张浚	不 详	不 详	1716	1册	
变 礼	家礼附录	李衡祥	1653	1733	(1714)	3卷1册	丛 书
变 礼	家礼或问	李衡祥	1653	1733	(1727)	18卷	丛 书
考 证	家礼图说	李衡祥	1653	1733	不 详	1册	
考 证	家礼训蒙	李衡祥	1653	1733	不 详	1册	
考 证	礼书札记	南道振	1674	1735	(1719)	26卷13册	丛 书
考 证	家礼释义	孙汝济	1651	1740	(1731)	2册	
考 证	礼书类编	孙汝济	1651	1740	(1734)	12卷6册	
行 礼	丧祭辑略	权舜经	1676	1744	(1741)	4卷2册	丛 书
行 礼	四礼便览	李縡	1680	1746	1746	8卷4册	丛 书
变 礼	四礼辑要	权万斗	1674	1753	(1745)	6卷2册	丛 书
行 礼	家礼辑要	郑重器	1685	1757	(1752)	7卷3册	丛 书
考 证	星湖家礼疾书	李瀷	1681	1763	(1731)	3卷3册	丛 书
行 礼	星湖礼式	李瀷	1681	1763	不 详	1册	丛 书
变 礼	疑礼类说	申沂	1694	1764	(1723)	11卷5册	丛 书
变 礼	礼疑类辑	朴圣源	1697	1767	(1758)	28卷15册	丛 书
变 礼	四礼正变	金景游	1689	1773	不 详	14卷7册	丛 书
考 证	家礼辑遗	金泰濂	1694	1775	不 详	20卷7册	
变 礼	三庵疑礼辑略	尹健厚	不 详	不 详	1768?	3卷2册	丛 书

(18世纪)

续表四

分类		书名	著(编)者	生年	没年	成书	卷册	备考
18世纪	行 礼	丧祭礼	李秉休	1710	1776	1770	3册	
	变 礼	星湖礼说类编	李秉休	1710	1776	不详	7卷7册	丛书
	行 礼	丧礼便览	金鼎柱	1724	不详	1771	2卷2册	丛书
	考 证	五服便览	李毅敬	1704	1778	1849	2卷2册	
	考 证	丧礼辑解	郑师夏	1713	1779	不详	2卷1册	
	变 礼	家礼集考	金钟厚	1721	1780	(1779)	8卷8册	丛书
	变 礼	决讼场补	李象靖	1711	1781	1748	10卷5册	丛书
	考 证	冠礼考定	徐昌载	1726	1781	1779	1册	丛书
	行 礼	丧礼仪式	郑先	不详	不详	(1782)	1册	
	考 证	五服名义	俞彦镰	1714	1783	不详	3卷3册	丛书
	行 礼	家礼酌通	朴思正	1713	1787	不详	6卷4册	
	行 礼	二礼笏记	尹东暹	1710	1795	(1790)	6卷3册	
	变 礼	常变通考	柳长源	1724	1796	(1783)	30卷16册	丛书
	考 证	安陵世典	李周远	1714	1796	不详	7卷3册	丛书
	考 证	五礼考证	安业	不详	不详	(1789)	36卷20册	
	行 礼	四礼类会	李遂浩	1744	1797	(1790)	4卷4册	丛书
	变 礼	礼疑札记	康逵	1714	1798	不详	1册	丛书
	考 证	家礼增解	李宜朝	1727	1805	(1792)	14卷10册	丛书
	变 礼	寒水斋先生礼说	不详	不详	不详	不详	1册	
	变 礼	华山先生礼辑	不详	不详	不详	不详	3卷2册	
	变 礼	近斋礼说	不详	不详	不详	不详	8卷4册	丛书
	变 礼	陶庵疑礼问解	不详	不详	不详	不详	1册	丛书
	行 礼	丧祭礼抄	不详	不详	不详	不详	1册	丛书
	行 礼	备要补解	南纪济	不详	不详	不详	9册	
	变 礼	沙明两先生问解	不详	不详	不详	不详	1册	丛书
	行 礼	二礼撮要	不详	不详	不详	不详	4卷1册	

续表五

分类	书名	著(编)者	生年	没年	成书	卷册	备考
行礼	四礼要仪	黄德吉	1748	1800	不详	3卷3册	
行礼	家祭杂仪	金汉星	1738	1802	不详	1册	
变礼	家礼汇通	郑炜	1740	1811	(1807)	8卷4册	丛书
考证	家礼证补	赵镇球	1765	1815	(1810)	6卷2册	丛书
考证	仪礼九选	赵镇球	1765	1815	不详	15卷7册	丛书
行礼	居丧篇	郑象观	1776	1820	(1816)	2卷1册	
行礼	九峰瞀见	金禹泽	1743	1820	不详	25卷13册	丛书
变礼	大山丧祭礼问答	柳炳文	1776	1826	不详	2册	
考证	家礼考订	柳徽文	1773	1827	(1812)	2卷1册	
考证	冠服考证	柳徽文	1773	1827	(1827)	2卷1册	
行礼	八礼节要	夏时赞	1750	1828	不详	2卷2册	丛书
考证	四礼祝辞常变通解	魏道偘	1763	1830	(1801)	1册	丛书
行礼	二礼辑略	权思学	1758	1832	(1823)	1卷1册	丛书
变礼	丧礼备要疑义	柳建休	1768	1834	不详	1册	
变礼	礼疑问答	丁若镛	1762	1836	1805	3卷1册	丛书
行礼	二礼抄	丁若镛	1762	1836	1810	1册	丛书
行礼	四礼家式	丁若镛	1762	1836	1815	9卷	
行礼	丧仪节要	丁若镛	1762	1836	1817	6卷2册	丛书
行礼	丧礼备要补	朴建中	1766	1841	(1806)	12卷8册	丛书
考证	备要撮略条解	朴建中	1766	1841	(1825)	4卷2册	丛书
谚解	初终礼要览	朴建中	1766	1841	(1832)	1册	丛书
行礼	乡礼志	徐有榘	1764	1845	不详	5卷2册	
考证	家礼酌通	沈宜德	1775	1849	不详	8卷4册	丛书
变礼	梅山先生礼说	不详	1776	1852	不详	7卷4册	丛书

(19世纪)

续表六

分类	书名	著(编)者	生年	没年	成书	卷册	备考
行礼	丧祭辑笏	李亮渊	1771	1853	(1811)	2卷1册	
行礼	嘉礼备要	李亮渊	1771	1853	不详	1册	
行礼	常变纂要	朴宗乔	1789	1856	不详	6卷3册	丛书
行礼	丧祭仪辑录	金翊东	1793	1860	(1851)	6卷4册	丛书
变礼	家礼辑解	柳致明	1777	1861	(1836)	8卷5册	
行礼	沧海家范	王德九	1788	1863	不详	1册	丛书
考证	丧礼要解	崔祥纯	1814	1865	(1863)	2卷2册	丛书
考证	读礼录	申锡愚	1805	1865	不详	3册	
变礼	溪书礼辑	林应声	1806	1866	不详	2卷1册	丛书
变礼	礼疑问答 四礼辨疑	宋来熙	1791	1867	不详	3卷1册	丛书
考证	礼说类辑	卢德奎	1803	1869	(1853)	2册	
变礼	礼说考	卢德奎	1803	1869	(1857)	6卷3册	
考证	儒礼编解	赵相悳	1808	1870	(1837)	2卷1册	
行礼	四礼简要	裴克绍	1819	1871	(1863)	1册	
变礼	礼疑纂辑	慎在哲	1803	1872	(1872)	2卷1册	丛书
考证	全礼类辑	柳畴睦	1813	1872	不详	39卷	丛书
行礼	二礼演辑	禹德麟	1799	1875	1831	4卷4册	丛书
行礼	二礼祝式纂要	禹德麟	1799	1875	不详	1册	丛书
行礼	家礼辑解笏记	柳致俨	1810	1876	不详	2卷1册	
考证	居家杂服考	朴珪寿	1808	1877	1832	3卷2册	丛书
行礼	士仪	许传	1797	1886	(1860)	25卷10册	丛书
变礼	丧祭辑要	姜钪	1819	1886	(1861)	2卷2册	丛书
行礼	士仪节要	许传	1797	1886	[1873]	4卷2册	丛书
变礼	四礼辑要	李震相	1818	1886	(1875)	16卷9册	丛书
变礼	礼疑续辑	李应辰	1817	1891	不详	28卷15册	丛书
行礼	四礼笏记	柳重教	1832	1893	不详	2卷1册	丛书

(19世纪)

续表七

分 类		书 名	著(编)者	生 年	没 年	成 书	卷 册	备 考
19世纪	行 礼	祭礼通考服制总要	柳重教	1832	1893	不 详	1册	丛 书
	变 礼	家礼补疑	张福枢	1815	1900	(1867)	5卷5册	丛 书
	考 证	四礼文汇	申得求	1850	1900	不 详	2卷1册	
	行 礼	四礼节略	都汉基	1836	1902	(1892)	4卷1册	丛 书
	考 证	赞祝考证	尹冑夏	1846	1906	(1881)	4卷2册	
	变 礼	四礼疑义或问	郑载圭	1843	1911	(1875)	4卷2册	丛 书
	行 礼	四礼祝式	宋秉珣	1839	1912	(1893)	1册	丛 书
	行 礼	四礼集仪	朴文镐	1846	1918	(1887)	10卷5册	丛 书
	行 礼	广礼览	李奎镇	不 详	不 详	(1833)	3卷2册	
	行 礼	竹侨便览	韩锡斅	1777	不 详	(1849)	10卷3册	丛 书
	行 礼	时行四礼祝式	李钟桢	不 详	不 详	(1850)	1册	
	考 证	四礼辑要	沈宜元	1806	不 详	(1876)	13卷8册	
	行 礼	四礼常变纂要	金致珏	1796	不 详	(1888)	4卷2册	丛 书
	变 礼	常变辑略	权必迪	不 详	不 详	(1899)	6卷3册	丛 书
	考 证	士礼汇考	咸镇泰	1761	不 详	不 详	200卷78册	
	行 礼	士庶丧祭条例	朴基稷	不 详	不 详	不 详	1册	
	行 礼	四礼笏记	具庠	1759	不 详	不 详	1册	
	变 礼	礼疑类辑续编	吴载能	1732	不 详	(1812)	3卷4册	丛 书
	行 礼	师门九礼	崔君弼	不 详	不 详	(1899)	1册	
	考 证	式礼会统	洪养默	1764	不 详	(1801)	2卷2册	丛 书
20世纪	行 礼	临事便考	李明宇	1836	1904	不 详	1卷1册	丛 书
	变 礼	家礼变仪	金启运	1845	1907	不 详	8卷4册	
	行 礼	增补四礼便览	黄泌秀	1842	1914	(1900)	8卷4册	丛 书
	行 礼	丧祭类抄	黄泌秀	1842	1914	(1911)	1册	丛 书

续表八

分类		书名	著(编)者	生年	没年	成书	卷册	备考
20世纪	行礼	悬吐详注丧祭类抄	申泰完	1842	1914	不详	1册	丛书
	行礼	六礼笏记	郭钟锡	1846	1919	不详	1册	丛书
	变礼	礼疑问答类编	郭钟锡	1846	1919	不详	10卷3册	丛书
	考证	士礼通考	徐廷玉	1843	1921	(1911)	9卷7册	
	变礼	艮斋先生礼说	不详	1841	1922	不详	4卷2册	丛书
	变礼	全斋先生礼说	田愚	1841	1922	不详	4卷2册	丛书
	行礼	闺门轨节	王性淳	1868	1923	不详	1册	
	考证	仪礼集传	张锡英	1815	1926	(1904)	17卷9册	丛书
	行礼	九礼笏记	张锡英	1851	1926	(1916)	1册	丛书
	行礼	四礼汰记	张锡英	1851	1926	(1923)	6卷2册	丛书
	行礼	四礼节要	张锡英	1851	1926	不详	1册	
	行礼	家乡二礼参考略	李钘均	1855	1927	(1924)	1册	丛书
	考证	读礼辑要	尹禹学	1852	1930	(1909)	10卷5册	
	行礼	四礼要览	洪在谦	1850	1930	不详	1册	
	行礼	常体便览	卢相稷	1854	1931	(1904)	5卷2册	丛书
	变礼	闻韶家礼	金秉宗	1871	1931	(1916)	8卷2册	丛书
	行礼	士礼要仪	赵昺奎	1846	1931	(1930)	2卷1册	丛书
	考证	深衣考证	卢相稷	1855	1931	不详	1册	丛书
	行礼	补遗丧祭礼抄	白斗镛	1872	1935	(1917)	1册	丛书
	行礼	家乡汇仪	李钟弘	1879	1936	(1913)	1册	丛书
	行礼	庙仪	李钟弘	1879	1936	不详	1册	丛书
	行礼	常变祝辞类辑	金在洪	1867	1939	(1921)	8卷3册	丛书
	行礼	四礼纂笏	金在洪	1867	1939	[1928]	4卷2册	丛书
	变礼	常变要义	安鼎吕	1871	1939	(1934)	4卷2册	丛书

续表九

分类		书名	著(编)者	生年	没年	成书	卷册	备考
20世纪	变礼	退溪寒冈星湖三先生礼说类辑	卢相益	1849	1941	不详	5卷2册	
	行礼	六礼修略	宋浚弼	1869	1943	(1920)	10卷5册	丛书
	考证	家礼补阙	张允相	1868	1946	不详	2册	丛书
	考证	四礼要选	洪在宽	1874	1949	(1905)	8卷2册	丛书
	行礼	四礼仪	郑琦	1878	1950	(1924)	6卷1册	丛书
	行礼	常变告祝合编	郑琦	1878	1950	(1936)	1册	丛书
	行礼	四礼提要	柳永善	1893	1960	[1952]	2卷1册	丛书
	行礼	四礼节要	李宗基	1900	1970	(1951)	1册	
	行礼	四礼受用	金楧	1896	1978	不详	1册	
	行礼	四礼撮要	尹羲培	不详	不详	[1917]	4卷3册	丛书
	行礼	四礼要览	具述书	不详	不详	(1923)	4卷4册	丛书
	行礼	朝汉四礼十三节	李升洛	不详	不详	(1925)	1册	丛书
	行礼	昏礼简要	李光昱	1860	不详	(1926)	1册	
	行礼	流行祝式四礼精选	姜义永	不详	不详	[1926]	1册	
	变礼	寒冈四礼问答汇类	郑烷	不详	不详	[1929]	4卷2册	丛书
	考证	三礼略解	罗浚	不详	不详	[1936]	1册	
	行礼	四礼要览	李宗九	不详	不详	(1951)	1册	丛书
	行礼	礼笏	宋在奎	不详	不详	(1931)	9卷1册	丛书
	行礼	四礼常变告祝	崔相奎	不详	不详	[1930]	1册	
	行礼	仪礼大全	安明善	不详	不详	[1952]	1册	
	行礼	韩文解读婚丧祭礼节要	金炯准	不详	不详	[1957]	1册	
	行礼	丧礼讲究	不详	不详	不详	[1916]	2卷1册	
	行礼	丧礼辑解	金源松	不详	不详	(1932)	1册	丛书

续表十

分类		书名	著(编)者	生年	没年	成书	卷册	备考
20世纪	行礼	士相见礼笏记	宋璟烈	不详	不详	(1935)	1册	
	行礼	四礼要义	徐承益	不详	不详	(1913)	2卷2册	
	行礼	祝辞类聚	金竹波	不详	不详	[1949]	1册	
	谚解	谚文丧礼	金东缙	不详	不详	(1926)	1册	丛书
	考证	四礼正解	不详	不详	不详	[1962]	1册	
	行礼	韩文解读婚丧祭礼节要	全灵锡	不详	不详	[1978]	1册	
	行礼	四礼仪节	申泰三	不详	不详	[1957]	1册	
	行礼	礼祝辑	李士友	不详	不详	(1962)	1册	
	行礼	三礼唱笏	不详	不详	不详	[1920]	3卷1册	
	行礼	百礼祝辑	徐雨锡	不详	不详	(1929)	1册	
	行礼	四礼抄要	金章焕	不详	不详	[1959]	1册	
	行礼	仪礼要览	尹奭勋	不详	不详	(1961)	1册	
	行礼	仪礼简要	金致晃	不详	不详	(1961)	1册	
	行礼	仪礼要览	李廷万	不详	不详	[1963]	1册	
	行礼	诸礼祝辑	李机衡	不详	不详	(1963)	1册	丛书
	行礼	仪礼备要	金镇孝	1888	不详	(1938)	1册	
	行礼	祝规丛辑	曹秉斗	不详	不详	(1904)	1册	
	行礼	现行四礼仪节	高裕相	不详	不详	[1924]	1册	
	行礼	四礼常变祝辞	全达准	不详	不详	(1927)	1册	丛书
	行礼	冠婚礼讲义	李载荣	不详	不详	[1938]	1册	
	行礼	丧祭礼抄	姜夏馨	1861	不详	[1916]	1册	丛书
	行礼	国汉详解婚丧祭礼要览	慎保晟	不详	不详	(1957)	1册	
	行礼	四礼要览	金容旷	不详	不详	[1961]	1册	
	行礼	二礼祝式	申铉离	不详	不详	[1925]	1册	

续表十一

分 类	书 名	著(编)者	生 年	没 年	成 书	卷 册	备 考
20世纪	行 礼	仪礼准则	朝鲜总督府	不 详	不 详	1934	1册	
	行 礼	婚丧典	心庵金公	不 详	不 详	(1945)	1册	
	行 礼	古礼仪节	梁壬承	不 详	不 详	(1968)	1册	
	行 礼	家庭仪礼准则	大韩民国政府	不 详	不 详	[1969]	1册	
	行 礼	告祝辑览	朴政阳	不 详	不 详	[1917]	1册	丛 书
	行 礼	仪礼轨范	忠清南道	不 详	不 详	[1935]	1册	
成书年代不详资料	行 礼	缅礼备要	不 详				1册	丛 书
	行 礼	家礼便览	不 详				2卷1册	丛 书
	行 礼	从先录	不 详				1册	丛 书
	行 礼	四礼按	不 详				11卷11册	丛 书
	行 礼	缅礼仪节	不 详				1册	丛 书
	行 礼	四礼释要	不 详				2卷1册	
	行 礼	四礼仪	不 详				8卷8册	
	行 礼	四礼补遗	不 详				1册	
	行 礼	祝式	不 详				1册	
	行 礼	古来礼书式	不 详				1册	
	行 礼	礼说释疑抄	不 详				1册	
	行 礼	流行祝式四礼精选	不 详				1册	
	行 礼	四礼节要抄	不 详				1册	
	行 礼	四礼略抄	不 详				1册	
	行 礼	四礼笏记	赵泰裕				1册	
	考 证	二礼通考	不 详				2卷2册	丛 书
	考 证	二礼便考	不 详				7卷6册	丛 书
	考 证	古冠昏礼解	韩复行				1册	丛 书
	考 证	读礼辑要	尹禹学				5册	
	变 礼	疑礼辑录	柳澄				3卷3册	丛 书
	变 礼	四礼释疑	不 详				1册	丛 书

续表十二

分类		书名	著(编)者	生年	没年	成书	卷册	备考
成书年代不详资料	变礼	疑礼考征	不详				1册	丛书
	变礼	四礼释疑问答抄	不详				1册	
	变礼	变礼考	不详				6卷2册	
	变礼	礼变疑释	不详				9卷5册	
	变礼	礼疑类聚并续辑	不详				30册	

［1］本目录以下列资料为基础制成：张仁经：《奎章阁韩国本礼书研究》，梨花女子大学硕士学位论文，1983年；黄永焕：《朝鲜朝礼书发展研究》，清州大学硕士学位论文，1995；高英津：《朝鲜中期礼学思想史》，首尔：韩吉社，1996年；崔敬勋：《朝鲜时代刊行的朱子著述与注释书的编纂》，庆北大学硕士学位论文，2008年；南在珠：《朝鲜后期礼学的地域性发展研究》，庆星大学博士学位论文，2012年。

［2］"成书(年代)"一般记录为著述年度。著述年度不明确的情况下参考序文及跋文的年度"（　）"或者刊行年度"［　］"，这种做法也只适用于作者当时在世的情况。同时，依据现有可靠的研究成果推测出的年代用"年度？"表示。作者在世期间的著书时间不详或者作者死后著述被编辑刊行的情况，按作者去世时间顺序将作品成书年代记为"不详"。

［3］16世纪以前是《家礼》研究步入正轨的初期阶段，专著的数量少且大多失佚。为考察这一时期《家礼》研究的特征，特意在现有目录下收录文集中的15种资料。而本目录删去了分量不足一册的11种资料。

［4］"丛书"指庆星大学韩国学研究所分别于2008、2011、2017年3次刊行的《韩国礼学丛书》。包含家礼(138卷)及学校礼、乡礼、邦礼(35卷)，共计173卷。

朝鲜本《家礼》之形成及其特征

〔韩〕郑现贞

一、绪　　论

朱熹著述了多种礼书，其中，他在为父亲置办丧礼后，即17至18岁，编著了《诸家祭礼考编》（失传）；20余年后，以此为基础完成了《祭礼》（失传）；到了40岁中期以后，汇集唐、宋时期的祭礼文献编纂了《古今家祭礼》（失传）；之后又参读"三礼书"，设想将《仪礼》和《礼记》结合起来，这一规划在门人的共同努力下得以实现。而这种礼书修撰工作即是"以历代的注疏和多种文献对礼经中不完善部分的补充"，这可谓朱熹晚年的切实课业与遗业。而这一礼书又经门人的努力编著成了《仪礼经传通解》。

朱熹以母亲的丧礼为契机著成了《丧礼》《祭礼》，在此基础上，又合《冠礼》《昏礼》而完成了《家礼》，《家礼》之原稿在未完成的状态下遗失了，但在他死后又失而复得。因为在朱熹生前很难找到对《家礼》的直接提及，所以我们可能会提出此作是否是朱熹亲作的疑问。虽然如此，但《家礼》还是被视为朱熹的著述，在其礼书中发挥着最大的影响力。

《家礼》由1211年和1216年的《通礼》《冠礼》《昏礼》《丧礼》《祭礼》五篇构成并刊行。杨复为了补充《家礼》的不足，用朱熹的相关观点与经典和注疏的内容在各条目之下添加了注释，此即杨复的《家礼附注》。但1245年，周复考虑到《家礼附注》不够简略，便将杨复的注释从正文中分离出来，将其附录于《家礼》的后半部分，此即现传《家礼》中最古老的宋刻本《家礼》。

宋代的其他《家礼》版本还有杨复的附注、刘垓孙的增注以及附有若干种图的《纂图集注文公家礼》。元代的黄瑞节在《家礼》中添加杨复、刘垓孙以及自己的注释，又在最后添加28种图，并将其收录于《朱子成书》中。到了明代，《家礼》被收录到《性理大全》中，颁布于各地并成为学校的教材。性理大全本《家礼》包含了杨复、刘垓孙、黄瑞节、刘璋等的注释，将28种图置于开头，总共由四卷构成。虽然在成书过程中有依存于朱子成书本《家礼》的现象，但性理大全本《家礼》具有集先前《家礼》研究之大成的意义。

性理大全本《家礼》是朝鲜《家礼》研究的代表性底本。虽然《家礼》在高丽末传入并流行，朝鲜初期便存在着在朝廷奖励实践《家礼》并令官员试验《家礼》的记录，但很难把握此时传入和活用的是何种版本。朝鲜太宗三年（1403）虽然传入了《朱子成书》，但却无法确认朱子成书本《家礼》被活用的事实。世宗一年（1419）之后《性理大全》多次传入、刊行，由此《家礼》得以更广泛地普及并被更积极地活用。因此，《性理大全》传入后，朝鲜的《家礼》版本皆遵用了性理大全本《家礼》，可以说朝鲜的《家礼》研究是以性理大全本《家礼》为依据的。

在朝鲜刊行的《家礼》中，能够把握其刊刻时间和地域的版本有五种。这些版本皆遵从了性理大全本《家礼》的构成，在体制和细节上存在着略微的差异。朝鲜几个世纪的《家礼》研究以及对《家礼》之理解与实践的深化，可以看作对性理大全本《家礼》不断进行批判性克服的过程。本文旨在考察朝鲜《家礼》研究成果在《家礼》版本上所反映的样貌，并试图将决定版——戊申字本——《家礼》命名为"朝鲜本《家礼》"。

二、朝鲜《家礼》的刊行与版本

朝鲜关于《家礼》刊行的最初记录是《太宗实录》太宗三年"印《家礼》一百五十部于平壤府而颁之"这一记事，但关于这是何种版本却无从得知。世宗一年以后《性理大全》多次传入，此后，关于《家礼》之刊行的事项渐而明确起来。在朝鲜，《性理大全》在1427、1531、1537、1644、1744年多次刊行。不仅如此，1563和1611年将《性理大全》中的《家礼》部分（卷18—21）独立出来，刊行了四卷本的《家礼大全》。另外，《家礼》还于1658年（戊戌）在三陟府、镜城府等地刊行。这一版本的特征在于以性理大全本、家礼大全本为依据，实现了从既存的四卷体制向七卷本体制的变形。①

---

① 1518年明代丘浚《家礼仪节》的传入，推动了在以四卷本为中心的情况下七卷本这一新版本的出现。张东宇：《朱子家礼의受容과普及過程—东传版本问题를中心으로》，194面。

之后朝鲜的《家礼》版本皆呈现为与戊戌年本相同的七卷本形态。1666年(丙午),咸镜监营中也刊行了七卷本的《家礼》,但此版本的栏头上记录了去除正文中的误脱字和谬误、明示校订事项的72个头注。这些头注比较、对照了当时所通用的诸版本,是反映沙溪金长生(1548—1631)、愚伏郑经世(1563—1633)等朝鲜学者的《家礼》研究而完成的。比较性理大全本和丙午年本,会发现在正文中修订的字句相当多。

英祖三十五年(1759),艺阁(校书馆)刊行了戊申字活字本《家礼》。比较这一版本与性理大全本,校订的部分也很多,其中关于正文的校勘事项总共标注为75个头注。戊申字本的头注虽然与前面的丙午年本不完全一致,但具有相当大的类似性和联系性。关于相同项目即使添注了相同的校勘内容,但其标记方式也存在差异。丙午年本说道"上,他本作下,非",明确标明了其他版本的错误,但戊申字本则说道"上,一作天",并未明确标示。另外,在丙午年本中说道"四堂字,沙溪曰疑皆当作室",明确标示了指出误字的学者,但戊申字本则说道"四堂字,并疑室",未明确标示。虽然很难得知这些头注是经过何种过程插入的,但至少可以推断,戊申字本的头注是参考丙午年本而实现整顿、完善的。

另外,戊申字本《家礼》开头的《家礼图》末尾收录了明代丘浚、朝鲜金长生对《家礼图》的批判。这是丙午年本等既存版本中没有的新内容。丘浚曾在《家礼仪节》中积极反驳了《家礼》伪作说,并且提及了当时通用的《家礼》版本中所录之图的问题所在。他指出了《家礼》所附之图中与《家礼》正文之内容不符的6个部分,并论证道这些图并非朱熹所作,而是由后人所添加。在性理大全本《家礼》的《家礼图》中可以确认丘浚所指出的事项,所以可以推测丘浚将性理大全本《家礼》或其他类似版本视为问题所在。

在朝鲜,最初系统涉及此问题的是金长生。他在《家礼辑览》中引用了丘浚所指出的事项,继而在《家礼》正文和《家礼图》之间追加了15处不一致的部分。戊申字本《家礼》在《家礼图》后面收录了丘浚和金长生的言论,这有助于理解《家礼图》的问题。其内容如下:

丘文庄公《仪节》曰:"文公《家礼》五卷而不闻有图,今本载于卷首,不言作者,而图注多不合于本书,今数其大者言之。《通礼》云'立祠堂',而图以为家庙,一也。《深衣》缁冠冠梁包武而屈其末,图安梁于武之上,二也。本文黑履,而图下注用白,三也。《丧礼》陈袭衣不用质杀,而图陈之,四也。本文大敛

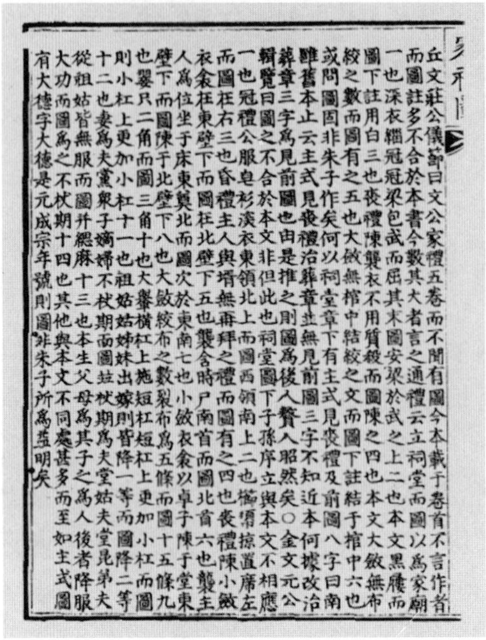
丘文莊公儀節曰文公家禮五卷而不聞有圖今本載于卷首不言作者
而圖註多不合於本書今數其大者言之通禮云立祠堂而圖以爲家廟
一也深衣緇冠冠梁包武而屈其末圖安梁於武之上二也本文黑屨而
圖下註用白三也喪禮陳襲衣不用質殺而圖陳之四也本文大斂無布
絞之數而圖有之五也大斂無棺中結絞之文而圖下註結于棺中六也
或問圖固非朱子作矣何以祠堂章下有主式見喪禮及前圖八字曰南
雝舊本止云主式見喪禮治葬章竝無見前圖三字不知近本何據改治
葬章三字爲見前圖也由是推之則圖爲後人贅入昭然矣○金文元公
輯覽曰圖之不合於本文非但此也祠堂圖下子孫序立與本文不相應
一也冠禮公服皂衫深衣東領北上而圖西領南上二也櫛纚掠置席左
而圖在右三也昏禮主人與壻無再拜之禮而圖有之四也喪禮陳小斂
衣衾在東壁下而圖在北壁下五也襲含時尸南首而圖北首六也襲主
人爲位坐于床東奠北而圖次於東南七也小斂衣衾以卓子陳于堂東
壁下而圖陳于北壁下八也大斂絞布之數裂布爲五條而圖十五條九
也翣只二角而圖三角十也大轝橫杠上施短杠短杠上更加小杠而圖
則小杠上更加小杠十一也祖姑姑姊妹出嫁則皆降一等而圖降二等
十二也妻爲夫黨衆子嫡婦不杖期而圖竝杖期爲夫堂姑夫堂昆弟夫
從祖姑皆無服而圖幷緦麻十三也本生父母爲其子之爲人後者降服
大功而圖爲之不杖期十四也其他與本文不同處甚多而至如主式圖
有大德字大德是元成宗年號則圖非朱子所爲益明矣

图一　戊申字本《家礼图辩》

无布绞之数，而图有之，五也。大敛无棺中结绞之文，而图下注则结于棺中，六也。或问：‘图固非朱子作矣，何以祠堂章下有“主式见丧礼及前图”八字？’曰：‘南雍旧本止云“主式见丧礼治葬章”，并无“见前图”三字，不知近本何据改“治葬章”三字为“见前图”也。由是推之，则图为后人赘入，昭然矣。’”〇金文元公《辑览》曰：“图之不合于本文，非但此也。《祠堂图》下子孙序立，与本文不相应，一也。《冠礼》公服、皂衫、深衣东领北上，而图西领南上，二也。栉、纚、掠置席左而图在右，三也。《昏礼》主人与婿无再拜之礼，而图有之，四也。《丧礼》陈小敛衣衾在东壁下，而图在北壁下，五也。袭含时尸南首，而图北首，六也。袭主人为位坐于床东奠北，而图次于东南，七也。小敛衣衾以卓子陈于堂东壁下，而图陈于北壁下，八也。大敛绞布之数裂布为五条，而图十五条，九也。翣只二角，而图三角，十也。大舆横杠上施短杠，短杠上更加小杠，而图则小杠上更加小杠，十一也。祖姑、姑、姊妹出嫁，则皆降一等，而图降二等，十二也。妻为夫党，众子、嫡妇不杖期，而图并杖期，为夫堂姑、夫堂昆弟、夫从祖姑皆无服，而图并缌麻，十三也。本生父母为其子之为人后者，降服大功，而图为之不杖期，十四也。其他与本文不同处甚多，而至如主式图有‘大德’字，大德是成宗年号，则图非朱子所为，益明矣。”

性理大全本《家礼》虽然是朝鲜《家礼》研究和实践的底本，但并非原封不动的承袭。性理大全本—家礼大全本—戊戌年本—丙午年本—戊申字本的版本发展，呈现了在体制和细节上的逐渐变化。这意味着随着朝鲜对《家礼》之理解的不断深化，在版本方面积极推进，试图实现性理大全本《家礼》的客观化并拓宽其界限。戊申字本便是这种努力的产物。

图二　性理大全本（四卷）

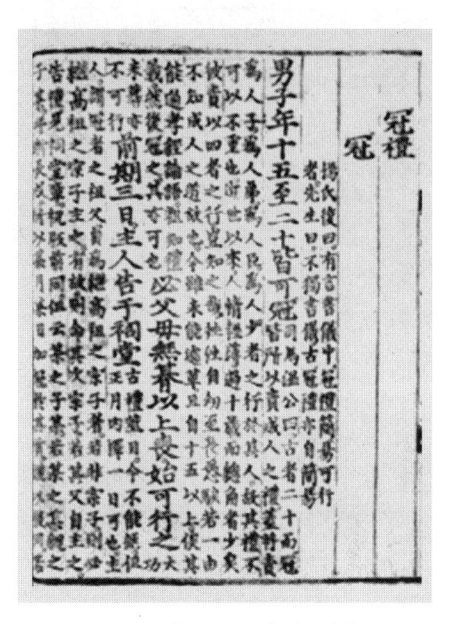

图三　家礼大全本（四卷）
刊行：1563年（谷城县），1611年（咸兴府）

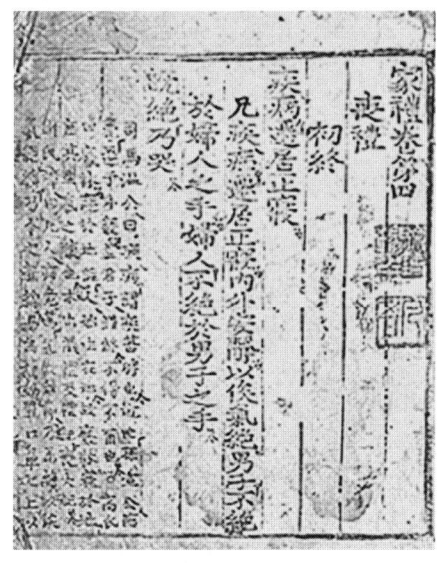

图四　戊戌年本（七卷）
刊行：1658年（三陟府、镜城府）

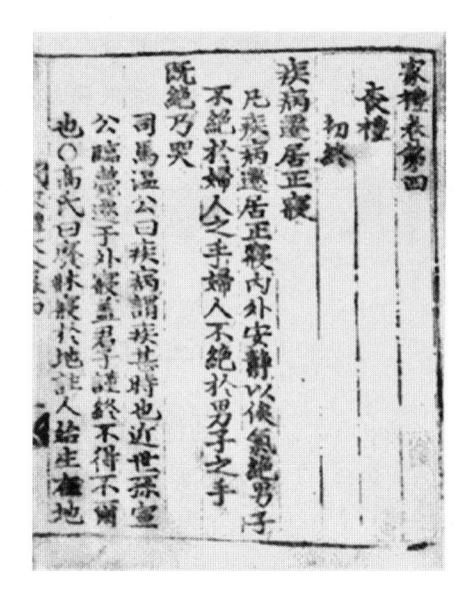

图五　丙午年本（七卷）
刊行：1666年（咸镜监营）

图六　戊申字本(七卷)
刊行：1759年(艺阁)

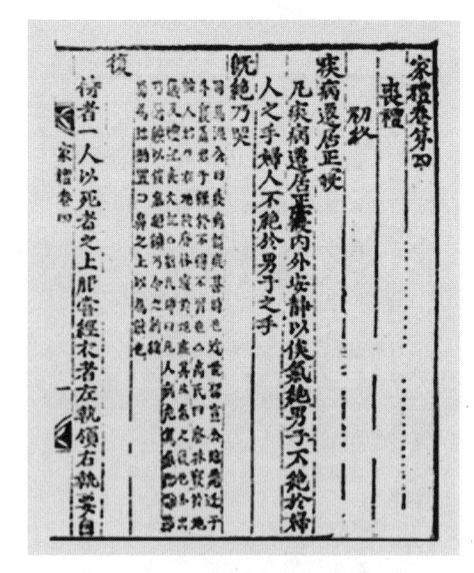

图七　七书房本(七卷)
刊行：1917年(全州)

但可惜的是，戊申字本之后，朝鲜再未发现《家礼》正式刊行的记录。更遗憾的是，1917年全州七书房刊行的《家礼》丝毫没有反映戊申字本，完全承袭了性理大全本，并且其中包含了先前没有的许多误脱字。虽然很难发现戊申字本《家礼》的后续工作，并且后代未能继承其成果，但不可否认的是它是朝鲜《家礼研究》的决定版，是朝鲜化的《家礼》版本。以下可对上文所言及的《家礼》版本的一部分进行考察。

三、戊申字本《家礼》的特征

戊申字本《家礼》的特征很明显地呈现于栏上的头注中。具体考察75个头注，大体上包含：① 比较多种版本，揭示字句的差异；② 指出正文中的谬误和误脱字等内容。①虽然明示了作为比较对象的版本为何，但以性理大全本为中心，参照宋刻本、朱子成书本、戊戌年本、朝鲜经常活用的《性理群书集览补注》等，会发现相应的事项非常多。可举以下事例为例：

《通礼》祠堂章："为四龛，以奉先世神主。"本注："主式见丧礼治葬章。"

戊申字本头注：" 治葬章，一作及前图。"

宋刻本	朱子成书本	性理大全本	戊戌年本	性理群书集览补注
治葬章	及前图	及前图	及前图	及前图

《通礼》祠堂章："正、至、朔、望，则参。"本注："立定，主人盥帨升。"
戊申字本头注："帨，一作洗。"

宋刻本	朱子成书本	性理大全本	戊戌年本	性理群书集览补注
帨	帨	帨	洗	帨

《丧礼》成服章："其服之制，一曰斩衰三年。"附注："共以八十缕为一升。"
戊申字本头注："共，一作其。"

性理大全本	戊戌年本	性理群书集览补注
其	其	其

②是通过与丙午年本的比较，以金长生、郑经世等先前时期学者的《家礼》研究为依据而完成的。实际上，在金长生的《家礼辑览》中，可以找到与头注中所指正的事项相关的议论。举例如下：

《通礼》祠堂章附注："古人所以庙面东向坐者。"
戊申字本头注："庙面之面，疑皆。"

丙午年本头注	家礼辑览
"面，"沙溪曰："疑当作'皆'。"	退溪曰："'面'，恐当作'必'或作'皆'。"

《丧礼》闻丧、奔丧章："变服。"
戊申字本头注："'变'，疑'成'。"

丙午年本头注	家礼辑览
沙溪曰："'变'，'成'字之误。"	按，"变"字，疑"成"字之误。又按，丘《仪》"次日变服，第四日成服"，当以是为据。

另外值得注意的是，头注还包含将《家礼》正文中从《书仪》《仪礼》疏等其他文献中引用的句节与原典进行比较、校勘的内容。① 这显示了不仅对《家礼》本身，对可作为其渊源的文献也能够进行直接的检讨和理解。

这些校勘注释的完成能够判别出各种版本的不同部分中最迫切的部分，并且意味着已经确保了能够正确把握本文之问题点和特殊点的研究力量。因此可知，戊申字本以及作为其前阶段的丙午年本的出现是以当时朝鲜对《家礼》之内容以及与其相关的各种文献、制度、物器等的充分理解为基础的，克服了既存版本的局限，很好地展示了向比性理大全本更为完备的《家礼》底本发展的过程。

戊申字本《家礼》的头注可整体列举如下：

编　　次		《家礼》本文	戊申字本头注
家礼图	行冠礼图		堂,恐室
	本宗五服之图		从祖,当作再从

---

① 《昏礼》亲迎章："初昏,壻盛服。"本注："世俗新壻带花胜。"
　戊申字本头注："'带',《书仪》作'戴'。"
　《昏礼》亲迎章："就坐饮食毕,壻出。"附注："《仪礼》疏云'卺,谓牢瓢'。"
　戊申字本头注："'牢',本疏作'半'。"

续表一

编　　次		《家礼》本文	戊申字本头注
家礼图	本宗五服之图	(本宗五服之图)	祖姑嫁无，当作缌麻
			姑嫁小功，当作大功
			从姊妹嫁缌麻，当作小功
家礼序		则又略浮文敦本实	敦，一作敷
		若祭李祭始祖、先祖	先，一作初
通　礼	祠　堂	古人所以庙面东向坐者	庙面之面，疑皆
		以后架作一长龛堂，以板隔截作四龛堂，堂置位牌，堂外用帘子	四堂字，并疑室
		主式见丧礼治葬章	治葬章，一作及前图
		别子者，谓诸侯之弟，别于正适	于，一作为
		鲁季友乃桓公别子所自出	所自出，朱子曰衍文
		只是正排看正面	看，疑著
		大宗以下又不得而祀之也	以，一作而
		兄弟嫂、妻、妇，则祔于祖母之傍	于祖下，疑脱父字
		主人盥帨升	帨，一作洗
		莫亦只祭得四代	四代下，一有但四代三字
	深衣制度	交映垂之如燕尾状	映，一作脚
		复又取《礼记·深衣》篇熟读之	复，一作后
	司马氏居家杂仪	始教之谦让	教之下，一有必
昏　礼	亲　迎	人何故不行	故，一作苦
		世俗新壻带花胜	带，书仪作戴
		以烛前导	以下，一有二字
		卺，谓牢瓢	牢，本疏作半
	妇见舅姑	妇既受礼	受，一作行

续表二

编次		《家礼》本文	戊申字本头注
昏礼	妇见舅姑	俟舅饮毕,又拜	又拜之拜,疑升
丧礼	沐浴,袭,奠,为位,饭含	妇人坐于帷外之西	外,一作内
	灵座,魂帛,铭旌	五品以上八尺	上,一作下
	小敛袒,括发,免,髽,奠,代哭	凡物束敛紧急	敛,一作练
		当去冠梳	梳,疑疏
	成服	此则衣身所用布之处与裁之之法也	处,一作度
		共以八十缕为一升	共,一作其
		故一幅布凡三处屈之	屈,一作属
		外屈于父	父,一作天
		嫁母为前夫之子从己者也	嫁母之母,一作而
		为人后者为其父母报	报,一作服
		妻族二	二,一作一
	朝、夕哭、奠、上食	不用金银钱饰	钱,疑镂
	闻丧,奔丧	又哭尽哀,问故	问故,一在使者下
		变服	变,疑成
	治葬	帅执事者于所得地掘穴	穴,一作兆
		深葬有水	葬,一作皆
		岁久结而为全石	全,一作金
		树根遇炭皆横转去	横,一作生
		礼圹中用牲体之属	牲,一作生
		礼文之意大备	备,一作简
		犹有蚁子入去	有,一作自
		某官某公之墓	某官上,一有有宋二字
		母氏某封	母下,一有某字
		以木为匡	匡,一作筐
	迁柩,朝祖,奠,赙,陈器,祖奠	则其礼无所施,然又不可全无节文	施下,一无然字
	及墓,下棺,祠后土,题木主,成坟	故某官某公讳某字某第几神主	故上,一有宋字

续表三

编　次		《家礼》本文	戊申字本头注
丧礼	虞祭	具馔如朝奠	朝,疑朔
		其设之叙如朝奠	朝,疑朔
	卒哭	同虞祭	虞祭,一作再虞
		其衰无变	衰,一作哀
	祔	还奉新主	新,一作神
	大祥	未大祥间假以出谒者	假以之假,一作服
		妇人冠、梳	梳,疑䟽
		当俟吉祭前一夕以荐告	吉,一作告
	禫	果能始卒——合于古礼	古,一作曲
祭礼	四时祭	设盥盆帨巾各二於阼阶下之东	盆,一作盘
		摺笏焚香	焚香下,疑脱再拜二字
		取高祖考盏	考,一作妣
	初祖	具蔬果楪各六	具下,一无蔬字
		具蔬果楪各六	楪下,一无各字
		凡十二体	二,一作一
		切肉一小盘	一,一作二
		十二体实烹具中	二,一作一
	先祖	大盘六,小盘六	上六,一作四
		盘、盏各二	二,疑一
		瘞毛血	瘞,疑进
		当中少退立	少下,一无退字
	墓祭	则寒食在家亦可祀祭	祀,一作祠
		士女遍满	女,一作友

四、结　论

在朝鲜,性理大全本《家礼》是《家礼》研究与实践的底本。朝鲜时代关于《家礼》的多达485种(包括失传的184种)的研究书可谓皆是以性理大全本为依据的。

但就《家礼》版本的刊行过程来看，对性理大全本《家礼》的继承并非原封不动的承袭。首先，《家礼》从《性理大全》中独立出来；之后在编章体制上又从四卷变为七卷；对于正文的字句，对各个版本进行比较，将指出的问题或修订的内容记录于头注之中。1759年刊行的戊申字本《家礼》很好地反映了这一过程。另外，戊申字本收录了丘浚和金长生的言说，即他们指出了性理大全本中最成问题的部分之一《家礼图》的末尾部分中的图与正文内容不符的部分，这有助于对性理大全本的客观理解。

戊申字本《家礼》，尤其是栏上的头注以丙午年本为依据，是对其的进一步发展。75个头注显示，《家礼》研究力量已十分成熟，能够从整体上探讨各种版本，正确地指出并校订各种细节问题。戊申字本是《家礼》研究成果的积累与克服性理大全本的问题意识交叉的产物，是朝鲜《家礼》研究的决定版，是朝鲜化的《家礼》版本。因此，对于朝鲜时期《家礼》的探究，离不开戊申字本《家礼》。另外，通过对戊申字本头注的详细分析和与中国、日本的《家礼》版本比较，能够为有效地展示东亚《家礼》研究的各种样态与个性提供很好的资料。

（作者单位：延世大学）

越南汉喃家礼书籍研究：版本与特征

〔越〕武越鹏

绪 论

越南家礼指家族家庭范围中全部礼仪，此意义内涵与"家礼"本源意义相比已有一定发展。15世纪之前，中国家礼随着文化交流之路开始传播到越南，至少在伦理方面上已有一定影响。15至17世纪，《性理大全·文公家礼》《文公家礼仪节》等家礼文献正式通过官方或非官方的途径传入越南，对越南礼仪文化产生了较大影响。17至18世纪，越南礼学实践"不明"并且礼学文献多半不一。面对儒教社会道德沦丧、礼仪陷入危机等背景，越南封建朝廷颁行不少司法工具来提高道德，同时儒士官员也不停撰写家礼文献，一则满足当时人们实行仪式的需求，一则助于封建国家提高民众的法律道德知识。从而汉喃家礼书籍开始形成，以吴仕评《家礼捷径》、胡士扬《胡尚书家礼》、胡嘉宾《寿梅家礼》为代表的喃字家礼著作相继问世。18至20世纪，除了上述作品多次刻印，广泛流行，被普遍使用之外，还出现了大量家礼著作，家礼著作一时得到繁荣地发展，形成汉喃家礼书籍体系，其有版本特征、内容特征，对17至20世纪越南社会习俗影响深远，可称为越南家礼发展最为繁荣的阶段。

本文以越南社会科学翰林院所属汉喃研究院所藏为限，首先梳理汉喃家礼文献，再按文字、版本、内容等方面从文献学角度探析汉喃家礼书籍特征。

一、汉喃家礼书籍

到目前为止，汉喃研究院收藏的家礼古籍有12种著作，60种版本左右，简单说明如下：

1.《家礼捷径》(Gia lễ tiệp kính)

《寿梅家礼》记"本朝永盛三年东岸县三山社吴仕评撰捷径家礼刻行于世",《雨中随笔》记"小尹阮公撰家礼捷径托名吴尹",据此可知《家礼捷径》编者是吴仕评,本名吴策谕,本是阮氏人,东岸县三山社人(今属越南北宁省),景治二年甲辰科(1664)进士,官至奉天府尹。

吴仕评撰写《家礼捷径》于1682年之前(胡士扬［1622—1682］曾谈论此著作)。《家礼捷径》版本现存一种,是永盛三年(1707)印行版本,馆藏编号AB.572,版式高19厘米,宽14厘米,全书正文共七十四叶①,每半叶八行,每行大字十八字,小字双行不等。

虽然书名围框部分被撕去,但是卷末题"家礼丧祭捷径卷终",据此推考此版本是《家礼捷径》。第一前半叶纵刻五列,自右至左依次为"黎朝永盛三年谷日/查详各律五服制服各图立为/国语言辞/五服之制(小字注:一曰斩衰三年,二曰齐衰杖期不杖期,三曰大功九月,四曰小功五月,五曰丝麻三月)/服有四制"(小字注:"一曰正服云云,二曰如服云云,三曰降服云云,四曰义服云云")(图一)。

正文从第一后半叶到第七十四叶。正文每半叶九行,每行二十二字。卷一用喃文(喃文间有汉文,以喃文为主),内容记载丧服制度,包括本宗九族五服制服、为宗人服、八母报服等,另外还有本宗《九族立服之图》《三父八母制服之图》《外族母党妻党服图》《妻为夫族服图》《夫为妻亲服图》《妾为君服图》《女出嫁为本宗服图》《根生枝叶图》等图。卷二用汉文,内容为引导实行丧礼祭礼仪式,附有元旦、端阳、中元等节祭文。

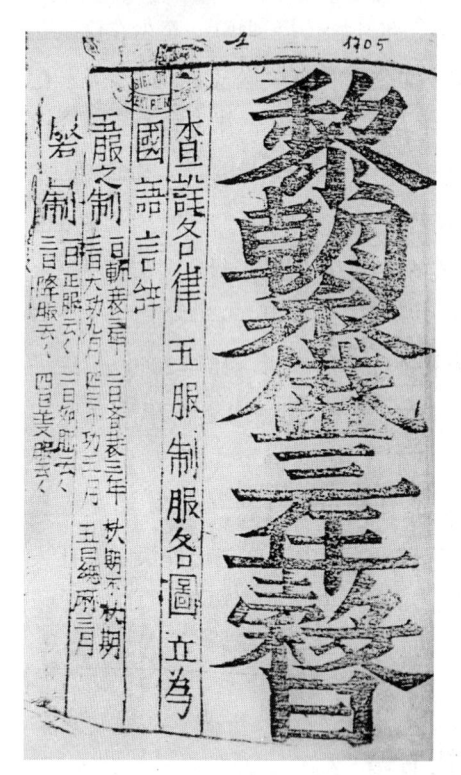

图一 《家礼捷径》影印

---

① 叶:古籍版式术语,同"页",指古籍双面印刷的一纸,包括两半叶,正中有或没有版心。

2.《胡尚书家礼》(*Hồ Thượng thư gia lễ*)

又名为《胡相公家礼》,本来包括两卷,上卷名为《家礼国语》,下卷名为《家礼问答》。1739年,朱伯琋搜寻到此书之后,进行刻印,命名为《胡尚书家礼国语问答》,简称为《胡尚书家礼》。

编者是胡士扬,琼瑠县完厚社人(今属越南义安省琼瑠县琼堆社),官至工部尚书。撰写年代大约为1676至1682年之间。汉喃研究院现存《胡尚书家礼》印本两种。

1739年印本的馆藏编号AB.592,版式高19厘米,宽12.5厘米,全书正文共六十六叶,后有嘉隆十一年(1812)所刻的《寿梅家礼》。内封尚存后半叶,纵刻"皇朝永佑万万年之五端阳中浣"字样(图二)。

1767年印本的馆藏编号AB.175,版式高18厘米,宽12.5厘米,全书正文共七十叶。内封被撕去,序末题"大越景兴二十八",下方已被撕去。

1739年印本的行款字体与1767年印本相同,正文每半叶九行,每行大字二十字,小字双行不等(图三)。

馆藏编号A.279的写本,高30厘米,宽20厘米,全书共四十五叶,名为"胡尚书家礼",但是内容包括《胡尚书家礼》的序文、《家礼捷径》的服图、丧礼的仪式等,故不是《胡尚书家礼》。

《胡尚书家礼》正文包括两卷:卷之上和卷之下。卷之上名为《家礼国语》,用喃文,内容为引导实行衾殓、送葬等祭礼丧礼仪式,附有祭文、插图;卷之下名为《家礼问答》,用汉

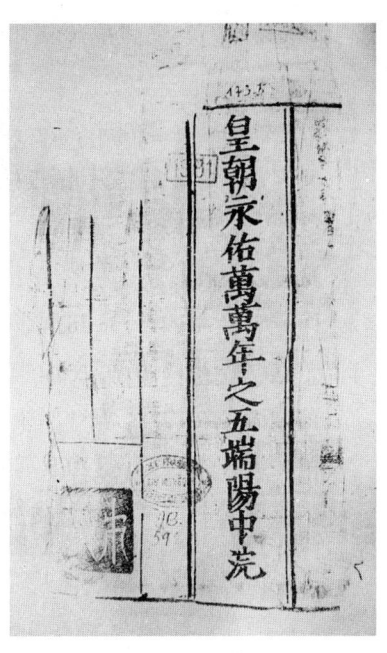

图二 《胡尚书家礼》影印一

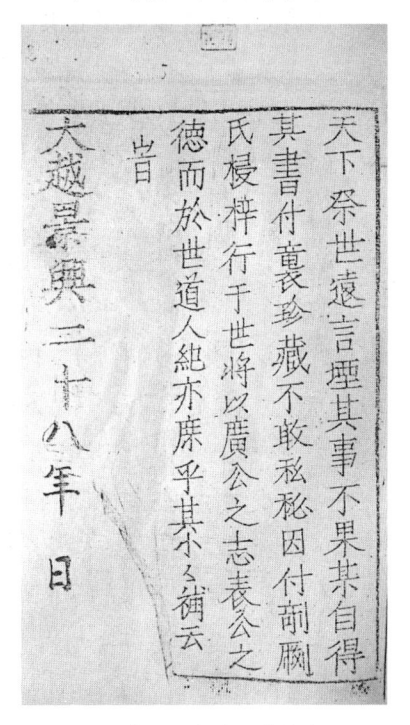

图三 《胡尚书家礼》影印二

文,内容为以问答形式论述家礼仪式。

3.《三礼集要》(Tam lễ tập yếu)

又名《仪礼集要》,阮甫(昭如)序于黎景兴壬寅年(1782),范甫(静斋)编辑于明命八年(1827)。

现存抄本四种:

馆藏编号A.1915,高28厘米,宽16厘米,全书共八十七叶;

馆藏编号A.1599,高26厘米,宽15厘米,全书共四十八叶;

馆藏编号A.1281,高31厘米,宽19厘米,全书共六十五叶;

馆藏编号A.1013,高29.5厘米,宽20厘米,全书共七十四叶。

内容用汉文,有序文、志文、凡例,之后记载婚礼、丧礼、祭礼等仪式,附有请帖、寿帖、祭文等。

4.《寿梅家礼》(Thọ Mai gia lễ)

编者是胡嘉宾,海阳上洪府唐豪县人(今属越南兴安省),官至鸿胪寺班。撰写的年代大约是18世纪中后期。现存印本35种,写本5本,印本分为三类:

第一类(1本),馆藏编号AB.592,高24厘米,宽13厘米,全书正文共三十四叶,每半叶七行,每行大字二十四字,小字双行不等。内容只有祭仪部分而没有服制部分。内封书名在围框内上方横刻"皇朝嘉隆十一年岁在壬申重刊",下纵刻三列:右列为"礼仪述古先贤意";左列为"文质明今厚孝心";中间列上方即书名"寿梅家礼",下方为"附录婚礼及祭神仪注并嫁娶祭丝红春首禳星百艺礼先师下田上田尝新祭神农岁周祀灶当年迎送各文与占日时吉凶"。嘉隆十二年即1812年。请看图四。

第二类(1本),馆藏编号AB.312,高25厘

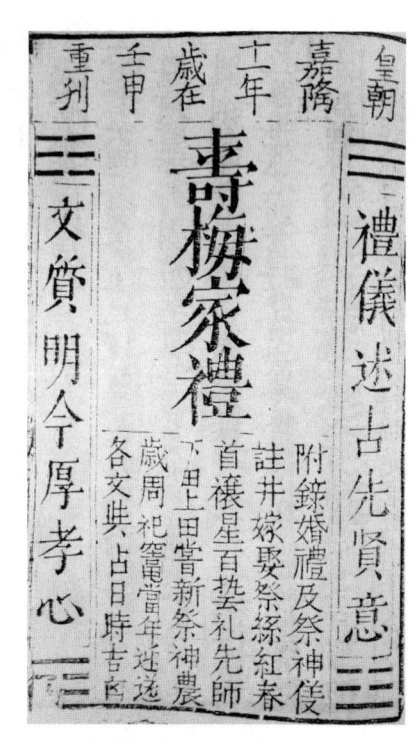

图四 《寿梅家礼》影印一

米，宽14厘米，全书正文共五十八叶，每半叶八行，每行大字二十一字，小字双行不等，白口，单鱼尾，左右双边。内封被撕去所以年代不详。卷端无书名、作者等项。

第三类（33本），高16厘米左右，宽12厘米左右，全书正文共三十二叶，每半叶八行，每行大字二十一字，小字双行不等，包括：

（1）有文堂藏本（嗣德四年八月重刊-1851）：馆藏编号VHb.117、VHb.192。

（2）阮文堂藏本（嗣德五年五月重刊-1852）：馆藏编号ST.610。

（3）锦文堂藏本（嗣德九年正月重刊-1866）：馆藏编号VHb.116。

（4）成文堂藏本（嗣德丁丑仲秋重刊-1877）：馆藏编号VNb.128、VNb.185。

（5）盛义堂藏本（成泰丁酉仲秋重刊-1897）：馆藏编号AB.89、VHb.109。

（6）观文堂藏本（成泰九年丁酉二月重刊-1897）：馆藏编号VHb.114。

（7）聚文堂藏本（成泰九年丁酉重刊-1897）；馆藏编号VHb.110、VHb.115。

（8）观文堂藏本（维新丙辰仲春吉日重刊-1916）：馆藏编号VHb.112、VHb.113、VNb.188。

（9）盛文堂藏本（启定丁巳春重刊-1917）：馆藏编号VHb.108。

（10）福安号藏本（启定庚申年春新刊-1920）：馆藏编号VHb.106、VNb.136。

（11）富文堂藏本（启定辛酉年春新刊-1921）：馆藏编号VHb.132、VHb.111、ST.22。

（12）福文堂藏本（保大戊辰年秋新刊-1928）：馆藏编号VHb.104、VNb.186、VNb.187、VNb.190、VHb.82、ST.611。

（13）盛文堂藏本（保大三年仲秋重刊-1928）：馆藏编号VHb.105、VNb.127、VNb.185、ST.38、ST.574。

（14）聚文堂藏本（保大乙卯年春新刊-1939）：馆藏编号VHb.107、VNb.126。

内封有两类别：锦文堂藏1本的内封书名围框内上方横刻"岁在丙寅新镌"字样，下纵刻三列，自右至左依次为"礼仪述古先贤意/寿梅家礼/文质明今厚孝心"（图五）；另外内封书名围框内纵刻三列，自右至左依次为"礼仪述古先贤意/寿梅家礼/文质明今厚孝心"（图六）。

内容用喃文（喃文间有汉文），有序文，内容为引导实行衾殓、送葬等丧礼仪式，其次记载丧服制度，包括九族五服制服、八母报服、为外族母党服、妻为夫党服、女出嫁为本宗服、为人后为所后服、为人后者为本生服、为朋友服等服制；附有祭文、祭神仪节、婚娶仪式，择日方法等。

图五 《寿梅家礼》影印二　　　　　图六 《寿梅家礼》影印三

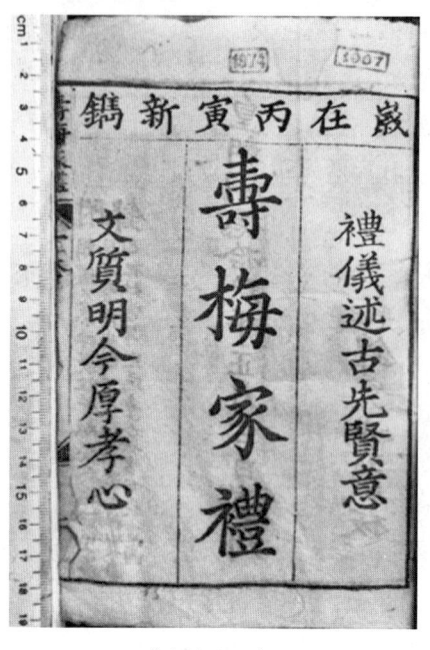

5.《清慎家礼大全》(Thanh Thận gia lễ đại toàn)

编者是清慎先生。现存写本2本：

馆藏编号A.1064,高31厘米,宽20厘米,全书共九十七叶。

馆藏编号VHv.271,名为《黎贵惇家礼》,高26厘米,宽15厘米,全书共四十九叶。内容大部分相同于《清慎家礼大全》,也包括行礼体式、仪节行礼、问答仪节、设铭旌法、题主法祭文等内容。因为《清慎家礼大全》卷端题"黎贵惇先生撰集",所以后人误解这本书是《黎贵惇家礼》。其实,清慎先生只参考黎贵惇所撰的某一部家礼书,而黎贵惇与清慎先生是两个人(《清慎家礼大全》序末题"清慎先生年六十四集成会录",而黎贵惇[1726—1784]只享寿五十八),因此《清慎家礼大全》编者不是黎贵惇。

内容用喃文,有清慎先生所撰的序文,正文包括两卷：卷之一和卷之二。卷之一主要记载礼仪(是黎贵惇所撰的丧礼祭礼等仪式,清慎先生是编辑人),附有祭文(有汉文、喃文的祭文)。卷之二的内容为"上记养生之质,下记事死之文",包括寿礼仪式,吉礼、凶礼等祭文(有汉文、喃文的祭文)。

6.《四礼略集》(Tứ lễ lược tập)

编者是裴秀岭(1794—1862),撰写年代是明命己亥年(1839)。现存写本2本:

馆藏编号A.1016,高30厘米,宽19厘米,全书共二百十六叶;

馆藏编号VHv.1166/1-4,高28厘米,宽16厘米,全书共三百六十一叶。

内容用汉文,序文和引文是裴秀岭于明命己亥年所撰及阮志亭于绍治元年(1841)所撰。正文包括五卷(卷之一、卷之二、卷之三、卷之四、卷之五),记载冠礼、婚礼、丧礼、祭礼等仪式与考论。

7.《文公家礼存真》(Văn Công gia lễ tồn chân)

编者是杜辉琬(1815—1882),撰写年代是嗣德庚午年(1870)。现存写本1本,馆藏编号VHv. 272,高30厘米,宽18厘米,全书共六十三叶。

内容用汉文,卷端是杜辉琬于嗣德庚午年所撰的序文,正文包括《文公家礼存真》从第二叶到第四十五叶,《家礼考正》从第四十六叶到第六十二叶。记载丧礼祭礼等仪式,附有插图,以杨慎《文公家礼仪节》为底本,寻求朱熹《文公家礼》的"存真"。

8.《阮氏家训》(Nguyễn Thị gia huấn)

编者是阮梅轩,撰写年代是嗣德二年(1849)。现存写本1本,馆藏编号A.2942,高28.5厘米,宽16厘米,全书共九十二叶。

内容用汉文,有阮梅轩於嗣德二年所撰的序文。主要内容是家训,第一卷记载命名、辨讳、家规、幼仪、女训等内容,第二卷记载祠堂、冠礼、昏礼、丧礼、葬礼、祭礼等内容,附有祭文。

9.《丧祭考疑》(Tang tế khảo nghi)

编者不详,撰写的年代是成泰六年(1894)。现存写本1本,馆藏编号 A.2370,高25厘米,宽13厘米,全书共八十九叶。

内容用汉文,以问答形式记述、考论丧礼和祭礼的仪式,附有两篇祭文。

10.《丧礼备记》(Tang lễ bị kí)

编者不详,撰写的年代是维新五年(1911)。现存写本1本,馆藏编号 A.2227,

高30厘米,宽20厘米,全书共九十七叶。

内容用汉文,记载丧礼和祭礼仪式,附有服图;另外还有祝寿、贺婚的仪式。

11.《家礼略编》(Gia lễ lược biên)

编者、撰写年代都不详。陈氏所藏。现存写本1本,馆藏编号A.2487,高25厘米,宽14厘米,全书共三十叶。

内容用汉文,第一部分为《古训》,记载祠堂、斋戒、祭礼等论述;第二部分为《祭训》,记载祭礼仪式以及元旦、端阳、中元等节的祭文。

12.《家礼杂仪》(Gia lễ tạp nghi)

编者和撰写年代都不详。现存写本1本,馆藏编号VNv.456。

内容用汉文,第一部分是《家礼杂仪》(抄自《文公家礼仪节》卷八),第二部分是《太上感应篇》,第三部分是《文昌帝君阴骘文》,第四部分是《自训铭》。

卷末有"竹亭主人阮俊翁谨书于笈里"字样,但是竹亭阮俊翁(1562—?)只是《自训铭》的作者。

二、越南家礼书籍的一些特点

按以上分析表,汉喃家礼书籍有如下特点:

第一,若以版本数量为标准,则刻印版本占大部分。按在汉喃研究院所藏家礼书籍范围之内,《家礼捷径》《胡尚书家礼》《寿梅家礼》三种刊本只占有3/12著作,但是占有37/57版本总数量。若以著作数量为标准,则手写书籍占大部分(9/12著作),包括《三礼集要》《清慎家礼大全》《四礼略集》《文公家礼存真》《阮氏礼训》《丧祭考疑》《家礼略编》《丧礼备记》《家礼杂仪》,主要是家族范围中的文献。

19世纪之前,因为当时越南刻印政策严厉并且刻印费用比较多,所以刊本较为少见。《家礼捷径》《胡尚书家礼》的刊本都是由朝廷许可刻印,具有官方性。从19世纪末到20世纪初,《寿梅家礼》的多种刊本出现,主要有两个原因:第一,越南阮朝因一定理由而刻印政策较为宽松,并无之前严厉,所以雕版、印刷、发行等活动得

越南汉喃家礼书籍研究：版本与特征 / 267

综述越南家礼书籍基本特点表

书名	版本 印本	版本 写本	内容 冠	内容 婚	内容 丧	内容 祭	丧礼 仪节	丧礼 服制	论述 直接	论述 问答	文字 喃文	文字 喃文间有汉文	文字 汉文	撰写目的 (1)	撰写目的 (2)	撰写目的 (3)
家礼捷径	1											卷二	卷一	×		
胡尚书家礼	2	1			×	×	×	×		×		卷上	卷下	×		×
三礼集要		4		×	×	×	×		×				×	×	×	×
寿梅家礼	34	4		×	×	×	×	×				×		×	×	×
清慎家礼大全		2		×	×	×	×					×	×		×	×
四礼略集		2	×	×	×	×	×	×	×	×			×		×	×
文公家礼存真		1		×	×	×	×		×				×			×
阮氏家训		1	×	×	×	×	×			×			×		×	×
丧祭考疑		1			×		×			×			×		×	
丧礼备记		1			×		×						×		×	×
家礼略编		1				×	×						×			
家礼杂仪		1					×						×			
	37	19	2/12	4/12	10/12	9/12	10/12	4/12	3/12	4/12	0/12	4/12	9/12	3/12	7/12	6/12
56版本			17%	33%	83%	83%	83%	33%	25%	33%	0%	33%	75%	25%	58%	58%

撰写目的：(1)最初目的是引导自己家庭/家族成员实行家礼，刊刻之后影响风俗生活；(2)引导自己家庭/家族成员实行家礼仪式；(3)论述礼学。

到了发展,在各地方的许多书坊因这个机会而出现和不断发展。第二,《寿梅家礼》对越南平民阶层生活的影响较为广泛,甚至对皇室礼仪也产生影响,从而民间需求日益增加。

为了满足当时越南民众实行仪式的需求,从19世纪末到20世纪初,许多书坊刻印了《寿梅家礼》,刊刻的年代集中在嗣德四年至保大十四年之间(1851—1939),如河内有文堂(重刊-1851)、河内阮文堂(重刊-1852)、锦文堂(重刊-1866)、成文堂(重刊-1877)、盛义堂(重刊-1897)、河内观文堂(重刊-1897、1916)、聚文堂(重刊-1897、新刊-1939)、河内盛文堂(重刊-1917、1928)、河内福安号(新刊-1920)、富文堂(新刊-1921)、福文堂(新刊-1928)。各书坊之间存在相互配合或继承的联系,所以对印刻和流行的活动更有顺利。

第二,刊本的刻印流行目的是振兴风化或者满足民众实行礼仪的需求,所以家礼刊本的最高宗旨是为了使礼仪容易传达到民间底层。而汉文与民间底层之间还是存在相当大的距离。因此,喃字和喃文通俗易懂,能够克服汉文的表达限制,成为表达家礼的工具,造成了越南家礼书籍的特色。

实际上,从19世纪到20世纪初,《寿梅家礼》在风俗信仰生活中占有重要地位,但是《寿梅家礼》颇有平民性,所以不能满足传统儒家的要求。当时一些儒家学者认为《寿梅家礼》"鄙俚无论"(杜辉琬《文公家礼存真·序》)"遁学鄙陋"(阮文理《四礼略集·四礼摘集》)。因此传统儒教家族一般都有自己的礼仪指南,一些家族还有自己家礼手册。《三礼集要》《清慎家礼大全》《四礼略集》《文公家礼存真》《阮氏礼训》都属此种,目的是教导自己家庭家族的成员实行家礼仪式,合于古礼。此种家礼书籍就像一本礼仪剧本,编者是了解家礼的一位儒家,读者对象都是了解礼仪之人,所以其中大部分是汉文书籍。因此,较之于喃文家礼书籍,汉文家礼书籍占有多半数量(75%)。

第三,汉喃家礼书籍主要有丧礼和祭礼的内容。在家礼书籍总数之中,丧礼和祭礼书籍占有83%,而其他礼仪书籍只占约33%。

汉喃家礼著述主要内容是丧礼仪式,此情况与越南人的思想有关联。对越南儒家来说,无论是撰写家礼著述,还是重视丧礼仪式精神等事情,都是报孝父母的表现。胡士扬《胡尚书家礼·国语解》说:"仉濫鞎得,油鼂库拱沛礼底麻报孝父母。"(喃文,意为:人们不管富贫,都要以礼报答父母)因报孝的目的,许多越南儒家当家中遇到丧事时常撰写家礼著述,如胡士扬在《胡尚书家礼·家礼问答》中有说"戊寅年偶值父丧情深哀戚,因而推究";杜辉琬在《文公家礼存真·序》中说"予昔年游宦,闻丧而奔,乐欲尝,敛欲见,俱已无及,呼天伤地,惟独礼耳,乃取礼径及古今家礼诸书,朝夕探讨";阮文理在《四礼略集·四礼摘集》中说"余于戊寅年丁艰,尝袖朱礼问于盛烈裴先生,粗识礼意一二"。

第四,汉喃家礼书籍一般都将丧礼和祭礼合成"丧祭"一个整体,如《家礼捷径》《胡尚书家礼》《寿梅家礼》《文公家礼存真》等是典型著作,其丧礼和祭礼的内容不分篇,不单独成章,比如《家礼捷径》丧礼和祭礼的内容完全不分开,卷末再一次肯定:"家礼丧祭捷径卷终。"甚至有的书把丧礼编成祭礼一部分,比如《寿梅家礼》有主要内容是丧礼但是卷末题是"家礼祭仪集完"。杜辉琬在《文公家礼存真·序》中有说"命男僚摘编文公丧祭二礼",但是此书也把丧礼和祭礼整合成一卷,完全不分别篇章。

第五,除了记载丧祭礼仪的内容之外,越南家礼书籍还有礼学论述的内容。实际上,越南家礼书籍大部分都含有论述礼学的部分,或者用问答形式(《胡尚书家礼》《丧祭考疑》),或者直接论述礼学(《三礼集要》《清慎家礼大全》《四礼略集》《文公家礼存真》),全部都是汉文,目的是服务儒学知识界的探讨礼学需求。此种著作明显反映了越南儒家的礼学思想与经学能力。通过此部分不但可以了解越南家礼的理论问题,而且可以加深了解越南礼学演变。

第六,越南家礼实践不存在冠礼,《三礼集要·志》云"冠礼今世不行惟婚丧祭通国所用";《四礼略集·序》云"我南文献之邦,诸名家礼书婚丧祭者有之,而于冠礼缺焉"。但是按照冠礼的价值,越南儒学知识界始终对冠礼论述极为重视,同时总是自觉保留冠礼文献。越南儒家的此行为不仅是单纯的保留,而且是表示挽回儒教伦理道德的愿望,所以《四礼略集·序》中有说:"四礼之中,冠在其首,譬犹四序之有春其可废而不讲之哉。"虽然如此,在现存汉喃家礼书籍体系之中只有《四礼略集》涉及冠礼价值和记载冠礼仪式。

三、越南家礼书籍的经学性与实用性

若说越南家礼书籍无经学性,是有点牵强,但是若说越南家礼书籍有经学性,也有点不正确。实际上,汉喃家礼书籍源于越南经学活动,但是其最高的目却超过经学目的范围。

相同于儒家传统经学,越南经学也以诠释经书为主,目的是使儒士容易接近经典,其表现形式之一是"节要""撮要"以及用喃字"演义""演音""演歌""解音"经典。

经典"节要"和"撮要"实际上是摘要,省约或省略经文或经文的注释,使儒士赶快领悟经书的主要意义,比如《周礼注疏删翼节要》是《周礼》注释的摘要;《五经节要》《中学五经撮要》是五经内容的摘要等。在汉喃家礼书籍范围之内,《家礼捷径》的"捷径"也相同于"节要",其表现是此书简略了《文公家礼仪节》的经文和注释。

"演音"或"演义"经典是越南经学的表现之一。在此活动之中,喃字是解释经文内涵的工具,目的是更容易地传播儒家思想,同时在一定方面可以越化儒家经典。越南儒家经学活动中的汉喃书籍(按在刻印版本范围之内)常有版本布局包括汉文经文和喃文诠释两部分,其中汉文经文大字印,位置在版本的上部分(天头下边)或者在诠释部分前边;喃文诠释小字印,位置在版本的下部分(地脚上边)或者在汉文经文后边。"双语对译"这些书籍一则可以通过喃文诠释一段使儒士容易接近经典,一则可以顺便将喃文诠释部分与汉文经文对比,不但不让学者陷入教条地解释经典的情况,而且启发学者加深对经文的了解。在汉喃家礼书籍范围之内,《胡尚书家礼》《寿梅家礼》《清慎家礼大全》等喃文家礼书籍都用喃文解释家礼仪式,或多或少也源于用喃文诠释经典的活动。其中《胡尚书家礼》有最显著的经学表现,此著作以《文公家礼仪节》为诠释对象,省略一些仪式之后,用喃字进行翻译,撰写成一本喃文仪式。

家礼书籍编者都来自儒学知识界,其中吴仕评(即吴策谕)、胡士扬都是儒学进士同时也是封建朝廷中的官员,都出身于儒学科举,当然会接受儒家的接近经典方法。在方法方面上可见,汉喃家礼书籍与越南儒家的经学活动完全不分开,因此汉喃家礼书籍或多或少也有经学性。

礼学是复杂个案,连儒学知识界也无法避免误解不少礼学问题。《胡尚书家礼·序》有说:"亦或奥义弘深人所难晓。虽通经学古之士亦相矛盾于其间。此古人有聚讼之名也。"礼学与儒学知识界之间本有一定距离,当然礼学与平民阶层之间有更大距离,而礼学还是有助于管理国家的工具,礼学发展则管理国家之事也随着有机会发展,同时社会生活各方面也随着发展。如此客观实践要求儒家经典特别是礼学经典必须"喃化",使礼学与平民阶层之间的差距可以逐渐缩小。不同于传统经学的基本目的是使儒士接近经典,"喃化"礼学经典特别是"喃化"家礼活动有相反目的,就是要将礼学经典与礼学思想接近平民阶层。因此可以说,在方法方面上,汉喃家礼书籍虽然源于经学活动,但是在目的方面上,汉喃家礼书籍超过了经学目的范围,有实用性的表现。

在17世纪家礼生活背景之中,家礼书籍的实用性与提高儒教道德运动有直接关联。相比于经学性,则实用性有相反内涵。经学的目标是接近经典的上层思想,服务对象是儒学儒士,目的是使儒士"靠近"经典,同时运用此上层思想来治理国家社会。在此关系之中儒士是主动的,经典是被动的;而实用性的目标是简化经典礼仪为下层实用礼仪,服务对象是平民阶层,目的是使本属于经典范围的礼仪,变得易懂易行,日益"靠近"平民阶层,从而使此阶层提高儒教道德。在此关系之中,经典是主动的,平民阶层是被动的。

15世纪以后,儒教至少有两个优势:第一,黎初朝建立后,独尊儒学,政治社会各方面都建立于儒家思想;第二,由于儒学的发展,儒士阶层的数量与势力都上升了,大部分乡村都有儒士,能够参加改造社会。虽然黎朝增加采用不少办法,其中有法定礼仪来建造儒教礼仪模型,但是实际上,儒教还未有优异工具能够全面改革当时的家礼状况。此限制使黎中兴时期礼仪陷入危机情况,其表现是礼仪未定型,不是佛教礼仪,更不是儒教礼仪,还出现异端邪说的现象。面对此状况,儒教知识阶层积极参考历代家礼文献,从中选择适合于越南社会实践的礼仪模型。从而推动有条件的实用礼仪书籍问世。

汉喃家礼书籍的实用性表现在两方面:

第一,实用性的参考文献。1419年,《文公家礼》和《性理大全》正式传入越南,或多或少影响到宫廷中的丧礼。但是由于客观条件,《文公家礼》不能广泛传播,对平民阶层中的礼仪生活还未发生影响。到17世纪,通过文化交流、贸易或者通过多次岁贡,中国家礼文献有机会传入越南,同时越南儒家也有机会接近中国家礼文献。实际上,中国家礼文献虽然通过官方和非官方两路传入越南,但是数量也不多,礼仪典章文献只有《大明会典》《明集礼》,单纯家礼文献只有《文公家礼》和一些家礼诠释书籍,比如宋杨复《家礼附注》、明刘垓孙《家礼增注》、明丘濬《文公家礼仪节》、明杨慎《文公家礼仪节》、明王世贞《家礼或闻须知》。中国家礼文献大部分都重于经学性,而越南当时的家礼背景要寻求实用文献,才能有益于建造儒教家礼。从当时的流行文献看,越南儒家认为杨慎《文公家礼仪节》[①]是有最大实用性的家礼文献,从此以《文公家礼仪节》为建造家礼适合于越人的基础。

杨慎《文公家礼仪节》是记载家礼仪节的著作。若《文公家礼》只单纯记载家礼大略仪式,重视于伦理方面,则《文公家礼仪节》的每一仪式都被具体化成先后仪节程序,重视于实行礼仪方面。此特点使《文公家礼仪节》有实用性,同时比其他著作有优势,被越南儒家用作建造家礼过程中的基本参考文献。汉喃研究院现在保存《文公家礼仪节》一版本,馆藏编码ST.4167,由此事更可以肯定《文公家礼仪节》曾在越南流行,同时也可以肯定越南儒家曾参考此书。

第二,实用礼仪内容。越南家礼书籍主要有丧礼仪式内容。越南丧礼资料有两部分,包括仪节制度资料和丧服制度资料。

在仪节制度资料之中,若将《家礼捷径》与《文公家礼仪节》对比,则可知吴仕评按照《文公家礼仪节》中仪节秩序而撰写成《家礼捷径》,但是吴仕评只巧妙地选

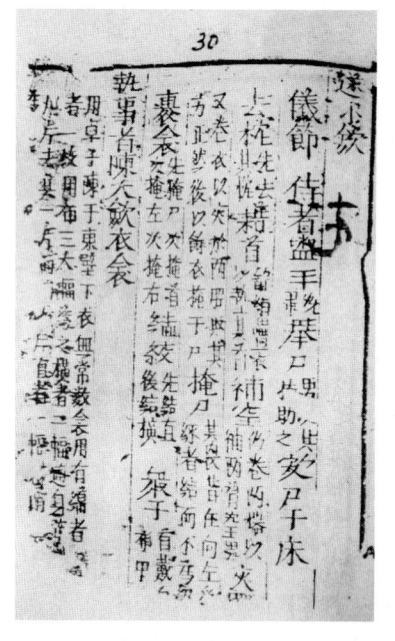

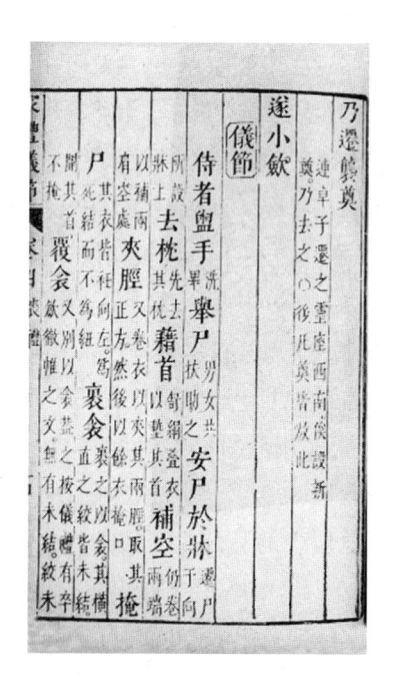

图七 《家礼捷径》小殓仪节　　图八 《文公家礼仪节》小殓仪节

[①] 此阶段中,版本学的意识还未被重视,所以《文公家礼仪节》版本、作者是丘濬还是杨慎等问题也还未被越南儒家关注。但是通过越南文献的考究,可以肯定越南儒家大部分都以杨慎《文公家礼仪节》为参考本。

择一些仪节，主动省略非实用礼仪和注释部分。吴仕评的行为表明了中国家礼文献中注释部分对平民阶层很少有作用，同时也表示仪节部分在当时家礼背景下的实用价值。

相同于《家礼捷径》中吴仕评的选择，胡士扬也选择了《文公家礼仪节》的仪节部分来撰写成《胡尚书家礼》。胡士扬也主动省略非实用部分，包括注释和一些仪节等部分。较之于吴仕评《家礼捷径》，胡士扬进一步，用喃文演义《文公家礼仪节》中仪节。

《文公家礼仪节》中仪节包括第一级仪节、第二级仪节和第三级仪节。《胡尚书家礼》没有第一级仪节，同时第二级仪节和第三级仪节完全不分别，都被安排在同行。其中，对于《文公家礼仪节》的第二级仪节，《胡尚书家礼》只接受57/176仪节的总数量，占有32%；对于第三级仪节，《胡尚书家礼》只接受33/121仪节的总数

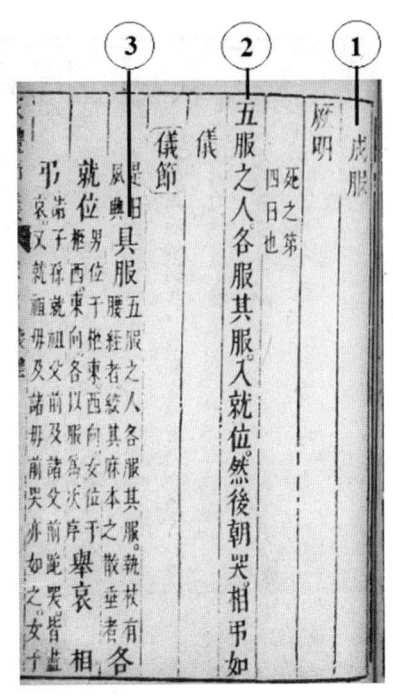

图九 《文公家礼仪节》，仪节包括：①第一级仪节，②第二级仪节，③第三级仪节

量，占有27%。在《文公家礼仪节》的每一仪节之中都有引导实行仪节的段话，但是《胡尚书家礼》只接受了一小部分，具体是《胡尚书家礼》中引导实行仪节的喃文段话一共7 000字，但是只有2 000喃字翻译自《文公家礼仪节》。

在丧服制度资料之中，较之中国家礼书籍，越南家礼书籍中丧服制度资料有结构特征，其表明了越南丧服制度资料的实用性。

丧服制度是越南家礼书籍的所谓"服制"。服制是居丧期间中关于服饰的规则体系，指死者的亲属按照其亲疏关系而穿戴不同丧衣服的规则，表示生者与死者之间血缘亲疏关系。一般而说，服制以服饰/丧服为标准而分成五等，包括斩衰、齐衰（齐衰三年、齐衰杖期[一年用杖]、齐衰不杖期[一年不用杖]、齐衰五月）、大功、小功、缌麻五等级，简称为五服。每个等都相应于一个或多个亲属关系，例如：大功服饰是女子为丈夫的祖父、祖母、伯父、伯母、叔父，为自己的兄弟服之。丧服制度在礼学之中有重要地位，总是为历代学者所重视并注解，例如元龚端礼《五服图解》、清吴嘉宾《丧服会通说》、无名氏《五服图说》（越南）。

中国服制资料常以服饰为标准,以下简称为"服饰服制",每一个"服饰"相当于一个或多个服序,结构分成:(1)斩衰;(2)齐衰三年,齐杖期,齐衰不杖期,齐衰五月,齐衰三月;(3)大功九月;(4)小功五月;(5)缌麻三月。中国服制资料,如《文公家礼》《文公家礼仪节》《大明会典》等书籍都用此类服饰服制。评价中国服制资料,清崔述(1740—1816)在《五服异同汇考·凡例》中有云:"礼经服制皆以服分之服同者为一章后世作者率多沿之。"

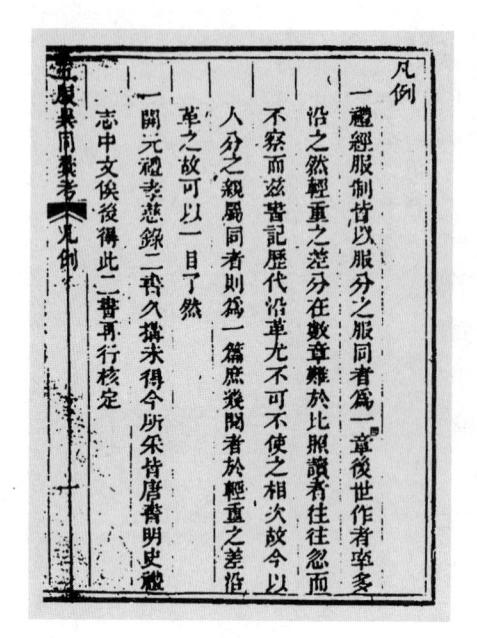

图十 《五服异同汇考·凡例》

较之于中国服制资料,越南服制资料常以服序为标准,以下简称为"服序服制",每一个"服序"相当于一个服饰,结构分成:(1)为高祖服;(2)为曾祖服;(3)为祖行服;(4)为父行服;(5)为同行服;(6)为子行服;(7)为孙行服;(8)为曾孙行服;(9)为玄孙服;(10)为宗人服;(11)八母报服;(12)三父八母制服;(13)外族母党服;(14)妻为夫党服;(15)夫为妻服;(16)妾为君族服;(17)女出嫁为本宗服;(18)为伦服;(19)为人后者为所后服;(20)诸人后者为本生服;(21)为朋友服;(22)师不制服。

若服饰服制还重于典章性,与刑律有直接关系,则目的是通过丧服可以辨别亲疏关系,各关系之间的相当度,从而确定民事关系中一个人的责任。但是服饰服制因这个性质没有实用性,当实行丧服制度时难以查出自己丧服;而服序服制以服序为标准,容易查出自己丧服,当然易于使用。服序服制资料易于使用,但是也不能否认它的刑律性。出于此特点,《家礼捷径》《寿梅家礼》等广泛流行的家礼书籍之服制部分总是以服序服制的结构为固定模型。

在内容方面,越南家礼书籍的实用性体现在始终以易懂易行为重的观点。具体而言,越南儒学知识界同时也是封建国家官员主动省略了经典仪节,其次加强用喃文演讲引导实行每个单独礼仪,同时把儒教传统的服制资料结构改成新结构,以符合于越南当时家礼实践,适合于平民阶层的水平。此行为的首要目的是无条件地服务平民阶层，之后使平民阶层逐渐习惯儒教家礼，最后使平民阶层自然接受儒教家礼。实际上，封建国家的管理者也获得了预期的结果。此结果的明证体现于社会生活中流行的家礼书籍的数量。基于供求的规律，因《寿梅家礼》有用于平民阶层而许多书坊参加刻印，每一书坊又多次重刻，以及时满足社会需求。由此可见，当时儒家的行为与实学活动有点相同，毕竟都是寻求解决社会问题的改革方案。其实，若从管理国家的角度，则汉喃家礼书籍有实学性，但是若从使用家礼书籍的人具体是平民阶层的角度，则汉喃家礼书籍的实用性还大于实学性。结果就是对双方都有利益，管理国家一方达到了提高儒教道德的要求，有助于管理民众之事；家礼被"仪节化"，风俗生活更丰富而平民阶层方就是享受对象。

四、结　论

　　汉喃家礼书籍是儒教家礼形成过程中的核心工具。越南的第一本汉喃家礼书籍问世于17世纪。到20世纪初，汉喃家礼书籍发展成体系，有总共12著作，主要内容是丧祭。

　　在汉喃家礼书籍体系之内，撰写目的与特点特征有密切关系，其目的直接影响到文字版本等特点，同时造成了越南家礼书籍的特征。汉喃家礼书籍其目的是引导平民阶层实行礼仪，所以要求易懂易行，因此社会中广泛印行的家礼书籍都以喃文为主导。虽然如此，在汉喃家礼书籍体系之中，大部分是儒学传统家族范围中流行的礼仪手册，所以都用汉文记载。因此，汉喃家礼书籍随着目的而使用相应文字，同时全面而言，越南家礼书籍还是以汉文为主。

　　汉喃家礼书籍中的礼仪在流行的同时也被越南平民阶层使用，当且仅当其满足了必要条件即不超过儒教经典的理论范围和充分条件即不离开社会生活实践且不超过平民阶层的认识能力。因此汉喃家礼书籍虽然有经学性，但是实用性似乎越过经学性，成为主导特征，同时使经学性在汉喃家礼文献中变得微弱和模糊。

　　总之，客观实践是推动喃文家礼书籍问世的根本原因，形成汉喃家礼书籍体系的基础，使它具有其特殊性、特点、特征。反之，汉喃家礼书籍问世之后都带着社会功能，其不但是越南儒教家礼形成的基础而且成为改造风俗生活和提高儒教社会道德的优异工具，反过来推动客观实践。如此就是说，客观实践、儒教家礼和汉喃家礼书籍之间的关系就像一个弹簧的圆圈，而每一个都是另一个的原因和结果。因此，汉喃家礼书籍是客观现象，也有一定发展规律。经过250年的发展过程，至今汉喃家礼书籍还存在，但是不流行汉喃版本而转成越南语版本，与客观实践、当代家礼一起存在，一起发展。

(作者单位：越南社会科学翰林院所属汉喃研究院)

青年儒者论坛

朱子论认知在成德过程中的地位

——以《大学》章句为中心

杨根东

引 言

朱子一生非常重视《大学》一书,他曾说"我平生精力尽在此书"[1],并且自信地认为其解《大学》,"见得前贤所未到处"[2]。在朱子看来,《大学》"要紧只在'格物'两字"[3],格物、致知是成德之源头工夫,格致工夫对于成就道德极为重要。然而,格致工夫之于成德是否真的有如此大的作用,自朱子提出这一思想直至当代,遭受了不少人的怀疑与非议。譬如,陆象山批评其工夫为支离;王阳明认为其"析心与理为二""务外遗内、博而寡要",导致"知而不行";以及当代新儒家牟宗三先生认为其格致论为泛认知主义,其所穷究超越之理的方式并不切于儒家之成德之教,而其所隐含的对经验知识的重视,对于成德只有补充与助缘的作用。[4]

针对这些批评,亦有不少学者试图从知识与道德相互作用的角度,为朱子提出辩护,认为朱子格物致知之说,亦有陆王所未及之处。[5]然而,仅从知识与道德的关

---

[1]《朱子语类》卷十四,北京:中华书局,2004年,第258页。
[2]《朱子语类》卷十四,第258页。
[3]《朱子语类》卷十四,第255页。
[4] 参见牟宗三:《心体与性体》上册,上海:上海古籍出版社,1999年,第43—44页。
[5] 这些学者主要包括唐君毅、成中英与刘述先等,张子立老师在《论道德与知识的两种辩证关系——朱子格物致知说重探》(《中正汉学研究》2016年第1期,第163—190页)一文中对此有所介绍和分析。张老师在对前人分析的基础上,进而认为,首先,就成德之道德实践层面看,在道德判断"前"与"后",经验知识皆具有提供信息与内容的作用,对判断具有辅助之角色,但因仍受道德意识之主导,纵有相互作用之关系,仍是以道德意识为主,经验知识为从。然而换个角度来看,基于伦理知识作为道德判断"中"具有主导力之前结构,知识与道德亦呈现一种"对列的辩证关系"。朱子则已(转下页)

系来理解朱子的格物致知,恐怕难免有所偏差,因为其所使用的"知识"一词,大多是指经验知识,甚至科学知识,这与朱子所说的格物致知之"知"的意涵明显不合。当然,出现这一误解也不是没有理由的,因为朱子强调即物穷理,既然到事物上穷理,那所获得的似乎就是经验知识。但是,朱子强调格物致知的主要目的显然不是去获得经验知识,这应该没有疑问。就连批评朱子甚为严厉的牟宗三先生也如此说道:"但此格物是就存在之然自身之曲折说,此可成积极之知识,与朱子说格物之主要目的不同。朱子说格物之主要目的是在就存在之然亦推证其超越的所以然。至存在之然自身之曲折,则是由'即物'而拖带以出,非其目标之所在。"[1] 牟先生所谓的"存在之然",可以理解为从外物中获取的经验知识,此非朱子格物论的主要目的。既然经验知识不是朱子格物论的主要目的,那么仅仅从知识与道德的关系来理解朱子的格物论,恐怕也不能真切地了解朱子的思想。

那么,我们该如何理解朱子最看重的格物致知学说呢?毫无疑问,在朱子那里,格物致知被看成一项最重要的成德工夫,其最终目的是使人成为有德之人,甚至成为圣贤。如果将格物致知之"知"理解为泛泛而谈的经验知识,那么其对成德的作用极其有限,甚至有时还会起消极作用。朱子对此是有清醒认识的,他在《大学或问》中谈格物致知与博物洽闻的区别时说道:"此以反身穷理为主,而必究其本末是非之极至;彼以徇外夸多为务,而不核其表里真妄之实。然必究其极,是以知愈博而心愈明;不核其实,是以识愈多而心愈窒。此正为己为人之所以分,不可不察也。"[2] 很明显,格物致知与博物洽闻不同,前者是为己之学,以反身穷理为主,知愈博而心愈明,而后者是为人之学,徇外夸多为务,识愈多而心愈窒。

实际上,在朱子看来,格物致知的目的乃是为了获得真知,"致知所以求为真知",因为朱子认为真知必能行,"知明而行无过"(《荀子·劝学》)。如果我们能从真知的角度来探究朱子的格物论,则必定有助我们深入地理解朱子的思想。必须指出的是,以真知的角度来探讨朱子思想,林宏星老师、杨祖汉先生等人已有深入

(接上页)意识到伦理知识对解决道德两难之重要性,并涉及如何建立一种处理之应变模式,比之于阳明主张只要平时立得良知,遇事再精察义理于此心感应酬酢之间,实更为深入而周到。于是,其格物致知说亦有阳明所不及之处,而可证朱子"去两短、合两长"说法之合理性。笔者认为,张老师的说法有一定的道理,特别是关于伦理知识对解决道德两难之重要性,但是将朱子的"知识"仅仅理解为外在于人心的经验知识,与朱子之意恐有不合。

[1] 牟宗三:《心体与性体》下册,第350页。
[2] 朱熹:《四书或问》,上海:上海古籍出版社,合肥:安徽教育出版社,2001年,第28页。

研究,颇有启发。林宏星老师指出,真知之所以必能行,是因为"真知不仅是对所当然之则之知,也是对所以然之理之知,而这种所以然之理原在自家身心上,经由反省体验而得,因而是具有在道德行动中如此而不如彼的动机效力"[①]。杨祖汉先生则借康德关于"自然的辩证"的克服之说,对伊川、朱子的"真知"说做出了新的诠释。所谓"自然的辩证",是指当我们意识到道德法则而要从事实践时,我们的欲望会自然做出反抗,使我们对道德的纯粹的要求产生怀疑,使道德的实践不能贯彻。杨先生指出,朱子之格物致知,"固然是要通过认知的活动,以主客对待的方式以知理,但若此致知之活动,是用在对本有之知之加强、深化上,而深化此知,会有克服自然的辩证之效果,则此对理之认知,也是必须的。且此种知,是由严格的哲学性的思辨得来,不同于一般泛说的经验之知"[②]。林老师和杨先生关注的侧重点虽有不同,林老师是通过对真知概念的分析来说明其所包含的道德动机效力,而杨先生则是通过说明真知对自然欲望的克服有其作用,以证成伊川、朱子的学说为儒家内圣之学该有的一种用思辨于成德的工夫论,但是他们在对真知的分析中有其共同点,即真知是在通过对人本有之理的深入认知的基础上,经由反省体验而得。因此,既然格物致知的目的是为了获得真知,那么究其根本而言,格物致知活动是一种对人本有之理的认知活动。而在朱子看来,这一认知活动对成德而言,毫无疑问,是有极其重要的作用和地位的。

但是,如果我们将朱子之格物致知理解为对本有之理的认知,也面临不少问题需要澄清和探讨。首先,朱子强调即物穷理,所认识到的理似乎就是外物之理,那么我们应当在何种意义上将格物致知的对象理解为心中本具之理呢?其次,如果致知的对象确实是人心本具之理,那么以即物穷理方式来认识人心本具之理如何可能?也就是,如何通过即物穷理的方式来认识人心本具之理呢?再次,为了阐明朱子论认知在成德过程中的地位,我们要对这一认知方式的效力进行检讨,因为它一直备受质疑。因此,本文以《大学》章句为中心,顺着这些问题展开讨论。

---

① 参见东方朔:《"真知必能行"何以可能?——朱子论"真知"的理论特征及其动机效力》,《哲学研究》2017年第3期。
② 参见杨祖汉:《程伊川、朱子"真知"说新诠——从康德道德哲学的观点看》,《台湾东亚文明研究学刊》2011年第8卷第2期,第177—203页。

一、认知的对象问题

为了说明认知在成德过程中的地位,我们必须先澄清在朱子那里,认知的对象究竟是什么,因为如果仅仅将认知的对象限定为外在事物,那么从外物所获得的知识对成德而言,很难说有多大的作用,至多如牟先生所说的补充与助缘的作用。而要回答这一问题,我们最好从分析"心"这一概念入手,因为心是认知的主体。与陆王心学强调心之道德义(本心或良心)不同,朱子更重视心之认知作用。在朱子那里,心之认知作用主要是指心之知觉能力,也就是能知能觉的能力。譬如朱子云:"知觉便是心之德"[①],"心者,人之知觉,主于身而应事物者也"[②]。在朱子看来,人心不但能知能觉,还先天地具有众理。[③]朱子云:"心包万理,万理具于一心"[④],"理不是在面前别为一物,即在吾心"[⑤]。依朱子,心虽然本具众理,但常人之心由于气禀之偏、物欲之私的阻隔,此心在现实层面不能自然发用流行,此心所发与作为道德规范的理不能相合,即使相合,由于私意的阻碍,亦难以转化为真正的道德实践行为。那么,心之知觉能力与心之本具众理有何关系呢?朱子云:"所觉者,心之理也;能觉者,气之灵也。"[⑥]也就是说,具有知觉能力的心所知觉的对象是人心本具之理。并且,自理论次序而言,心之所以对本具之理能知能觉,原因就在于心先天地具有此理。那么,心所能够认知的本心之理具体是什么呢?朱子云:"说穷理,只就自家身上求之,都无别物事。只有个仁义礼智,看如何千变万化,也离这四个不得。"[⑦]显然,本具之理就是指人心所具有的性理,即仁义礼智。由此我们知道,在朱子看来,人心具有认知能力,而认知的对象就是人心本具的仁义礼智之性。

---

① 《朱子语类》卷二十,第465页。
② 《朱子全书》(修订本)卷六十五,上海:上海古籍出版社,合肥:安徽教育出版社,第3180页。
③ 朱子"心具众理"究竟是何义,学界对此有争议。陈来先生认为:"心具众理是指理先天地内在人心,并不是说心具众理是经过修养之后才达到的一种境界……人心中包含各种不合理义的思维情感,但理作为本质始终在心中潜存。"陈来:《朱子哲学研究》,上海:华东师范大学出版社,2000年,第261页。笔者以为,陈来先生的这一结论是在对文本客观细致地分析的基础上得出的,有理有据。
④ 《朱子语类》卷九,第155页。
⑤ 《朱子语类》卷九,第155页。
⑥ 《朱子语类》卷五,第85页。
⑦ 《朱子语类》卷十四,第255—256页。

然而,如果将认知的对象确定为人心本具的仁义礼智之性,那么在为学工夫上朱子为何不主张直接向内求诸本心之理,却强调即物穷理呢?因为即物穷理很容易遭受质疑和批评,正如大家所熟知的,陆九渊讥讽其过于支离而不如求之本心简易。实际上,朱子并不是没有意识到这一质疑,但还是坚持自己的主张。在《大学或问》中,朱子通过自问自答的方式对这一问题有所回应。《大学或问》记载:

> 曰:然则子之为学,不求诸心,而求诸迹,不求之内,而求之外,吾恐圣贤之学,不如是之浅近而支离也。
>
> 曰:人之所以为学,心与理而已矣。心虽主乎一身,而其体之虚灵,足以管乎天下之理;理虽散在万物,而其用之微妙,实不外乎一人之心,初不可以内外精粗而论也。然或不知此心之灵,而无以存之,则昏昧杂扰,而无以穷众理之妙。不知众理之妙,而无以穷之,则偏狭固滞,而无以尽此心之全。此其理势之相须,盖亦有必然者。是以圣人设教,使人默识此心之灵,而存之于端庄静一之中,以为穷理之本;使人知有众理之妙,而穷之于学问思辨之际,以致尽心之功。巨细相涵,动静交养,初未尝有内外精粗之择,及其真积力久,而豁然贯通焉,则亦有以知其浑然一致,而果无内外精粗之可言矣。今必以是为浅近支离,而欲藏形匿影,别为一种幽深恍惚、艰难阻绝之论,务使学者莽然措其心于文字言语之外,而曰道必如此然后可以得之,则是近世佛学诐淫邪遁之尤者,而欲移之以乱古人明德新民之实学,其亦误矣。①

细究朱子的论述,其辩护的重点无疑在于即物穷理"不可以内外精粗而论",其理由是:"理虽散在万物,而其用之微妙,实不外乎一人之心",而心具有认识众理的能力,人如果能即天下万物而穷其理,当用力既久而达到豁然贯通的境界时,就会明白万物之理与吾心之理浑然一致,果真毫无内外精粗之区别可言。在朱子看来,如果舍物而求诸心,"务使学者莽然措其心于文字言语之外",则已误入禅学。显然,朱子此论乃针对象山之学而发。因此,虽然朱子将格物致知看成一种对人心本具之理的认知活动,但却反对脱离天下之物而直接向内求诸本心之理,主张即物穷理。

---

① 朱熹:《四书或问》,第24—25页。

朱子在对即物穷理的辩护中，最关键的理由莫过于万物之理不外乎人心，即物我一理。可是，我们应该如何理解朱子所谓的物我一理呢？也就是说，人心所具的仁义礼智之性理在何种意义上与物之理具有一致性呢？要回答这一问题，我们必须先了解朱子所谓"即物穷理"之"物"的含义。朱子云：

> 吾闻之也，天道流行，造化发育，凡有声色貌象而盈于天地之闲者，皆物也。既有是物，则其所以为是物者，莫不各有当然之则，而自不容已。是皆得于天之所赋，而非人之所能为也。今且以其至切而近者言之，则心之为物实主于身。其体则有仁义礼智之性，其用则有恻隐羞恶恭敬是非之情，浑然在中，随感而应，各有攸主，而不可乱也。次而及于身之所具，则有口鼻耳目四支之用。又次而及于身之所接，则有君臣父子夫妇长幼朋友之常。是皆必有当然之则，而自不容已，所谓理也。外而至于人，则人之理不异于己也；远而至于物，则物之理不异于人也；极其大，则天地之运，古今之变，不能外也；尽于小，则一尘之微，一息之顷，不能遗也。①

依朱子，所谓物，是指天地间所有的有形者。而物之所以为物，皆有天之所赋的当然之则，此当然之则即所谓的理。值得我们注意的是，朱子认为，对个人而言，心是其最为切近之物，心之理即仁义礼智之性。在朱子，心之为物是人应当认知的最切近的对象。朱子云："格物，须是从切己处理会去。待自家者已定叠，然后渐渐推去，这便是能格物。"②除了心作为最切己之物外，由近及远而言，其次为"身之所具"，即人之感官需求如何恰当地安顿；再次为"身之所接"，即人伦五常；此外，大到天地古今之物，小到一尘之微。在朱子看来，以上所列举之物皆有其理，而万物之理虽不尽相同，但自其本原言之，则万物同出于一理。由此我们可以看出，人心本具之理与其他事物之理之所以具有一致性，是因为万物同出一理。但问题是，万物同出之"一理"究竟是什么？也许我们可以从朱子的这一段话中找到答案，朱子云：

---

① 朱熹：《四书或问》，第22—23页。
② 《朱子语类》卷十五，第284页。

只缘本来都是天地所生,共这根蒂,所以大率多同。圣贤出来抚临万物,各因其性而导之。如昆虫草木,未尝不顺其性,如取之以时,用之有节:当春生时"不殀夭,不覆巢,不杀胎;草木零落,然后入山林;獭祭鱼,然后虞人入泽梁;豺祭兽,然后田猎"。所以能使万物各得其所者,惟是先知得天地本来生生之意。①

我们知道,朱子继承了伊川的格物思想,认为一草一木,不可不察。而世人对此多有误解,以为朱子仅仅是要人考察并掌握自然物之物理知识。由以上这段话我们可以看出,朱子主张认识昆虫草木之理的目的是为了"取之以时,用之有节",从而能使万物各得其所。而要做到"取之以时,用之有节",就必须先知晓生生之理。在朱子的思想中,此生生之理即天理,人心所具有性理亦来自天理。所以我们可以说,万物同出之"一理"即生生之理,朱子正是在这一意义上认为,人心本具之理与万物(如一草一木)之理有其一致性。

通过以上分析我们可以看出,虽然朱子将格物致知看成一种对人心本具之理的认知活动,但是却走了一条曲折之路,主张即物穷理。而由于物我一理,故认识了外物之理,也就知晓了本心之理。朱子的这一思想实际上源自伊川,即"物我一理,才明彼即晓此,此合内外之道也"。如果我们分析一下朱子对格物与致知两者关系的阐述,就会更加明白这一点。在朱子看来,格物与致知并非两事,而是一段工夫。如朱子云:

致知、格物,只是一事,非是今日格物,明日又致知。格物,以理言也;致知,以心言也。②

格物、致知,彼我相对而言耳。格物所以致知。于这一物上穷得一分之理,即我之知亦知得一分;于物之理穷二分,即我之知亦知得二分;于物之理穷得愈多,则我之知愈广。其实只是一理,"才明彼,即晓此"。所以《大学》说"致知在格物",又不说"欲致其知者在格其物"。盖致知便在格物中,非格之外别有致处也。③

---

① 《朱子语类》卷十四,第256页。
② 《朱子语类》卷十五,第292页。
③ 《朱子语类》卷十八,第399页。

这就是说，格物和致知本为一事，只是以不同角度而言罢了。格物是以理言，即穷究万物之理；致知是以心言，即推极吾心之知识。在朱子看来，致知便在格物中，于物之理穷得愈多，同时就对心之本有知识知得愈广。这是因为物我一理，所以"才明彼，即晓此"。因此我们可以说，格物和致知虽然是以认知过程中的不同角度而言，格物是就认知主体(心)作用于对象而言，致知则是就认知过程在人心中引起的结果而言，但是二者却是紧密联系而不可分的。并且，就格物致知的目的而言，朱子最终还是强调去认知和扩充心中本有之知。正如陈来先生所言："人心都有知识，但由于理有未穷，因之一般人心所具的知识都有所不尽。必须经过即物穷理以至其极的切实工夫，人心的知识才能达到无所不尽，这就是格物致知的全部意义。"[①]这里，陈来先生所谓的"人心的知识"实际上就是指人心本具之仁义礼智。所以，格物致知作为一种认知活动，虽然是通过即物穷理的方式，但认知的最终对象无疑是人心本具之理，即朱子所说的"致知乃本心之知"[②]。

由于本文的主要目的是为了探讨认知在成德中的地位，而朱子又选择了即物穷理的方式来认知人心本具之理，所以我们这里要追问的是，以即物穷理这一方式如何有效地认识人心本具之理？因为这一问题如果得不到恰当说明的话，那么我们很难说认知在成德过程中真的起作用及究竟有何地位。

二、以即物穷理来认识人心本具之理如何可能？

那么，如何通过即物穷理的方式来认识人心本具之理呢？我们知道，朱子继承了伊川的格物思想，认为格物的方式有多种，如读书、论古今人物、应接事物等。然而无论选择何种方式去穷理，都有一个前提，而不是像阳明之"亭前格竹"一样，毫无端绪地去格物。依照朱子在"格物补传"中的说法，这一前提就是"因其已知之理而益穷之"[③]。可是，我们如何理解这里所说的"已知之理"呢？依照朱子对"明明德"的诠释，"已知之理"应该是指孟子之"善端之发见"。朱子云：

---

① 陈来：《朱子哲学研究》，第287—288页。
② 《朱子语类》卷十五，第283页。
③ 朱熹：《四书章句集注》，北京：中华书局，2005年，第7页。

盖天理在人,终有明处。"大学之道,在明明德",谓人合下便有此明德。虽为物欲掩蔽,然这些明底道理未尝泯绝。须从明处渐渐推将去,穷到是处,吾心亦自有准则。穷理之初,如攻坚物,必寻其罅隙可入之处,乃从而击之,则用力为不难矣。孟子论四端,便各自有个柄靶,仁义礼智皆有头绪可寻。即其所发之端,而求其可见之体,莫非可穷之理也。①

然而其德本是至明物事,终是遮不得,必有时发见。便教至恶之人,亦时乎有善念之发。学者便当因其明处下工夫,一向明将去。致知、格物,皆是事也。且如今人做得一件事不是,有时都不知,便是昏处;然有时知得不是,这便是明处。孟子发明赤子入井。盖赤子入井出于仓猝,人都主张不得,见之者莫不有怵惕恻隐之心。②

在朱子看来,明德是每个人本心来具所的,此明德发见出来就是恻隐、羞恶、辞让、是非四端之情。一般人的明德虽然被物欲遮蔽,但毕竟还是遮蔽不住,即便是至恶之人,此善念亦有时而发。朱子认为,孟子发明四端,就是让人穷理有个头绪可寻。由此我们可以认为,朱子所说的"已知之理"就是指孟子的四端之情,而格物致知就是从此四端之发见处去穷理。可是,在《语类》中有一段记载,似乎表明朱子也不完全是主张从四端之发见处去穷理。《语类》记载:

傅问:"而今格物,不知可以就吾心之发见理会得否?"
曰:"公依旧是要安排,而今只且就事物上格去。如读书,便就文字上格;听人说话,便就说话上格;接物,便就接物上格。精粗大小,都要格它。久后会通,粗底便是精,小底便是大,这便是理之一本处。而今只管要从发见处理会。且如见赤子入井,便有怵惕、恻隐之心,这个便是发了,更如何理会。若须待它自然发了,方理会它,一年都能理会得多少!圣贤不是教人去黑淬淬里守着。而今且大着心胸,大开着门,端身正坐以观事物之来,便格它。"③

朱子这里明确说,格物不能刻意安排,不能固执地专就心之自然发见处理会,而应

---

① 《朱子语类》卷十五,第289页。
② 《朱子语类》卷十四,第266页。
③ 《朱子语类》卷十五,第286页。

从事物上穷理。实际上,朱子这里并不是反对从善端发见处穷理,而是反对那种脱离事物而只就心上理会的工夫。因为四端之情作为道德情感,其产生是不能脱离具体情境(或者说具体事物)的。所以,朱子这里强调的还是其即物穷理的主张,即通过穷究物之理来认识自家心中本有之理,并不是反对从四端之情去认识和扩充心中本具之性理。其实,如果我们了解朱子对性情关系的论述,对此也应该没有疑问。人心本具的是仁义礼智之性,而四端之情是仁义礼智之性的发用,所以我们应该通过四端之情去认识人心本具之理。

如果我们将"已知之理"理解为作为道德情感的四端之情,那么为何不专在道德情感上下工夫栽培,却要"益穷之"呢?所谓"益穷之",即穷其理,也就是需要对道德有所认知。在朱子看来,道德实践仅仅凭借道德情感是不可靠的,也是不够的,还需要道德认知。朱子云:

> 这明德亦不甚昧。如适来说恻隐、羞恶、辞逊、是非等,此是心中元有此等物。发而为恻隐,这便是仁;发而为羞恶,这便是义;发而为辞逊、是非,便是礼、智。看来这亦不是甚昧,但恐于义理差互处有似是而非者,未能分别耳。且如冬温夏清为孝,人能冬温夏清,这便是孝。至如子从父之令,本似孝,孔子却以为不孝。与其得罪于乡闾,不若且谏父之过,使不陷于不义,这处方是孝。恐似此处,未能大故分别得出,方昧。且如齐宣王见牛之觳觫,便有不忍之心,欲以羊易之。这便见恻隐处,只是见不完全。及到"兴甲兵,危士臣"处,便欲快意为之。是见不精确,不能推爱牛之心而爱百姓。[①]

在朱子看来,四端之情人皆有之,但如果缺少了道德认知,不能分别对错,则道德情感对于道德实践而言,有可能会起反作用。譬如,儿子仅仅凭借对父亲的孝顺之心,在父亲有过错的情况下依然听从父亲的话,就是不孝。这说明在道德实践中,仅凭道德情感而没有道德认知的指导,有可能会好心办坏事。不仅如此,依朱子,此四端之情只是道德的发端处,必须"扩而充之","须著因其端而推致之,使四方八面,千头万绪,无有些不知,无有毫发窒碍"。[②]但如果没有道德认知,则不能扩充此

[①]《朱子语类》卷十四,第263页。
[②]《朱子语类》卷十六,第324页。

四端之情。比如在"以羊易牛"的故事中,齐宣王对牛有恻隐之心,然而却不能推爱牛之心而爱百姓,其原因就在于"见不完全""见不精确"。朱子这里所谓的"见不完全""见不精确",就是指对道德之理缺少充分的认知。因此对朱子来说,只有对人本有之理获得了充分的认知,才能真正成就道德行为。

然而,怎样才能对人本有之理获得充分的认知呢?我们知道,朱子是主张通过即物穷理的方式来认识和扩充本心的知识的,即所谓的"才明彼即晓此"。如前文所述,"才明彼即晓此"之所以可能,在理论上是因为物我一理,然而在修养工夫上,"才明彼即晓此"如何可能?因为人们很自然地认为即物穷理只是对外物的认知,所获得的道理只是外物之理,而非人心本有之理。易言之,我们如何认识到外物之理即是心中本有之理?朱子云:"理不是在面前别为一物,即在吾心。人须是体察得此物诚实在我,方可。譬如修养家所谓铅汞、龙虎,皆是我身内之物,非在外也。"① 这就是说,我们必须通过"体察"的方式来认识外物之理即在吾心。那么,这里所谓的"体察"是何义?又应该如何"体察"呢?朱子云:

> 人之为学,也是难。若不从文字上做工夫,又茫然不知下手处;若是字字而求,句句而论,不于身心上著切体认,则又无所益。且如说"我欲仁,斯仁至矣",何故孔门许多弟子,圣人竟不曾以仁许之?虽以颜子之贤,而尚不违于三月之后,圣人乃曰"我欲斯至"! 盍亦于日用体验,我若欲仁,其心如何?仁之至不至,其意又如何?又如说非礼勿视听言动,盍亦每事省察何者为非礼,而吾又何以能勿视勿听?若每日如此读书,庶几看得道理自我心而得,不为徒言也。②

> "格物"二字最好。物,谓事物也。须穷极事物之理到尽处,便有一个是,一个非,是底便行,非底便不行。凡自家身心上,皆须体验得一个是非。若讲论文字,应接事物,各各体验,渐渐推广,地步自然宽阔。如曾子三省,只管如此体验去。③

---

① 《朱子语类》卷九,第155页。
② 《朱子语类》卷三十四,第899—900页。
③ 《朱子语类》卷十五,第284页。

依据以上两则材料,"体察"又可以说成"体认""省察""体验",其义应该是指一种反省的认知。朱子很重视这种反省的认知,比如读书穷理,如果不在自家身心上著实体认,则道理依然只在书本上,与自己不相干。只有通过反省的方式,用心体认书中的道理,"看得道理自我心而得",才能由书本上的道理而认识到自己心中本有的道理。在第二则材料中,朱子认为,在事物上穷究到一个是非的道理还不够,必须通过反省的方式,在自己心中"体验得一个是非"。那么,"事物上的是非"与"心中体验到的是非"有何不同?朱子云:"事事物物上各有个是,有个非,是底自家心里定道是,非底自家心里定道非。就事物上看,是底定是是,非底定是非。到得所以是之,所以非之,却只在自家。"① 依照林宏星老师的分析②,"事物上的是非"一般指的是"所当然之则",对"所当然之则"的认知就是对具体的道德规范的一般认知,即常知;而"心中体验到的是非"是指"所以然之故",是更高层次的知,即真知。而要实现由知"所当然"到知"所以然",就必须借助反省的认知。当达到知"所以然之故"时,就会真正明白是非的道理原本"却只在自家"。

依朱子之意,通过即物穷理来认识人心本具之理之所以可能,首先必须"因其已知之理"去格物,也就是穷理于善端之发见之后,而"不是凿空寻事物去格"③,如阳明之"亭前格竹"。其次,需要对四端之情背后的道理有精确的、完全的认知,因为仅仅凭借道德情感是不可靠的,也是不够的。只有对人本有之理获得了充分的认知,才能真正成就道德行为。不然的话,就会如齐宣王一样,不能推爱牛之心而爱百姓。再次,必须通过反省的认知方式,体察得外物之理即吾心之理。当然,还必须由知"所当然之则"过渡到知"所以然之故",即将常知转化为真知。在朱子看来,只有通过以上的方式来格物,"今日格一件,明日又格一件,积习既多,然后脱然有个贯通处"④,也就达到了"吾心之全体大用无不明"的境界。此"吾心之全体大用无不明"之境界即通过格物致知这种认知活动所达到的效验,也就是"知至"。而"知至"就是指"心之知识无不尽"⑤,也就是对心中本具之理获得了充分的认知。

---

① 《朱子语类》卷十五,第285页。
② 参见东方朔:《"真知必能行"何以可能?——朱子论"真知"的理论特征及其动机效力》。
③ 《朱子语类》卷十八,第403页。
④ 《朱子语类》卷十八,第391页。
⑤ 参见朱熹:《四书章句集注》,第4页;《朱子语类》卷十五,第296页。

三、对认知效力的质疑与检讨

在朱子那里,"知至"也可以说成真知,而朱子又坚信"真知必能行"。我们要追问的是,对于道德实践而言,对心中本具之理的充分认知果真有如此大的效力吗?

其实,在朱子的学生中就有人对其格物说的效力提出了质疑,据《语类》记载:

问:"陆先生不取伊川格物之说。若以为随事讨论,则精神易弊,不若但求之心,心明则无所不照,其说亦似省力。"

曰:"不去随事讨论后,听他胡做,话便信口说,脚便信步行,冥冥地去,都不管他。"

义刚曰:"平时明知此事不是,临时却做错了,随即又悔。此毕竟是精神短后,照烛不逮。"

曰:"只是断制不下。且如有一人牵你出去街上行,不成不管后,只听他牵去。须是知道那里不可去,我不要随他去。"

义刚曰:"事卒然在面前,卒然断制不下,这须是精神强,始得。"

曰:"所以格物,便是要闲时理会,不是要临时理会。如水火,人知其不可蹈,自是不去蹈,何曾有人错去蹈水火来!若是平时看得分明时,卒然到面前,须解断制。若理会不得时,也须临事时与尽心理会。十分断制不下,则亦无奈何。然亦岂可道晓不得后,但听他!……"义刚。①

在这段对话中,朱子的学生以陆象山的即心求理的主张,对格物说的效力提出了质疑。朱子的学生以为,平时虽然明明知道某事不该做,但真正遇到这件事时却又做了,其问题不是出在认知上,而是由于意志力(精神)薄弱。这一观点对朱子来说实际上很具挑战性,因为当我们决定要去做某事时,坚强的意志力是一个极为重要的动力因素。然而面对这一质疑,朱子却以"只是断制不下"答之。何谓"断制"?在朱子关于"断制"的论说中,我们发现"断制"与"义"相关,如朱子云:"义者,仁

---

① 《朱子语类》卷十八,第393—394页。

之断制。"[1] 而朱子将"义"解释为"事之宜"[2]，即如何恰当地做某事。因此，朱子所回答的"只是断制不下"，意思是说遇到不当做的事却做了，主要原因还是在事先并没有真正知道此事该如何做。比如朱子举例说，有人带你逛街，并不是他带你去任何地方（比如赌场或色情场所）你都会跟着去，因为你事先在自家心里已经清楚这些地方我不该去。

也许有人会反驳说，虽然我事先知道去某些地方是不好的或者可耻的，但由于朋友的劝说或者经不起欲望的诱惑，最终还是去了，这是为什么呢？要回答这一问题，我们需要进一步了解朱子对"断制"的解释。朱子云："这仁与义，都在那恻隐羞恶之先，未有那恻隐底事时，已有那爱底心了；未有那羞恶底事时，已有那断制裁割底心了。"[3] 这就是说，在羞恶所发之前，心已有了"断制"，此即人心本具之理的"义"。所以，事先知道去赌场或色情场所是可耻的，只是由于羞恶之情而已，对其背后的道理（义）并没有真正的认识和理解。如果对此事之所以羞恶的道理有了充分的认知，即使由于朋友的劝说或者欲望的诱惑而有些心动，也能如颜回一般，"便能于几微之间，断制得天理人欲了"[4]，即能够真正地分辨出此事是否应该去做。基本上，面对学生的质疑，朱子还是强调平时做格物工夫的重要性，只有充分认识了人心本有之理，遇到事情时才能分辨分明，自然不会去做不该做的事，"如水火，人知其不可蹈，自是不去蹈，何曾有人错去蹈水火来！"

但是，朱子以上的回答实际上只是强调了达到"知至"后人心所具有认知分辨作用，即"胸中判然不疑所行"[5]，并没有完全解答"真知必能行"的问题。那么，当达到了"真知"状态时，即真正知道了何事该做，何事不该做时，我们为何一定会如此这般的行动呢？朱子云：

（1）而今说格物穷理，须是见得个道理亲切了，未解便能脱然去其旧习。其始且见个道理如此，那事不是，亦不敢为；其次，见得分晓，则不肯为；又其次，见得亲切，则不为之，而旧习都忘之矣。[6]

---

[1] 《朱子语类》卷六，第109页。
[2] 朱熹：《四书章句集注》，第52页。
[3] 《朱子语类》卷五十三，第1282—1283页。
[4] 《朱子语类》卷四十二，第1071页。
[5] 朱熹：《吕氏大学解》，《朱子全书》卷七十二，第3492页。
[6] 《朱子语类》卷十五，第289—290页。

(2) 若那分晓底道理却不难见,只是学者见不亲切,故信不及,如漆雕开所谓"吾斯之未能信"。若见得亲切,自然信得及。①

(3) 致知,不是知那人不知底道理,只是人面前底。且如义利两件,昨日虽看义当为然,而却又说未做也无害;见得利不可做,却又说做也无害;这便是物未格,知未至。今日见得义当为,决为之;利不可做,决定是不做,心下自肯自信得及,这便是物格,便是知得至了。②

在第一则材料中,朱子将格物穷理分为三个层次:不敢为(最初见得道理如此)→不肯为(见得分晓)→自然不为(见得亲切)。无疑,这三个层次是由低到高的。在第一层次,人们只是大概知道道德规范是什么,由于害怕受道德谴责,所以不敢做不符合道德规范的事。在第二层次,由于充分认识并接受了道德规范,并非外力的强制,而是自己心里不肯去做。在第三层次,即最高的层次,由于对道理见得亲切,道理自然从自家心中发用流行出来,而"见得亲切,自然信得及",所以其自然不会做不道德的事。朱子认为,学者格物穷理应当努力达到第三个层次,即"见得个道理亲切",才能"自肯""自信"地进行道德实践。比如在第三则材料中,朱子以义利为例,如果对其道理知得不亲切,则有可能为了利益而做不义之事。而一旦对"义当为""利不可做"的道理知得亲切,即"心下自肯自信得及",则绝对不会见利忘义而做不道德的事。

因此,就道德实践而言,对心中本具之理的充分认知之所以能付之于行动,就在于对人心本有之理"知得亲切"。而"知得亲切"与一般的认知活动很不相同,因为"知得亲切"要求"自肯"和"自信"。对于一般认知活动而言,只需要我们对客观对象进行细致的考察和冷静的分析就可以了。"知得亲切"所要求的"自肯",应该与个人的意愿相关,而"自信"则与个人的信念相关。换言之,在朱子看来,对心中本有的仁义礼智之理所获得的"真知",并不是通过一般的认知活动而获得的客观知识,而是融入了道德意愿和道德信念等因素。进一步说,能够"自肯",是因为明白了仁义礼智之理本为自家所有,所以心甘情愿地依理而行;能够"自信",是因为深知仁义礼智是人之所以为人的内在根据,并对此深信不疑。质言之,当

---

① 《朱子语类》卷十五,第292页。
② 《朱子语类》卷十五,第297页。

我们对道德之理认知得亲切而达到"自肯""自信"的状态时，就会使人依理而行。因此，在朱子看来，通过即物穷理并经由反省而对其理"见得亲切"的这一套认知模式，对于成全道德行为，无疑是有极大作用的，在朱子的成德工夫中占据着极重要的地位。

可是，对朱子的格物致知这一认知方式，历来批评者不断，其中最有名的自然是王阳明。王阳明在《传习录》中说："先儒解格物为格天下之物，天下之物如何格得？且谓一草一木亦皆有理，今如何去格。纵格得草木来，如何反来诚得自家意？"[1] 王阳明在这段话中所说的"先儒"，显然是指朱子。阳明先生在这里提出两个质疑：(1) 天下之物如何格得；(2) 如何反来诚得自家意。对于第一个质疑，本文在第一部分和第二部分已做了分析和说明，阳明实际上是误读了朱子的格物说。关于第二个质疑，阳明实际上要问的是：致知对诚意究竟有何作用？阳明的第二个质疑对于朱子来说，是极具挑战性的。因为人们即使对道德规范实现了"真知"，在道德实践过程中由于私意的干扰也难以避免意不诚的现象。可是，朱子并不是没有意识到这一问题。朱子在六十岁之前由于过分重视格物致知，以至认为"知至后意自诚"，但在六十岁尤其是六十五岁以后，意识到"知至"以后，意并不一定会自然诚，对致知与诚意的关系进行了深入的反思。由于本文要讨论的是认知在成德过程中的地位，重点应当放在认知上，故在此不对其反思的具体内容予以展开。但不管怎么说，朱子虽然承认"知至"之后还需要诚意慎独的工夫，但还是坚持要真正做到诚意，必须先做格物致知工夫并以其为根本，如朱子云：

> 《大学》于此虽若使人戒夫自欺，而推其本则必其有以用力于格物致知之地，然后理明心一，而所发自然莫非真实。如其不然，则虽欲防微谨独，无敢自欺，而正念方萌，私欲随起，亦非力之所能制矣。[2]

朱子在这里说，《大学》诚意章虽然让人禁止自欺，然而从根本上说来还是要用力做格物致知工夫，然后才有可能理明心一而意诚。如若不然，当正念方萌、私意随起

---

[1] 《传习录》下，《王阳明全集》卷三，上海：上海古籍出版社，1992年，第119页。
[2] 朱熹：《答彭子寿龟年》，《朱子文集》卷六十，第2883—2884页。按：此书作于庆元四年（1198）。

时，虽然想要诚意，也没有能力做到。所以，为了真正做到诚意，朱子晚年还是对他自己的那一套格物致知的认识模式寄予厚望的。

四、结　　语

以往的学者大多从知识与道德的关系对朱子的格物论提出批评，或为之辩护，然而由于经验知识并不是朱子格物论的主要目的，故其讨论与朱子的思想多有不切。在朱子看来，格物致知的目的乃是为了获得真知。依照林宏星老师和杨祖汉先生的理解，真知是在通过对人本有之理的深入认知的基础上，经由反省体验而得。所以，我们可以将格物致知活动理解成一种对人本有之理的认知活动。

以此为思考出发点，本文对相关问题进行了探讨和澄清。首先，在物我一理的理论基础上，朱子认为认识了外物之理，也就知晓了本心之理，即"物我一理，才明彼即晓此，此合内外之道也"。所以，格物致知作为一种认知活动，虽然是通过即物穷理的方式，走了一条曲折之路，但认知的最终对象无疑是人心本具之理，即朱子所说的"致知乃本心之知"。其次，在认知过程中，通过即物穷理来认识人心本具之理之所以可能，必须先以善端之发见处作为头绪去穷其背后的道理，然后通过反省的认知方式，体察得外物之理即吾心之理。当然，还必须由知"所当然之则"过渡到知"所以然之故"，即将常知转化为真知。如此，我们便可以对心中本具之理获得充分的认知。最后，就认知的效力而言，对心中本具之理的充分认知之所以能付之于行动，就在于对人心本有之理"知得亲切"，在认知中融入了道德意愿和道德信念等因素。关于致知对诚意的作用，虽然朱子承认格物致知并不能完全解决诚意的问题，但还是坚定地认为，要真正做到诚意，必须先做格物致知工夫并以其为根本。总而言之，在朱子看来，格物致知作为一种对人本有之理的认知活动，对成德而言有极其重要的作用，在成德过程中也占据着极重要的地位。

（作者单位：复旦大学）

论朱子理学对"知"的思考

张亦辰

对于现代学者来说,朱子关于《大学》的诠释有不少值得重视的理论问题,其中最主要的问题莫过于"格物致知"能否成为道德修养工夫的基础。换言之,对道德法则的认知(认可)能否保证道德实践行为本身?朱子是否忽视了道德实践的动力来源,以及现实中大量存在的知行不能合一的情况?就本文而言,牵涉如下问题:

(1)预备性的问题(古今概念的对应关系):朱子学中的"知""知觉"等概念能否直接对应于现代意义的"认知"?如果不能的话应当如何处理?

(2)道德实践中"知"的对象和功能问题:如何理解朱子学中"知止"的含义?

(3)知行架构中的"知"和道德动机问题:如何理解朱子学中"格致"和"诚意"工夫之先后本末关系?

(4)朱子用"真知"说诠释"格致"工夫与"诚意"工夫之关系的原因何在?

本文试图对上述问题做一初步探讨,使用材料以《大学章句》和《大学或问》为主,辅以《朱子语类》中与前两者直接相关的部分(卷十四至十八),在必要情况下使用朱子的其他著作和语录作为参考。

一、"知""知觉"与"认知"

从朱子心性论的角度看,"知觉"是"心之德",即属人之心的主要功能,其特征为"神明""虚灵不昧",可以"具众理而应万事"。换言之,无论是抽象的"理"还是具体的"物事"都是心之知觉的对象。在用作动词时,与"知觉"含义相当的还有"知""明""晓"等,用例此处不赘。

但是,在进入更严格的探讨之前,我们需要澄清下列问题:

(1) 在朱子那里,"知觉"到底是一项功能还是两项功能?朱子学的"知觉"概念能否分解为现代意义的感觉和认知?

(2) 特别的,如果是两项功能,那么"知"和"觉"的关系如何界定?

泛泛而言,朱子学中"知"的含义是相当丰富的,只要是有意识的心理活动似乎都可以归为"知",可以根据具体语境解释为"认知""感觉""意识""理解"甚至"记忆"①等多种含义(通"智"的用法不算)。在较为宽泛的意义上,甚至动物也可以有"知觉",只是没有达到"粹然"而可以知礼义的程度。②因此,把朱子学中的"知觉"或"知"直接等同于主客相对意义上的认知活动是不恰当的,应当具体分析。兹举一例:

> 如颜子地位,岂有不善!所谓不善,只是微有差失,便能知之;才知之,便更不萌作。只是那微有差失,便是知不至处。③

所谓"萌作",当是指意念而言,即"诚意"之"意"。对意念使用"认知"这一概念,似乎不太妥当,这里的"知"有感知、体知和觉察的含义。

此外,并不是在所有情况下"知"和"觉"都是可以替换的,"觉"也并不可以等同于"觉察"或"感觉"。最显著的例子是朱子对《孟子》"天之生此民也,使先知觉后知,使先觉觉后觉也"的解释:

> 知,谓识其事之所当然。觉,谓悟其理之所以然。④

这个解释承自伊川和龟山,朱子亦不讳言:

---

① 《论语》"父母之年,不可不知",朱子《集注》云:"知,犹记忆也。"参见朱熹:《四书章句集注》,北京:中华书局,1983年,第74页。
② 《孟子》"牛之性犹人之性与",朱子《集注》云"犬牛与人皆有知觉,皆能运动,其性皆无以异矣",又云:"盖徒知知觉运动之蠢然者,人与物同;而不知仁义礼智之粹然者,人与物异也。"参见朱熹:《四书章句集注》,第326页。
③ 《朱子语类》卷十六,北京:中华书局,1986年,第328页。
④ 朱熹:《孟子集注》,《四书章句集注》,第310页。

又或人问龟山曰:"'以先知觉后知',知、觉如何分?"龟山曰:"知是知此事,觉是觉此理。"且如知得君之仁,臣之敬,子之孝,父之慈,是知此事也;又知得君之所以仁,臣之所以敬,父之所以慈,子之所以孝,是觉此理也。僩。①

仁本吾心之德,又将谁使知之而觉之耶?若据《孟子》本文(按,即上述引文),则程子(按,指伊川)释之已详矣,曰"知是知此事,觉是觉此理",意已分明,不必更求玄妙。②

《孟子》原文是否有这样的区分,在此不必细究。伊川、朱子之意,显然是要在"知"和"觉"中分出深浅层次来:"知此事"之"知",只是对"所当然之则"即道德法则之具体内容的浅层次认知,而"觉此理"之"觉",则是要求对道德法则所以成立之根据的深层次理解,这种"觉"显然不是普通的感觉或察觉,而是在建立在认知基础之上的觉悟。由此可见,对于朱子学中的"知"或"知觉"概念,虽然在某些条件下可以解作"认知",但使用时必须小心谨慎,不可大而化之。

二、"知"与道德实践的对象和功能

如前述,"众理"和"万事"都是心之知觉的对象,那么,就道德实践而言,两者是否都是必要的对象呢?如果都是的话,两者的关系又应当如何界定呢?

从《大学》自身的脉络来讲,在"三纲领"和"八条目"之间还有一段对"三纲领"之间先后本末关系的界定:

知止而后有定,定而后能静,静而后能安,安而后能虑,虑而后能得。物有本末,事有终始,知所先后,则近道矣。③

这段界定中首出的概念是"知止",细究起来,其中至少包含了两层含义:

---

① 《朱子语类》卷十七,第383—384页。
② 《答张敬夫第十四书(又论仁说)》,《晦庵朱文公先生文集》卷三十二,《朱子全书》(修订本)第21册,上海:上海古籍出版社,合肥:安徽教育出版社,2010年,第1412—1413页。
③ 朱熹:《大学章句》,《四书章句集注》,第3页。

（1）为"明明德"规定了具体的目标和方向,即"止于至善"。

（2）明确了"止于至善"需要道德实践主体的能力,即"知",换言之,即承认成德至少需要主体对成德目标之"知"。

对此,朱子的解释也很明白:

> 止者,所当止之地,即至善之所在也。知之,则志有定向。①
>
> 盖明德、新民,固皆欲其止于至善,然非先有以知夫至善之所在,则不能有以得其所当止者而止之。如射者固欲其中乎正鹄,然不先有以知其正鹄之所在,则不能有以得其所当中者而中之也。②

换言之,依朱子对《大学》的理解,在道德实践中,"知"的对象和功能是非常明确的:其对象是成德的目标,即"明德"和"至善";其功能是保证道德实践主体对成德目标之"知",从而不至于在实践中偏离目标。显然,理解"三纲领"之间,特别是"明明德"和"止于至善"的内在联系,我们才能正确理解"八条目"的基本内涵和诠释方向,不至于犯望文生义、以偏概全的毛病。

不过,到目前为止,我们尚未澄清"知止"一语中"知"的确切含义,换言之,我们能够把"知止"之"知"界定为主客对待关系中的"认知"么?要解决这个问题,就必须首先明确作为成德目标的"明德"和"至善"与道德实践主体的关系。因此,有必要对"明德"和"至善"的含义略加探讨。

关于"明德",最经典的定义就是朱子《大学章句》的解释:

> 明德者,人之所得乎天,而虚灵不昧,以具众理而应万事者也。但为气禀所拘,人欲所蔽,则有时而昏;然其本体之明,则有未尝息者。故学者当因其所发而遂明之,以复其初也。③

从这段表述来看,"明德"具有如下特征:(1)天所赋予的(因而对人来说具有普遍性);(2)具有心的特征,即虚灵不昧,具众理应万事;(3)是心之本体(本然状态)。

---

① 朱熹:《大学章句》,《四书章句集注》,第3页。
② 朱熹:《大学或问》,《朱子全书》第6册,第510页。
③ 朱熹:《四书章句集注》,第3页。

对道德实践主体而言,"明德"是天赋而又内在的,是心本具有而非依主客对待之认知而有的,同时又是道德实践行为的根据。因此,朱子在论述"明德"时,很少使用"知",而是用"明""提撕""醒"等表述,暗示了"明德"的内在性特征:

> "明明德",明只是提撕也。士毅。①
>
> "在明明德",须是自家见得这物事光明灿烂,常在目前,始得。如今都不曾见得。须是勇猛著起精神,拔出心肝与它看,始得!②
>
> "明明德",是明此明德,只见一点明,便于此明去。正如人醉醒,初间少醒,至于大醒,亦只是一醒。学者贵复其初,至于已到地位,则不著个"复"字。可学。③

相比之下,"至善"虽然与"明德"有密切的关系,但并不完全是内在于道德实践主体的,而是与世间万事万物相关,其中包含了对事物正当秩序的理解和追求:

> 至善,则事理当然之极也。④
>
> "在止于至善。"至者,天理人心之极致。盖其本于天理,验于人心,即事即物而无所不在。吾能各知其止,则事事物物莫不各有定理,而分位、界限为不差矣。端蒙。⑤

对于道德实践主体而言,这种"本于天理"的正当秩序不能用简单的内外二分法来处理:就其与"明德"相关而可以"验于人心"而言,"至善"不是外在于人的;就其"即事即物而无所不在"而言,"至善"又不是内在于人的。因此,把对于"至善"之"知"理解为"认知",不免带着现代人主客二分的偏见,我们只能在不太严格的意义上借用"认知"这一概念来分析朱子学与现代伦理学和道德心理学相关的内容,而在牵涉朱子学的某些形而上学预设或信念(如天人合一,理气不杂不离

---

① 《朱子语类》卷十四,第261页。
② 《朱子语类》卷十四,第261页。
③ 《朱子语类》卷十四,第262页。
④ 朱熹:《大学章句》,《四书章句集注》,第3页。
⑤ 《朱子语类》卷十四,第272页。

等)时加以另行说明,这是进一步分析之前需要特别指出的。

三、认知与动机:"格致"和"诚意"工夫之先后本末关系

对于道德实践的工夫论来说,《大学》的"三纲领"是比较粗略的提法,只具有定向的功能。由"三纲领"拓展而成的"八条目",特别是由"明明德"拓展而成的"格物致知""诚意正心"才是工夫论的核心。朱子《大学》诠释及其工夫论的要害,就是"格致"和"诚意"工夫的先后本末关系问题,具体说来,就是下列问题:

(1)"格致"和"诚意"工夫是并列关系还是本末关系?

(2)如果是本末关系,那么"格致"工夫为何是"诚意"工夫的前提?换言之,对道德法则的"知"为何是道德动机之纯化的前提?

(3)如果承认"格致"是"诚意"的前提,那么如何理解道德实践中实际存在的知而不行(自欺)的问题?

首先分别论述朱子对"格致"和"诚意"的基本理解。

(一)朱子论"格致"

《大学》原文并无"格物致知"的具体内容,朱子认为这不符合《大学》经传对应的格式,因此根据伊川的工夫论纲领自撰了一段"格物补传":

> 所谓致知在格物者,言欲致吾之知,在即物而穷其理也。盖人心之灵莫不有知,而天下之物莫不有理,惟于理有未穷,故其知有不尽也。是以《大学》始教,必使学者即凡天下之物,莫不因其已知之理而益穷之,以求至乎其极。至于用力之久,而一旦豁然贯通焉,则众物之表里精粗无不到,而吾心之全体大用无不明矣。此谓物格,此谓知之至也。①

同时应当参照朱子对相关原文的注解:

---

① 朱熹:《大学章句》,《四书章句集注》,第6—7页。

致,推极也。知,犹识也。推极吾之知识,欲其所知无不尽也。格,至也。物,犹事也。穷至事物之理,欲其极处无不到也。①

物格者,物理之极处无不到也。知至者,吾心之所知无不尽也。知既尽,则意可得而实矣。意既实,则心可得而正矣……物格知至,则知所止矣。②

就"格物补传"的基本格局而言,朱子对"格物致知"的诠释模式是"心知"和"物理"(事理)二分对立的模式,这很容易被理解为主客对立的认知模式,即把"格物致知"等同于主体知性能力对客观事物之理(主要是道德法则,但不排斥事物的构成之理)的充分认知。但是,这样一来我们就无法解释下面两个问题:

(1)对客观事物之理的极致探究如何达到豁然贯通的状态?

(2)在"心知"和"物理"有主客观对立的预设之下,对众物之理的豁然贯通如何得到"吾心之全体大用无不明"的效验? 这两者之间是否存在异质的断裂?

应当说,朱子"格物补传"的诠释模式确实容易引起歧义,但是,现代学者脱离《大学》"三纲领""八条目"的总体架构和朱子学的形而上学预设对"格物补传"做出孤立的诠释,使得"格物补传"的缺陷被有意无意地放大了。实际上,朱子学中"心知"和"物理"的对立是有条件的,而万物一体和万理一源是无条件的形而上学预设(信念),并不存在什么绝对主观或客观的理。只不过朱子不愿意用笼统的方式抹杀对具体的分殊之理的探究罢了。从朱子的相关论述来看,他所理解的"物理"也未尝不是"自家先有之道理",而其重点仍然是道德之理:

曰:"大凡道理皆是我自有之物,非从外得。"所谓知者,或录此下云:"便只是理,才知得。"便只是知得我底道理,非是以我之知去知彼道理也。道理固本有,用知,方发得出来。若无知,道理何从而见! 或录云:"才知得底,便是自家先有之道理也。只是无知,则道无安顿处。故须知,然后道理有所凑泊也。如夏热冬寒,君仁臣敬,非知,如何知得!"③

因此,朱子不太愿意断然区分内外之理,而是引伊川之语,强调"合内外之道":

---

① 朱熹:《大学章句》,《四书章句集注》,第4页。
② 朱熹:《大学章句》,《四书章句集注》,第4页。
③ 《朱子语类》卷十七,第382页。

或问:"观物察己者,岂因见物而反求诸己乎?"曰:"不必然也,物我一理,才明彼即晓此,此合内外之道也……"①

值得注意的是,即使在区分内外的情况下,朱子更重视的也是内在的道德之理,而把外在的万物之理作为补充,内外自有本末之别,只不过依个人资质不同而在教法上有轻重之分:

"致知"一章,此是《大学》最初下手处。若理会得透彻,后面便容易。故程子此处说得节目最多,皆是因人之资质耳。虽若不同,其实一也。见人之敏者,太去理会外事,则教之使去父慈、子孝处理会,曰:"若不务此,而徒欲泛然以观万物之理,则吾恐其如大军之游骑,出太远而无所归。"若是人专只去里面理会,则教之以"求之情性,固切于身,然一草一木,亦皆有理"。要之,内事外事,皆是自己合当理会底,但须是六七分去里面理会,三四分去外面理会方可。若是工夫中半时,已自不可。况在外工夫多,在内工夫少耶!此尤不可也。广。②

综上,我们可以得出如下结论:如果我们不把眼光局限在"格物补传"之上,那么朱子的"格物致知"说并不存在舍内而求外的问题,而是在万物一体和万理一源的形而上学预设下寻求内外贯通之道的工夫,这种工夫的要点通过追求深度和广度上的极致,达到对道德之理和事物之理的整全性认知和理解,为道德实践提供知性的保证。

(二) 朱子论"诚意"(及自欺):从"格致"与"诚意"的关系角度看

相对而言,朱子对"诚意"工夫(尤其是自欺)的诠释更容易引发棘手的理论难题:

诚其意者,自修之首也。毋者,禁止之辞。自欺云者,知为善以去恶,而心之所发有未实也……③

---

① 朱熹:《大学或问》,《朱子全书》第6册,第525页。
② 《朱子语类》卷十八,第406页。
③ 朱熹:《大学章句》,《四书章句集注》,第7页。

可以发现，朱子对自欺的诠释预设了"知为善以去恶"，即"格致"工夫的效验，所谓"心之所发有未实"，只是说在道德实践中行为者行善的意念不够纯粹，导致道德实践的失败。问题在于这里的"知"应当做何解释？是对道德法则的认知还是认可？这个区分所关匪浅，因为仅仅是认知而非认可的话，行为者并没有做出道德实践的动机，也就谈不上动机或意念纯不纯粹的问题，例如：小人可以对道德法则的具体内容（甚至原理）了如指掌，并凭借这种认知实现在众人面前的伪装，如果这种伪装足够成功，那么只有他自己才知道自己在欺骗别人，这就谈不上自欺。与之相反，只有认可道德法则的人才有动机做出道德实践，尽管这种动机或意念可能由于某种特定的因素而不够纯粹，导致道德实践的失败，只有在这种情况下，自欺行为才是可能的。①

但是，从《大学》"诚意章"传文所举"小人闲居为不善"的例子来看，我们似乎无从判断行为者对道德法则是单纯的认知还是在认知基础上的认可。事实上，我们只能从理论上区分自欺和欺人，而无法通过他人外在的行为去验证自欺和欺人，因为两者的区别在于是否有行善的动机，而动机只能是主观的，他人无从揣测。在这个例子中，小人之所以掩盖不善行为，是因为"见君子而后厌然"（按，朱子注为"消沮闭藏之貌"），我们完全可以给出与朱子不同的另一种解释：小人只是害怕其不善行为被君子发现，避免伪装失败，而并非出于对道德法则的认可。

为了消解上述例子必然导致的不同解释，符合自欺而非欺人的条件，朱子实际上默认了自欺者对道德法则的认可，亦即"格致"工夫对自欺者是有效验的（虽然未必是完善的）。因此，有意为恶而行伪善的小人只能是欺人，而不是自欺。为此，朱子特意提醒学者不要被"诚意章"传文的例子误导，对自欺的性质产生误解：

> 又况经文"诚其意者，毋自欺也"，这说话极细。盖言为善之意稍有不实，照管少有不到处，便为自欺。未便说到心之所发，必有阴在于恶，而阳为善以自欺处。若如此，则大故无状，有意于恶，非经之本意也。所谓"心之所发，阳善阴恶"，乃是见理不实，不知不觉地陷于自欺；非是阴有心于为恶，而诈为

---

① 这里我们暂时不讨论一个对道德法则毫无认知的人是否有可能（出于偶然或习俗）做出合乎道德法则的行为，原因在于，这种情况不符合朱子学的《大学》诠释中关于"明德"的形而上学预设，朱子恐怕难以设想一个对"明德"全然无知的人（如果真的有，那么按照儒家的传统，这样的人只有生物学意义，在文明教化意义上只能算作禽兽）。

善以自欺也。如公之言,须是铸私钱,假官会,方为自欺,大故是无状小人,此岂自欺之谓邪!又曰:"所谓'毋自欺'者,正当于几微毫厘处做工夫。只几微之间少有不实,便为自欺。岂待如此狼当,至于阴在为恶,而阳为善,而后谓之自欺邪!此处语意极细,不可草草看。"此处工夫极细,未便说到那粗处。所以前后学者多说差了,盖为牵连下文"小人闲居为不善"一段看了,所以差也。①

这种诠释固然可以明确自欺的性质,避免误会,但通过上文的分析,我们发现这种诠释已经在无形中牵涉了"格致"工夫和"诚意"工夫的关系,实际上把问题变得更加复杂了:

(1) 为何"诚意"工夫必须以"格致"工夫的效验(见理之实)为前提?
(2) "格致"工夫为何必然包含道德实践主体对道德法则的认可?
(3) 我们可以由"格致"工夫直接从认知推出认可么?

第一个问题可以用更加严谨的方式重新表述:"格致"工夫是"诚意"工夫的必要条件还是充分条件?如果是必要条件,那么为何"格致"工夫是必要的?这样是否取消了"诚意"工夫的独立性?反之,如果是充分条件,那么如何从"格致"工夫分析地推出"诚意"工夫?

朱子对这个问题的解释不免有些缝隙。一方面,他把《大学》原文表述工夫次第先后的语句强化成了逻辑推演关系,似乎表明物格可以推出知至,知至可以推出意诚:

> 物格者,物理之极处无不到也。知至者,吾心之所知无不尽也。知既尽,则意可得而实矣,意既实,则心可得而正矣。②
> 若知之已至,则意无不实。惟是知之有毫末未尽,必至于自欺。③

反过来,从必要性上来说,知不至则意诚不可能实现,朱子在《大学或问》中对此做了解释:

---

① 《朱子语类》卷十六,第336—337页。
② 朱熹:《大学章句》,《四书章句集注》,第4页。
③ 《朱子语类》卷十六,第327页。

> 若夫知则心之神明,妙众理而宰万物者也,人莫不有,而或不能使其表里洞然,无所不尽,则隐微之间,真妄错杂,虽欲勉强以诚之,亦不可得而诚矣,故欲诚其意者,必先有以致其知。①
>
> 故为大学之教,而必首之以格物致知之目,以开明其心术,使既有以识夫善恶之所在,与其可好可恶之必然矣,至此而复进以必诚其意之说焉……然非有以开其知识之真,则不能有以致其好恶之实,故必曰"欲诚其意者,先致其知"……②

另一方面,他似乎意识到这种判断过于绝对,势必导致取消"诚意"工夫的独立性,从而无法在理论上应对知行不合一的现象。因此,他又把"格致"工夫解释为"诚意"工夫的必要非充分条件:

> 致知、格物是源头上工夫。看来知至便自心正,不用"诚意"两字也得。然无此又不得,譬如过水相似,无桥则过不得。意有未诚,也须著力。不应道知已至,不用力。③
>
> 然犹不敢恃其知之已至,而听其所自为也,故又曰"必诚其意,必谨其独,而毋自欺焉"。④

面对这个棘手的难题,朱子的诠释策略是:深化对致知的诠释,区分出两个层次,即"常知"和"真知",把意不诚和自欺的问题转化为两个相互关联的分问题:(1)知的程度深浅问题;(2)认知和认可的问题。这就过渡到了上文提出的后两个问题:

> 致知所以求为真知。真知,是要彻骨都见得透。道夫。⑤

---

① 朱熹:《大学或问》,《朱子全书》第6册,第511—512页。
② 朱熹:《大学或问》,《朱子全书》第6册,第533页。
③ 《朱子语类》卷十五,第301页。
④ 朱熹:《大学或问》,《朱子全书》第6册,第533—534页。
⑤ 《朱子语类》卷十五,第283页。

通常学者在谈"真知"的时候习用伊川"虎伤人"的比喻①,但是,这里的"真"是指经验感受切身之真,还是理性思维见其所以然之真呢? 朱子认为两者虽有不同,但可以具有同样的效果②:

又问真知。曰:"曾被虎伤者,便知得是可畏。未曾被虎伤底,须逐旋思量个被伤底道理,见得与被伤者一般,方是。"明作。③

实际上,按朱子的理解,经验感受之真是可遇不可求的,只有通过理性思维得其所以然,才能保证"真知"的普遍性:

且如见赤子入井,便有怵惕、恻隐之心,这个便是发了,更如何理会。若须待它自然发了,方理会它,一年都能理会得多少! ④

更为重要的是,朱子相信,从"常知"到"真知"(知至)不仅仅是个理性认知程度加深的过程,而是同时伴随着对道德法则的认可,并转化为信念和意志决断,最终付诸行动:

且如义利两件,昨日虽看义当为然,而却又说未做也无害;见得利不可做,却又说做也无害;这便是物未格,知未至。今日见得义当为,决为之;利不可做,决定是不做,心下自肯自信得及,这便是物格,便是知得至了。植。⑤

到得知至时,却已自有个主宰,会去分别取舍。⑥

欲知知之真不真,意之诚不诚,只看做不做如何。真个如此做底,便是知

---

① 参见《二程集》,北京:中华书局,2004年,第16页。
② 有学者认为这里的"虎伤人之知"是"略知"或"常知",这个意见当然大体不错,但是必须补充说明:这是对未曾亲历者而言的。对于确实被虎伤过的人而言,经验感受之知也可以是真知,只不过这种真知不具有理性反思所得的普遍性,因此不是朱子关注的重点。如果否认这一点,那么"见得与被伤者一般"一语就没有意义了。
③ 《朱子语类》卷十五,第309页。
④ 《朱子语类》卷十五,第286页。
⑤ 《朱子语类》卷十五,第297页。
⑥ 《朱子语类》卷十五,第312页。

至、意诚。道夫。①

通过这种对致知的深入解读,朱子完成了用"格致"工夫推出"诚意"工夫的理论诠释。表面上看来,朱子也承认"诚意"工夫具有某种独立性,甚至认为"格物"也需要"诚意":

> 诚意不立,如何能格物!所谓立诚意者,只是要着实下工夫,不要若存若亡。遇一物,须是真个即此一物究极得个道理了,方可言格。若"物格而后知至,知至而后意诚",大学盖言其所止之序,其始则必在于立诚。佐。②

但是,诚如牟宗三先生所言,朱子这里讲的"诚意",实际上是"认知之诚",是理解道德法则的"求知之诚",而不是发动道德实践行为的"动机之诚",在理论上完全不是同一层次的。③进一步说,在现代人看来,朱子对"诚意"工夫之诠释的最大缺陷,在于以"实"释"诚",把道德实践的主观动机是否纯粹的问题置换成了对道德法则之理解的真伪问题,即"以知识的态度讲道德"。这决定了朱子用"真知"说包容"诚意"工夫中道德动机问题的基本思路。那么,朱子为何会做出这样的诠释呢?

四、朱子用"真知"说诠释"格致"与"诚意"工夫之关系的原因

朱子之所以把"诚意"工夫最终归结为"真知"和"常知"的问题,用知识的方式解决道德实践的动机问题,至少可以从下面三个方向做出解释:

(1)《大学》原文造成的理论制约。

(2)工夫论中理论和教育程序的问题:从小学和大学的关系入手谈"格物补传"中的"已知之理"。

---

① 《朱子语类》卷十五,第302页。
② 《朱子语类》卷十五,第401页。
③ 参见牟宗三:《心体与性体》(三),《牟宗三先生全集》第7册,台北:联经出版事业有限公司,2003年,第445页。

（3）朱子学的形而上学背景对主观动机问题有削弱作用。

首先，从《大学》原文的脉络来看，无论对格物做何解释，"致知"而后意诚是不可动摇的。如上文所论，在对"三纲领"之间关系的解释上，首出的概念仍然是"知止"，即用"知"来限定"明明德"和"止于至善"的关系。因此，无论我们如何强调"诚意"工夫的重要性，"致知"工夫仍然是在先的，这是《大学》本身义理的限制。

其次，理解朱子的工夫论不能完全局限在《大学》原文的范围之内。按朱子的解释，《大学》是以古代的"小学"教育作为前提的，而"小学"教育的主要内容就是道德习惯的培养：

> 人生八岁，则自王公以下，至于庶人之子弟，皆入小学，而教之以洒扫、应对、进退之节，礼乐、射御、书数之文；及其十有五年，则自天子之元子、众子，以至公、卿、大夫、元士之适子，与凡民之俊秀，皆入大学，而教之以穷理、正心、修己、治人之道。此又学校之教、大小之节所以分也。①

朱子认为，伊川之所以特别提倡主敬工夫，目的就是为了弥补当时学者没有"小学"教育的缺陷。可以说，涵养和居敬工夫才是"格致"工夫的前提：

> 问："未格物以前，如何致力？"曰："古人这处，已自有小学了。"砥。寓同。②
>
> 古人自幼便识其具。且如事君事亲之礼，钟鼓铿锵之节，进退揖逊之仪，皆目熟其事，躬亲其礼。及其长也，不过只是穷此理，因而渐及于天地鬼神日月阴阳草木鸟兽之理，所以用工也易。③
>
> 又云："用诚敬涵养为格物致知之本。"贺孙。④
>
> "居敬以持其志，志立乎事物之表，敬行乎事物之内，而知乃可精。"（按，《或问》所引伊川语）知未到精处，方是可精，此是说格物以前底事。⑤

---

① 朱熹：《大学章句序》，《四书章句集注》，第1页。
② 《朱子语类》卷十四，第279页。
③ 《朱子语类》卷十五，第286—287页。
④ 《朱子语类》卷十八，第407页。
⑤ 《朱子语类》卷十八，第421页。

因此,所谓"常知"实际上就是对道德法则的基本认识,而这是在社会习惯的熏陶中自然获得的。对朱子来说,很难设想一个在良好社会习惯熏陶下的人会不认可道德法则,这是不言自明的:

> 曰:"物莫不有理,人莫不有知。如孩提之童,知爱其亲;及其长也,知敬其兄;以至于饥则知求食,渴则知求饮,是莫不有知也。但所知者止于大略,而不能推致其知以至于极耳……"时举。①

如果将此段引文与"格物补传"中"因其已知之理而益穷之,以求至乎其极"一语联系起来,我们可以做出推测:朱子所谓"已知之理",倒也未必是指"明德"和"天命之性"之类的先天道德法则,而是尚未达到"真知"阶段的"常知",即道德常识。② 只不过,这种道德常识不能保证道德实践在任何情况下都能合理实现,因此需要在具体的道德场景中"即物穷理",从"所当然之则"进一步反思到"所以然之理"。不过,朱子用"小学"和"大学"的关系来说明"格致"工夫在《大学》中的优先性,按明儒的讲法,确实有混淆工夫本体和工夫次第的可能性,不免引发理论和实践上的流弊。

当然,上面的两点理由都是外在的,真正内在的理由还是应当从朱子学的形而上学设定出发。上文已经提出了如下问题:在"格致"工夫中,从对道德法则的认知到认可乃至成为切身信念的转化究竟为何是可能的呢? 对此,我们其实已经给出了解释的方向:和现代人的设想不同,依朱子《大学》诠释的形而上学预设,道德法则并不是外在于人的,相反,它就是人心本具的"明德",所谓对道德法则的"认知",毋宁说就是对人性本身的反省,这种反省在严格意义上不是对象性的,而是反思性的。因此,在诠释知至时,朱子用"切"代替了"尽",凸显了反思本身具有的切己性:

---

① 《朱子语类》卷十五,第291页。
② 杨祖汉先生把"常知"等同于"明德",当然自有其理据,即所知之理本是一理,只不过人随其认识之深浅而有"常知"和"真知"之别,参见氏著《牟宗三先生的朱子学诠释之反省》,《鹅湖学志》第49期,2012年。但是从朱子的相关文本来看,说"明德"随人之认识深浅而有不同的提法似乎有些不妥,我们不宜说"明德"可以浅知。当然,这个问题并没有确定的答案,仍然可以继续探讨。

"致知所以先于诚意者如何?"曰:"致知者,须是知得尽,尤要亲切。寻常只将'知至'之'至'作'尽'字说,近来看得合作'切至'之'至'。知之者切,然后贯通得诚意底意思,如程先生所谓真知者是也。"谟。①

换言之,如果我们认同朱子学关于"明德"的诠释,那么,对于"明德"的反思性认知同时即包含认可和信念,这种包含关系就是天理的表现。

不过,上述形而上学预设只是一种信念,对于不认同这种预设的现代人来说,朱子似乎默认了由认知导向认可、信念、决断乃至行动的必然性,而没有对此做出足够的理论反省。换言之,现代人不愿意相信道德实践的动机是由天理预先设定在人心之中的,反之,现代人更愿意相信:道德实践的动机归根结底是行为主体自己发动的,而这种发动意味着对道德法则的认可,似乎不经过行为主体的认可,道德法则就是无效的(这一点是朱子无法认同的)。这是现代诠释者特别强调"诚意"工夫之重要性乃至独立性的根本原因。

五、结　　语

简而言之,朱子通过对《大学》的诠释奠定了工夫论的基本格局。由于朱子预设了小学和居敬工夫的先在性,他直接从《大学》的"格致"工夫出发,认为通过"格致"工夫就能使人从对道德法则的"常知"推极至"真知",并认为真知足以保证行为主体对道德法则的认知、认可和信念。因此,"诚意"工夫的目的仅仅是在"知已至"的基础上对既有道德动机的纯化,其自身不具有独立性。出于朱子学的形而上学信念,对道德法则的认知实际上是反思性的、切己的,因此,这种认知内在包含认可和信念,这一点虽然未必能被现代诠释者认可,但足以彰显朱子学自身的理论特点,也有助于现代学者对既有伦理学的预设进行反思。

(作者单位:复旦大学)

---

① 《朱子语类》卷十五,第299页。

稿约与稿例

《现代儒学》由上海儒学院主办,以发表现代儒学研究领域的重大问题及前沿话题为主,兼及传统儒学领域的研究,以及中外学术与思想的比较研究,旨在为国内外儒学研究者提供高水平的学术思想交流平台。

本刊编辑委员会由国内外知名学者组成,严格执行双向匿名评审制度。每年出版一到两辑,每辑30万字左右。欢迎学术界专家、学者踊跃投稿。来稿一经采用,稿酬从优。具体要求详见如下事项:

一、篇名

论文篇名要求简洁、精练、准确,一般不超过20字。

二、作者简介

来稿请注明作者单位、出生年月、职称职务,以及联系方式。

三、摘要和关键词

来稿须于正文前附有中文摘要和关键词。

四、正文

1. 正文篇幅以10 000字至30 000字为宜。

2. 正文采用宋体小四字体,行距为1.5倍,请勿使用繁体字。

3. 正文中的独立引文需另起一段,首行空两格,字体为楷体四号字。引用出处以脚注形式标出。

示例:

关于媒介对于个人和社会的影响,有另一种观点:

> 任何媒介(即人的任何延伸)对个人和社会的任何影响,都是由于新的尺度产生的;我们的任何一种延伸,都要在我们的事务中引进一种新的尺度。[①]

五、注释格式

本刊采用脚注形式。

注释放置于当页下（脚注）。注释序号用①，②，③……标识，每页单独排序。适用于在正文中征引近现代学人研究成果、古籍、说明性注释等。

1. 著作示例：

赵景深：《文坛忆旧》，上海：北新书局，1948年，第43页。

任继愈主编：《中国哲学发展史（先秦卷）》，北京：人民出版社，1983年，第25页。

唐振常：《师承与变法》，《识史集》，上海：上海古籍出版社，1997年，第65页。

2. 期刊文章示例：

何龄修：《读顾诚〈南明史〉》，《中国史研究》1998年第3期，第56页。

3. 古籍示例：

毛祥麟：《墨余录》，上海：上海古籍出版社，1985年，第35页。

4. 再次引证时的项目简化。同一文献再次引证时只需标注责任者、题名、页码，出版信息可以省略。

示例：

鲁迅：《中国小说的历史的变迁》，《鲁迅全集》第9册，第416页。

六、来稿请寄电子稿件，格式为WORD及PDF各一版，邮件地址为xiandairuxue@163.com。

七、本刊编辑将对采用的稿件进行必要的技术处理，一般不删改内容，如有需要将与作者联系。

八、本刊所有文章经出版社和作者的同意，授权给《中国学术期刊（光盘版）》电子杂志社有限公司使用。

上海儒学院

《现代儒学》编辑部